항공경제학

항공경제학

편저 | 무라카미 히데키(村上英樹) · 카토 잇세이(加藤一誠)
다카하시 노조무(高橋 望) · 사카키바라 야스오(榊原胖夫)

옮김 | 홍석진 · 김제철 · 이영혁 · 김현

서울경제경영

저자 서문

본서는 항공사 및 공항 경영을 미시경제학과 산업조직론의 측면에서 풀이하여 대학의 학부 전공 과정 학생(3, 4학년생)및 항공관련 산업 종사자의 입문서이다. 본 서의 제 I 부는 미시경제학의 입문차원에서 항공운송 및 공항 경영을 기술하였다. 즉, 우선 항공운송분야에 문제가 있다는 것을 전제로 항공운송 및 공항 경영을 경제학에 근거하여 설명하고 있는데 이러한 구성을 택한 이유는 아래와 같다.

첫째, 많은 대학에서는 경제학이란 이른바 영문으로 'Arts', 즉 일반 교양과목으로 취급되고 있기 때문에, 사회과학계열 학생뿐만 아니라, 인문계, 이공계, 혹은 의학계 학생까지가 대학에서 폭 넓게 학습하고 있는 점이다. 따라서 잠재적인 독자인구가 많다고 예상되기 때문이다. 본 서가 목표로 삼는 항공운송산업 관련 독자층으로는 인문 및 이공계 등의 다양한 분야를 전공하는 사람들을 대상으로 하고 있다. 이러한 분들이 대학시절에 일반교양과목으로 학습한 미시경제학 교과서의 구성을 떠올리며, 순조로이 항공경제학 영역에 들어설 수 있도록 배려하는 데 힘썼다.

둘째는 경제원론적인 구성으로 만들어감으로써, 경제원론에 의해 항공 및 공항의 경영을 어디까지 설명하고, 반대로 어느 부분을 깔끔하게 설명할 수 없는지를 분명히 하고 싶었기 때문이다. 항공운송 및 공항산업의 여러 제도는 복잡하고 이해하는 데 많은 시간을 필요로 한다. 또 전문적 용어도 일반 경제원론의 정의와 다른 부분이 많아 이해하는 데 시간을 요한다. 본 서는 제 I, II 부를 통해 경제학이라는 분석 도구를 적용하는 데 있어 꼭 필요한 항공운송 및 공항산업의 여러 제도, 정책 및 과제를 해설하고, 경제원론만으로는 매듭지을 수 없는 부분에 관하여 독자의 이해를 돕도록 배려하고 있다. 또 추가로 적정한 칼럼을 수록하여 독자들의 이해를 돕고자 노력하였다.

본 서는 교과서이기 때문에 본래 항공운송산업에 관한 모든 영역을 다루어야 한다. 따라서 에를 들어 공급체인망관리(SCM)에 포함된 항공물류, 전통적 운임이론 및 마케팅 부분도 다루고 있으나 이들 부분에 대해서는 향후 과제로 남기고 싶다. 본 서는 통설이라고 일컬어지면서 미검증 상태에 있거나, 혹은 해외에서 검증된 가설이 일본의 데이터상에서는 미검증 상태에 있는 사항은 최근 자료를 이용하여 몇 가지 통계학 및 계량경제학의 방법을 가지고 검증하고 있다. 물론 실증분석 수준은 전문서적 수준에 미치지 않지만, 독자들의 이해를 돕고자 의도한 것이다. 그리고 수식과 통계적 실증결과는 대부분 장(章) 말미의 각주 혹은 부록에 배치하고 있으나, 수학을 싫어하는 독자들을 위하여 본문만 보더라도 거의 이해할 수 있도록 배려하였다. 특히, 대학원 진학 희망자, 또는 기술계열 종사자 분들은 반드시 각주와 부록도 참조하기를 희망한다.

본 서의 출판 계기는, 2004년 연초에 본 서 편자의 한 사람인 사카키바라 야스오씨와 미네르바 서방의 고토 이쿠오씨로부터 교과서 집필에 대한 제안을 받았기 때문이다. 사카키바라씨는 2000년부터 재단법인 간사이공항조사회 안에 '항공교통연구회' 를 창설하여 그 좌장을 맡고 있다. 동 연구회는 현재에 이르기까지 거의 2개월에 1번 연구보고회와 매년 1번 심포지엄을 개최하여 구성원들의 연구성과를 사회에 환원하고 있다. 우연히 사카키바라씨의 제안에 따라 본인과 다른 3명은 2004년 봄부터 연구회 구성원으로서 원고 집필 및 편집을 시작하였다. 그 사이 본인의 건강상 이유로 출판이 대폭 늦어지게 되었는데, 이 기회를 빌어 편자, 집필자 분들 및 고토씨에게 사과를 하고 싶다. 또 간사이공항조사회는 항상 항공교통연구회를 지원하여 본 서의 집필에도 전면적으로 협력해 주셨는데, 집필자의 한 사람인 야마우치 후사키씨는 조사회의 연구부장이다.

집필자는 각 분야의 많은 교수, 선배, 동료들로부터 도움을 받았다. 그분들은 본서를 읽고, 오류를 지적해주거나 표현을 고쳐 주었다. 일일이 그 성명을 나열하지 않겠지만 감사의 뜻을 전하고 싶다. 또 본 서는 아직 발간되지 않은 몇 가지의 강의 노트를 참고로 하고 있는데, 이것에 대해 해당 교수들의 인용 허락을 득하였다.

마지막으로 본 서 집필에 관련된 데이터의 입력 및 편집 작업에 있어서 원고와 도표 등의 입력과 자료 수집에 도움을 준 고베대학교 대학원 경영학연구과 사무보조원인 와타나베 요코씨에게도 감사를 표하고 싶다.

편자 대표 **무라카미 히데키**(村上英樹)

역자 서문

우리나라는 1988년 아시아나 항공이 항공운송시장에 참여하면서부터 항공운송분야에 대한 학문적인 토론이 이루어지기 시작하였다. 그 이후부터 주요 관심사안인 항공사에 대한 운수권 배분을 시작으로 경제학적 논리와 접근방식이 보다 본격화되었다. 그러나 현재 전세계적으로 항공운송산업의 자유화(국내의 규제완화와 양자간 자유화 진척)가 어느 정도 안착되었고, 우리나라도 경쟁구도가 정착됨에 따라 운수권 배분 혹은 시장개방 여부에 대한 경제학적 분석보다는 최근 관심이 높아지고 있는 공항 및 지구온난화에 대한 항공운송부문의 역할을 경제학적 도구로 이용하고 있는 추세로 변화되고 있다.

항공산업 발전이 가속화되고, 여기에 기반이 되는 항공운송분야의 학문적 관심도 높아짐에 따라 국내에서도 다양한 항공산업관련 이론서들이 다수 발간되어 현재는 국제항공법, 신우주법, 항공운송론, 항공경영학, 공항계획론 등을 쉽게 접할 수 있다. 그러나 항공운송분야에서 후학을 가르치는 대학과 연구활동을 하고 있는 연구원 중에서 경제학 전공자가 적지 않음에도 불구하고, 이 분야 저술활동이 활발하지 못하고 항공경제학을 기반으로 하는 이론서도 아직까지 발간되지 못하고 있다. 그러던 중 일본 미네루바서방에서 발간한 '항공의 경제학' 이란 훌륭한 이론과 현장실무를 겸비한 서적을 발견하고 이를 번역하기로 마음 먹었다.

역자들은 현재 항공운송 분야에서 활동하고 있는 세 사람(홍석진 교수, 김제철 박사, 이영혁 교수)이 주축이 되어 번역을 하였으며, 부족한 일본식 표현을 보다 우리 말 이해도를 높이기 위해 일본에서 사회기반시설의 계획 및 정책을 전공한 김현 박사와 전문 번역사들의 도움을 받아 완성하였다. 본 번역서를 계기로 그 동안 항공운송분야의 단편적인 경제학적 분석들을 정리하여 후학들을 위한 지침서로 활용되고, 정책입안 기초자료로 활용할 수 있기를 기대하며, 아울러 역자들에게는 항공경제학의 저술활동을 본격화하는 토대와 향후 우리 실정을 토대로 한 항공경제학 이론서가 발간될 수 있는 다짐서가 되기를 바란다.

본 번역서가 나오기까지 도움을 주신 많은 분들께 감사를 드린다. 특히 항공운송 분야에서 여러 경로를 통해 공동 연구 및 토론을 함께 해 온 항공정책연구소 허종 박사, 한국해양대학교 김종석 교수, 한국항공대학교 유광의 교수, 한국교통연구원 김연명 박사, 인하대학교 박용화 교수, 한서대학교 이강석 교수께 감사 드리며, 이를 계기로 향후 항공운송분야 전문가들과 함께 국내 순수 항공경제학 분야의 연구가 보다 촉진되고 발전할 수 있도록 계속적인 연구와 토론을 기대해 본다. 마지막으로 이 책을 출판 할 수 있도록 배려와 지원을 아끼지 않은 서울경제경영의 김은중 사장에게도 감사를 드린다.

2011년 3월 25일

역자 대표 홍석진

차례

저자 서문 V

역자 서문 IX

PART 01 | 경제학 관점에서 본 항공과 공항

Chapter 01 항공운송의 발전 3

01 항공기의 발달과 시장의 형성 5

02 항공정책 7

03 제2차 세계대전과 대전 전후의 항공질서 8

04 제트시대의 도래 10

05 일본의 민간항공 12

06 항공운송의 발달과 사회 변화 14

07 항공운송의 의의 15

08 항공운송에 필요한 요소 17

09 항공, 공항과 지역의 발전 18
참고문헌 21

Chapter 02 항공운송 서비스의 생산과 비용 23

01 생산량의 개념 26
02 얼마나 효율적인 서비스의 생산을 할 것인가 27
03 서비스 생산량과 비용의 관계 31
04 생산량과 비용의 다양한 관계 34
05 수송밀도의 경제성과 항공사의 공급 41
06 밀도의 경제성과 규모의 경제성 42
07 범위의 경제성 및 로드 팩터의 경제성, 거리의 경제성 44
08 완전배분 비용과 증분 비용 45
09 합병 및 제휴(alliance)의 경제성 47
10 네트워크의 비용 보완성 49
주석 53
참고문헌 54

Chapter 03 항공 수요 57

01 항공수요의 특성 59
02 항공여객수요 61
03 경제성장과 항공수요 75
주석 84
참고문헌 85

Chapter 04 항공운송업의 경쟁과 가격 결정(Pricing) 87

01 가격 · 수량 · 서비스: 다양한 수단을 이용한 경쟁 90
02 항공정책과 경쟁: 개설 90
03 일반적인 산업규제의 근거 92
04 규제하 미국 국내의 항공경쟁 95
05 규제에 대한 반대 명제(Antithese): 규제 받지 않았던 항공사의 퍼포먼스 98
06 규제완화의 경제이론 99
07 규제완화후의 경쟁 103
주석 111
참고문헌 112

Chapter 05 전통적 과점 이론과 항공운송산업 115

01 전통적 과점 이론의 구조 118
02 90년대 중반 이후의 경쟁 형태: 사례 고찰 120
03 시장 유형별/항공사별 가격–비용 마진율 128
주석 139
참고문헌 141

Chapter 06 시장 실패와 그 해결책 143

01 항공 분야에서 규제의 필요성 145
02 외부성과 그 해결책 147
03 공공재로서의 공항 154

주석 158
참고문헌 158

PART 02 | 항공과 공항의 구조

Chapter 07 국제항공과 자유화정책 161

01 시카고-버뮤다체제 163
02 ICAO와 IATA 169
03 양자간 협정의 자유화 173
주석 178
참고문헌 178

Chapter 08 항공사의 새로운 비즈니스 모델 181

01 저비용항공사의 성장 183
02 왜 기존 항공사들은 어려움에 직면하고 있는가 185
03 LCC라는 비즈니스모델 191
04 기존 항공사의 대응 195
05 향후 경영전략 197
참고문헌 199
06 항공기 파이낸스와 항공기 리스 199
참고문헌 212

Chapter 09 국제항공화물과 글로벌 로지스틱스 213

01 국제항공화물의 동향 215
02 국제분업의 진전과 국제항공화물의 향후 발전방향 223
주석 230
참고문헌 231
03 항공운송장과 항공화물에 관한 보험 232
참고문헌 241

Chapter 10 일본 공항의 현황과 과제 243

01 공항 정비의 현황 245
02 공항정비의 과제 254
참고문헌 261

Chapter 11 공항민영화와 공항시스템 263

01 공항민영화의 조류: 영국 BAA plc의 사례 265
참고문헌 276
02 보조공항(세컨더리공항)의 의의와 역할 276
참고문헌 284

Chapter 12 항공연구의 공학적 관점 285

01 공학적 입장과 관심 287
02 네트워크 설계 290
03 스케줄/리스케줄 294
04 수요예측을 위한 고도의 네트워크 분석 299
참고문헌 304
05 항공수요의 모델링 305
참고문헌 312

후기 313
찾아보기 315

Part 01

경제학 관점에서 본 항공과 공항

Chapter 1
항공운송의 발전

Chapter 2
항공운송 서비스의 생산과 비용

Chapter 3
항공 수요

Chapter 4
항공운송업의 경쟁과 가격 결정(Pricing)

Chapter 5
전통적 과점 이론과 항공운송산업

Chapter 6
시장 실패와 그 해결책

항공운송의 발전

CHAPTER

01

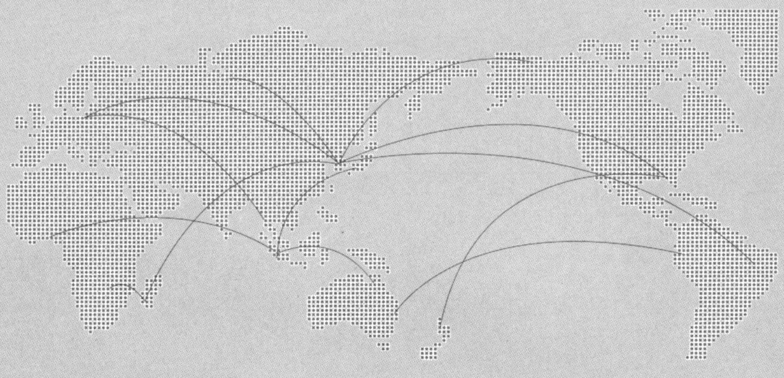

항공경제학

항공운송의 발전

새처럼 하늘을 날고 싶다는 인류의 꿈은 예로부터 존재하였는데, 그것이 실현된 것은 20세기에 들어서였다. 역사상 최초로 라이트 형제가 제어된 동력비행을 실행에 옮긴 것이 1903년 12월이었다. 그 후 항공기의 성능은 급속히 향상되어 고속화 및 대형화가 이루어졌지만, 항공이 경제에 일익을 담당하게 되기까지에는 약 50년이라는 세월이 소요되었다. 1960년대에 들어서자 제트기 시대가 도래했는데, 이는 정치, 외교, 경제, 경영의 본질 그리고 인간의 일상 생활에 이르기까지 커다란 영향을 미쳐 세상을 변화시켰다.

본 장에서는 항공기의 발달과 민간항공시장 발전의 역사적 경위를 중심으로 항공정책의 변화 및 항공관련시설과 함께 항공의 발전에 대해서 언급하겠다.

항공기의 발달과 시장의 형성 01

초기의 비행은 단순한 모험의 대상이었다. 항공이 민간운송사업으로 시작된 것은 어느 정도의 기술적 안정을 찾은 제1차 세계대전 이후였다. 전쟁 이전에도 몇 가지 실험적 항공운항은 있었지만 그 대부분이 화물, 특히 우편수송이었는데, 항공에 의한 우편화물 운송은 가볍고 부피가 적기 때문에 수송시간이 단축되는 장점 때문이었다.

세계 최초의 정기여객 수송은 1914년 1월부터 4개월간 운항된 플로리다주 세인트피터스버그와 탐파를 이은 노선이었다. 기재는 2인승으로 승객은 1명 탑승할 수 있었다. 1914년에 발발된 제1차 세계대전에서 비행기의 군사적 유용성이 인정되어, 각국에서 비행기의 성능 향상에 힘을 쏟기 시작했다. 그 결과, 엔진 마력의 향상과 다발(多發)화, 고속화, 기체 구조의 강화를 동반하는 기체의 대형화와 그에 따른 탑재량의 증가가 실현되었다. 또 세계 대전 종료 후에는 대량 생산되어 잉여화된 군용기가 민간으로 전용되면서 민간항공운송의 기반을 형성하였다.

1920년대 초반에는 소련을 제외한 서구에서는 비교적 자유로운 항공활동이 이루어지고 있었는데, 시장은 작고 비행기의 성능에 한계가 있었으며 자본력이 없는 항공사가 난립하고 있었다. 제조회사가 항공사를 겸영하는 경우도 많았다. 미국, 호주 등 국토가 넓은 나라에서는 항공 발전이 가져오는 장점이 커 국내시장 형성에 집중하였다. 유럽에서는 국내뿐 아니라 세계에 산재한 식민지와의 연락수단으로 항공이 편리하다고 생각했다.

미국에서는 1925년 2월에 항공우편법(케리법, Kerry Act)이 의회를 통과하여 기존에 우정성이 직접 운영하고 있던 항공우편수송을 입찰 혹은 계약에 따라 민간에 위탁하게 되었는데, 그것이 민간항공운송 시스템을 구축하는 기초가 되었다. 이에 따라 정부는 우편수송을 위한 야간비행용 지원시설 등 인프라 시설 확충에 힘을 쏟았다.

1927년에는 린드버그가 대서양 무착륙 횡단비행에 성공하였다. 이로 인해 항공의 안전성에 대한 신뢰가 급속히 상승하여 세계 도처에서 항공운송에 대한 투자 붐이 일어났다. 이에 따라 1930년대에는 항공기의 커다란 기술발전이 이루어졌다. 1933년 유나이티드항공에서 처음 취항한 B247은 랜딩기어의 인입, 시속 300킬로, 승객 10명으로 당시로서는 획기적인 비행기로서, 샌프란시스코-뉴욕 간을 19시간 45분(도중 7개 공항 경유)으로 비행하였다. 그러나 그 이듬해에는 14석의 DC-2가 TWA에서 취항했는데, 비행시간 및 중도 기항이 크게 감소하였다(16~18시간, 3개 공항 경유).

무엇보다도 항공기재의 발달측면에서 DC-3의 출현이 가장 획기적이었다. 이 비행기는 21인승으로, 경제성이 탁월하여 기존의 운항비용을 크게 줄였다. B247의 톤-마일 당 비용은 37.2센트였으나 DC-3는 27.4센트였다. DC-3는 아메리칸항공에서 1936년 6월에 첫 취항을 하였는데, 그 우수성이 실증되자 유럽 항공사에서도 채택되어 총 11,000대가 생산되는 대히트를 기록했다. 기재 성능의 향상으로 장거리운항의 실현에 대한 기대가 높아졌다. 1927년에 설립된 팬

아메리칸항공사는 중남미의 항공우편시장을 대부분 독점하였다. 1935년에는 샌프란시스코에서 호놀루루 등의 4개 섬 경유로 마닐라(당시 미국령)에 이르는 태평양항로를 개설하였고, 1937년에는 홍콩까지 경로를 연장하였다.

네덜란드의 KLM은 1931년 10월 암스텔담–바타비아(현재의 자카르타로 당시 네덜란드령) 노선을 개설했는데, 바타비아까지 10일(실 비행시간은 81시간)이 소요되었다. 영국의 임페리얼항공은 1933년 말 싱가포르로, 이듬해 1934년에는 시드니까지 노선을 개설하였다. 이 두 항공사는 아시아의 국제항공시장에서 치열한 경쟁을 하였다. 대서양 횡단노선은 도중에 착륙 및 급유를 할 수 있는 섬이 없어서 개설이 지연되었다. 1939년에 이르러 팬아메리칸 항공사는 뉴욕-버뮤다-아조레스제도-리스본-마르세이유간의 정기우편 수송, 1940년 6월에는 여객 수송을 개시하였다. 그러나 9월에는 유럽에서 제2차 세계대전의 발발로 인하여 대서양 노선뿐만 아니라 장거리 국제노선도 모두 끊기고 말았다.

항공정책 02

미국은 1920년대 초반에는 항공에 대하여 보호육성의 필요성을 고려하지 않았었다. 이는 완벽한 철도망과 비행기에 대한 신뢰성이 낮았기 때문이었다. 한편 제1차 세계대전의 전장이었던 유럽 대륙에서는 철도망이 파괴된데다 항공에 대한 기대가 높았다. 프랑스에서는 1920년에 항공성이 설치되었으며, 독일에서는 국가 주도 하에 항공사의 통합이 진행되는 등 양국 모두 항공에 대해 적극적인 지원을 쏟았다. 영국은 국토의 직접적 전쟁피해가 적었고, 처칠의 '자력으로 날아라' 와 같은 유명한 말이 나타내듯 지원에 소극적이었다.

1919년 말 런던–파리간의 노선에는 프랑스 3개 항공사, 영국 2개 항공사가 취항하고 있었다. 수요에 비해 공급 과잉으로, 항공역사상 처음으로 운임인하 경쟁이 시작되었다. 편도 21파운드였던 운임은 10파운드로까지 하락했다. 그 결과 정부 보조를 받지 못한 영국 측 2개 항공사가 시장에서의 퇴출을 강요받았다. 이 사건으로 인해 영국도 민간항공 육성정책과 주요 3개 항공사의 합병을 결정하여 임페리얼항공이 탄생했다.

미국에서는 1930년 맥낼리–와틀스법이 의회를 통과했다. 그 주요 내용은 항공우편 수송료를 통하여 항공사를 육성한다는 것이다. 우편은 연방의 관할 하에 있었기 때문에 항공지원 수단으로써 이용되었던 것이다. 즉, 우편수송 계약권을 가진 대형항공사는 여객과 화물을 포함하여 운항에 의한 적자의 모든 것을 우편수송료로 청구할 수 있게 되었다. 1930년대는 민간항공에 대한 군사이용의 가능성과 국위선양의 역할을 노리고 각국에서 그 보호육성책을 강화했다. 또 발전 가능성은 있으나 현 상황에서는 유치산업이라는 항공에 대한 인식도 일반적으로 존재했다. 이는 필연적으로 자국의 민간항공에 대한 감독과 규제의 강화로 이어졌다.

1930년대에는 많은 국가에서 정부 부분 출자에 따른 국영항공사가 탄생하여, 이른바 flag carrier로 발전했다. 그러한 형태를 갖추지 않은 경우에도 보호육성책을 효과적으로 이루기 위해서는 1개 항공사에 의한 독점을 허용하는 편이 이상적이라는 생각이 보편화되어, 합병, 병합이 추진되었다. 대륙 국가인 미국에서는 다수의 항공사가 존재했는데, 1938년의 민간항공법에 의해 민간항공위원회(Civil Aeronautics Board, CAB)가 탄생되어 항공사들의 시장참여를 인위적으로 제한하고, 노선마다 독점(혹은 과점)상태를 만들어냄으로써 유럽의 경우와 같은 목적을 달성했다. 이리하여 제2차 세계대전까지 주요 선진국의 민간항공보호와 육성 그리고 감독과 규제정책이 거의 형태를 갖추었고, 제2차 세계대전 중의 통제시대를 거쳐 전후에 완성되었다. 민간항공 후발국도 선진국의 예에 따라 민간항공을 국가가 직접 운영하거나 독점을 부여하여 규제를 강화했다.

제2차 세계대전과 대전 전후의 항공질서 03

제2차 세계대전의 발발에 따라 민간항공의 발전은 중단되었다. 각국의 항공사에서 승무원이 대거 군 지원 수송부대에 편입되었다. 그러나 전쟁은 결과적으로 항공기의 기술진보를 가져다 주었다. 특히 미국은 멀리 떨어진 유럽과 태평양 전장에 병사와 군수물자를 보낼 필요가 있어, 장거리용 수송기 개발에 힘을 쏟았다. 또 장거리비행 경험과 실적의 축적, 항법 발달도 전후 민간항공 발전의 밑거름이 되었다.

세계대전이 종료되자 세계 도처에 수 많은 비행장이 남겨졌다. 잔디 활주로는 과거지사로 사라지고, 아스팔트와 콘크리트 활주로는 보다 대형화되어 중량이 큰 기재의 사용을 가능하도록 하였다. 또한 전쟁은 사람들의 항공기에 대한 인식을 바꾸었는데, 장거리에서 항공기이용의 우위성을 인식하게 하였다. 1944년 11월에는 미국이 중심이 되어 정부간 회의가 열려 전후 민간항공의 입지를 정하기 위한 시카고조약이 체결되었다. 이 조약에 의하여 민간항공의 안전과 발전을 목표로 하는 ICAO(International Civil Aviation Organization, 국제민간항공기구)가 설립되었다. ICAO는 후에 UN 산하 전문기관이 되었다. 그에 이어 미국과 영국간에 버뮤다협정이 체결되어 2국간 협정의 모델이 되었는데, 이는 시카고조약과 함께 전후의 국제항공노선망 확대의 제도적 기틀이 되었다. 이른바 민간항공의 브레턴우즈체제가 완성된 것이다.

한편 1945년에 만들어진 IATA(International Air Transport Association, 국제항공운송협회)는 항공사들의 임의조직 단체로, (1) 운임과 서비스의 조건, (2) 운송 규칙, (3) 대리점 규칙 등을 정했다. 그 중 운송규칙은 여객항공권과 화물운송장의 발행, 스케줄, 예약 등을 포함, 오늘날과 같이 세계 어디에서도 예약을 하고 자국의 통화로 지불할 수 있는 시스템을 만들었다. 문제는 운임과 서비스 조건으로, 후에 IATA가 독점한다고 비판받는 원인이 되었다.

제2차 세계대전은 항공운송에 있어서 미국의 우위를 결정적인 것으로 만들었다. 미국의 국내시장은 대전 중, 대전 후에 거의 일관되게 확대되어 1950년의 여객 수는 1942년의 6배에 달했다. DC-3에 이어서 DC-4, 록히드 콘스텔레이션, DC-6로 계속 이어져서 신형기가 취항했으며, 그 때마다 보다 대형화되고 속도도 빨라졌다. 또 전쟁이 종료되자 대량의 군용기가 염가로 방출되어 민간기로 개조되었으며, 퇴역 파일럿이 항공기를 구입하여 차터 비행을 개시하는 경우도 눈에 띄었다. 차터 편의 낮은 운임에 대항하기 위하여, 기존에 모노클래스였던 정기항공에 이코노미클래스가 탄생했다.

유럽에서도 1950년대에는 전승국들을 중심으로 항공노선이 확대되었다. 특히 유럽 역내와 국내에서 여객이 증가하여 에어프랑스, BEA(오늘날의 BA), SAS, 스위스항공, KLM과 같은 항공사들의 활약이 두드러졌다. 일본항공은 1951년, 루프트한자항공(1954년 설립)은 1955년에 각각 운항을 재개하였다. SAS는 자기력의 영향을 받지 않는 항법장치를 개발해, 1954년 북극경유 코스를 개척하여 코펜하겐-로스앤젤레스의 비행시간을 10시간 단축시킴으로써 항공의 세계시장 형성에 공헌했다.

미국 항공사 중에는 1940년대부터 흑자를 기록하는 경우가 늘었는데, 1950년대에 들어서자 미국뿐만 아니라 세계의 주요 항공사들도 흑자로 들어섰다. 많은 국가에서는 항공사가 흑자를 기록해도 지원을 줄이지 않았다. 그 이유는 그것은 항공사의 자금수요가 타국의 항공사에 대항하기 위한 신형기 구입 등으로 팽창해지고 있었기 때문이다. 미국에서는 우편수송에서 보조금 분리 여부가 문제 되었다. 보조금을 분리하기 위해서는 우편수송 서비스의 가격을 결정하지 않으면 안되었는데, 서비스 판매자인 항공사와 구매자인 우정성이 둘 다 독점이었으므로 정당한 가격을 결정하지 못한 것이다. 또 우편수송은 다른 화물수송과 결합하여 공급되기 때문에, 적절한 요금 계산도 어려워 결국은 쉽게 결정을 내리지 못했다. 그러자 이 때의 경제학자들 간의 논쟁은 항공운송산업을 자립시키고자 하는 정책논쟁으로 이어져 대중의 관심을 받게 되었다.

제트시대의 도래 04

제트시대는 1950년대 말에 DC-8과 B707이 취항하고 나서 본격적으로 시작되었다. 그 후 오늘날까지 기능이 다른 4세대의 항공기가 취항했다. 제2세대는 B727과 737과 같은 단거리기, 제3세대는 B747과 같은 대형 점보기, 그리고 **제4세대는 A300**과 B767 같은 저공해기재로, 점보와 단거리기재를 보완하였다. 이 항공기들의 취항에 의해 제트시대는 거의 완성을 이루었지만, 오늘날도 초 초

대형기와 경제성이 좋은 초음속기의 개발이 진척되고 있어, 수요에 따라서는 제5세대의 제트기가 탄생될 가능성도 있다.

제트기는 기존의 **항공기의** 2배를 넘는 속력을 가지고 있으며, 기재의 대형화를 가능토록 하여 장기적인 관점에서 운송경비를 낮추는 데 기여하였다. 동시에 그것은 항공기 생산시장과 항공시장에 커다란 변화를 가져다 주었다. 제트시대를 맞이하기 전에는 세계 항공기 제조회사가 다수 존재했었고, 치열한 경쟁으로 새로운 항공기가 만들어질 수 있도록 하였다. 그러나 오늘날에는 많은 항공기 제조회사가 시장에서 퇴출하여, 남은 대형 항공기제조사는 오로지 미국의 보잉사와 유럽의 컨소시엄 에어버스 2개사 뿐인데, 그 이유는 항공기의 기획, 개발, 생산에 동반되는 비용이 기하 급수적으로 증가했기 때문이다. 그에 따른 항공기의 가격도 상승하여 제1세대 제트기마저도 기존의 대형 항공기의 3~4배의 가격으로 치달았다. 항공기의 생산비용이 오르면 100대, 200대의 생산으로는 채산이 맞지 않기 때문에, 수 백대에서 1,000대에 가까운 생산을 요하게 된다. 많은 항공기 제조회사들은 그러한 위험을 이겨내지 못하여 퇴출된 것이었다.

오늘날의 항공기 제조회사는 기본형기의 기획, 개발의 진행과 더불어, 다양한 항공사의 요구에 응하여 파생형기를 개발하면서 부품에 호환성을 부여하여 동종기의 생산을 늘리려고 힘쓰고 있다. 또 기재가격의 증가가 항공기의 리스시장 탄생으로 이어졌다. 제트기가 도입된 당시, 미국은 불황의 늪에 빠져있었다. 또 유럽 및 일본의 항공사는 고가의 제트기를 구입할 만큼의 자금을 가지고 있지 않았다. 그럼에도 불구하고 세계 항공사는 앞다투어 제트기 구입에 열을 올렸다. 제트기를 보다 빨리 도입하면 할수록 항공사 영업이익이 그만큼 커지기 때문이었다. 그 결과 수요에 비해 공급이 비대해져 모처럼 이윤을 내기 시작한 항공사의 채산이 악화되었다. 항공사의 대부분은 다시 정부의 지원에 의지하게 되어 자립이 어려워졌으며, 1970년대에 점보기가 도입되자 같은 사태가 반복되었다.

그러나 그 즈음까지 만연하던 항공이 '군용으로 전용' 이라든가 '국위 선양' 및 '유치산업' 이라는 의식이 줄어들어, 항공은 철강산업과 전기산업과 같은 기타 산업과 다를 것이 없는 보통 산업이라는 인식이 확대되고 있었다. 또한 항공운송산업의 규모의 경제성은 있다고 하여도 특별히 큰 것도 아니고, 항공운송산업은 독점이라고 하기보다 경쟁이 일상사였으므로, 항공에서의 독점과 시장의 고착화는 정부의 개입에 의해 존속되고 있다는 경제학자들의 지적도 늘고 있었다.

미국은 1978년에 국내 항공운송산업규제 완화 및 규제철폐에 들어갔다. 또 국제선에서는 IATA 운송 회의를 카르텔이라고 비판하고 그 조직개편을 촉구했다. 그리고 국제항공운송경쟁법을 성립시켜 여러 외국과의 사이에 자유로운 항공협정을 체결하도록 노력하였다. 그것은 일반적으로 오픈 스카이 정책이라고 일컬어지는데, 그에 의해 항공자유화는 급속히 진행되었다. 항공의 규제기관이었던 미국의 민간항공위원회(CAB)도 1985년에 폐지되었다.

유럽에서는 영국과 네덜란드가 자유화를 선도했는데, 1984년에 양국은 운임, 시장진입, 운송력과 같은 제한을 철폐한 오픈 스카이 협정을 체결하고, 경제통합을 추진하고 있던 EU도 자유화의 길을 채택하여 나아갔다. 그렇게 유럽은 미국과 같이 한꺼번에 목적을 달성하는 것이 아니라, 자유화를 향하여 패키지를 책정, 1987~93년 사이에 시장의 통합과 완전자유화를 실현했다.

일본의 민간항공 05

제2차 대전 후의 일본은 항공운송에 관한 모든 활동이 금지되어 있었는데, 1951년에 운항을 외국 항공사에 위탁하는 형식으로 민간항공의 영업이 인정되었다. 이듬해 1952년에 평화조약이 발효, 1953년에 일본항공주식회사법이 의회를 통과하여 정부도 출자한 일본 항공이 flag carrier의 역할을 띄고 탄생했다. 일본항공의 업적은 1956년의 '신무(神武)경기 = 호황기' 이후 급속히 신장되어 1960년에는 민간주주에 대해 첫 배당을 실시하였다.

일본항공이 구입한 DC-8을 이용, 도쿄-샌프란시스코 구간을 제트화한 것은 1960년의 일이었다. 그 이후 일본항공은 국제선 사업을 보강하여 세계 각지로 노선을 넓혀 1970년에는 태평양노선에 점보기를 취항하였다. 일본의 항공운송이 급속히 발전한 배경에는 일본 경제의 눈부신 성장과 외화유출 제한 완화 및 철폐가 있었다. 1980년까지는 일본은 세계 유수의 항공국가가 되어 있었다. 민간항공 수송실적을 보면, 여객 수에서 1960년의 국내선 112만 명, 국제선 10만 명에서, 1970년에는 각각 1,468만 명과 163만 명, 1980년에는 4,090만 명과 483만 명으로 증가했다(2000년에는 각각 9,293만 명과 1,925만 명).

항공여객이 현저하게 증가하자 공항의 시설 부족이 부각되었다. 일본의 공항은 전쟁 중 150개를 헤아렸지만 전쟁농지 전환 조치로 1953년에는 공식 비행장이 9개로 줄었다. 1956년에 공항정비법이 시행되어, 그 후 공항의 정비는 서서히 진행되었지만 국내선여객의 70%이상이 이용하는 도쿄와 오사카의 부족분은 해소되지 않았다. 1965~1975년에는 일본 전국에서 공해반대, 공공투자저지운동이 일어났다. 나리타 공항이 겨우 개항하게 된 것은 1978년의 일인데, 이는 완성 후 5년이나 지난 시기이다. 오사카 공항은 소음관련 소송으로 이용이 크게 제한되었으며, 간사이 공항이 해상에 설치되어 24시간 공항으로 운용되기 시작한 것은 1994년이었다.

이 사이 일본정부의 항공정책 목표는 일관성 있게 보호육성정책을 유지하였다. 이 정책은 항공사의 협력을 도모하여 노선 경합을 피하는 방향으로 정책이 집행되었다. 일본항공에 이어서 1958년 소규모의 2개 항공사가 합병하여 전일본공수가 탄생, 일본항공과 함께 대형 2개 체제로 운영해 나갔지만, 그 후로도 소규모 항공사의 이합 집산이 계속되어 1971년에는 동아국내항공(이후 일본 에어시스템을 거쳐 현재 일본항공과 합병)이 탄생되었다. 1972년 각의양해와 1972년의 운수대신시달(종종 45/47체제 혹은 항공헌법이라고 일컬어짐)은 3개 항공사의 공존을 정한 바, 일본항공은 국제선과 국내간선, 전일본공수는 국내간선과 로컬선, 동아국내는 로컬선과 약간의 간선을 담당하도록 규정한 것이다.

45/47체제는 1980년대 중반까지 유지되었다. 그러나 구미에서 항공자유화가 발전한 점과 항공사업의 기반이 안정되었다는 점, 나아가 항공을 특별한 산업으로 보는 견해가 사라졌다는 점 등을 감안, 1985년에는 정책 전환이 시도되어 일본항공의 완전민영화, 국제선 복수화, 국내선 경쟁촉진정책 등이 실시되었

다. 그 후 일본의 항공자유화는 점차 진행되었지만, 공항제약과 같은 장벽이 있어 완전하다고 볼 수 없는 상황이 지속되고 있다.

항공운송의 발달과 사회 변화 06

항공운송의 발전은 세계를 바꾸고 사람들의 생활에 커다란 변화를 가져왔다. 항공운송은 세계를 좁혔다고 볼 수 있다. 제2차 세계대전 전에 좀처럼 개최되지 않았던 정상회담은 오늘날에는 세계 도처에서 매주 열리고 있다. 외무장관도 재무장관도, 국방장관 기타 그 아래의 국장, 과장조차도 끊임없이 회의에 참가하고 있다. 그와 같은 국제적인 회의가 평화를 가져왔느냐 하는 논의는 별개로 치더라도, 정보교환의 기회가 증가한 것만은 확실하다.

세계의 학자와 연구자들이 모이는 국제학회도 끊임없이 개최되고 국제적인 공동연구도 많이 이루어지고 있다. 연구자들의 회의가 연구 발전과 기술 진보를 가속시키고 있는 듯이 보인다. 항공운송의 발달은 젊은 세대의 국제교류를 활발하게 하였다. 50년 전, 해외로 나가는 젊은이는 극소수에 불과했다. 현재 해마다 몇 천만명이나 되는 젊은이가 직접 해외를 보고 외국을 배우고 외국생활을 경험하고 있다. 그것은 세계의 미래를 변화시키는 밑거름이 될 것이다.

항공여객의 대다수는 이른바 '관광객' 이다. 그 관광객 중에서 비즈니스를 겸한 사람, 비즈니스객인데 관광을 겸한 사람도 많다. '관광산업' 을 어떻게 정의하는가를 별개로 하더라도, 그것은 오늘날에는 세계에서 가장 커다란 산업이라고 여겨지고 있다. 관광객도 외국 경험을 함으로써 시야를 넓히고 사고방식과 생활방식을 바꾸어 국제감각을 익히는 사람들이 있다.

그러나 항공운송이 가장 크게 영향력을 미친 것은 경제에 있다. 항공운송이 없었다면 오늘날만큼 세계무역이 증가하여 자리잡을 수 없었을 것이고, 국제적인 합자회사와 M&A, 기술의 국제이전, 개발도상국에 대한 지원, 다국적 기업과 같은 것도 이루어지지 못했을 것이다. 기업은 글로벌 규모로 사고하고 행동하여 생산거점을 정하고 세부계획을 추구하며 경쟁을 이겨내어 시장의 획득을 노리게 된다. 경제의 국제화는 정치와 법률, 사회의 그것보다 몇 발자국 앞서 나아가고 있다.

20세기 후반에는 항공기 이외에도 컴퓨터와 커뮤니케이션 수단에 커다란 기술 진보가 있었는데, 그 기술진보는 20세기 말에 이른바 '정보화 사회'를 가져왔다. 21세기에는 정보화가 더욱 심화되어 갈 것이며, 인간사회는 그에 성실히 참여하여 그것을 살릴 구조를 만들어야 한다.

항공운송의 의의 07

항공운송은 고객에게 지리적 장소의 이동이라는 서비스를 제공한다. 서비스는 경제재의 하나로 형상이 없다는 특성을 지닌다. 원래 경제재에는 3종류가 있다. 상품과 서비스, 그리고 정보이다. 상품에는 형상, 중량, 부피가 있다. 그것은 보존이 가능하기 때문에 재고가 있고 투기도 있을 수 있다. 무엇보다도 상품 중에는 시간과 함께 소모되어 가치를 상실하는 것도 있다. 상품은 보존성이 있기 때문에 생산되는 장소와 시간이 일치될 필요가 없고, 생산되는 장소에서 소비되는 장소로 화물로서 운송되는 것이 보통이다.

서비스는 형상이 없고 무게, 중량도 없다. 저축되지 않는데다 재고도 투기도 없다. 따라서 서비스의 매매가 이루어지기 위해서는 수요자와 공급자가 같은 시간에 같은 장소에 있어야 한다. 택시를 기다리는 곳에 택시가 와서 겨우 택시 서비스가 이루어지는데, 그와 같은 형태로 환자는 병원에 가서 의사와 간호사의 서비스를 구입하고, 원고와 피고는 검사와 변호사와 함께 재판소에 간다. 이와 같은 서비스의 수급은 사람의 이동을 유발한다.

정보는 주로 신문, TV, 전화, 인터넷 등의 커뮤니케이션 수단에 의해 전달된다. 정보의 대부분은 형상이 없고 중량도 정보도 없으므로 서비스와 같은 성격을 가지고 있다. 그러나 정보는 축적할 수가 있다. 대부분은 사람들의 머리 속에 축적됨으로써 지식 혹은 기술로 남는다. 지식과 기술은 축적된 유용한 정보에 지나지 않는다. 정보의 일부는 책이나 비디오, 컴퓨터 기억장치에 축적되는데,

책과 비디오, 디스크에는 형상이 있으며 상품과 같이 화물수송이 된다.

항공서비스는 교통서비스의 한 형태이다. 교통서비스는 사람, 물건, 정보의 지리적 이동을 제공한다. 커뮤니케이션도 정보도 지리적 이동이므로 교통에 포함시킬 수 있다. 항공의 경우에는 이동이 지표 및 해상을 통해서가 아닌, 공중을 통하여 진행된다는 특성을 지닌다. 커뮤니케이션 수단도 그와 같다. 음성으로 정보를 전달하는 것, 지면과 화면으로 전달하는 것이 있으며, 그 밖에 대면(對面)으로 전달되는 것이 있다. 인간사회에서는 일반적으로 대면으로 전달되는 것이 가장 질이 좋고 가치가 높다고 보고 있다. 따라서, 전달에 비용과 시간이 걸려도 대부분의 중요한 정보는 대면으로 전달된다. 커뮤니케이션 수단이 더욱 발달하게 되면 항공수요가 감소할 것이라는 생각은, 현재 상황으로 보아서는 입증되지 않아 설득력을 갖지 못한다.

항공운송은 사람도 화물도 정보도 이동시킨다. 항공운송은 지표와 해상의 교통수단에 비해 속력이 빠르므로 짧은 시간에 수송목적을 달성한다. 그러나 중력에 저항해서 날아간다는 사실때문에 수송경비가 비싸다. 그래서 항공화물에는 가볍고 부피가 없는 것, 부패하기 쉬운 것, 긴급을 요하는 것이 많다. 여객의 경우는 지표와 해상의 대체 교통수단에 비해 시간이 절약될 때 이용된다. 인간의 행동은 항상 시간의 제약을 받고 있다. 시간을 인간의 경제행동에 투입되는 자원이라고 생각하면, 시간에는 수요가 있고 공급이 있으며, 가치가 있다고 할 수 있다. 그래서 시간가치를 VT, 항공이용 경비를 C_1, 대체 교통수단의 이용경비를 C_2, 항공이용의 소요시간을 T_1, 대체 교통수단의 소요시간을 T_2라고 설정하면, 아래와 같은 식으로 표현할 수 있다.

$$VT \lesseqgtr \frac{C_1 - C_2}{T_2 - T_1}$$

따라서 시간가치를 비교하여 대체 교통수단과 항공과의 사이에 시간격차가 크고 비용의 차이가 작은 경우 항공이 선택된다는 것을 알 수 있다.

시간가치는 일반적으로 소득이 높은 사람일수록 높지만, 소득이 낮아도 급할 때에는 높다. 경제가 발전하여 소득이 증가하면 사람들의 평균적인 시간가치는 상승한다. 항공수요는 기타 교통수단에 비해 소득탄력적이면서 가격탄력적임이 확인되고 있다. 소득이 증가하면 그것을 웃도는 비율로 수요가 늘며, 운임이 줄면 저하된 비율 이상으로 수요가 신장된다. 그 구조가 항공운송의 급속한 발전을 지탱해온 것이다.

항공운송에 필요한 요소 08

대략 교통기관에는 4개의 구성요소가 있다. 동력, 궤도, 운반구 및 정차장이다. 항공의 경우에는 항공엔진과 연료, 항공로, 항공기 및 공항이 그에 해당된다. 항공기는 하늘을 자유로이 날고 있는 것이 아니라, 정해진 항로를 따라 날고 있기 때문에 관제와 그에 동반되는 기계가 필요하게 된다. 운반구는 항공기 자체로 승객과 화물을 수납하는 공간이 있어야 한다. 이들 구성 요소가 모두 동일단체에 의해 소유 운영되고 있는 것은 아니다. 항공의 경우 궤도와 터미널은 항공사의 소유가 아닌 경우가 일반적이다.

구성요소 중에 공항은 특별한 위치를 차지한다. 원래 공항은 항공운송에 있어서 여객과 화물의 터미널이었다. 항공운송이 발전함에 따라 활주로는 길어지고 복수로 깔게 되었다. 승객의 대합실도 넓어지고 화려해졌으며, 화물을 취급하는 가건물은 줄을 이었다. 공항 내에는 수 많은 탑승교가 설치되고, 수화물 처리를 위한 운반구와 반송기계, 수화물 수취 carousel이 있으며, 그 밖에 지상 서비스 장비 및 그 설치장소도 생겼다. 국제선이 있는 공항에는 통관, 검역, 출입국수속 등의 공동시설도 요구된다.

또한 공항에는 환승, 환적 시설이 필요하게 된다. 특히 타 교통기관에 이어지는 연결 수단의 정비는 필요 불가결한 것이다. 그 결과 공항은 철도, 버스, 택시, 해상수송의 터미널이 되기도 하고, 자가용을 이용하여 공항에 출 · 도착하는 승객을 위한 주차장도 있어야 한다. 화물을 중시하는 공항에서는 바다, 하늘 및 육지의 연계를 기획하여 일관수송을 지향한 통합 물류터미널을 구축해야 한다.

한편 공항에 많은 승객이 모이게 되자, 많은 점포의 입지로서 인기가 높아진다. 매점과 음식점뿐 만 아니라, 호텔, 진료소, 이미용실, 각종 안내소, 극장, 때로는 디스코클럽이나 공중목욕탕도 설치하여 소도시를 형성하게 된다. 공항에 따라서는 에어사이드의 수입(항공부문의 수입, 즉 이착륙료와 공항시설이용료 등)에 비해, 랜드사이드의 수입(비항공부문의 수입, 즉 매점, 음식점 등의 터미널 임대료, 호텔 등) 쪽이 더욱 커지고 있다.

극히 초기의 비행장은 개인과 항공사 소유의 것도 있었지만, 그 후 정치적 군사적 이유로 대부분 국유시설이 되었다. 그 때문에 민간항공사들은 철도와 달리 터미널의 소유, 운영에 관계되어있지 않으며, 항공사도 공항의 이용자에 지나지 않는다. 최근에 들어서 대형화된 공항의 관리운영에는 민간의 경영기법 활용이 효율적이라는 인식이 커져, 많은 국가에서 민영화가 이루어져 주식회사가 된 곳도 많다. 공항이 종합적인 터미널이 된 덕에, 그 건설과 개조에 직면하여 많은 이용자의 의견을 적용할 필요가 생겼는데, 특히 항공사와 포워더(물류업자)의 편리성을 일반적으로 고려하게 되었다.

항공, 공항과 지역의 발전 09

교통이 발전하면 사회와 경제가 크게 변화한다는 것은, 오래 전부터 여행자와 연구자들 사이에서 잘 알려진 현상이었다. 예를 들어 윌리엄 페티는, 아담 스미스보다 100년도 전에 해운의 발달에 의한 해외 무역이 얼마나 영국의 제조업을 발달하게 했는지를 논했으며, 데펴는 턴파이크의 개량이 '모든 중량 화물의 운송을 쉽게 하고, 짐마차업자는 기존보다 업무시간이 줄고, 같은 양의 화물을 적은 마차로 운반하게 한다' 고 했다.

비슷한 지적은 새로운 교통수단이 나타날 때마다 반복되었다. 18세기의 해적 박멸에서 증기선, 자갈길, 포장도로, 운하, 철도, 자동차, 항공기까지 모두 그랬다. 교통의 영향은 대체로 2종류로 나누어져 있었는데, 하나는 사회적인 영향, 또 하나는 경제적인 영향이었다. 사회적인 영향에는 습관과 언어의 통일에 의해 커다란 사회집단의 형성(예를 들어 19세기의 국가통일에 완수한 철도의 역할), 세계적인 정보교류, 정치가의 상호이해, 실업가의 위험 경감 등이 지적되어 왔다. EU의 형성도 유럽 각국간의 교통 발달과 상호 의존성의 증대가 없었다면 불가능했을 것이며, 역사적인 면에서 보더라도, 도시의 형성도 도시와 농촌, 도시간, 도시 안의 교통 발달이 있어 비로소 가능했던 것이다.

경제적 역할에 대해서는 (i) 운임의 인하 혹은 수송시간의 단축에 따른, 출발에서 목적지까지의 이동경비 인하, (ii) 자연자원, 인적자원 활용범위의 증대, (iii) 가격의 균등화와 안정화, (iv) 토지가격 상승과 토지이용 형태의 변화, (v) 지역적 분업의 촉진, (vi) 시장 확대에 따른 대규모경영 증가와 경쟁 격화 등이 지적되어 논의되어 왔다.

항공에 대해서도 위와 같이 언급할 수 있을까? 물론 각 교통수단에는 나름대로 내세울 만한 장점과 역할들이 있다. 항공은 긴급한 사태에 놓였을 때를 제외하곤 석탄의 대량수송 등에는 적합치 않겠지만, 여객과 화물의 고속운송에 있어서 확고한 지위를 구축하고 있다고 볼 수 있다. 인킬로와 톤킬로로 측정한 국내여객과 화물의 항공분담률을 보면, 일본에서는 여객이 5.7%, 화물에서 0.2%, 나라가 큰 미국에서는 여객이 18.8%, 화물은 0.4%이다. 화물의 양은 상대적으로 적은데, 그것은 가볍고 가치가 높은 것을 운반하고 있기 때문이다. 화물의 단

칼럼 ①: 항공기 제조회사의 일화

항공기 기술 진보에 따라 그 성능이 보다 고도화 되고, 신형기 개발은 막대한 자금을 필요로 하여 보다 큰 규모로 국가 차원의 지원이 늘고 있다. 100석 클래스 이상의 항공기를 생산하는 대형 항공기 제조회사는, 제2차 대전 후의 빠른 단계에서 영국과 프랑스의 제조회사가 개발 경쟁의 바깥 무대에서 탈락하였기 때문에, 미국에서도 최종적으로 남은 것은 맥도날 더글라스사를 흡수한 보잉사 1개사이다. 이러한 항공기 제조회사의 통합이 진행되는 중에 영국/프랑스/독일/스페인의 유럽 4개 국가에 의한 국제공동사업으로 1970년에 설립된 에어버스사는 각국 정부의 지원을 받으며 현재로는 보잉사와 쌍벽을 이루는 대형항공기 제조회사로 성장하고 있다. 100석 이하의 항공기 시장에서도 항공기 제조회사의 과점화가 진행 중이며, 현재 캐나다의 봄바디어사와 브라질의 엠브레어사가 Regional Jet기의 개발로 보잉, 에어버스의 양사에 이은 제조회사로 성장하고 있다.

요시이 히데카즈(吉井秀和)

위를 톤킬로와 같은 물리적 단위가 아닌, 금액으로 환산하면 항공분담률은 크게 상승한다. 국제화물에서는 그 경향이 한층 뚜렷해져서, 현재 금액 단위로 본 바로는 나리타공항이 일본에서 최대 무역항이다(제9장 참조). 이처럼 항공이 사회와 경제에 미치고 있는 영향은 아주 크다.

새로운 공항의 건설과 새로운 노선의 개설이 지역에 가져오는 경제적 효과에 대해서는 부분적으로 측정이 가능하다. 이것은 제6장에서 논의하는 '외부효과'이다. 공항의 외부효과에는 3종류가 거론될 수 있다. 첫 번째로 지역 주민의 여행 기회를 늘려 그에 따라 식견이 넓어지고, 젊은이들의 국제감각이 연마된다는 점이다. 일본에서도 국제공항이 있는 지역의 여권 취득자의 비율이 높다. 두 번째로는 건설에 동반되는 경제효과이다. 큰 공항을 건설하게 되면, 지역 고용이 늘어나 소득 증가에 연결된다. 마지막으로 공항의 운용에 따른 경제효과이다.

첫 번째 효과는 그 모든 것을 측정할 수 없다. 그러나 장기적으로 보면 보다 커다란 효과(교육효과라고 해도 된다)가 될지도 모른다. 두 번째의 효과는 건설의 파급효과로, 아주 정확히 측정할 수 있지만 건설이 종료되면 정비와 같은 추가적 투자를 제외하면 계속 이어지지 않는다. 세 번째 효과는 건설이 끝난 후 운용이 시작되고 나서 발생한다. 효과의 측정에는 수요 예측이 결정적인 역할을 한다. 수요 예측의 방법은 점점 정교하고 치밀해지고 있지만 100% 정확한 것은 아니다.

한편으로는 외부비경제도 일어날 수 있다. 즉, 토지 운용에 동반되는 농지의 감소, 바다의 오염과 어획량의 감소, 소음 및 배출가스, 기타 환경오염이 발생할 수 있으며, 그 외에 건설에 요하는 비용이 있다. 오늘날에는 공항의 건설, 증축, 개조에 대하여 비용 및 편익 계산이 일반적으로 이루어지고 있다. 공항 건설에 국가로부터 보조금(대부분의 국가에서는 축적한 연료세)이 지급되는 경우, 국가 쪽에서 비용 대 효과 계산을 의무화하는 경우도 늘고 있다.

기존의 경우 건설의 외부효과를 기대하는 지자체가 외부비경제를 무시하고 편익을 측정하는 경우가 있었는데, 이것은 올바른 방법이 아니다. 비용도 편익도 특정 단체의 목적에 봉사하는 것이 아니라 사회적인 것으로서, 건설에 대한 합리적인 판단의 자료가 되어야 하기 때문이다. 오늘날에는 비용 대 효과분석은 지자체뿐만 아니라, 항공사에서도 컨설턴트회사에서도 공통으로 필요한 경제적 분석 방법이다.

참고문헌

[1] Davies. R. E.G. (1964), A History of the World Aviations, London: Oxford University Press.

[2] 뎀프시/괴츠(1996) "규제완화의 신화? 미국항공운송산업의 경험?" [요시다 쿠니로(吉田邦郎) 외 역] 일본평론사

[3] 사카키바라 야스오(榊原胖夫)(1999) "항공운송의 경제" 코요 서방.

[4] 사카키바라 야스오(榊原胖夫)/카와이 신고(河合眞吾)(1984) '민간항공시장의 발전' 일본교통정책연구회, 일교연시리즈 D-54.

사카키바라 야스오(榊原胖夫), 카와이 신고(河合眞吾)

항공운송 서비스의 생산과 비용

CHAPTER

02

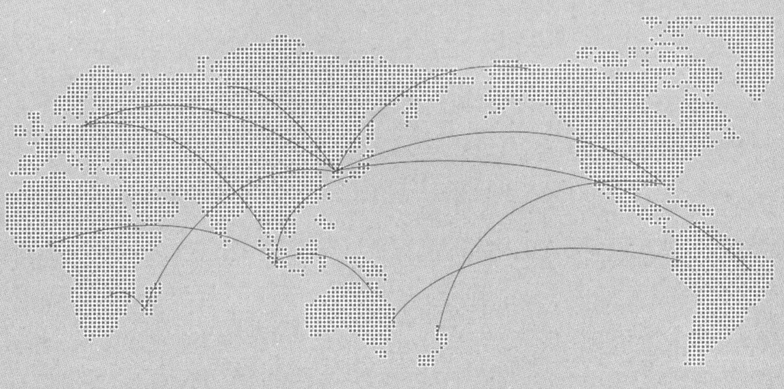

항공경제학

항공운송 서비스의 생산과 비용

항공운송서비스의 생산량은 항공사가 제공하는 좌석수 혹은 톤킬로가 기준(즉 유효 좌석수, 유효 톤킬로)이 되는 것이 아니라, 실제로 여객 혹은 화주가 금전을 지출하여 이용한 수량, 즉 유상 여객수 혹은 유상 톤킬로가 이용된다. 따라서 대부분의 경우 좌석 및 화물 공간에 여분이 발생한다. 비용을 산출하는 경우에는 이 공석/빈 공간의 기회비용이 추가된다.

경쟁적 환경에 놓여 있는 항공운송산업의 서비스 생산과정은 타 산업의 경우와 같이 어느 목표 수송량 하에서의 최소 비용, 혹은 정해진 금전적 지출 하에서 최대 수송량으로 표현된다. 그러나 항공사는 대부분의 경우에서 공통생산(여객 수송과 화물 수송과 같은 복수의 서비스 생산량)을 이행함과 동시에 왕복운송에 대한 반드시 2차적으로 생산되는 서비스를 동반하게 된다. 따라서 어느 투입 요소의 몇 퍼센트가 특정 여객운송에, 또 몇 퍼센트가 특정 화물운송에 분담되었는가를 엄밀하게 판별하기는 어렵다. 또한 같은 이유에서, 어느 서비스의 생산에 비용이 얼마 들었는가를 파악하는 것도 곤란하다. 더구나 본사 조직 등, 직접 수송 서비스의 생산에 관여하지 않는 부문에서도 비용은 발생한다. 따라서 예컨대 어느 서비스의 항공 운임을 설정할 때에 엄밀히 비용에 기초하여 운임 설정을 이행하는 일은 상당히 어렵다. 항공운송산업에서는 일반적으로 타 산업의 규모의 경제성에 상당하는 '밀도의 경제'가 작용한다. 즉, 장기적으로 평균비용곡선은 우 하향으로 체감의 형태를 보인다.

수송밀도의 경제성이 작용하는 이상, 항공운송산업 대부분의 경우 우상향의 공급곡선은 존재하지 않는다. 따라서 엄밀한 의미의 생산자 잉여는 존재하지 않기 때문에 기업이윤이 생산자 잉여로 대체된다.

항공운송산업의 규모 경제성은 이 수송밀도 경제성에 네트워크 경제성 개념을 추가한 것이다. 결국 예를 들면 여객과 화물의 수송밀도가 높다 해도 네트워크 규모가 작은 항공사는 규모가 큰 항공사와는 비교할 수 없다. 이전 항공운송산업에서는 규모의 경제성은 움직이지 않는 것이라고 지적했지만 최근 통계를 이용해 계산해 보면 움직이는 경향을 보이고 있다.

또한 허브 앤 스포크형 네트워크를 갖춘 항공시장에서는 비용보완성이 있다. 결국 어느 노선의 수송량 감소는 예를 들면 근접해 있는 타 노선의 한계비용 수준을 끌어 올릴 가능성이 있다. 따라서 어떤 노선과의 경쟁에 따른 수송량 증감의 영향은 다른 시장에도 미친다는 것을 항공사 및 정책 담당자는 인식해 둘 필요성이 있다.

생산량의 개념 01

항공사도 타 산업의 기업과 같이, 운항승무원 등의 노동력, 항공기와 같은 생산설비, 항공연료, 혹은 토지 등의 제반 요소를 투입함으로써 서비스의 생산을 이루게 된다. 다만 제조업과는 달리, 생산물이 형태로 남지 않아 재고화 할 수 없다는 특징이 있다. 서비스 공급 시에, 예컨대 여객 수송으로 말하자면 일회 운항 시에 모든 좌석이 채워지지 않으면 남은 좌석은 재고라 할 것 없이 그대로 무용지물이 되어버린다. 따라서 항공사의 입장에서 보면 실제로 좌석 공급분만 비용이 지불된다. 따라서 공급하고 있는 좌석 수(유효 좌석 수)를 기초로 생산량을 산출해야 할 것으로 보인다. 그러나 일반적으로 경제학에서 일컬어지는 실제 생산량, 즉 거래량은 공급 좌석 수를 토대로 하는 것이 아니라 그것에 좌석 이용률(Load Factor)을 곱한 값, 즉 유상 좌석 수가 된다. '토대' 라고 쓰는 이유는, 연구자의 분석 목적에 따라 유상 좌석 수에 운항거리를 곱한 '유상 좌석킬로' 를 여객 수송의 생산량으로 결정하는 경우가 있기 때문이다.

한편, 화물 수송의 경우에는, 공급 공간 기준으로 보면 유효 톤, 거기에 운항거리를 곱한 유효 톤킬로가 실제로 항공사에 의해 공급된 공급량이다. 그러나 생산량으로 보면 그에 중량 이용률(이것도 load factor라고 호칭한다)을 곱한 '유상 톤킬로' 가 진정한 거래량이 된다. 아울러 환산지표(일본의 국내선이라면 여객 1인당 수화물을 포함 75kg으로 환산[*])를 적용하면, 여객의 유상 좌석킬로도 유상 톤킬로로 나타낼 수가 있다.

얼마나 효율적인 서비스의 생산을 할 것인가 02

앞서 서술한 바와 같이, 제조업과는 달리 항공운송업을 포함한 교통산업은 재고 불가능한 서비스를 생산한다. 그러나 그 서비스 생산과정은 타 산업의 경우와 같이 <그림 2-1>과 같이 설명할 수 있다. 여기서 말하는 투입 요소는 이른바 자본(항공기, 비행장 설비, 토지 혹은 건물), 노동(운항승무원, 혹은 지상의 정비원), 항공연료 등 항공운송서비스의 생산에 필요한 자원이다. 그것들이 어떠한 비율로 조합되어서, 그 결과 몇 가지 복합 생산물(Multiple products)로서 항공운송 서비스가 제공된다. 즉, 국제정기여객 수송, 국내정기여객 수송, 국제부정기여객 수송, 국내부정기여객 수송, 그리고 이 4종류의 서비스와 대부분의 경우 동시에 이루어지는 화물 수송이 있는데, 이것만 하더라도 8종류의 항공운송서비스가 제공되게 된다.

여기서 항공사가 수송에 든 총 비용을 웃도는 수입으로 이익을 내는 경우, 각종 서비스의 공급량 비율에 따라 서비스에서 수입을 얻는 것이 사회적인 합의를 얻기 쉬운 방법이다. 여기서 각종 서비스의 운임을 결정하려고 했을 때에 문제가 발생한다. 즉 위에서 언급한 바와 같은 투입 요소의 몇 %가 국제정기여객 수송에, 또 몇 %가 국제부정기화물 수송에 사용되었는지를 엄밀히 추적할 수 없게 된다. 또 일반적으로 여객기에는 동체 하부에 화물 공간이 있어, 그곳에

그림 2-1 》 서비스 생산과정의 이미지

[*] 국제 기준은 90 kg임(역자주)

항공화물을 적재하여 수송을 한다[1]. 그렇다면 투입 요소 중에 과연 몇 %가 여객 수송 서비스의 생산에, 또 몇 %가 화물 수송 서비스의 생산에 소비되었는지도 추적이 곤란해지는 것이다. 이와 같은 서비스 생산의 투입 요소의 배분 문제는 항공사의 운임 결정의 커다란 과제인 것이다.

이와 같이, 일회의 비행으로 여객 수송 혹은 화물 수송과 같은, 동시에 복수의 서비스가 제공되는 것을 공통 생산(Common production)이라고 한다. 또, 일회 수송이 있다면 그에 따른 복항이 있으므로, 일회 왕복여정으로 2종류의 서비스 공급이 이루어지는 것이다. 이를 결합 생산(Joint production)이라고 한다[2]. 이상과 같이 항공운송 서비스의 생산은 아주 복잡하다. 그러나 화물 수송뿐만 아니라 여객 수송에서조차 유상 톤킬로라는 공통의 생산량으로 나타낼 수 있기 때문에, 이 편리한 생산단위를 이용하여 항공운송 서비스의 생산과정을 미시경제학의 개념을 사용해 설명해보도록 한다.

완전경쟁 상태에서는 항공사는 서비스 생산을 될 수 있는 한 효율적으로 실행하려 한다. 그 맥락에서 보면 항공사는 어느 목표 수송량을 달성할 때, 각 투입요소의 조달에 필요한 총 비용을 최소화한다고 가정한다. 이 총 비용은 항공기와 종업원 수와 같은 각 투입요소의 조달수량에, 그 가격, 임금, 리스료 혹은 임대료를 곱하여 합계를 낸 것이다. 또 차이는 없겠지만 어느 한정된 총 비용에서 수송량을 최대로 잡는다고 가정해도 상관없다. 이 2가지 생각을 쌍대관계(duality)라고 한다. 이것을 간단한 예를 들어 설명하도록 한다.

항공기 임대료를 r, 임대한 기재의 수를 K, 종업원의 평균임금을 w, 종업원 수를 L이라고 설정한다($r > 0$, $w > 0$, $K \geqq 0$, $L \geqq 0$ 이라 설정한다). 그랬을 때, 생산에 필요한 총 비용은 $rK + wL$과 같이 나타난다. 그리고 위에 언급한대로, 경쟁 하에 있는 항공사는 다음과 같은 행동을 취한다.

어느 일정의 생산량 $Q^* = f(K, L)$ 하에서, 총 비용 $rK \leqq wL$ 을 최소화한다.

다시 말하면, $rK + wL \leqq C$ 와 같은 비용의 제약 하에서 생산량을 최대화한다.

여기서,

$$Q = f(K,L) \tag{2-1}$$

을 등량곡선(isoquant curve),

$$C = rK + wL \tag{2-2}$$

를 등비용선(isocost curve)라고 한다. C는 총 비용이다. 등량곡선은 같은 생산량을 발생시키는 투입 요소의 조합이며, 또 등비용선은 총 생산량이 일정한 상태에서 항공사가 지불하는 투입 요소비용의 조합이다. 세로축에 기자재의 수 K, 가로축에 종업원 수 L을 취하여 등량곡선을 다음과 같은 모양으로 나타내 본다. 이것은 원점에 대하여 볼록한 모양의 곡선이다.

$$Q = KL \tag{2-3}$$

다음으로, 등비용선 (2-2)을 다음과 같이 변형해 본다.

$$K = \frac{C}{r} - \frac{w}{r}L \tag{2-4}$$

그리고 <그림 2-2>와 같이 등량곡선과 등비용선을 같은 좌표 평면에 그려[3] 보고, 목표 수송량을 나타내는 등량곡선을 한 줄 그리고, 다음으로 2종류의 등비용선을 그려 보자.

위쪽에 위치한 등비용선을 (가) $C_1 = wL + rK$, 아래쪽에 위치한 것을 (나) $C_2 = wL + rK$라고 한다. 이 위치관계는 (가)가 (나)보다도 높은 비용수준, 즉 $C_1 > C_2$ 임을 나타낸다. 여기서 (가)는 A와 C의 2군데, (나)는 B의 1군데에서

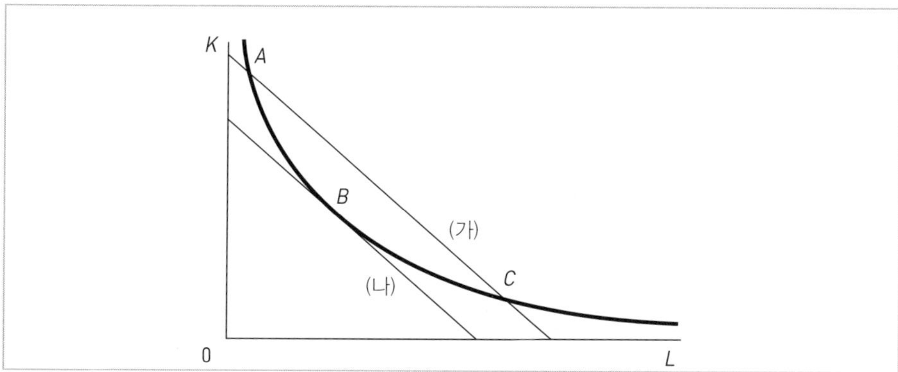

그림 2-2 ›› 등량선과 등비용선을 이용한 비용최소의 사고

등량곡선과 교차하고 있음을 알 수 있다. 등량곡선상에서는 요소의 투입비율은 다르지만, 생산량은 같으므로 같은 생산량을 보다 낮은 비용으로 달성하고 있는 것은 (나)이다. 그리고, (나)의 등비용선보다도 아래에 등비용선이 오게 되면, 이번에는 목표로 삼는 생산량을 달성할 수 없게 된다. 따라서, 등량곡선과 등비용선이 접할 때에 항공사는 더욱 효율적인 생산을 이행하고 있다고 할 수 있다. 이 때, 아래와 같은 관계가 성립된다.

$$\text{등량곡선의 기울기(기술적한계대체율)} = \frac{MP_L}{MP_K} = \frac{w}{r} = \text{등비용선의기울기} \quad (2\text{-}5)$$

(예) 만일, 등량곡선이 $Q = K^{\alpha}L^{\beta}$라는 모양(Cobb–Douglas형 생산함수)으로 나타낸다면, 기술적 한계 대체율(marginal rate of technical substitution, MRTS)은,

$MP_L = \dfrac{\partial Q}{\partial L} = \beta K^{\alpha}L^{\beta-1}, MP_K = \dfrac{\partial Q}{\partial K} = \alpha K^{\alpha-1}L^{\beta}$가 되므로,

$MRTS = \beta K^{\alpha}L^{\beta}K = \dfrac{\beta K}{\alpha L} = \dfrac{w}{r}$, 즉 (2–5)가 된다.

또 <그림 2-2>의 경우, 등비용선의 상향 이동함에 따라, B점도 우측 사선 상향으로 이동한다. 이를 확장경로(expansion path)라고 한다. 생산의 효율성, 비효율성에 대해 보다 이해를 높이기 위해 <그림 2-3>의 A~E를 보자. 각 점에서

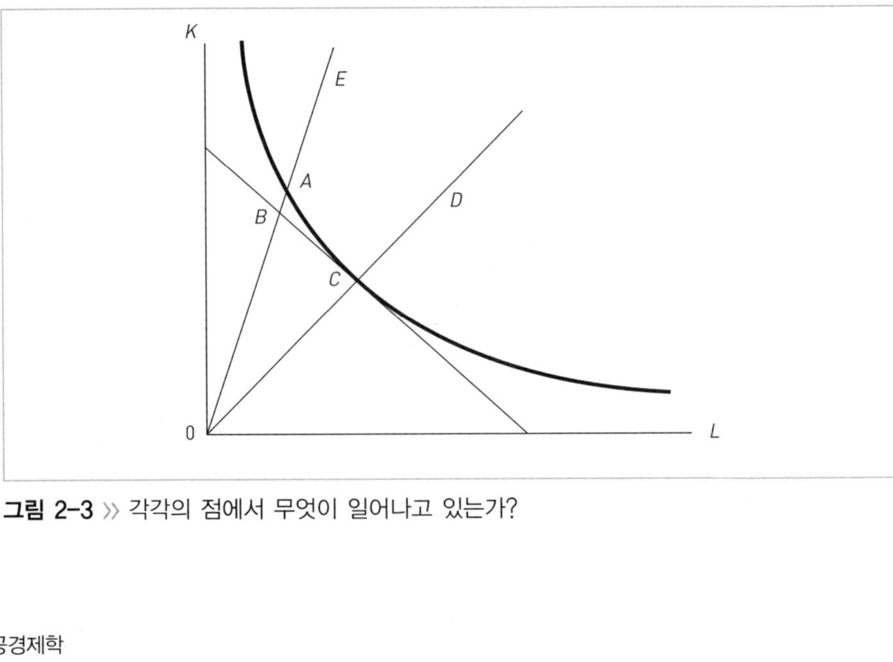

그림 2–3 》 각각의 점에서 무엇이 일어나고 있는가?

는 과연 생산이 가능할까? 만일 가능하다면, 과연 거기서 효율적 생산이 이루어지고 있는 것일까?

지금까지 논의에서 답이 이미 명확하게 나온 것은 *C*점이다. *C*점에서는 주어진 *K*의 가격 및 임금 아래, 가장 효율적인 생산이 이루어지고 있다. 그러면 *A*점은 어떤가? 이 점은 가장 효율적 생산을 이행하고 있는 *C*점과 같은 등량곡선상에 있다. 주어진 조건에서 최대의 서비스 생산을 이행하고 있다는 측면에서 효율적이라고 하겠다. 그러나, 주어진 자본가격과 노동임금 하에서 최적의 요소배분을 실행하고 있지 않기 때문에, *A*점에서 등비용선과 등량곡선이 접하지는 않는다. 따라서 자원배분상 효율적이라고는 할 수 없는 것이다.

다음으로 *B*점은 어떤가 하면, *B*점은 *C*점과 같이 등비용선상에 있지만 등량선과 접하지 않을 뿐 아니라, 보다 원점에 가까운 곳에 있다. 즉, 여기서 주어진 조건에서는, *B*점은 도달 불가능한 목표인 것이다. *B*점을 등량선이 통과하기 위해서는, 만일 투입 요소 가격비가 일정하다면 보다 많은 요소가 투입되어야만 하며, 혹은 기술수준이 변화하여 등량선이 좌측으로 이동하여 B점과 접할 필요가 있다. *D*점은, 원점에서 *C*점을 향하여 그은 선 상에 있으며, 주어진 요소 가격비 그대로 등비용선을 우측 상향으로 비켜가면 곧 *D*점에 접하게 된다. 즉 *D*점은 *C*점과 같이 자본과 노동 배분의 효율성을 달성하고 있지만, *D*점으로 접하기 위해서는 비용이 상승하고 있기 때문에 생산기술적으로 보아 효율적인 점이라고는 할 수 없다. 마지막으로, *E*점은 원점 측면에서, 자본과 노동이 효율적 배분을 달성하고 있지 않은 *A*점의 연장선상에 있다. 더구나 이 점에서는 등비용선이 통과하기 위해서는 비용이 상승해 버린다. 따라서 E점은 생산 기술, 자본 및 노동의 측면에서 보아도 비효율적인 점이다.

서비스 생산량과 비용의 관계 03

다음으로 앞 절에서 설명한 자본 및 노동의 투입과 서비스 생산량과의 관계를 살펴보자. 상식적으로 볼 때, 자본 혹은 노동과 같은 투입 요소를 보다 많이 투

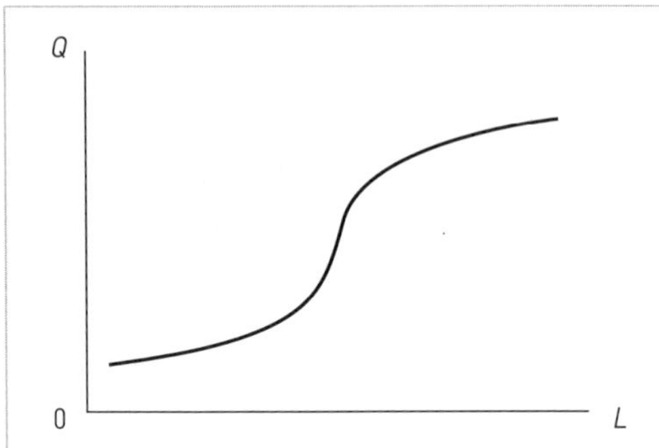

그림 2-4 ›› 노동량 *L*과 생산량 *Q* 관계의 한 예

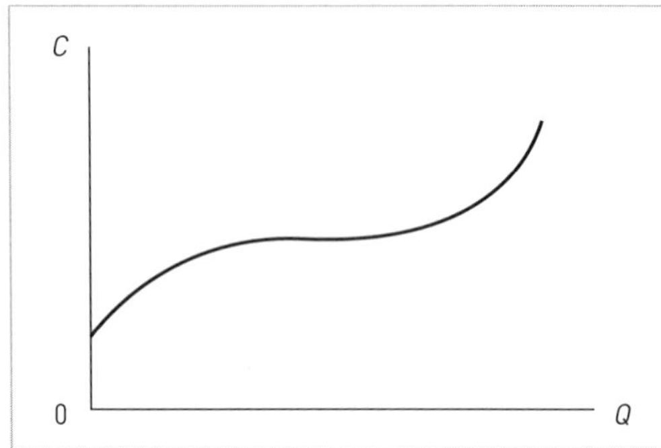

그림 2-5 ›› 그림 2-4에서 이끌어진 생산량 *Q*와 비용의 관계

입하면 보다 많은 서비스가 생산된다(어떠한 곡선을 그리면서 생산량이 증가하는가에 대해서는 향후 다루기로 한다). 지금 항공운송산업의 화제를 벗어나서, 단순히 노동 투입과 생산량의 관계를 직관적으로 나타내 보자. 어떤 사람이 처음으로 단순작업에 임했다고 했을 때, 처음에는 익숙하지 않아서 좀처럼 생산이 늘지 않지만 숙련되어감에 따라 효율이 점차 오른다. 그러나 곧 피로를 느껴 생산량의 증가 폭이 완만해진다. 이 노동투입과 생산량의 관계를 <그림 2-4>로 나타내 보자.

<그림 2-4> 곡선의 노동량에 대하여 일정 임금 w를 곱하고, 가로축을 *wL*로 설정한다. 그리고, 세로축과 가로축을 서로 맞바꾸면, 세로축은 $C(=wL)$, 가로축은 *Q*가 된다. 이를 <그림 2-5>에 그려 보자. 상기 예에서는, 이야기를 간편하게 하기 위하여 투입 요소는 노동 한가지만으로 설명한 것인데, 이번에는 이에 자본을 추가하여 이전 절의 등비용선 (2-6)및 등량곡선 (2-7)식에서 총비용곡선을 구해 본다.

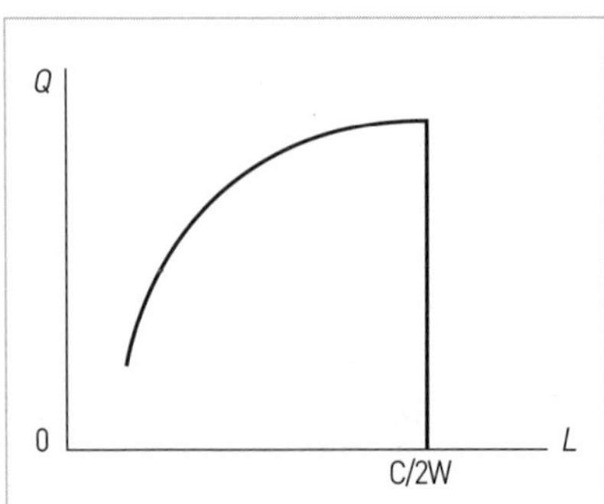

그림 2-6 ›› 노동량 *L*과 생산량 *Q*의 관계 [(2-6)식]

$$C = rK + wL \qquad (2\text{-}6)$$

$$Q = KL \qquad (2\text{-}7)$$

등비용선 (2-6)를 변형하여, 이전 절 (2-4)를 구하여 이를 (2-7)에 대입하면,

$$Q = (\frac{C}{r} - \frac{w}{r}L)L \tag{2-8}$$

가 얻어진다. 이 식은 2차 항이 음수의 2차 함수이기 때문에 최대값을 취한다는 것을 알 수 있다[4]. 일반적으로 노동의 투입에 대하여 생산량의 증가 폭이 작아지는 경우에도 생산량이 감소하는 일은 없기 때문에, (2-8)식이 최대값을 취하는 L의 값까지가 생산 함수의 가로축 범위인 것이다(<그림 2-6> 참조)

(2-8) 식이 최대값을 갖는 L은, 이 식을 L로 미분하여 제로(0)로 두면 구할 수 있다.

$$\frac{dQ}{dL} = \frac{C}{r} - 2\frac{w}{r}L = 0, \text{ 즉, } L = \frac{C}{2w} \tag{2-9}$$

이다.

(2-9)식을 변형된 등비용선 (2-4)에 대입하면 $K = \frac{C}{2r}$가 구해지는데, 이것과 $L = \frac{C}{2w}$를 등량곡선 (2-3)식에 대입하면,

$$Q = \frac{C^2}{4wr} \tag{2-10}$$

이 얻어진다. 다음으로 (2-10)식의 분모를 잘라서 투입가격 및 생산량은 함께 정수임을 확인하여 식을 구하면

$$C(Q, w, r) = 2\sqrt{Qwr} \tag{2-11}$$

가 얻어진다. 이것이 총 비용 함수다. 이것을 보면, 총 비용 함수는 서비스의 생산량과 투입요소 가격의 영향을 받는다는 것을 알 수 있다. 일반적으로 총비용 함수는 다음과 같은 특성을 갖는다.

생산량 증가 및 투입요소의 가격 상승에 대하여 총비용이 감소하는 일은 없다.

① 투입 요소에 관하여 오목형 함수(concave function)이다.

② 투입 요소에 대하여 1차 동차(homogeneous of degree one)이다[5].

③ 연속형 함수이다.

생산량과 비용의 다양한 관계 04

(1) 단기 비용 곡선과 공급곡선

이상과 같이 항공사의 총 비용은 서비스 생산량과 자본 및 노동, 나아가 연료와 같은 투입 요소 가격 또는 임대료의 영향을 받는다는 것을 알았다. 이번에는 화제를 바꾸어, 서비스 생산의 증가와 함께 변화하는 비용과, 처음 준비하면 한참 동안 변화하지 않는 비용에 대하여 생각해 보자. 예를 들어 새로이 설비를 갱신할 때까지는, 이와 같은 생산량에 따라 변화하는 비용과 변화하지 않는 비용이 존재한다. 이와 같은 생산설비 갱신까지의 기간을 '단기(short run)' 라고 한다. 단기 총비용(short-run total cost, STC)은,

① 고정 비용(fixed cost, FC): 생산량의 변화에도 불구하고 변화하지 않는 비용.

② 가변 비용(variable cost, VC): 생산량의 변화와 함께 변화하는 비용으로 분류된다. 즉,

$$STC = FC + VC \tag{2-12}$$

이다. 일반적으로 기간을 단축시키면 시킬수록 고정화되는 비용의 비율이 커진다. 예를 들면, 단기를 일회 비행이라고 정의했을 때, 탑재하는 연료와 승객에게 제공되는 식사까지 거의 고정된다(설마, 비행 중에 기내식 수량이 모자란다는 이유로 제공할 수 없는 경우도 있겠지만…).

한편, 예를 들어 1년간 혹은 그 이상의 운항계획이라면 자본관계는 고정되지만, 항공수요에 맞추어 리스하고 있는 기재와 종업원 수에 변화가 생길 수 있다. 그렇다면 이들은 가변비용이 된다. 나아가 더욱 긴 기간으로 보았을 때, 모든 설비는 갱신되기 때문에 고정비용은 소멸하여 모두 가변비용이 된다. 이를 '장기 총비용(long-run total cost, LTC)' 이라고 한다.

우리들은 곧잘 '단가는 얼마였어?' 와 같은 말을 사용한다. 그 단가란 것은 들어간 비용 총액을 제품 또는 서비스의 생산량으로 나눈 값을 뜻할 때가 많다. 일반적으로는 이 단가에는 기회비용, 즉 만일 다른 용도 혹은 다른 시간대에 제공되었다면 발생하지 않았을 것을, 실제로는 발생해버린 비용도 포함한다. 예를 들면, 페스트푸드인 햄버거는 만들어진 후 10분이 지나도록 팔리지 않았을 경우에는 버려진다고 한다. 항공운송의 경우에는 10분이 아니라, 비행 시에 좌석이 팔리지 않으면 그만큼은 공석이 되는데, 항공사는 그 빈 공간을 수송하는 만큼 그대로 손해를 본다. 만일 수요가 피크에 걸려있는 때라면, 취소가 나와도 취소대기 승객이 그 공석을 구입하기 때문에 이론상 기회비용은 발생하지 않는다. 그러나 오프 피크에 걸린 때라면 기회비용이 발생하게 된다. 만일 항공사가 이 기회비용을 제외하고 비용 기준으로 운임을 설정하려고 하면, 적자가 발생하게 될 것이다.

따라서, 그런 일이 발생하지 않도록 하기 위해서는 기회비용도 포함해서 비용을 산정할 필요가 있을 것이다. 그러므로 좌석 등의 단가는 총 비용을 공급 받은 좌석 수(유효 좌석 수)와 비행거리로 나누는 것이 아니라, 실제로 판매된 좌석 수(유상 좌석 수)와 비행거리로 나누는 것이 항공사에서는 타당하다. 햄버거의 단가도 폐기된 것을 포함하여 실제로 제조된 햄버거의 총 비용을 판매 개수로 나누어서 구한다고 한다. 만일 그 단가에 기초하여 가격이 설정되고 있는 것이라고 하면 기업은 판매 잔고로 인한 적자를 피할 수 있고, 반대로 구입하는 소비자는 판매 재고물품의 제조 경비를 부담하게 된다는 결론이 된다.

여기서 이 총 비용을 수송량으로 나눈 기회비용 포함 단가를 평균 비용(average cost, *AC*) 이라고 한다. 단기의 평균 비용(short-run average cost, $SAC = STC/Q$)은 아래와 같이 된다.

$$\text{단기 평균비용}(SAC) = \text{평균 고정비용}(AFC/Q) + \text{평균 가변비용}(AVC/Q) \tag{2-13}$$

우변 중에서 평균 고정비용은 수송량의 증가와 함께 체감한다. 또, 수송량을 아주 미미하게 증가시켰을 때의 총비용 증가분을 한계비용(marginal cost, MC)이라고 하며, 아래와 같이 총 비용의 아주 미세한 변화 분을 수송량의 아주 미세한 변화 분으로 나눔으로써 도출하는데, 수학적으로 보면 미분하고 있는 것이 된다.

$$MC = \frac{\Delta TC}{\Delta Q} = \frac{\text{총비용의 미세한 변화}}{\text{수송량의 미세한 변화}} \tag{2-14}$$

예를 들어 <그림 2-5>의 총비용함수는 대체적인 형태에서 보면 Q의 3차 함수이다. 총비용함수의 고정 비용이 6000, 가변 비용이 식 (2-15) 이라고 했을 때, 총비용함수는 식 (2-16)가 된다.

$$VC = 0.5Q^3 - 30Q^2 + 500Q \tag{2-15}$$

$$STC = FC + VC = 0.5Q^3 - 30Q^2 + 600Q + 6000 \tag{2-16}$$

식 (2-14)를 Q로 나누어 단기 평균비용을 구하면, 식(2-17)와 같이 된다.

$$SAC = STC/Q = 0.5Q^2 - 30Q + 600 + 6000/Q \tag{2-17}$$

식 (2-15)를 평균 고정비용과 평균 가변비용으로 분해하면, 식 (2-18), (2-19)과 같이 된다.

$$AFC = 6000/Q \tag{2-18}$$

$$AVC = 0.5Q^2 - 30Q + 600Q \tag{2-19}$$

평균 고정비용은 수송량(Q)의 증가와 함께 체감해 간다는 것을 확인할 수 있다. 또 평균 가변비용은 이 예에서는 수송량 30으로 최소값 150을 갖는 2차 함수이다. 그리고 한계비용은 아래와 같이 된다. 한계비용 곡선도 평균 가변비용과 같이, 여기에 한해서 언급하자면 수송량 20으로 최소값 제로가 되는 2차 함수가 되어 있음을 확인할 수 있다.

$$SMC = \Delta STC/\Delta Q = 1.5Q^2 - 60Q + 600 \tag{2-20}$$

이어서 평균비용 함수의 형태를 확인해보자. 수송량이 제로인 때에는 평균 고정비용이 무한대가 되기 때문에 평균비용도 무한대가 된다. 수송량이 1, 2, 3으로 증가함에 따라 평균비용은 6,570.5; 3,542; 2,514.5…와 같이 감소해간다. 그

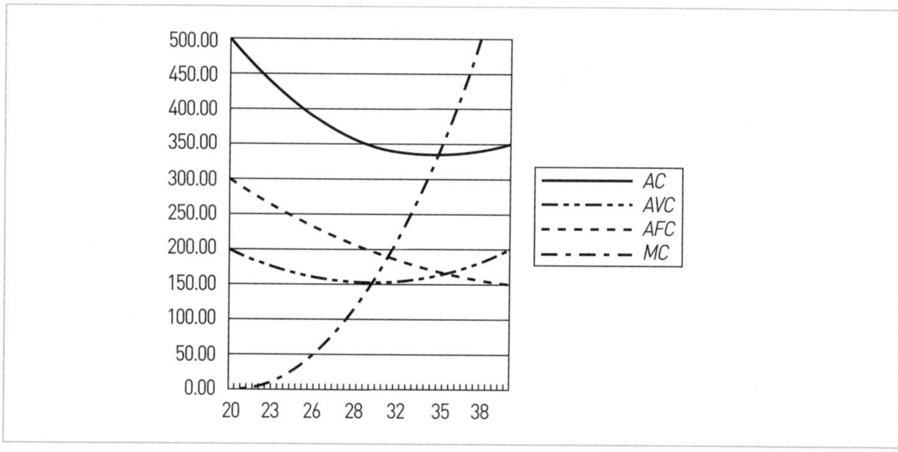

그림 2-7 » 비용함수의 위치관계

리고 수송량이 증가함에 따라 평균비용 함수가 어떤 형태가 되는지를 평균 가변비용, 평균 고정비용 및 한계비용과의 위치 관계와 함께 확인해 보면 <그림 2-7>과 같다. 이미 언급한 대로, 이런 경우 평균 가변비용과 한계비용은 최소값을 갖는 2차 함수이다. 평균비용 함수는 2차 함수인 평균비용 곡선에 항상 체감하는 평균 고정비용을 더한 것이기 때문에, <그림 2-7>의 가장 위에 약간 굴절된 모양을 갖고 있는 것을 알 수 있다. 최소값은 평균 가변비용의 최소값을 나타내는 수송량(이를 최소규모라고 한다)인 30보다도 약간 많다. 34.92(*AVC*와 AFC의 교점의 수송량)으로 약 334의 비용을 갖는다.

이 평균비용이 최소가 되는 수송량을 최적규모라고 하며, 평균 가변비용 곡선의 가장 바닥 부분을 최소규모라고 한다. 실은 한계비용 곡선은 최소규모와 최적규모의 양쪽을 통과하고 있다. 한계비용 곡선의 식에 최소 규모가 되는 $Q = 30$ 및 최적 규모가 되는 $Q = 34.92$를 대입하여 확인해보자.

$$SMC|_{Q=30} = 1.5 \times 30^2 - 60 \times 30 + 600 = 1{,}350 - 1{,}800 + 600 = 150 \quad (2\text{-}21)$$

$$SMC|_{Q=34.92} = 1.5 \times 34.92^2 - 60 \times 3.92 + 600 \cong 334 \quad (2\text{-}22)$$

다음, 최적규모와 최소규모가 도대체 무엇을 의미하는지를 생각해 보자. 이미 언급한 것처럼, 최적규모는 이른바 항공사에 적자가 발생하지 않는 가장 평균

비용이 작아지는 점이기 때문에, 이 점을 손익분기점(break even point)이라고도 한다. 항공사의 티켓 가격이 한계비용 곡선상에서 결정되어 있다고 하고, 그것이 손익분기점보다 위쪽이면 항공사에는 흑자가 계속 발생하는 한편, 아래쪽이면 적자가 계속 발생한다. 항공사는 이 손익분기점을 좌석이용률 및 중량이용률(어느 쪽도 탑승율)로 나타내는 일이 많고, 자유로이 편수와 운임이 결정되는 경우에는 항공사는 이 손익분기 탑승율을 참고로 운임과 공급을 조정한다.

그러면, 항공사의 티켓 가격이 손익분기점보다 아래인 경우 계속 적자가 발생하고 있다고 가정했을 때, 항공사는 운항을 중지하는 것이 옳을까? 장기적으로는 손익분기점보다 아래 쪽이라면 항공사는 운항을 중지할 수 밖에 없다. 한편, 단기적으로는 최소규모가 중지하는 점이 된다. 이 점을 폐쇄점(shut down point)이라고 한다. 예를 들면 출발 직전이 되어도 공석이 채워지지 않는 경우, 항공사는 공석이 있는 그대로 비행 편을 출발시켜서 완전히 무수입으로 끝나기보다, 적자가 발생하여도 판매수입으로 가능한 한 손실을 회수하려고 할 것이다. 좌석이 공석인 채로 비행하면, 이 손실은 일회의 비행좌석 공급 분(1회 비행의 고정비용 분)이 된다. 가령 손익분기점 이하로 티켓을 판매하여 그 반을 회수할 수 있었다고 하자. 이 때 회수할 수 없었던 비용을 매몰비용(sunk cost)이라고 한다[6]. 티켓가격이 폐쇄점 이하가 되면 기업은 평균 가변비용조차 회수할 수 없는 상황에 빠지므로, 이미 서비스를 공급할 도리가 없어지게 된다. 따라서, 경쟁적인 상황에서는 단기적으로는 폐쇄점에서 손익분기점을 거쳐 그보다도 상향 부분에서 개별의 항공사는 서비스를 공급한다. 이것이 단기의 개별기업의 공급 곡선이다.

(2) 장기비용 곡선과 공급곡선

한편, 모든 고정자산이 상각되는 장기에서는 고정비용이 존재하지 않는다는 것을 이미 언급했다. 기본적으로는 기간을 길게 잡을수록 고정비용이 점점 가변비용화가 되는 것이므로, 장기의 총비용곡선과 단기의 총비용곡선은 <그림 2-8>과 같은 위치가 된다. <그림 2-8>에서는 그림이 번잡해지는 것을 피하기 위해 단기 총비용곡선(*STC*)은 3개밖에 그려지지 않았지만, 실제로는 고정 비용

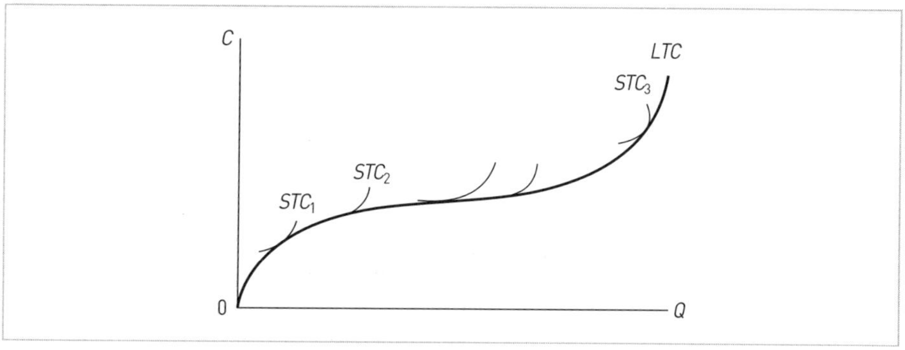

그림 2-8 ≫ 장기 총비용과 단기 총비용의 관계

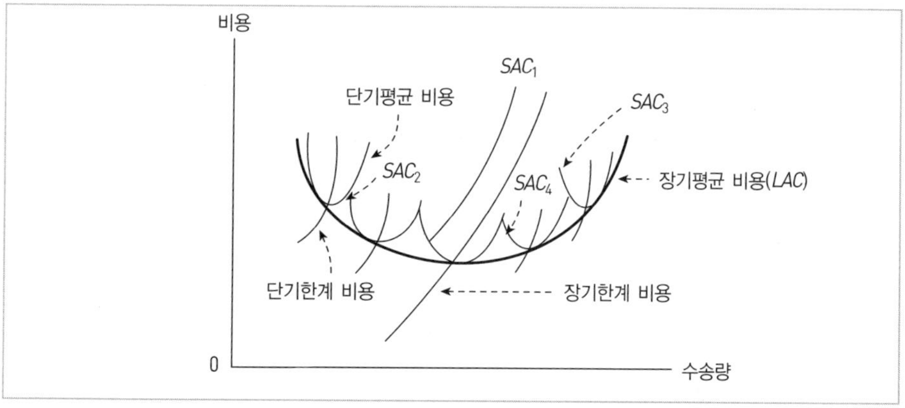

그림 2-9 ≫ 단기와 장기의 평균비용 및 한계비용의 관계 (일반적인 산업)

이 큰 단기비용 곡선(STC_2부근의 것)에서 고정 비용이 작은 단기비용 곡선(STC_1부근에서 더욱 좌측)까지 매 기간마다 빽빽하게 *STS*가 늘어서서 그것들과 모두 접하도록 장기 총 비용 곡선(*LTC*)이 형성되어 있는 것이다.

<그림 2-5>에서 <그림 2-7>을 구한 것과 같은 방법으로, <그림 2-8>에서 평균비용 곡선과 한계비용 곡선의 단기와 장기의 관계를 구해보도록 한다. 이 것을 보면 알 수 있듯이, 단기의 평균비용 곡선은 장기의 평균비용 곡선의 안 측에 접하는 모양, 즉 장기 평균비용 곡선은 단기 평균비용 곡선의 포락선(envelope)이 되어 있다. 또 장기 평균비용 곡선과 단기 평균비용 곡선의 최적 규모는, 단 하나의 케이스(STC_2)를 제외하고는 서로 일치하지 않는다는 것을 알 수

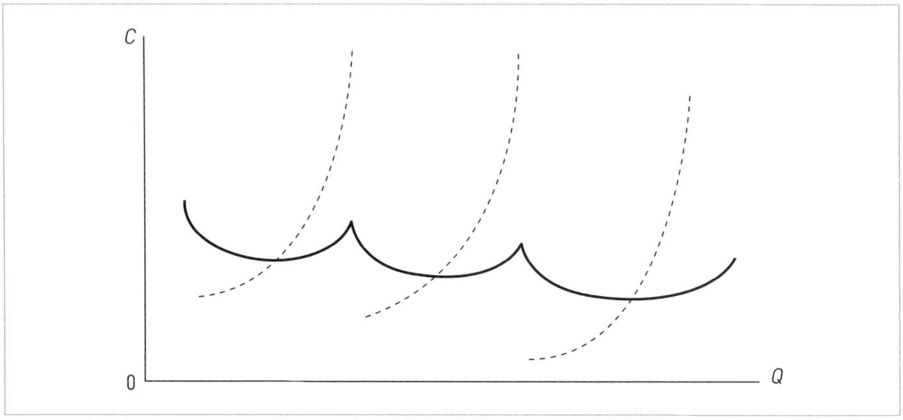

그림 2-10 ≫ 항공운송산업의 장기 평균 비용 및 한계 비용의 관계 (실선이 LAC, 점선이 LMC)

있다. 장기에는 평균 가변비용이 없어져, 개별 항공사의 최소규모와 최적규모는 일치하여 최소최적 규모가 된다. 그리고 그 공급 곡선은 최소최적 규모보다 상향의 한계비용곡선이 된다. 완전경쟁 상태에서는 개별 항공사의 가격은 최소최적 규모로 결정되어, 시장 전체에서는 이 점 아래쪽에 있는 것부터 위쪽에 있는 것까지의 수평화가 우측 상향의 곡선을 형성하여 시장의 공급곡선이 된다.

일반적으로 교통산업에서는 설비투자의 규모가 크다(lumpy)고 여겨진다. 따라서, 단기비용곡선과 장기비용곡선과의 관계에서 비용함수가 반드시 원만한 곡선을 그리지 않고, 예를 들면 *LAC*가 파도치는 모양이 된다고 여긴다(<그림 2-10>). 현재에도 제트여객기 1기의 가격은 100~300억엔 정도이며, 더구나 만일 노선 확장에 즈음하여 항공사 비용으로 공항 건설 또는 확장을 도모한다면, <그림 2-10>과 같은 상황이 발생하기 쉽다. 그러나, 공항 건설 및 확장은 공적 부문에 의하여 이루어지는 것이므로, 실제 <그림 2-10>과 같은 극단적인 케이스는 발생하지 않을 수도 있다.

수송밀도의 경제성과 항공사의 공급 05

그런데 단기와 장기 측면에서, 개별의 항공사가 공급곡선 상에서 서비스를 제공하고 있는지는 알 수 없다. 그 이유는 항공운송산업에는 밀도의 경제성이 작용하고 있다고 여겨지기 때문이다. 밀도의 경제성이란, 다른 일반 산업에서의 규모의 경제성과 동등한 개념이다. 즉, 수송량이 증가함에 따라 수확 체증으로 그 결과 총 비용은 증가하지만, 증가의 정도가 작아져 가는 상황이다. 다시 말하자면, 평균비용곡선은 수송량의 넓은 범위에 걸쳐서 체감되어 가는 것이다[7]. 이때, 수송 네트워크의 규모는 일정하다고 가정한다[8].

<그림 2-11>과 같이, 가령 경쟁적인 환경에서 항공운송시장의 단기시장 규모가 공급규모와 비교하여 작은 때, 즉 수요곡선($D_1 - D_1$)이 최적규모보다도 좌측, 최소규모보다도 우측에 있다고 하면, 이 때 기업의 공급은 평균비용곡선 상(<그림 2-11>의 X) 혹은 한계비용곡선 상(<그림 2-11>의 Y)에서, 또 최소규모보다도 좌측($D_2 - D_2$)이면 평균비용곡선 상(<그림 2-11>의 Z)에서 이루어지는 것이 된다. 그리고 장기의 경우에는, 수요곡선이 최소최적 규모보다도 좌

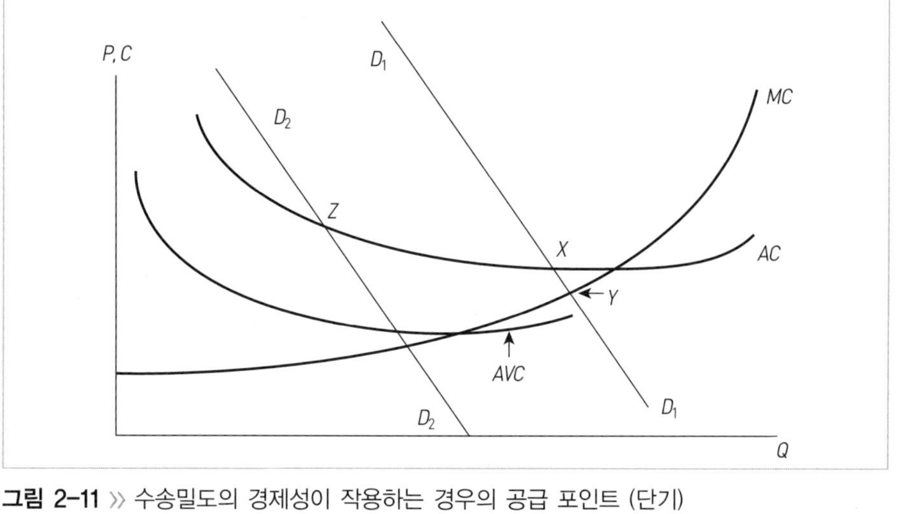

그림 2-11 ›› 수송밀도의 경제성이 작용하는 경우의 공급 포인트 (단기)

측이라면 평균비용곡선 상에서 서비스의 공급이 이루어진다.

참고로, 미국 항공운송산업의 실제 데이터를 써서 평균비용함수와 한계비용함수의 위치 관계를 나타낸 것이 [보론]의 <그림 2-13>이다. 이것을 보면, 수송량의 넓은 범위에서 평균비용곡선과 한계 비용 곡선이, 수평에 가까운 우측 하향의 곡선에 근접한 모양을 나타내고 있어 수송밀도의 경제성이 작용하고 있을 가능성이 있음을 알 수 있다. 아울러, 수송량이 많은 대규모 항공사의 평균 비용은 약 10센트에 미치지 않으며, 또 한계 비용은 5센트 정도임을 알 수 있다.

밀도의 경제성과 규모의 경제성 06

이전 절에서 언급한 바와 같이, 타 산업의 규모 경제성은 항공운송산업에서는 밀도의 경제성이라고 부른다. 즉, 수송량의 증가는 반드시 항공사의 규모의 확대를 의미하지 않는다고도 할 수 있다. 예를 들면, 연간 유상여객 20만 명을 함께 10의 노선으로 수송하는 항공사 A와, 연간 200만 명의 유상 여객을 1노선만으로 수송하는 항공사 B의 규모 중 어느 쪽이 큰가 하고 물어보면 아마도 많은 사람들이 답변하기 어려울 것이다. 항공운송산업에서는 일반적으로 수송량의 확대와 함께 수송 네트워크의 규모(예를 들어 노선 수)가 확대될 경우에 기업규모가 확대된다고 생각한다. 이 2개의 팩터가 동시에 확장하면 물론 기업 규모가 확대된다고 할 수 있다. 또 같은 수송밀도라면 네트워크 규모가 큰 항공사 A쪽이 기업규모가 크다고 간주되며, 같은 네트워크 규모라면 수송밀도가 높은 기업 쪽이 규모가 크다고 해석된다.

Caves, Christensen and Tretheway(1984)는, 1976년부터 81년까지의 21개 회사의 데이터를 통하여, 우선 유상 톤킬로가 1% 증가했을 때에 총 비용이 몇 % 변화하는가를 ε_Q라고 하여, 미국 항공사의 데이터를 사용해서 구했다. 그 결과 $\varepsilon_Q = 0.804$라는 값을 얻었다. 즉, 수송량의 1%의 증가에 총 비용은 0.8%밖에 증가하지 않은 것이다. 이 관계를 수식으로 표현하면

$$TC = Q^{0.8} \tag{2-23}$$

이 된다[9]. 이것에 의하여 평균비용을 구하면 아래와 같이 된다.

$$AC = \frac{TC}{Q} = \frac{Q^{0.8}}{Q} = \frac{1}{Q^{0.2}} \tag{2-24}$$

즉, 수송량이 증가하면 할수록 평균비용이 체감한다. 그 이후의 연구, 예를 들어 Gilllen, Oum and Tretheway(1990), 또 일본을 대상으로 한 연구에서는 키누가사(衣笠, 1995)와 엔도(遠藤, 2001)에서도 같은 결과가 얻어지고 있으므로, 일반적으로는 항공운송업계에서는 밀도의 경제성이 작용한다고 여겨지고 있다[10]. 그리고 Caves et al.은 항공사 규모의 경제성을 측량하는 지표로 규모에 관한 수확의 개념을 제시하고 있다. 그것은 ε_Q에 총 비용의 네트워크 규모탄력성 $\varepsilon_Q = \dfrac{\Delta TC/TC}{\Delta N/N}$($N$은 예를 들어 노선 수)를 더한 $\varepsilon_Q + \varepsilon_p$의 역수, 즉 $RTS = \dfrac{1}{\varepsilon_q + \varepsilon_p}$이다. 이 값이 1이라면 항공운송산업은 수확 일정으로 간주되며, 실증적으로도 나타나 있는 사실이다. 그들의 측정에서는 $\varepsilon_q + \varepsilon_p = 0.934$로, RTS는 1.07이 되었다.

이 경우 $RTS = 1$이라는 귀무가설을 통계적으로 파기하지 못하여, 항공운송산업은 규모에 관하여 수확이 일정하다고 여겨진다[11]. 이 결과로 보면, 합병에 의한 기업 규모의 확장은 반드시 비용 효율을 개선하는 것은 아니라고 할 수 있다. 참고로, 1996년부터 2000년까지, 미국 항공사의 189개 샘플을 통하여 콥-더글러스(Cobb and Douglas)형과 트랜스 로그(Translog)형이라고 일컬어지는, 이전부터 여러 연구에서 많이 이용되는 총비용함수를 써서 수송밀도의 경제성과 규모의 경제성을 측정했다(본 장의 [부록] <표 2-1>을 참조). 그 결과, 미국 항공운송산업 평균의 $\varepsilon_Q = 0.564$, $\varepsilon_Q + \varepsilon_P = 0.488$로, RTS는 2.049가 된다. 어느 쪽도 통계적으로 유의하게, 규모에 관한 보수 일정의 기준인 1에서 먼 값이라는 것이 판명되었다[12].

또 미국 항공의 $\varepsilon_Q = 0.581$, 저비용 항공사인 사우스웨스트 항공의 $\varepsilon_Q = 0.386$, $\varepsilon_Q + \varepsilon_p = 0.486$과 $\varepsilon_Q + \varepsilon_P = 0.356$으로, 어느 쪽도 RTD와 RTS를 통틀어 통계적으로 유의하게 1에서 벗어난 값이다. 이들 결과에 근거하면, 최근의 미국

사례에서는 수송밀도의 경제성과 함께 규모의 경제성도 작용하도록 되어 있으며, 동시에 저비용 항공사 쪽으로 밀도의 경제성이 강하게 나타나고 있는 것일지도 모른다. 이 사실에 대해서는 본 장의 9절에서 더 깊이 검토하도록 하겠다.

범위의 경제성 및 로드 팩터의 경제성, 거리의 경제성 07

합병에 의한 규모의 경제성은 달성할 수 없을지도 모르지만, 범위의 경제성(economies of scope)은 달성될 가능성이 있다. 예를 들어 항공사가 여객기의 하부 화물칸, 즉 벨리 (belly) 수송에 의하여 화물 수송과 여객 수송의 공통 생산을 하고 있는 상황을 가정하기로 한다. 1개 항공사에서 동시에 화물 수송과 여객 수송을 하는 쪽이, 2개사가 각각 화물 수송과 여객 수송을 하는 것보다 저비용으로 공급할 수 있을 때, 범위의 경제성이 작용한다고 한다. 예를 들어 화물 수송량을 Q_1, 여객 수송량을 Q_2로 했을 경우,

$$C(Q_1, Q_2) < C(Q_1, 0) + C(0, Q_2) \tag{2-29}$$

일 때 범위의 경제성이 작용하고 있다. (번호가 중간에 빠진 식에 대해서는 본 장의 마지막 주석을 참조). 지금 가령

$$C(Q_1, Q_2) = F + aQ_1 + bQ_2 \tag{2-30}$$

라고 한다면,

$$C(Q_1, 0) + C(0, Q_2) = F + aQ_1 + F + bQ_2 = 2F + aQ_1 + bQ_2 > C(Q_1, Q_2) \tag{2-31}$$

임을 알 수 있을 것이다(F는 고정 비용, a, b는 상수의 계수). 예를 들면 2개의 항공사가 공항에서의 시설을 공용하는 것과 같은 경우, 이와 같은 사례가 발생한다고 여겨진다. 참고로, 본 장의 마지막 부분의 [보론] <표 2-1>에 있는 총비용함수의 추정 결과 중에 '차터 비율 및 거리' 라는 변수의 계수를 보자. 모든 결과에 대해서 값이 −0.027로 나타나 있고, 직감적으로는 작은 값이기는 하지만 통

계학적으로 유의하게 나타나고 있다. 이것을 해석하면 항공 회사가 장거리 노선에 진출함과 동시에 차터 수송(부정기 수송)의 비율을 높이면 총 비용이 감소한다는 것이 나타나 있다. 장거리 시장에서의 서비스 생산과 차터 시장에서의 서비스 생산을 공통 생산으로 간주한다면 이들 2개의 서비스의 생산에 관하여 범위의 경제성이 작용하고 있는 것일 수도 있다. 항공운송산업에서는 이 밖에 탑승율의 경제성, 거리의 경제성이라는 개념도 존재한다. 전자는 탑승율이 상승하면 그 관련 비용이 저하한다는 것을 나타내며, 또 후자는 노선거리가 길어질수록 거리 관련 비용이 저하된다는 것을 나타낸다.

완전배분 비용과 증분 비용 08

항공사가 여객수송 서비스와 화물수송 서비스의 공통 생산을 할 때 특정 투입요소의 몇 할이 여객수송 서비스의 생산에, 또 몇 할이 화물수송 서비스의 생산에 투입되었는지를 엄밀히 판별할 수 있다면, 본 장의 3절과 4절에서 언급한 것과 같은 각 서비스 별 평균비용과 한계비용이 판명될 수 있다. 그러나 본 장의 2절에서 언급한 것처럼, 실제로는 그것들을 아는 것은 불가능에 가깝다. 즉 공통생산을 진행하는 기업의 평균비용과 한계비용을 구하는 일은 어려운 일이다.

여기서 각종 서비스의 생산량에 따라 단기 총비용함수의 고정 비용을 할당하여, 개별 서비스에 소요된 비용을 산출하는 방법이 있다. 지금 하나의 노선에서 여객수송과 화물수송을 하는 항공사의 총 유상 톤키로를 차지하는 유상 여객 톤키로의 비율을 α라고 했을 때, 이 항공사가 여객 수송에 소요한 단기 총 비용은

$$TC_1 = \alpha FC + VC_1(Q_1) \qquad (2\text{-}32)$$

또 화물 수송에 소요한 단기 총 비용은

$$TC_2 = (1 - \alpha)FC + VC_2(Q_2) \qquad (2\text{-}33)$$

와 같이 나타난다. 이들을 완전배분 비용(fully allocated cost, 또는 fully distributed cost)이라고 한다. 여기서 아래첨자 1은 여객수송 서비스를, 2는 화물수송 서비스를 나타낸다. 나아가 (2-30)식을 여객 수송량 Q_1으로 나눈 값, 및 (2-31)식을 화물 수송량 Q_2로 나눈 값이 완전배분 평균 비용, 또 (2-30)식의 Q_1의 미미한 변화에 대한 총 비용의 미세한 변화 및 (2-31)식의 Q_2의 미미한 변화에 대한 총 비용의 미세한 변화를 각각 완전배분 한계비용이라고 한다. 이들 방법에 의하여 항공사를 포함한 공통 생산을 진행하는 기업의 가격 결정 가이드라인과 운임 수준의 적정도를 판정하는 기준이 얻어진다.

또 항공사를 포함, 설비를 공동 사용하여 공통 생산을 진행하는 기업에 있어서는, 과연 그 부문에서 철수했을 경우 비용 수준은 어떻게 되는지, 혹은 신규 진입으로 특정 부문을 증설했을 경우에는 비용 수준이 어떻게 변화하는가 하는 정보는 중요하다. 그것들을 나타내는 2개의 개념이 회피가능 비용과 증분비용이다. 지금 노선 1로 여객 수송을 하는 항공사가, 새로이 노선 2로 여객 수송을 한다고 했을 경우에 새로이 발생하는 비용을 증분비용(incremental cost, *IC*)이라고 하며, 아래와 같이 나타낼 수가 있다. 아래첨자 1은 노선 1에서의 여객 수송을, 2는 노선 2에서의 여객 수송을 나타낸다.

$$IC_2 = C(Q_1, Q_2) - C(Q_1, 0) \tag{2-34}$$

또 평균 증분비용 (average incremental cost, *AIC*)은 (2-32)식을 노선 2의 수송량으로 나눈 값이다.

$$AIC_2 = \frac{C(Q_1, Q_2) - C(Q_1, 0)}{Q_2} \tag{2-35}$$

이들에 대하여 항공사가 노선 2에서 철수했다고 가정했을 경우, 회피할 수 있는 비용을 회피가능 비용(avoidable cost)라고 한다[13]. 이는 증분비용과는 대립을 이루는 개념이다.

합병 및 제휴(alliance)의 경제성 09

<그림 2-12>와 같은 경우를 생각해 보자. 항공사 X가 $A-H_1$및 H_1-H_2라는 노선에서 운항하는 한편 다른 항공사 Y는 $B-H_1$ 및 H_1-H_2에서 운항하고 있다고 가정하자. X의 노선은 실선, Y의 노선은 점선으로 각각 표시했다. 이 상황에서는 A에서 H_2로 향하는 여객은 H_1에서 환승해야하며, 또 B에서 H_1으로 향하는 여객도 H_2에서 환승해야한다($A-H_2$ 및 $B-H_1$간에 직항편은 존재하지 않는다). 여기서 말하는 H_1과 H_2는 허브공항이라고 불린다. 이 두 개의 사례에서는 여객은 각각의 허브공항에서 환승해야 하지만 하나의 항공사 이용만으로 이동할 수 있기 때문에, 각각의 허브공항에서 짐을 찾아 다시 체크인해야하는 번거로운 상황이 발생하지 않는다(온라인 트랜짓(transit)이라고 한다). 그러나 가령 A-B간을 이동하려고 하는 여객이 존재한다면 그 사람은 H_1혹은 H_2의 둘 중에서 항공사 X와 항공사 Y 간의 환승(인터라인 트랜짓)을 하지 않으면 안 된다. 이와 같은 A-B 간의 이동의 편리성이 좋지 않은 상황에서는 필연적으로 A-B 간의 여객수요가 어느 정도 명확히 현실화되지 않을 가능성이 있다.

그러나 만일 항공사 X와 Y가 합병 혹은 전략적 제휴(strategic alliance)를 맺음으로써, <그림 2-12>의 우측과 같이, A-B 간의 이동이 온라인 수송에 의해 이루어지게 된다고 하면, A-B간에서 여객수요의 상당한 비율이 현실화되어 여객수가 증가할 수 있다. 이 경우, 이 두 항공사의 노선 수는 각각 2노선에서 3노선으로 증가하여 이른바 네트워크 사이즈가 확대된다. 또 A-B간이 온라인 수송됨으로써 $A-H_1$간, H_1-H_2간 $B-H_2$및 간에서는 각각의 구간의 여객에 더하여, A-B간을 이동하는 여객이 증가하여 수송밀도가 늘기 때문에, 각 노선에서

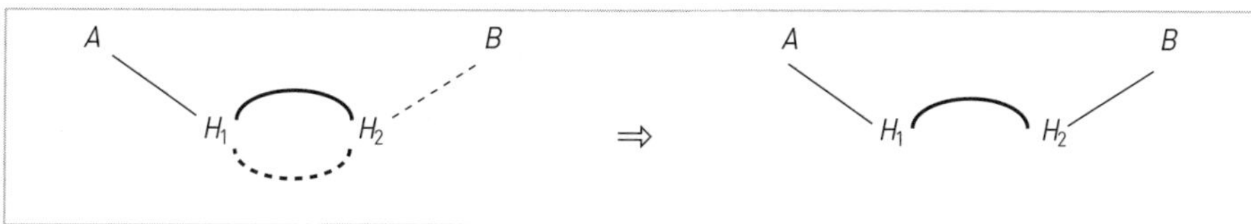

그림 2-12 》 제휴 전의 네트워크(왼쪽)와 합병(제휴) 후의 네트워크(오른쪽)

수송밀도가 증가하여 평균비용이 떨어질 수 있다.

계다가 $H_1 - H_2$에서는, 합병회사에서 비행편 수의 합리화 및 시설의 공동 사용에 의해 단기적으로 보면 가변비용과 평균고정비용 체감의 촉진, 그리고 평균고정비용 자체의 하향 이동이 생길 수 있다. 본 장의 6절에서는, 항공운송 산업에서는 규모의 경제성이 존재한다고 단언할 수 없다고 했는데, <그림 2-12>와 같은 허브 앤드 스포크(Hub and Spoke) 수송에서 환승의 편리성이 향상되는 것과 같은 경우에는, 규모의 확장이 잠재수요를 발굴하고 그 결과 수송밀도의 경제성이 촉진되어 단기 가변비용과 고정비용이 합리화되기 때문에, 밀도 경제성 촉진과 단기비용곡선 자체의 하향 이동으로 인해 비용수준이 떨어질지도 모른다.

그러나 합병 또는 전략적 제휴에 의하여 항공사의 독점적인 가격 결정력이 강화되는 경우에는, *A-B*시장, 혹은 원래 경쟁 노선이었던 $H_1 - H_2$시장의 수송량의 증가가 억제되어, 밀도 경제성이 억제될 가능성도 있다. 본 장의 6절에서 본 바와 같이, 기존 대형항공사인 네트워크 캐리어의 수송밀도의 경제성이 저비용 항공사의 그것보다도 약한 것은, 거대한 허브 앤드 스포크 구축에 의한 독점적인 가격 결정력 유지에 의하여 보다 한층 더 강하게 나타나야 할 밀도의 경제성이 상실되고 있기 때문일 수도 있다.

[보론]의 <표 2-1>의 총비용함수의 추정 결과에서는 흥미있는 결과가 확인된다. 즉, 노선 수가 감소하면 총 비용이 증가한다는 것이 전미 평균 및 Oneworld라는 제휴에 가입한 아메리칸 항공(AA)에 대해서 판명되는 한편, 제휴에 가맹하지 않은 사우스웨스트 항공(WN)에 대해서는 이것이 적용되지 않는다. 일반적으로는 노선 수를 증가시키면 그만큼 설비투자 등에 소요되는 비용이 증가하여 총 비용이 증가할 것이다. 또 제휴에 가입하면 자사만으로 운항하는 노선은 감소함과 동시에, 철수에 의한 회피가능 비용만큼 총 비용이 감소하기 때문에, 역시 노선 수와 총 비용은 양의 관계를 갖지 않으면 안 된다. 그러나 한편으로 다른 생산설비를 갖는 기업 간의 제휴는 새로운 비용을 발생시킨다. 그 영향에서인지 노선 수가 감소해도 총 비용이 증가하는 경향이 전미 평균적으로, 그리고 아메리칸 항공에 대해서 말할 수 있는 것일지도 모른다.

네트워크의 비용 보완성 10

여기서는 <그림 2-12>와 같은 허브 앤드 스포크 수송에 관련된 내용으로 비용 보완성(cost complementarities)에 대하여 설명하도록 한다. 예를 들어 <그림 2-12>의 좌측 그림에서, 항공사 X가 $A - H_1$와 $H_1 - H_2$에서 공통 생산을 하고 있으며, 수요가 $A - H_1$, $H_1 - H_2$및 $A - H_2$간에 존재한다고 하자. 항공사 X의 $A - H_2$노선의 총 여객 수(Q_{AH_1}라고 한다)에는, $A - H_1$간을 이동하는 여객 수(q_{AH_1})뿐만 아니라, H_1에서 환승하고 H_2에 이르는 $A - H_2$를 이동하는 여객 수(q_{AH_2})도 포함된다. 따라서,

$$Q_{AH_1} = q_{AH_1} + q_{AH_2} \tag{2-36}$$

가 성립된다. 또한 항공사 X의 $H_1 - H_2$간의 총 여객 수($Q_{H_1H_2}$)를 $H_1 - H_2$간을 이동하는 여객 수($q_{H_1H_2}$)와, A에서 와서 H_1에서 환승하고 H_2에 이르는 $A - H_2$를 이동하는 여객 수(q_{AH_2})를 가지고 나타내면 아래와 같이 된다.

$$Q_{H_1H_2} = q_{H_1H_2} + q_{AH_2} \tag{2-37}$$

이와 같은 경우, 당연한 일이지만 항공사 X의 $A - H_1$수송의 한계비용(MC_{AH_1})은 q_{AH_1}뿐만 아니라 q_{AH_2}의 영향을 받는다. 그와 같이 $H_1 - H_2$간 수송의 한계비용($MC_{H_1H_2}$)은 $q_{H_1H_2}$에 더하여 q_{AH_2}의 영향을 받는다. 이 때 아래와 같은 상황이 발생하고 있다면, $A - H_1$시장 및 $A - H_2$시장 간에서 비용 보완성이 존재한다고 한다.

$$\frac{\partial MC_{AH_1}(q_{AH_1}, q_{AH_2})}{\partial q_{AH_2}} < 0 \tag{2-38}$$

마찬가지로 아래와 같은 관계가 성립하면 $H_1 - H_2$시장 및 $A - H_2$시장 간에서 비용 보완성이 존재한다.

$$\frac{\partial MC_{H_1H_2}(q_{H_1H_2}, q_{AH_2})}{\partial q_{AH_2}} < 0 \tag{2-39}$$

결국 이 경우 어떤 항공사가 2개의 노선에서 공통 생산을 하고 있을 때, 네트워크의 연장선상에 있는 다른 인접시장에서 여객 수의 증가가 외부성을 통해 또한 노선의 한계 비용을 떨어뜨린다는 것이다. 이 비용 보완성은 밀도 경제성과 규모 경제성과 같이, 생산 정책상 반드시 고려해야 되는 중요한 요인이다. 예컨대 <그림 2-12>의 좌측 그림에서는 $A-H_2$에서는 직항편이 존재하지 않는다고 가정하고 있다. 여기서 만일 어떤 항공사 Z가 $A-H_2$에 가담하여 직항편 서비스를 공급하기 시작했다면 직항편은 환승편보다도 명백히 편리성이 강화되기 때문에, 이들 2개의 서비스 가격차이가 여객에서 그다지 의식할 정도로 큰 것이 아니라면, 기존에 H_1에서 환승했던 여객의 대부분은 Z사의 직항편 서비스를 많이 이용하게 될 것이다.

그렇다면 만일 (2-38)과 (2-39)에서 나타난 비용 보완성이 작용하고 있다면, 항공사 X의 q_{AH_2}의 감소를 통하여 그 회사의 노선 $A-H_1$ 및 노선 H_1-H_2의 한계비용이 상승하게 된다. 만일 이들 2개의 노선의 운임이 각각의 한계비용 베이스로 결정되고 있다면, 타 시장에의 경쟁도입에 따라 별도의 시장 운임이 상승하게 된다. 이러한 사실은 네트워크 전체의 총 잉여를 감소시키는 결과를 낳는다. 따라서 허브 앤드 스포크가 형성되고 있는 시장에 관해서는, 신규진입에 의한 경쟁정책 도입이 경제적 후생 개선을 위하여 무조건적으로 받아들여져야 할 정책이 아니라는 점에 주의해야 한다.

표 2-1 ›› 미국 항공운송산업의 트랜스로그비용 함수의 추정 결과와 비용 함수의 대체적인 형태

변수	전미 평균		AA의 값 주2)		WN의 값 주2)	
	계수 주1)	표준오차	계수 주1)	표준오차	계수 주1)	표준오차
정수	14.782***	0.064	16.754***	0.043	15.279***	0.079
수송량	0.564***	0.041	0.581***	0.047	0.386***	0.040
노동	0.356***	0.009	0.344***	0.010	0.314***	0.009
연료	0.162***	0.011	0.141***	0.012	0.089***	0.011
자본	0.482***	0.014	0.516***	0.015	0.598***	0.013
수송량	−0.032*	0.019	−0.032*	0.019	−0.032*	0.019
노동	0.011	0.008	0.011	0.008	0.011	0.008

(계속)

노동/연료	−0.036***	0.007	−0.036***	0.007	−0.036***	0.007
노동/자본	0.025***	0.004	0.025***	0.004	0.025***	0.004
연료	0.026***	0.007	0.026***	0.007	0.026***	0.007
연료/자본	0.010**	0.004	0.010**	0.004	0.010**	0.004
자본	−0.035***	0.005	−0.035***	0.005	−0.035***	0.005
수송량/노동	−0.004	0.004	−0.004	0.004	−0.004	0.004
수소량/연료	−0.009***	0.005	−0.019***	0.005	−0.019***	0.005
수송량/자본	0.023***	0.005	0.023***	0.005	0.023***	0.005
좌석이용율	−0.167	0.409	−0.002	0.428	0.017	0.305
차터비율	0.121*	0.065	0.540*	0.087	0.506*	0.078
거리	0.030**	0.015	−0.021**	0.013	−0.019**	0.015
노선수	−0.076***	0.026	−0.095***	0.029	−0.030***	0.020
노동/연료	−0.039*	0.024	−0.039*	0.024	−0.039*	0.024
노동/차터비율	−0.040***	0.008	−0.040***	0.008	−0.040***	0.008
노동/거리	0.006***	0.001	0.006***	0.001	0.006***	0.001
노동/노선수	0.007***	0.002	0.007***	0.002	0.007***	0.002
연료/좌석이용율	−0.023	0.027	−0.023	0.027	−0.023	0.127
연료/차터비율	0.051***	0.009	0.051***	0.009	0.051***	0.009
연료/거리	0.003**	0.001	0.003**	0.001	0.003**	0.001
연료/ 노선수	0.003	0.002	0.003	0.002	0.003	0.002
자본/좌석이용율	0.063**	0.030	0.063**	0.030	0.063**	0.030
자본/차터비율	−0.011	0.011	−0.011	0.011	−0.011	0.011
자본/거리	−0.009***	0.002	−0.009***	0.002	−0.009***	0.002
자본/노선	−0.010***	0.003	−0.010***	0.003	−0.010***	0.003
수송량/좌석이용율	−0.136**	0.053	−0.136**	0.053	−0.136**	0.053
수송량/차터비율	0.158***	0.030	0.158***	0.030	0.158***	0.030
수송량/거리	0.007	0.004	0.007	0.004	0.007	0.004
수송량/노선수	0.019**	0.008	0.019**	0.008	0.019**	0.008
좌석이용율	0.117	0.368	0.117	0.368	0.117	0.368
좌석이용율/차터비율	−0.015	0.174	−0.015	0.174	−0.015	0.174
좌석이용율/거리	−0.033	0.036	−0.033	0.036	−0.033	0.036

(계속)

좌석이용율/노선수	0.095*	0.056	0.095*	0.056	0.095*	0.056
차터비율	0.087	0.064	0.087	0.064	0.087	0.064
차터비율/거리	−0.027***	0.006	−0.027***	0.006	−0.027***	0.006
차터비율/노선수	−0.036***	0.014	−0.036***	0.014	−0.036***	0.014
거리	0.006***	0.002	0.006***	0.002	0.006***	0.002
거리/노선수	0.001	0.002	0.001	0.002	0.001	0.002
노선수	−0.024***	0.006	−0.024***	0.006	−0.024***	0.006
1997년 더미	−0.087***	0.034	−0.087***	0.034	−0.087***	0.034
1998년 더미	−0.045	0.035	−0.045	0.035	0.045	0.035
1999년 더미	−0.023	0.036	−0.023	0.036	−0.023	.036
2000년 더미	−0.075**	0.038	−0.075*	0.038	−0.075**	0.038
대수우도		73.828		73.828		73.828
표본수		189		189		189

주1) ***1%수준으로 유의함. **5%수준으로 유의함. *10%수준으로 유의함.

주2) 연차 더미의 벤치마크연도는 1996년이다. 데이터를 2000년도로 끊은 이유는 2001년도와 그 이후의 동시다발 테러의 영향을 제거하기 위한 것이다. 1996년에서 2000년까지의 기간 중 항공사의 합병, 도산, 신설에 의해 도중 결손 값이 있기 때문에, 데이터 셋은 언밸런스드 패널 데이터이다. 추정방법은 SUR법으로, 셰퍼드의 보제(Shepherd's Lemma)에 의하여 도출된 2개의 셰어방정식과 총비용함수를 동시 추정하고 있다.

가운데 열의 AA의 값은 아메리칸 항공의 1996년의 값으로, 또 오른쪽 열의 WN의 값은 같은 해 사우스웨스트 항공의 값으로 데이터를 표준화한 것을 나타낸다. 따라서, 트랜스로그 비용함수의 특성에서, 가운데 열의 계수는 1996년의 아메리칸 항공의, 또 오른쪽 끝의 열의 값은 같은 해 사우스웨스트 항공의 계수를 나타낸다. 왼쪽 끝의 추정결과는 샘플평균으로 표준화하고 있으므로, 값은 미국 항공사의 평균값으로 간주해도 좋다.

주3) 미국의 Bureau of Transportation Statistics, Form 41(financial data)이다. http://www.transtats.bts.gov/를 참조할 것.

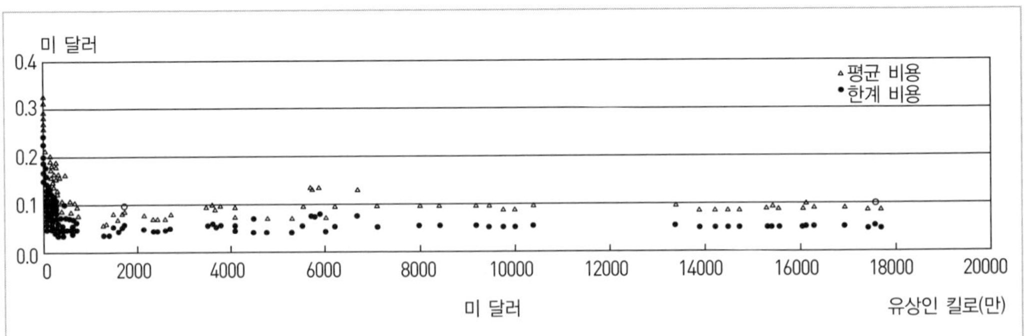

그림 2-13 >> 미국 항공운송신업의 평균 비용과 한계 비용

주석

1) 이것을 벨리(belly, '배' 의 의미) 화물 수송이라고 한다.

2) 결합 생산과 공통 생산을 둘러싼 피구(Arthur Cecil Pigou)와 타우시그(Frank William Taussig)의 논쟁 및 결합비/공통비의 개념에 관해서는 우치야마/타케우치 (2002), 143-151페이지를 참조.

3) 등량곡선은 기본적으로 원점에 볼록형 혹은 우측 하향 직선으로 나타난다(quasi-concave).

4) Q를 L로 2계 미분하면 음수가 된다.

5) 일반적으로 $y = f(x)$라고 했을 경우, $y = f(tx) = tf(x)$가 되는 경우를 말한다(t는 실수). 이것을 (2-7)식으로 확인해보자. $w = tw^*$, $r = tr^*$ 라 하고, (2-7)식: $C(Q, w, r) = 2\sqrt{Qwr} = 2\sqrt{Qt^2w^*r^*} = 2\sqrt{Qw^{*r^*}} = tC(Q, w^*, r^*)$에 대입하면, 가 된다는 것을 알 수 있다.

6) 마루야마(丸山)/나리우(成生) (1997)의 46페이지 참조

7) $\frac{\Delta AC}{\Delta Q} < 0, \forall Q$가 되는 상황이다. $\frac{\Delta TC}{\Delta Q} > 0$ 및 $\frac{\Delta^2 AC}{\Delta Q^2} = \frac{\Delta MC}{\Delta Q} < 0$가 되는 상황이라도 수송밀도의 경제성은 작용하고 있지만, 한계비용곡선이 증가로 전환하여도 평균비용곡선이 체감하고 있으면 수송밀도의 경제성은 작용한다. 따라서, $\frac{\Delta TC}{\Delta Q} > 0$및 $\frac{\Delta^2 AC}{\Delta Q^2} = \frac{\Delta MC}{\Delta Q} < 0$ 는 수송밀도의 경제성이 작용하는 충분조건인 것이다.

8) 우치야마(山内), 타케우치(竹内)(2002), 136~141페이지를 참조. 그곳에서도 수송밀도의 경제성 및 본 절에서 언급한 규모의 경제성(사이즈의 경제성)이 논의되고 있다.

9) (2-25)식의 양변을 대수 변환하면

$$\log TC = 0.8\log Q \qquad (2\text{-}25)$$

가 된다. 일반적으로

$$\frac{\text{Hlog}\,Q}{\Delta Q} = \frac{1}{Q} \tag{2-26}$$

이며, TC에 대해서도

$$\frac{\Delta \log TC}{\Delta TC} = \frac{1}{TC} \tag{2-27}$$

이므로, (2-26)식과 (2-27)식의 분모를 잘라내서 (2-27)식을 (2-26)식으로 나누면 하기 (2-28)식과 같이, (2-25)식을 $\log Q$로 미분한 값이 ε_Q가 된다는 것을 알 수 있다.

$$\frac{\Delta \log TC}{\Delta \log Q} = \frac{\Delta TC}{\Delta Q} = \frac{Q}{TC} = \varepsilon_Q = 0.8 \tag{2-28}$$

10) 수송밀도에 관한 수확 (return to density, RTD)은 $RTD = \dfrac{1}{\varepsilon_Q}$로 나타낸다. 만일 RTD가 통계학적으로 유의하게 1보다도 크다면 수송밀도의 경제성이 작용한다고 한다.

11) ε_Q와 ε_P를 합계한 값의 역수를, 항공운송업에서는 규모에 관한 수확(returns to scale, RTS)이라고 정의한다. 즉 $RTS = \dfrac{1}{\varepsilon_Q + \varepsilon_P}$로, RTS가 통계학적으로 유의하게 1 이상이라면 항공운송업에서는 규모의 경제성이 작용한다고 한다. 이것은 통상의 경제학에서 배우는 규모의 경제성의 사고방식과 다르다는 것에 주의하여야 한다.

12) 추정 결과에 대해서는 본 장의 말미에 있는 [보론]의 <그림 2-13>을 참조,.

13) 회피가능 비용은 (2-34)식의 오른편의 괄호 안을 맞바꾸어 회피가능 비용은 $C(Q_1, 0) - C(Q_1, Q_2)$로 나타난다.

참고문헌

[1] Caves, D. W., L. R. Christensen, and M. W. Tretheway(1984), "Economies of Density versus Economies of Sacle: Why Trunk and Local Services Airlines'

Costs Differ", *RAND Journal of Economics*, Vol. 15, No. 4, pp.471-489.

[2] 엔도 노부아키(遠藤伸明)(2001), '일본항공사의 공급 및 비용구조의 고찰-트랜스로그형 비용 함수에 의한 계량적 분석을 중심으로', "교통학 연구 2000년 연구 연보" 일본교통학회.

[3] Gillen D. W., T. H. Oum and M.W. Trethway(1990), "Airline Cost Structure and Policy Implications: A Multi-Product Approach for Canadian Airlines", *Journal of Transport Economics and Policy*, Vol. 24 No. 1, pp.9-23.

[4] 키누가사 타츠오(衣笠達夫)(1995), "공익기업의 비용 구조" 타가출판 85-133페이지

[5] 마루야마 마사요시(丸山雅祥)/나리우 타츠히코(成生達彦)(1997), "현대의 미시경제학 ? 정보와 게임의 응용 미크로 –" 창문사(創文社), 제2장

[6] Murakami, H.(2003), "An Economic Analysis of Duopolistic Competition Between Gulliver and Dwasf Airlines: The Case of Japanese Domestic Air Markets," *The Korean Journal of Shipping and Logistics*, Vol. 36, pp. 167-181.

[7] Oum, T. H.(1995), *Airline Economics and Policy*, Korea Research Foundation for the 21st Century, Chapter 1 and 14.

[8] Oum, T. H. and J. H. Park(1997), "Airline Alliance: Currents status, Policy Issues, and Future Directions," *Journal of Air Transport Management*, Vol. 3, No. 3, pp133-144.

[9] Oum, T. H., J. H. Park, and A. Zhang(2004), *Globalization and Strategic Alliance: The Case of the Airline Industry*, Pergamon, Chapter 4.

[10] Park, J. H.(1997), "The Effect of Airline Alliance on Markets and Economic Welfare," *Transportation Research Part E*. Vol. 33, No. 3, pp. 181-195.

[11] Park, J. H. and A. Zhang(1998), "Airline Alliances and Partner Firms' Outputs," *Transportation Research Part E*. Vol. 34, No. 4, pp. 245-255.

[12] Ross, T.(2000), "BATP500 Managerial Economics," *Lecture note at the*

University of British Columbia, unpublished.

[13] Tretheway, M. W. and J. Korenic(1999) "Comkon 444 Air Transportation" *Lecture note at the University of British Columbia*, unpublished.

[14] Varian, H. R.(1992), *Microeconomic Analysis* (3rd ed.) Norton, Chapter 1-5.

[15] Waters H. W. G.(1999), "Econ 480 Transport Economics" *Lecture note at the University of British Columbia*, unpublished.

[16] 야마우치 히로타카(山内弘隆)/타케우치 켄조(竹内健藏)(2002), "교통경제학" NTT출판, pp. 136-141

[17] Zhang, A.(1996) "An Analysis of Fortress Hubs in Airline Networks", *Journal of Transport Economics and Policy* Vol. 30, No. 3, pp. 293-307.

무라카미 히데키(村上英樹), 우라니시 슈지(浦西秀司)

항공 수요

CHAPTER

03

항공경제학

항공 수요

항공수요는 근원적인 목적에 대한 파생수요이다. 이 중 여객수요는 운임과 여객의 소득 외에 운항 빈도, 지연, 운항 시간대(아침, 저녁 등), 요일, 계절, 안전성(사고), 로열티(브랜드, 마일리지의 가산 정도 등), 거리, 기내 서비스, 부대서비스, 비행시간, 공항까지의 교통수단의 편리성, 환승의 편리성, 타 교통 기관의 서비스와 편리성 혹은 전쟁, 테러, 역병의 영향을 받는다. 특히 비즈니스승객은 운항빈도와 운항의 정시성, 또 관광여행객은 운임, 비행시간, 기내 서비스, 부대서비스의 영향을 받는 경향이 있다.

항공화물 수요는 물류 시스템 및 공급체인망의 판매, 제조, 조달 부문에 관련되어 요소수요의 이론으로 설명할 수 있다. 일반적으로 각 산업의 대표적인 같은 경기 선행형 시간가치가 높은 품목이 많다. 그리고 여객보다 전염병(HINI)과 사고 등의 영향을 받지 않는다. 일반적으로 운임 변화 및 소득 변화에 대한 수요 변화를 각각 수요의 운임 탄력성 혹은 수요의 소득 탄력성이라고 한다. 여객의 경우 수요의 운임 탄력성의 절대값은 평균적으로 1보다도 약간 작지만 관광목적의 여객의 경우 1보다도 큰 것으로 보인다. 수요의 소득 탄력성은 대체로 1보다도 크고 탄력적이라고 할 수 있다.

항공수요의 특성 01

항공운송산업은 제 2장에서 언급한 바와 같이 결합 생산(예를 들면 목적지 출발편과 귀항편)과 공통 생산(예를 들면 여객과 화물)을 한다. 항공 서비스의 수요는 어떻게 발생하고 수요에는 어떠한 특징이 있는가를 생각할 때, 우선 크게 '여객수요' 와 '화물수요' 이다. 이 두 수요의 가장 커다란 차이는, 거래량(Q)이 여객의 경우에는 우리들 인간이며, 화물의 경우에는 살아있는 동물을 제외한 대다수는 물질이다. 이러한 사실에서 간단히 상상할 수 있는 것처럼, 여객 수송에는 '혼잡' 과 그것에서 비롯되는 '불쾌감' , 또 반대로 '편리성' 등의 요인이 여객의 선택 행동에 영향을 준다. 그리고 예컨대 오사카에서 도쿄를 향하는 여객이, 항공기와 신칸센을 선택하는 행동은 일반적인 미시경제학에서 일컫는 소비자수요의 이론으로 설명할 수 있다.

반면, 항공화물 수요는 화주인 제조업의 투입 요소인 자본, 노동, 혹은 에너지와 같은 생산요소와 동일하게 취급된다. 이런 경우 항공화물 수요는 제2장 3절의 '서비스의 생산량과 비용 관계' 의 자본과 노동의 수요 도출과 같이, 미시경제학의 요소수요 이론으로 설명된다. 이를 엄밀히 구분하면, 예를 들어 와인의 보졸레 누보처럼, 먼 길을 부랴부랴 프랑스에서 일본시장까지 수송되어 판매되는 것과 같이, 상거래상의 시장의 현격함을 신속히 메우는 판매물류와, 모회사가 부품을 원격지의 조립공장에 항공기로 수송하는 경우에 발생하는 물류, 즉 조달물류가 있다. 더 상세히 보면 제조 과정에 있어서도 공장 간에 반제품이 항공기로 수송되면 제조물류도 존재하고, 소비자가 소비를 마친 제품을 기업이 회수하여 재사용하는 경우에는 조달→제조→판매와 같은 경로와는 반대인 역방향의 물류전략(inverse logistics)이 존재한다. 이것이 만일 항공운송을 통하여 이루어지면, 이들 모두가 조합되어 일원적으로 관리되면서 조달→제조→판매→회수→조달과 같은 항공화물의 물류시스템, 나아가 공급체인망이 형성되는 것이다. 어느 쪽으로 하든 항공운송 제품이 최종 소비시장에서 공급될 경우, 그 공급이 우측 상향의 한계비용 곡선상이든 혹은 우측 하향의 평균비용 곡선상이든 비용 곡선상에서 공급된다는 점에서 변함이 없다. 제2장에 서술된 바와 같이, 그 비용 곡선은 요소수요 함수의 도출을 통해서 최종적으로 판매량과 요소가격의 영향을 받는다. 여기서 요소수요란 자본, 노동, 에너지의 수요 및 공급망을 구성하는 각종 물류수요 등을 가리키는 것이다.

일반적으로 항공화물은 해상 컨테이너화물보다 단위 당 27배 정도 부가가치가 높다[1]. 따라서 발송처의 시장에서 판매가격이 높기 때문에 상품이 비싼 물류비용에 견딜 수 있다(운임 부담력이 높다는 뜻). 또 항공화물은 경기를 끌어올리는 이른바 '스타' 품목이다. 일반적으로 이와 같은 품목은 항공화율(항공으로 운송되는 화물 무역액이 전체 화물무역액에서 차지하는 비율)이 높다.[2] 또 항공화물은 상거래와는 관계없이, 원격지의 기업 내 혹은 가족/친구간의 택배 수송과 같은 형태로도 발생한다. 항공수요는 타 교통수단의 수요와 마찬가지로 파생수요(derived demand)이다. 여객의 경우에는 목적지에서의 비즈니스 혹은 관광, 화물의 경우에는 목적지에서 제품의 판매 혹은 반제품의 조립 등과 같은 근원적인 수요가 존재한다. 또 항공수요는 타 교통수요처럼 '비행기냐 신칸센이냐' 와 같은 개인의 선택행동을 다루는 방법(discrete choice)과, 교통기업 단위 혹은 시장 단위에서 집계한 수요(aggregate demand)를 다루는 방법이 있다.

또한 항공여객 수요는 확률적(stochastic)이라고 부른다. 여객 수송의 경우, 티켓을 구입했다고 해서 반드시 그 여객이 탑승한다고는 볼 수 없다[3]. 특히 비즈니스여객의 경우, 목적지에서 반드시 수행해야 할 업무가 있기 때문에 한 사람의 비즈니스여객이 복수의 비행 편을 동시 예약한다. 꼭 탑승하지 않아도 여객이 대금만 지불해 있는 상태라면, 항공사는 공석 수송에도 불구하고 수입을 올릴 수 있기 때문에 손실을 낸 것은 아니다. 그러나 역시 공석은 그대로 두면 무용지물이라는 사실때문에, 항공사는 중복 예약을 각오하고 비행 정원보다 많은 티켓을 발권하는 경우가 있다. 그리고 예상대로 여객이 나타나지 않으면 항공사는 공석을 해소하고 게다가 만석 이상의 수입을 취할 수 있지만, 예상 밖으로 오지 않을 것이라 여긴 승객이 나타나서 실제로 탑승을 하게 되면 중복 예약이 발생한다. 이 때는 항공사는 승객에게 보상을 하게 된다.

항공여객수요 02

(1) 여객의 효용 최대화

항공여객 수요 도출에는 통상적인 미시경제학 이론을 적용할 수 있다. 즉 여객의 예산 제약 하에서 그 효용을 최대화하든가, 혹은 특정 효용수준을 얻기 위한 예산을 최소화하는 등의 가정에 근거하여 도출된다[4]. 여기서 말하는 수요란 이른바 집계수요이다. 보다 상세한 집계수요 및 비집계수요에 대해서는 제12장을 참조하길 바란다. 현재, 집계된 여객의 효용이 아래와 같이 나타난다고 하자.

$$U = X_1 + X_2 \tag{3-1}$$

(3-1)식을 효용 함수라고 한다. X_1, X_2는 각각 항공사 1 및 항공사 2를 이용한 통행(trip)수이고, 여객은 이들 항공사의 특정 노선을 목적지까지의 이동수단으로 사용한다고 가정하자. 이 식에서는 각각의 항공사를 이용하면 할수록 여객의 효용은 포화되지 않으면서 단조로이 증가한다고 가정되고 있다. 집계된 여객이 목적지까지의 이동에 즈음하여 사용할 수 있는 금전적 지출은, 각각의 항공사의 운임(각각 p_1, p_2라고 한다)에 각각 X_1, X_2곱한 합계이다. 이것을 예산선이라고 부른다(본 장의 말미에 있는 주석 4를 참조).

지금 세로축에 X_2, 가로축에 X_1을 설정하고, 항공사 2의 운임이 항공사 1의 운임보다 높다 ($p_2 > p_1$)고 가정한 예산선과 효용함수를 나타내면, <그림 3-1>과 같이 된다[5]. 여기서, 여객은 가능한 금전적 지출의 제약 하에서 스스로의 효용을 최대화한다고 하자. 이것은 효용함수(두터운 실선)가 예산선(점선)과 접하는 범위에서 가장 우측 위쪽에 오는 점으로, 효용함수가 X_1축 상의 점 $(\frac{1}{p_1}, 0)$을 지날 때이다(I는 소득을 나타낸다). 이 결과는 효용함수를 고정하여 여객의 금전적 지출 $(p_1X_1 + p_2X_2)$을 최소화하는(원점 방향에 이동시킴) 것과 같은 결과이다. 이 상황이 의미하는 것은, 모든 여객은 항공사 1만을 선택하고, 항공사 2를 이용하지 않는다는 것이다. 결국, 각각 항공사의 수요함수는, 식 (3-4)이다.

$$X_1 = \frac{1}{p_1} \tag{3-4}$$

$$X_2 = 0 \tag{3-5}$$

이다[6]. (3-4)식과 같이, 수요는 보통 자기 가격의 상승에 대하여 감소하며, 또 소득의 증가에 대해서는 증가한다. 항공운송의 경우에는 일반적으로 이 관계가 존재하기 때문에 항공운송 서비스는 정상재라고 본다. 다만 효용함수는 X_1, X_2

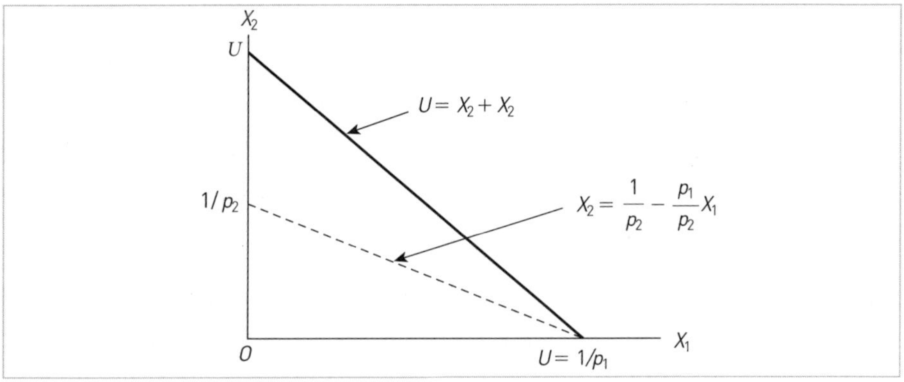

그림 3-1 》 예산선과 효용 함수의 일례

로 표기된다. 그러나 각각의 수요함수가 구해지면, 예를 들어 (3-2)식과 (3-3)식을 효용 함수에 대입하면 효용함수는 운임과 소득으로 표현된다. 이를 간접 효용함수(indirect utility function)라고 한다. 이 경우의 간접 효용함수 $V(p_i, X_i)$ $(i = 1,2)$는 식 (3-6)과 같다.

$$V = \frac{I}{p_i} \tag{3-6}$$

(2) 수요의 변동 요인

통상 미시경제학 교과서에서는 효용함수는 원점에 대하여 볼록한 곡선으로 나타나는 경우가 많다. 이 경우에 도출되는 수요곡선은 자기가격과 소득 이외에도 경쟁상대가 되는 교통수단의 운임의 영향을 받는다는 것이 확인된다. 또 보완 관계에 있는 교통수단(예컨대 교외공항과 도심을 연결하는 리무진버스, 철도, 모노레일 등)의 운임과 통행목적수요 가격(예컨대 목적지의 관광시설의 요금 등)의 영향도 받는다.

여기서는 실제 데이터를 가지고 항공수요의 특징에 대해 확인하도록 하자. 일본의 평균적인 가계에서는 연간 어느 정도로 항공을 이용하는 것일까? <표 3-1>은 "가계조사"(총무성 통계국)에서 1세대당 연간 지출액을 인용한 것이다. 2003년의 1세대당 항공서비스에 대한 지출은 6,382엔으로, 교통서비스에 대한 지출의 8.3%를 차지하고 있다. 빈도는 2002년에는 100세대당 16세대가 항공

칼럼 ②: 항공과 신칸센 선택의 실태

몇 십년 전까지 항공은 사치스러운 교통수단이었으나, 지금은 간사이에서 홋카이도, 오키나와는 물론 도쿄, 후쿠오카에서도 신칸센이 아닌 항공만을 이용하는 사람도 적지 않은 시대이다. 이와 같은 항공과 신칸센의 선택에 대하여 2003년도 실태조사('간선교통수단 이용자 수요 조사' 오사카부)를 실시하였다.

우선 이용자의 특성에 대해서는, 이용 빈도에 한해 다빈도 이용자의 비율은 신칸센이 항공보다 많다. 또한 이용목적별로 보면 항공 쪽이 관광목적 비율이 많고, 신칸센은 업무목적의 비율이 많다. 항공이용자의 선택 이유는 '총 소요시간의 단축', 이어서 '신칸센으로는 갈수 없어서'의 순이다. 신칸센 이용자의 선택이유로는 '역까지의 교통수단이 편리', '운행편이 많다' 였다.

신칸센에서 항공으로 이용수단을 전환하기 위한 조건으로 가장 많이 지적된 것은 '공항까지의 이동시간이 단축, 이어서 '편수의 증가', '신칸센보다 저렴한 운임' 등의 순이다. 항공에서 신칸센으로 이용 전환하기 위한 조건으로 가장 많이 지적된 것은 '항공보다 저렴한 운임', '총 소요시간의 단축' 등이다. 향후 이용 교통수단에 대해서는, 항공이용자에서는 '대부분 항공'이라는 회답이 50%정도인 데 반하여, 신칸센에서는 '대부분 신칸센'이라는 회답이 70~80%로, 신칸센이 항공과 비교하여 고정적인 이용자 층이 많은 것으로 보인다.

전국 간선여객 조사에 따르면, 지역간 이동에 차지하는 항공의 점유율은 2000년도에 오사카/도쿄간에 22%, 오사카/후쿠오카간에 32%이며, 신칸센쪽이 여전히 커다란 점유율을 차지하고 있지만, 해가 거듭되면서 항공의 점유율은 점진적으로 증가하고 있다. 이미 교통비용 면에서도 항공 쪽이 싸다는 인식이 확산되어가고 있으며, 항공은 중거리라도 충분히 신칸센의 경합 교통수단으로서의 지위를 구축해 가고 있지만, 더욱 이용자를 증가시키기 위해서는 비즈니스목적 여객이 적은 등 고정적인 이용 층이 적은 현 상황에서는 교통수단의 편의성 제공 등의 꾸준한 서비스의 향상이 요구된다.

야마우치 요시키(山内芳樹)

표 3-1 » 1세대당 연간 지출금액

	2002년			2003		
	금액 (엔)	(%)	빈도[2)]	금액 (엔)	(%)	빈도[2)]
가처분 소득	5,430,013			5,285,532		
소비지출	3,673,550	(100)		3,631,473	(100)	
교통[1)]	77,207	(2.10)	3,013	76,416	(2.10)	2,952
항공운임[1)]	7,062	(0.19)	16	6,382	(0.18)	14

주 1) 2000년을 100으로 한 월별 소비자물가지수(교통서비스)에서 실질화하여 그것을 합계함.
주 2) 빈도의 원표기는 100세대당의 수치.
출처) 총무성 "가계조사"에서 발췌.

이용자였는데 2003년에는 14세대로 떨어졌다.

2003년에는 전년대비 항공서비스에 대한 지출뿐만 아니라, 가처분소득, 소비지출 및 교통서비스 지출 등 모두 감소했다. 소득수준의 저하에 따라 소비지출도 감소하였으며, 교통서비스와 항공운임에 대한 지출도 함께 감소한 것이다. 이것은 소득의 감소에 따른 예산선의 좌방향으로의 이동과 항공과 기타 교통의 구입량(빈도)의 감소를 나타낸다. 이와 같이, 교통수요와 소득의 변화가 일치하는 점에서, 항공운송 서비스뿐만 아니라 기타 교통서비스도 정상재라는 것을 다시 확인할 수 있다.

또 운임과 소득 이외의 요인 변화는 수요곡선 그 자체를 이동시킨다. 여객수요에 영향을 끼치는 기타 요인으로 생각되는 것을 <표 3-2>에 나타낸다. 예를 들면 항공사고, 전쟁, 혹은 대 항공기 테러행위는 명백하게 여객 수송을 감소시킨다. 참고로 2001년 9월 11일의 미국 동시다발 테러의 영향을 보자. <그림 3-2>는 미국의 정기수송 유상 여객수(국내/해외 합계)의 추이를 나타낸다. 꺾은 선

표 3-2 » 운임과 소득 이외에 항공여객 수요에 영향을 미치는 요인

운항빈도, 지연, 운항의 시간대(아침, 저녁 등), 요일, 계절, 안전성(사고), 로열티(브랜드, 마일리지의 가산 정도 등), 거리, 기내 서비스, 부대서비스, 비행시간, 공항까지의 교통수단의 편리성, 환승의 편리성, 타 교통 기관의 서비스와 편리성 혹은 전쟁, 테러, 역병

출처) Oum and Tretheway (1992) pp. 11-13에서 작성, 보완.

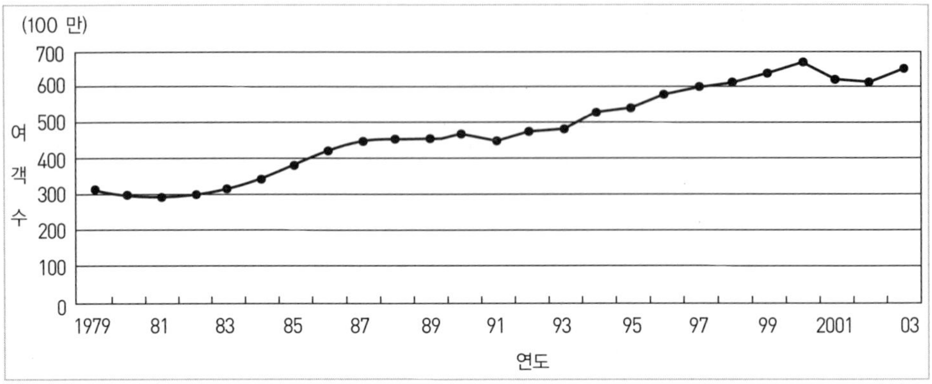

그림 3-2 》 미국의 정기수송 유상 여객수(국내/해외 합계)의 추이

그래프만 보더라도 동시다발 테러의 영향은 2001년에 그치지 않고 2002년에도 크게 미치고 있음을 알 수 있다.

구체적으로 이 동시다발 테러가 일어나지 않았을 경우 유상 여객수를 예측해 보면 <표 3-3>과 같다. 이것을 보면 동시다발 테러가 발생한 해에는 테러가 없을 경우보다 유상 여객수는 약 4,000만명, 다음해에는 약 7,000만명 안쪽, 2년 후에는 약 5,000만 명의 감소로 나타나 있어, 그 영향의 크기를 알 수 있다.[7] 항공여객은 비즈니스객과 관광객으로 크게 나뉜다. 그리고 운임, 소득 및 <표 3-2>의 요인의 영향을 받는 정도는 2개의 여객그룹 간에서 크게 달라진다. 비즈니스객은 특히 근무처에서 출장 여비가 지급되는 것과 같은 경우에는 운임의

표 3-3 》 테러가 일어나지 않은 경우의 예상 여객 수 단위: 100만명)

연도	테러가 일어나지 않은 경우의 예상 여객 수 (중심값)	테러가 일어나지 않은 경우의 예상 여객 수 (하한값)	테러가 일어나지 않은 경우의 예상 여객 수 (상한값)	실제 값
2001	662.2	610.8	713.7	622.1
2002	680.0	628.0	732.1	612.9
2003	697.8	645.2	750.5	646.5

주) 예상여객수의 상, 하한은 95% 신뢰구간임.

높낮이에 민감하지 않다. 그러나 목적지에서의 비즈니스에 차질이 있으면 안되기 때문에 탑승까지의 대기시간과 정시성에 민감하다.

일반적으로 운항빈도가 많으면, 가령 어떤 편을 탑승지연으로 놓쳐도 다음 탑승까지의 대기시간이 짧아지기 때문에 운항빈도가 많은 항공사는 여객들이 선호하는 경향이 있다. 이 사실은 수요의 S커브효과라고 일컬어지는데, <그림 3-3>에 나타나는 바와 같이, 항공사의 공항에서의 출발편의 점유율이 증가하면 여객 점유율은 어느 수준까지는 탄력적으로 증가한다는 것이다.

본 장의 마지막 부분의 [보론]에서는, 2002년의 일본 국내선 데이터를 통한 실증분석을 하고 있다. 이에 따르면 출발편수의 점유율이 비교적 적은 상황(0~50%의 범위)에서는 출발편 점유율의 10%의 증가에 대하여 여객 점유율은 일본시장을 샘플로 취한 경우로 13.5%, 그 중 반을 차지하는 도쿄(하네다) 공항발 편만을 취하면 13.8% 증가한다. 즉, 편수가 많고 비행기를 놓쳐도 다음 편까지의 대기시간이 짧은 항공사를 여객이 선호하는 경향이 있다는 사실을 알 수 있다. 자세한 것은 본 장의 [보론]을 참조하기 바란다. 예전에 홋카이도 국제항공과 스카이마크 항공사가 도쿄 하네다공항에 진입하여 각각 도쿄~삿포로 및 도쿄~후쿠오카노선을 운항하였다. 그러나 슬롯의 제한 때문에 2002년의 시점에서조차 홋카이도 국제항공의 도쿄 발 삿포로행 출발편수의 점유율은 12.2%, 스카이마크 에어라인즈의 도쿄 발 후쿠오카행 출발편수의 점유율은

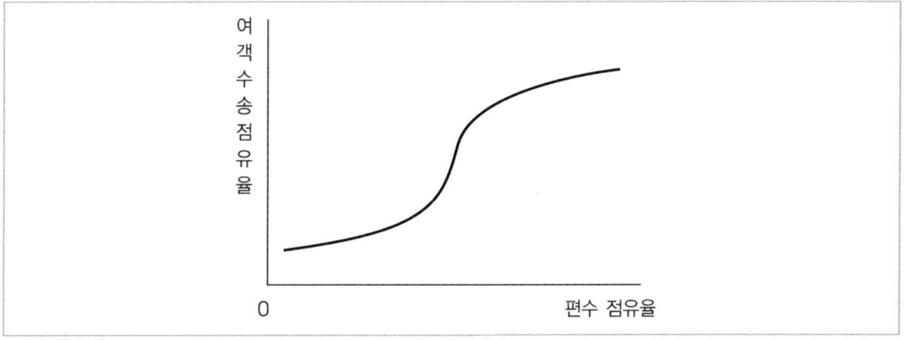

그림 3-3 ›› 운항편수와 여객수요의 S커브효과

13.1%에 그쳤다. 그 결과 여객 점유율은 전자의 경우 8.2%, 후자의 경우 11% 정도에 그쳤다. 이와 같은 현상이 생긴 이유는, 출발시간대의 영향도 고려됨과 동시에, S커브효과가 이들 신규진입 항공사에 불리하게 작용해버린 결과로도 판단된다.

관광객은 운임에 상대적으로 민감하다. 그리고 비행시간이 짧은 구간을 선호하는 경향이 있는 외에, 비즈니스객에 비하여 기내 서비스와 부대 서비스에 민감하게 반응한다. 그 한편으로 패키지 투어 등으로 미리 탑승편이 정해져 있거나, 혹은 목적지에서의 시간 제약이 비즈니스객보다도 유연한 경향이 있기 때문에, 운항빈도 및 지연에 관하여 그다지 민감한 편은 아니다. 또 로열티는 여객의 항공사 선택의 변동을 감소하게 한다. 예를 들어 마일리지의 가산은 여객에게 전환비용(switching cost)를 발생시켜 여객을 특정 항공사에 고정 연결시키는 효과를 갖는다. 전환비용이란, 예를 들면 소비자가 제품을 바꾸어 구입할 때, 지금까지 습득하거나 축적한 노하우를 버리고 새로이 신제품의 사용 방법을 습득하는데 드는 비용을 말한다. 버려진 노하우는 제 2장의 4절 (1)에서 설명한 매몰비용(sunk cost)이 된다[8]. 이 경우 축적된 것은 노하우가 아니지만 여객이 복수 항공사의 마일리지에 가입하여 1개사 당 마일리지의 가산속도가 둔화되고 있는 사이에 이전에 가산된 마일리지가 유효기한을 넘겨 무효화되면, 이 마일리지의 무효 분이 매몰비용이 된다. 따라서 여객으로서는 마일리지의 가입을 1개사에 한하여 그 항공사를 보다 많이 이용하는 것이 이득이 된다는 계산이다.

만일 한 항공사가 완전히 로열티를 확립하면 그 항공사의 서비스는 타 항공사의 서비스와 대체성이 없어진다. 실제로는 마일리지 서비스와 높은 서비스 수준 등에 따라서 대형 네트워크 항공사가 완전한 로열티를 확립하고 있는가 하면, 꼭 그렇다고도 할 수 없다. 미국에서는 이전부터 사우스웨스트 항공, 아메리칸 트랜스항공, 에어트랜, 혹은 제트블루와 같은 저비용 항공사(lowcost carrier, LCC)가 대형 네트워크 항공사와 간접적으로 경합하는 대도시권의 제2공항, 또는 직접 경합하는 공항에 저운임으로 진입하여 대형 네트워크 항공사를 운임경쟁에 끌어들여, 때로는 그 여객 점유율을 빼앗고 있다. 반대로 저비용 항공사는 정시성, 다빈도, 예약의 간편함, 운임의 종류가 적어 알기 쉽다는 점, 그리고 수화물 상실률의 저하 등으로 로열티를 구축하고 있다. 그것으로 예컨대 사우스웨스트 항공은 대형 항공사의 보복적 경쟁행동에 대해서도 일관적으로 독자적 저비용 및 저운임 전략을 바꾸지 않아, 대형 항공사도 타 저비용 항공사와 함께 다른 새 시장을 개척하여 수익성을 유지하고 있다.

환승의 편리성에 대해서는 미국의 항공규제완화 이후 대형 항공사에 의해 허브 앤드 스포크 네트워크가 구축되어, 미국의 동/서 양 연안을 연결하는 직행편의 수가 감소했다. 그 결과, 여객은 도중에 항공편을 갈아타야 할 필요가 생겼다. 이것은 말할 것도 없이 여객에게 불편을 강요하는 것이지만, 이른바 온라인 환승 수송이기 때문에, 여객은 환승시에 수하물을 다시 찾거나, 체크인할 필요는 없다. 따라서, 환승편이라고 하여도, 온라인 환승과 인터라인 환승에서는 그 편의성이 크게 다르다. 전자가 여객이 느끼는 불편함이 적다. 그렇다고 하더라도 허브 앤드 스포크 네트워크는 환승의 불편을 여객에게 강요하는 것이므로, 이 점만을 생각한다면 허브 앤드 스포크 네트워크는 수요를 감소시킬 효과를 갖는다고 할 수 있다. 그러나 허브 앤드 스포크 네트워크 형성에 의하여 출발지 및 목적지의 조합은 비약적으로 증대되므로, 그 결과 네트워크 규모가 확장됨과 동시에 수송밀도도 증가했다. 이와 같은 여객증가 효과는 환승에 따른 편리성 저하에 의한 여객감소 효과를 웃도는 것으로 해석되고 있다.

(3) 수요의 가격탄력성[9)]

동일 비행편을 이용하는 여객은 같은 서비스를 받고 있다고 볼 수 있지만 그들이 지불하는 항공운임은 균일하지 않다. 즉 일물다가(一物多價) 상태인 것이다. 이리하여 적어도 항공운임에 대해서는 경제이론의 기본인 일물일가(一物一價)의 법칙이 적용되지 않는다. 다만 퍼스트 클래스 및 비즈니스 클래스의 운임이 높은 부분은 제공되는 서비스에 차이가 있기 때문에 정당화된다. 이것은 철도의 그린 요금에 해당되는 것이다.

<그림 3-4>는 1990년의 일본의 항공운임을 100으로 잡고 표시한 운임의 추이를 나타낸 그림이다. 일본에서는 항공사가 승객의 개별 데이터를 공개하지 않기 때문에 실제 항공운임을 정확하게 파악할 수가 없다. 그러나 1990년대에

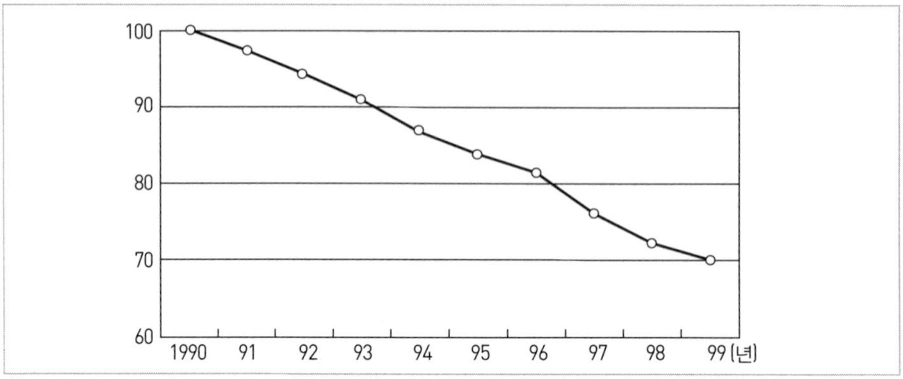

그림 3-4 》 일본의 항공운임 추세(1990년을 100으로 한 지수) (자료) 정기항공협회 자료

평균 항공운임은 분명히 떨어졌다고 볼 수 있다. 이와 같은 운임 변화가 수요에 어떠한 영향을 주었는지 생각할 필요가 있다. 미시경제학에서 수요의 가격탄력성 (e_d)은 다음과 같이 나타낸다.

$$e_d = \frac{\text{수요량변화율}}{\text{가격변화율}} = -\frac{(x_1 - x_0)/x_0}{(p_1 - p_0)/p_0} = -\frac{p_0}{x_0} \times \frac{\Delta x}{\Delta p} \tag{3-7}$$

여기서 p_0는 기준 가격, p_1은 비교 가격, x_0는 기준 수요량, x_1는 비교 수요량이다. 항공의 경우, 운임 변화에 대한 여객 변화를 나타낸 것을 '수요의 자기 운임탄력성' (이하, 수요의 운임탄력성)이라고 하며, 항공사 1의 자기운임의 변화율(%)에 대한 자기수요의 변화분(%)은 다음과 같이 나타난다.

$$e_{11} = -\frac{\Delta q_1/q_1}{\Delta p_1/p_1} = -\frac{\Delta q_1}{\Delta p_1}\cdot\frac{p_1}{q_1} = -\frac{\Delta \log q_1}{\Delta \log p_1} \tag{3-8}$$

만일, 항공사가 운임을 1% 내렸을 때 여객이 그것을 상회하여 증가한다면 항공사로서는 운임을 내리는 쪽이 이익이 될 것이다. 항공사와 정책 담당자에게 있어서 운임의 변화에 대한 여객 수의 변화는 의사결정을 위한 중요한 정보가 된다. 그래서 여기서는 수요곡선을 직선으로 대변하여 항공사의 의사결정을 생각하기로 한다.

<그림 3-5>는 수요곡선을 $q = 10 - p$(q는 운송량, p는 운임), 편의상 비용

은 제로로 가정한 경우 항공사의 이윤과 수요의 운임탄력성과의 관계를 나타낸다. 이 그림에서 운임이 5, 운송량이 5의 경우에 기업의 이윤은 25로 최대값이 된다(그림 3-5의 정방형 부분). 그 때의 수요의 운임탄력성의 절대값 e는, $e = \left|\frac{\Delta q}{\Delta p}\frac{p}{q}\right| = \left|(-1)\frac{5}{5}\right| = 1$이다. 그것보다 수송량이 많고 운임이 낮은 경우에는 항공사의 이윤은 감소함과 동시에 수요 운임탄력성의 절대값은 작아진다. 예를 들면 운임이 1, 운송량이 9인 경우의 이윤은 $1 \times 9 = 9$(그림 3-5의 가로로 긴 장방형 부분), 자기 가격탄력성은 $e = 1/9$이 된다. 반대로 운임이 오르고 수송량이 감소한 경우에도, 역시 이윤은 감소한다(그림 3-5의 세로로 긴 장방형).

그 경우 수요 운임탄력성의 절대값이 커진다. 예컨대 운임이 9, 수송량이 1인 경우에는 수요 운임탄력성의 절대값은 9가 된다. 만일 항공사가 경험적으로 수요 운임탄력성을 알고 있다면, 항공사로서는 수요 운임탄력성의 절대값이 1보다도 큰 경우에는 운임을 낮추어 이윤을 증가시키는 인센티브를 가질 것이고, 반대로 그것이 작다면 운임을 올림으로써 이윤을 증가시킬 것이다. 일반적으로 수요 운임탄력성의 절대값은 경쟁적인 노선에서는 1보다 크고, 비경쟁적인 노선에서는 1보다 작다. 경쟁에는 노선에서의 항공사 간 직, 간접적 경

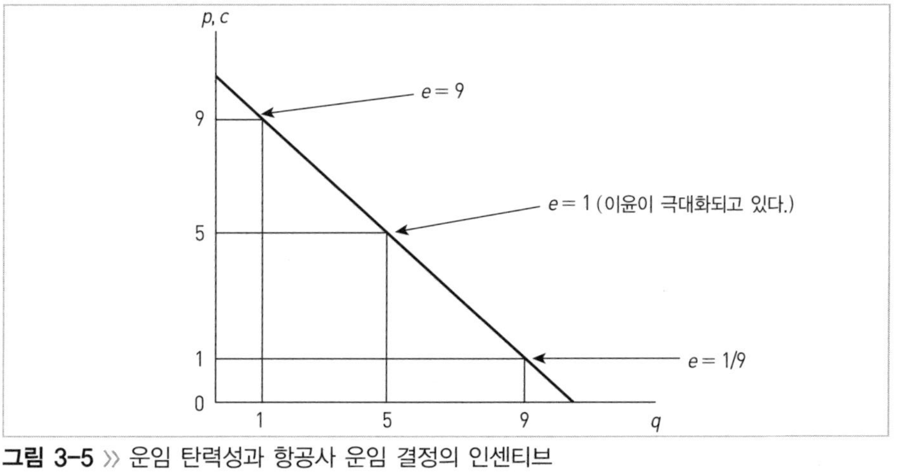

그림 3-5 » 운임 탄력성과 항공사 운임 결정의 인센티브

쟁 외에 타 수단과 경쟁이 존재한다. 일반적으로 원거리 노선은, 항공사에 있어서는 시장규모가 크기 때문에 항공사의 참가는 많지만 타 수단과의 경쟁은 적어진다.

한편 단거리 노선에서는 타 지상교통수단 및 고속선박과 경쟁이 존재한다. 또, 비즈니스객과 고소득자의 수요 운임탄력성(절대값)은 상대적으로 작아서 운임의 높낮이에 상대적으로 민감하지 않음을 알 수 있다. 반대로 관광객 및 저소득자의 그것은 큰 값이 된다. <표 3-4>는 지금까지의 연구결과로 밝혀진 수요의 운임 탄력성의 값이다.

(4) 수요의 교차탄력성, 수요의 소득탄력성

이미 서술한 바와 같이, 교통에는 타 수단과의 경쟁이 존재하고 또 항공사 간 혹은 철도회사 간에도 경쟁이 있다. 일본에서는 꽤 넓은 범위에서 항공과 신칸센이 경합하고 있음은 이미 알려진 바와 같다. 한 항공사의 가격인하 전략은 타 항공사의 수요에 영향을 미친다. 항공에 한정해서 초점을 맞추면, 경합관계에 있는 항공사 2의 운임 변화에 대한 항공사 1의 수요 변화(e_{12})는, 교통운임 탄력성이라고 일컬어지며 다음과 같이 정의된다. 예상되는 부호는 플러스이다.

$$e_{12} = \frac{\Delta q_1 / q_1}{\Delta p_2 / p_2} = -\frac{\Delta q_1}{\Delta p_2} \cdot \frac{p_2}{q_1} = \frac{\Delta \log q_1}{\Delta \log p_2} \qquad (3\text{-}9)$$

또, 일반적으로 수요의 소득 탄력성 (η_e)은 소득율로 설정하여 다음과 같이 정의된다.

표 3-4 » 항공여객 수요의 운임탄력성(절대값)

	시 계열 데이터	횡단면 데이터	데이터의 형식 불명
행락객	0.40~1.98, 1.92	1.52	1.40~3.30, 2.20~4.601
비즈니스객	0.65	1.15	0.90
관광, 비즈니스 혼합 혹은 불명	0.82, 0.91, 1.48, 0.36~1.81, 1.12~1.28	0.76~0.84, 1.39, 1.63, 1.85, 2.83~4.51	0.53~1.00, 1.80~1.90

출처) Oum et al.(1992) p. 149, Table 3에서 작성.

$$\eta_d = \frac{\text{수요변화율}}{\text{소득변화율}} = \frac{(x_1 - x_0)/x_0}{(I_1 - I_0)/I_0} = \frac{x_0}{I_0}\frac{\Delta x}{\Delta I} \tag{3-10}$$

항공에 관한 소득의 탄력성도 이와 거의 흡사하며, 소득의 변화에 대한 항공사의 수요의 변화 (η)는 다음과 같이 정의할 수 있다.

$$\eta_e = \frac{\Delta q/q}{\Delta I/I} = \frac{\Delta q}{\Delta I}\frac{I}{q} = \frac{\Delta \log q}{\Delta \log I} \tag{3-11}$$

하나의 예로 미국의 1998년과 1979-2000년까지의 시 계열의 데이터를 통한 수요의 운임탄력성과 소득탄력성을 <표 3-5>에 나타낸다[10]. <표 3-5>를 보면, 근거리 노선일수록 탄력성의 절대값이 큰 경향이 있고, 또 복점시장에서는 명확하게 관광객이 많은 플로리다시장 노선의 탄력성이 그 이외의 노선의 탄력성보다도 큰 값이다. 어느 쪽도 1이하의 값으로 기존 연구의 값의 범위 내에 있다.

(5) 모드(교통수단)별 운임탄력성

지금까지 살펴 본 수요의 운임탄력성은 운임 변화에 대한 시장 전체의 수요량의 변화였다. 이것은 어떤 의미에서는 집계된 수요 변화라고 할 수 있다. 타 교통수단을 포함해 교통수요에 관한 시장단위로 집계된 수요의 운임탄력성은 수송모드 별 점유율을 이용하여 표현된다. 수송수단이 2종류 있다고 하면 아래와 같이 분해된다.

표 3-5 》 수요의 소득 탄력성과 운임 탄력성

	복점시장 (횡단면, 1998)	3점시장 (횡단면, 1998)	4점~다점시장 (횡단면, 1998)	전미 (시 계열, 1979~2000)
일반객	0.746			
플로리다노선	1.884			
관광, 비즈니스 혼합		0.724	0.342	0.919
소득	0.746	0.724	0.342	0.884

주) 횡단면의 소득은 공항이 위치한 도시권의 인당 가처분 소득이며, 시 계열 분석의 소득은 인당 GDP를 사용.

$$E = S_1(e_{11} + e_{12}) + S_2(e_{22} + e_{21}) \quad (3\text{-}12)$$

여기서 S_1과 S_2는 각 수송수단의 점유율을 나타내며, $S_1 + S_2 = 1$라는 관계가 성립된다. e_{11}는 교통수단 1의, e_{22}는 교통수단 2의 수요의 운임탄력성, e_{12}는 교통수단 2의 운임 변화에 대한 교통수단 1의 수요의 교차 운임탄력성, e_{22}는 교통수단 1의 변화에 대한 교통수단 2의 수요의 교차 운임탄력성이다. 예를 들어 도시간 시장에서 항공사 1개사와 신칸센이 경합 관계에 있다고 설정하여 항공사의 수요 운임탄력성이 -1, 신칸센의 그것이 -0.5, 교차 운임탄력성이 모두 0.2, 항공사의 시장 점유율이 80%, 신칸센의 그것이 20%라고 했을 때, 시장 전체의 수요의 운임탄력성(E)는, $E = 0.8(-1 + 0.2) + 0.2(-0.5 + 0.2) = -0.64 - 0.06 = -0.7$이 된다.

다른 수단 간의 경쟁을 생각하기 위하여 운임 수준의 현황을 보도록 하자. <표 3-6>은 항공과 신칸센이 경합하는 구간의 운임, 소요시간 및 항공의 점유율을 나타낸 것이다. 신칸센 요금과 항공운임을 비교하면, 항공 할인제도(사전 예약에 의하여 운임을 할인하는 제도)를 이용했을 경우, 오사카~후쿠오카 구간을 제외한 전 구간에서 항공운임이 신칸센 요금을 밑돌고 있음을 알 수 있다[11].

표 3-6 ›› 경합구간의 운임, 소요시간 및 항공의 점유율

구간	항공운임		신칸센요금		운임차액		소요시간 (분)		항공 점유율
	편도 (A)	항공할인 (B)	노조미 (C)	노조미할인 (D)	(A)-(C)	(B)-(D)	항공	신칸센	(%)
도쿄~오사카	14,500	12,000	14,720	14,510	−220	−2,510	60	150	20
도쿄~후쿠오카	27,850	20,000	23,560	22,000	4,290	−2,000	100	300	91
도쿄~우베	25,950	15,000	21,680	20,240	4,270	−5,240	95	280	83
도쿄~오카야마	22,450	12,000	17,690	16,460	4,760	−4,460	75	200	30
도쿄~히로시마	22,650	15,000	19,680	18,330	2,970	−3,330	80	240	61
오사카~후쿠오카	16,200	20,000	15,660	12,800	540	7,200	65	140	32
나고야~후쿠오카	19,100	14,000	18,860	17,560	240	−3,560	75	200	77

출처) 전일본공수 자료

신칸센의 소요시간은 항공의 2.5배에서 3배의 범위이다. 공항과의 접근교통 수단의 소요시간과 빈도의 문제가 있으므로 이 자료만으로는 명확한 해답을 낼 수는 없지만, 신칸센의 소요시간이 항공의 2.5배 이내라면 항공의 점유율은 극히 작아지고 있다고 할 수 있다.

무라카미 히데키(村上英樹), 카토 잇세이(加藤一誠)

경제성장과 항공수요 03

(1) 항공운송수요와 경제성장

이미 전술한 대로 항공여객 수요는 운임과 소득 등에서 영향을 받는다. 한편, 항공화물에 대한 수요는 요소수요이다. 기업은 스스로 이윤을 최대화하기 위하여 자사화물의 수송수단을 선택하여 수송비용의 최소화를 도모한다. 이러한 조건 하에서 항공화물에 대한 수요가 발생한다. 본 절에서는 항공수요의 소득탄력성에 관한 분석을 논하겠다. 아래에 언급한 사례에서는 소득이 아닌 GDP를 사용했다. 간단히 말하여 GDP는 일본 전 기업의 매출(단가 × 개수)이므로 그 변화 분에는 소득과 가격의 변화를 함께 포함하고 있다. 따라서, 여기서는 가격 변화를 제외하고 소득 변화만을 대상으로 하기 위하여 GDP는 실질값으로 하고 있다.

우선 최근 년도의 일본의 항공운송 수요에 주목하자. <그림 3-6>은 일본의 국내선의 여객 수송량과 GDP의 2000년 초부터 2003년 말까지 각 분기별 추이를 그린 것이다. 여객수송량은 여객킬로(여객수 × 수송 킬로미터) 데이터로서 <그림 3-7>은 일본발착의 국제선 여객수송량과 GDP 의 추이를 나타내고 있다. 또 <그림 3-8>과 <그림 3-9>는 일본의 국내선 화물수송량과 일본발착의 국제선 화물수송량의 추이를 각각 나타내고 있다. 화물수송량은 톤킬로(화물톤수 × 수송 킬로미터) 데이터로 나타냈다.

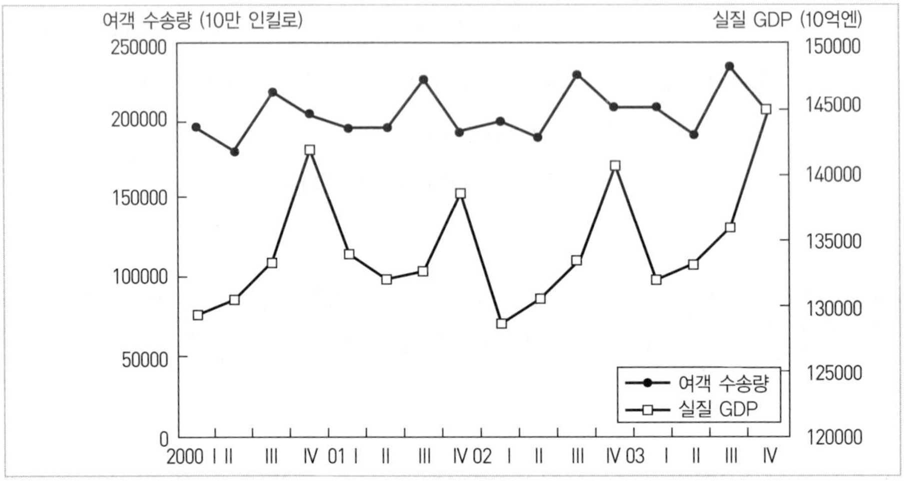

그림 3-6 ›› 일본의 국내선 여객수요와 GDP

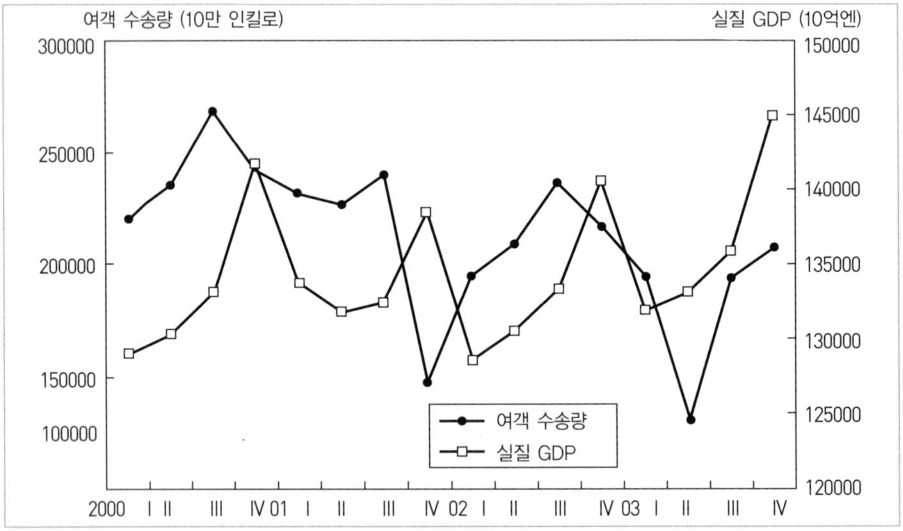

그림 3-7 ›› 일본발착의 국제선 여객수요와 GDP

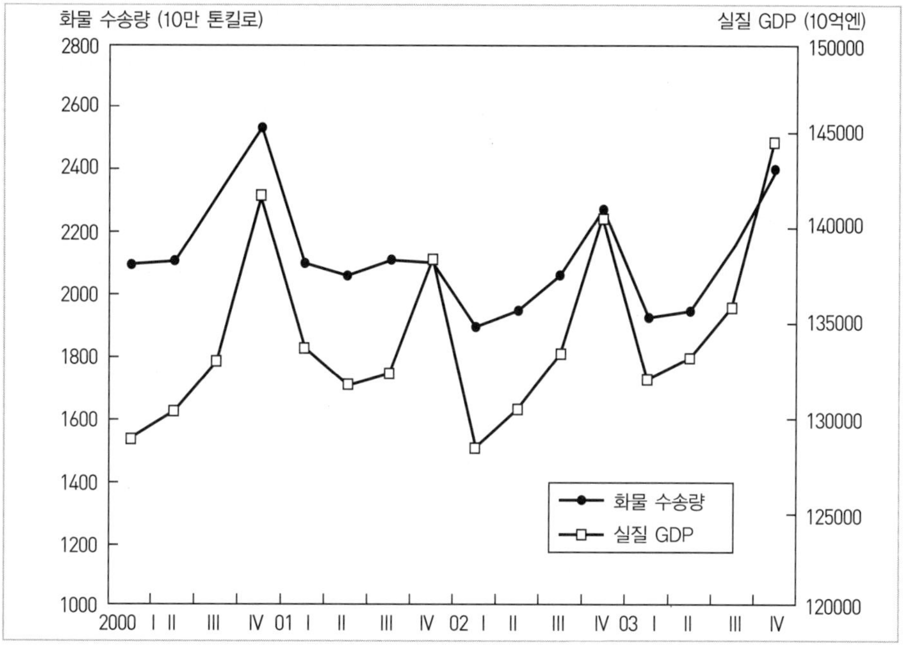

그림 3-8 ›› 일본의국내선 화물수요와 GDP

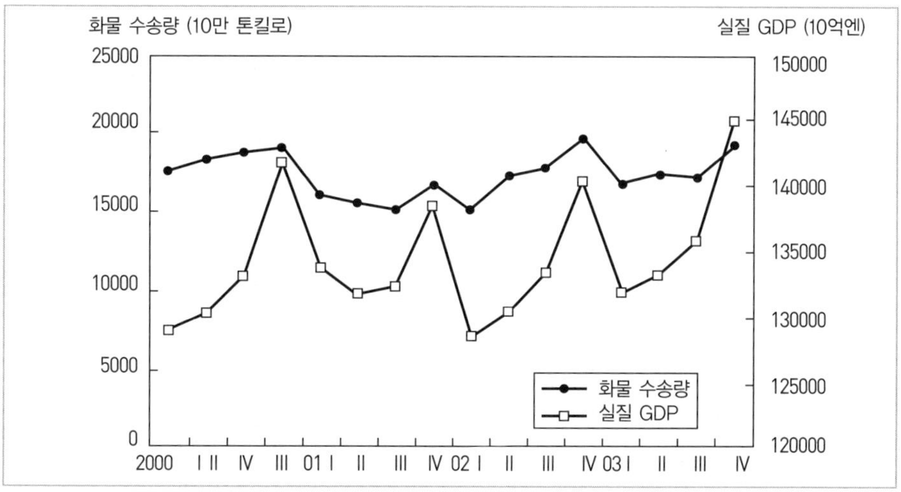

그림 3-9 ›› 일본발착의 국제선화물수요와 GDP

이들에 따르면, 항공운송 수송량의 추이는 GDP의 추이와 거의 일치하고 있음을 알 수 있다. 주의깊게 살펴보면, GDP 추이의 정점(peak)은 2000년부터 2003년까지의 각 년도의 제 4사분기인데, 화물수송량 추이의 정점은 국내선, 국제선 모두 같은 시기에 일치하고 있다. 한편, 여객수송량 추이의 정점은 국내선, 국제선 모두 GDP추이 정점의 각각 1기 전, 즉 각 년도 제 3사분기라는 것이 특징이다. 항공의 여객 수송수요는 GDP의 추이, 바꾸어 말하면 경기 변동에 선행한다는 사실을 볼 수 있다.

<표 3-7>은 이 기간의 일본 항공운송수요의 성장률과 소득탄력성을 나타내고 있다. 수요량의 4분기별 평균 성장률은 여객 수송에서는 국내선이 플러스 값인데 반하여 국제선은 마이너스 값이 되고 있다. 반대로, 화물 수송에서는 국내선이 마이너스 값이 되어 있지만 국제선은 플러스 값이다. 항공운송수요의 소득탄력성을 보면, 국내선은 여객, 화물 모두 수요의 소득 탄력성이 1보다 크고, 이 기간의 국내선의 항공운송수요는 소득에 대하여 탄력적이라고 할 수 있다. 국제선의 경우 화물수요는 소득탄력성이 1보다 크기 때문에 소득에 대하여 탄력적이지만, 여객수요의 소득 탄력성은 1보다도 작기 때문에 여객 수송수요는 소득에 대하여 비탄력적이다. 이 상태가 계속된다고 가정하면, 일본의 항공운송수요는 화물 수송과 국내선여객 수송이 소득의 변화, 즉 경기변동에 대응하여 비교적 크게 변동하고, 국제선 여객은 경기변동에 대하여 그다지 반응하지 않는다는 사실을 엿볼 수 있다.

(2) 아시아 경제성장과 항공운송수요

항공운송의 특징 중 하나로, 아시아의 항공수송량이 1970년대 후반부터 급성장

표 3-7 » 일본의 항공운송 수요 (2000~2003년)

		여객	화물
4분기별 평균 성장률 (%)	국내선	0.58	−0.28
	국제선	−2.02	0.15
소득 탄력성	국내선	1.78	1.77
	국제선	0.93	1.37

하고 있다는 사실을 들 수 있다. <표 3-8>에는 아시아 지역과 나라들을 중심으로, 각 지역, 각국의 항공운송 수요의 연평균 성장률이 계산되어 있다. 아시아 · 태평양지역의 항공운송 수요량의 연평균 성장률은, 여객, 화물 모두 북아메리카 및 유럽에 비해 상당히 높은 값이다. 마찬가지로 아시아 국가들의 항공운송 수요량의 연평균 성장률도 높은 값으로 나타나 있다. 또 <표 3-9>에는 아시아를 중심으로 한 각국의 항공수요의 소득탄력성이 계산되어 있다. 아시아 국가들은 항공수요가 여객, 화물 모두 소득에 대하여 탄력적인 면이 많다는 사실을 알 수 있다. 아시아의 항공운송 수요를 급성장시킨 최대 요인은 아시아 국가의 경제성장이라고 알려지고 있다. 아시아 제국은 1970년대부터 동아시아와 동남아시아를 중심으로 공업화가 진행되어, 그 결과로 경제가 급성장했다. 아시아 국가의 항공

표 3-8 》 항공운송 수요의 연평균 성장률(%)

지역, 국가	기간(년)	여객	화물	지역, 국가	기간(년)	여객	화물
북 아메리카	1976~88	6.24	4.26	유럽	1976~88	4.52	6.35
	1989~99	4.06	6.88		1989~99	2.78	5.25
아시아/태평양	1976~88	8.75	12.84				
	1989~99	8.09	9.79				
일본	1976~88	6.47	12.44	한국	1976~88	8.87	13.69
	1989~99	5.87	5.22		1989~99	12.68	14.09
홍콩	1976~88	15.03	21.14	싱가폴	1976~88	11.30	15.08
	1989~99	7.87	27.56		1989~99	7.84	13.40
태국	1976~88	12.06	14.25	말레이시아	1976~88	12.83	18.57
	1989~99	7.51	10.18		1989~99	12.00	12.43
인도네시아	1976~88	12.328	17.44	인도	1976~88	7.83	8.04
	1989~99	2.31	0.90		1989~99	5.04	−0.67
호주	1976~88	5.24	8.67	중국	1976~88	23.68	22.31
	1989~99	7.70	5.40		1989~99	14.90	13.57
미국	1986~96	3.91	6.14	영국	1986~96	8.82	11.08
프랑스	1986~96	6.14	3.55	네덜란드	1986~96	11.01	9.26

표 3-9 » 상공수송 수요의 소득 탄력성

지역, 국가	기간(년)	여객	화물	지역, 국가	기간(년)	여객	화물
일본	1975~84	2.07	3.02	한국	1975~84	2.15	2.65
	1989~97	2.96	2.36		1989~97	2.29	2.23
홍콩	1975~84	1.86	2.67	싱가폴	1975~84	1.88	2.47
	1989~97	1.51	5.34		1989~97	1.00	1.82
태국	1975~84	1.74	2.54	말레이시아	1975~84	2.47	3.23
	1989~97	0.90	1.57		1989~97	1.58	1.77
인도네시아	1975~84	3.01	3.84	인도	1975~84	1.83	2.00
	1989~97	1.09	1.07		1989~97	0.91	−0.03
호주	1975~84	1.77	3.79	중국	1989~97	1.68	1.20
	1989~97	2.76	2.17				
미국	1986~95	1.77	2.85	영국	1986~95	4.62	5.36
프랑스	1986~94	2.36	1.47	네덜란드	1986~94	3.33	3.09

운송수요는 소득탄력성이 높기 때문에 경제성장에 근거한 소득 증가와 시간 가치의 상승이 항공운송 수요를 급성장하게 한 동인이다.

아시아의 항공운송 수요에 관한 또 하나의 특징은 화물수송 수요의 성장률과 소득탄력성이 여객수송 수요에 비해 높다는 점이다(<표 3-8>과 <표 3-9> 참조). 항공에 의한 화물 수송은 여객 수송의 결합 생산물이었다. 그러나 최근 시간가치가 높은 화물을 중심으로 항공으로 수송되는 화물이 급증하면서 특히 아시아 국가에서 항공화물 수송이 성장하고 있다.

아시아에서 항공화물 수송이 급증하고 있는 최대 요인은 아시아 국가에 국제분업이 진전되었다는 사실이다. 경제선진국의 투자에 따른 국제분업의 전개는 아시아 국가의 공업화를 진전시키고, 고도화된 제조업이 낮은 경비를 배경으로 생산해 내는, 기술집약적이고 부가가치가 높은 제품은 국제경쟁력을 확대시켜 수출을 증가시켰다. 또 공업생산의 증대는 그것에 필요한 원재료 및 중간재, 자본재 등의 수입도 증가시켰다. 한편, 유통 면에서는 국제물류에 있어서도 저스트 인 타임(just in time) 수송 요청이 높아져, 수출입 화물 중에서 부피와 중량이 비교적 작으나 부가가치가 높은 화물과 시간가치가 높은 화물은 항공으로 운송되는 경우가 급증한 것이다. 아시아 국가들은 항공운송수요가 여객, 화물 모두 소득에 대하여 탄력적인 면이 많다는 점에서, 아시아의 항공운송수요는 경제상태가 크게 변화하지 않는 한 경제가 성장함과 함께 그 이상의 성장이 기대된다고 할 수 있다.

[보론] 일본 국내 항공시장의 S자형 커브

Douglas and Miller(1974) 의 모델을 참고로 2002년의 더블 트랙(2개사 운항) 이상의 국내노선을 대상으로 종속변수를 여객 점유율(%), 설명변수를 출발편수 점유율(%)로 한 회귀분석을 하였다. 모델은 이 추정식이 S자형 커브, 즉 출발편수 점유율이 낮은 경우에는 출발편수 점유율의 증가에 대하여 탄력적으로 여객 점유율이 증가하고 얼마 후 출발편수 점유율이 더 커지면 여객 점유율의 상승률은 작아진다고 가정하고 있다. 이 S자형 효과를 검증하기 위하여 추정식은 아래 (3-13)식과 같은 스플라인(Spline)모델을 채택했다. 즉, 출발편수 점유율의 평균값 부분의 우측과 좌측에서 선형으로 나타낸 출발편수 점유율의 파라미터(parameter) 값이 다른 연속형 함수를 추정하고 있다.

$$Y = \beta_0 + \beta_1 X_1 + (\beta_2 - \beta_1) Q_1 (X_1 - \widetilde{X}) + e \qquad (3\text{-}13)$$

Y는 여객 점유율 (%), X_1은 출발편수 점유율 (%), $\widetilde{X}$는 출발편수 점유율 50%이며, e는 오차항이다. 또 Q_1은 더미변수로 $\left\{ \begin{array}{l} Q_1 = 1 \text{ when } X_1 \geq \widetilde{X} \\ Q_1 = 0 \text{ when } X_1 \leq \widetilde{X} \end{array} \right\}$ 가 된다.

일본 국내선 시장 전체의 데이터를 통한 추정 결과는 (3-14)식에 나타나 있다.

$$Y = -1.301 + 1.353 X_1 - 0.445 Q_1 (X_1 - \widetilde{X}) \qquad (3\text{-}14)$$

$$(7.39a) \quad (26.62a) \quad (2.52b) \qquad \overline{R}^2 = 0.913,\ n = 122$$

또, 전체 샘플의 약 반을 차지하는 도쿄 하네다발 편만을 수집하여 추정한 결과는 (3-15)식과 같다.

$$Y = -1.383 + 1.384X_1 - 0.622Q_1(X_1 - \widetilde{X}) \qquad (3\text{-}15)$$
$$(7.53a) \quad (29.36a) \quad (3.19b) \qquad \overline{R}^2 = 0.930,\ n = 60$$

a는 1%수준, b는 5%수준으로 유의함을 나타낸다. 이것을 해석하면, 출발편수 점유율 값이 50% 이하의 영역에서는 편수 점유율 10%의 증가에 대하여 일본 국내선 시장 전체의 여객 점유율은 13.53% 증가, 또 도쿄 하네다발 편에서는 13.84%증가한다. 이 둘은 커브가 45°선보다도 통계적으로 유의하게 위쪽으로 휘어지는 형태를 만든다. 또 출발편수 점유율 값이 50% 이상의 영역에서는 편수 점유율의 10%의 증가에 대하여 일본의 항공시장 전체에서는 여객 점유율은 9.07%(= 13.52% − 4.45%), 도쿄 하네다발 편에서는 7.62%(= 13.84% − 6.22%) 밖에 증가하지 않는다. 추정된 일본 국내시장 전체의 스플라인 커브는 <그림 3-10>을, 또 도쿄 하네다발 편의 스플라인 커브는 <그림 3-11>을 참조하기 바란다.

데이터의 출처는 (사)전일본항공사업연합회 "항공운송 통계연보" 2002년도 분이다. 또, 연도 내에 항공사의 운항이 개시 혹은 휴지된 노선은 제외했다.

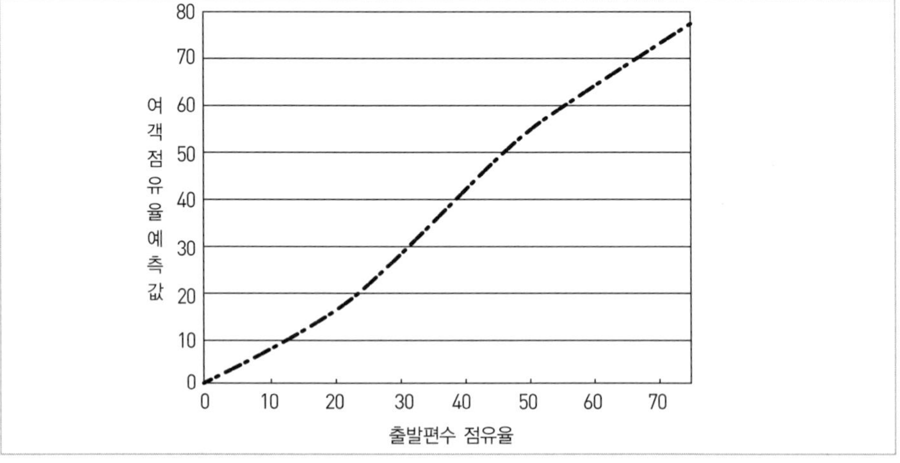

그림 3-10 » 일본의 국내 항공시장의 S자형 커브(단위: %)

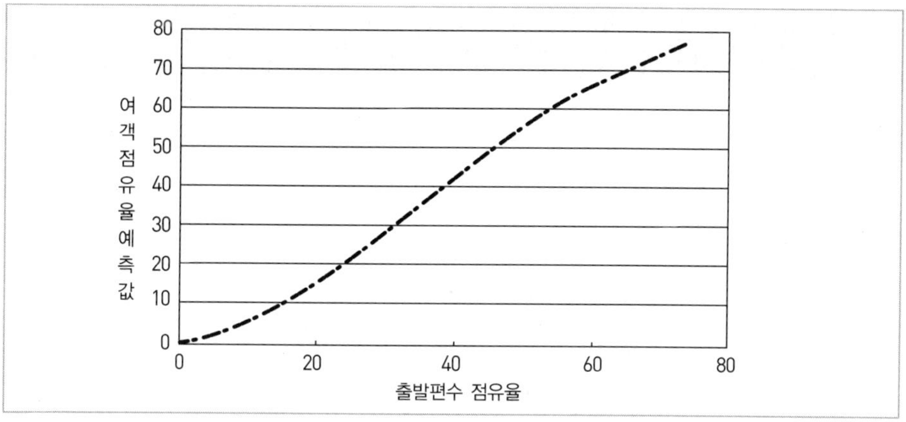

그림 3-11 》 도쿄 하네다발편의 S자형 커브(단위: %)

무라카미 히데키(村上英樹)

주석

1) 일본선주협회 "해운통계요람" (2005) 및 일본세관협회 "외국 무역개황" (2004. 12)에 의거하여 계산.

2) 미야시타(宮下)(2002) 제 8장을 참조.

3) 탑승하지 않은 경우를 노 쇼우(no shows)라고 한다. Tretheway and Oum(1992) pp. 27-29에 따르면, 미국 국내선 규제완화 후의 1982년에는 약 20%의 여객이 no-shows였다고 한다.

4) 2개의 항공사를 각각 X_1, X_2로 설정하고, 각각의 항공사의 운임을 p_1, p_2로 설정하면, 여객수요 곡선은 아래와 같은 가정 하에 구할 수 있다. 효용 U를 예산의 제약(예산선) $p_1X_1 + p_2X_2 \leq I$하에서 최대화한다. 수식으로 나타내면,

$$\max_{x_1, x_2} U(X_1, X_2) \text{ subject to } p_1X_1 + p_2X_2 \leq I \tag{3-2}$$

바꾸어 말하자면, 어느 일정의 효용 하에서 지출을 최소로 끝낸다.

$$\max_{x_1, x_2} p_1X_1 + p_2X_2 \text{ subject to } U = U^*(X_1^*, X_2^*) \tag{3-3}$$

단, U는 여객의 효용, I는 소득이다.

5) 일반적으로 효용함수는 원점에 볼록한 커브로 그려진다.

6) 이와 같이 2개 재(財)의 한 편이 소비되지 않는($X_2 = 0$이 되는) 것과 같은 해석을 코너 솔루션이라고 한다.

7) 유상 여객 수

$$= -34.961.2 + \underset{(23.2)}{17.8}(\text{년도}) + \underset{(23.5)}{622.2}(D2001) + \underset{(24.7)}{680.0}(D2002) + \underset{(24.9)}{697.8}(D2003)$$

(23.2) (23.5) (24.7) (24.9) (25.2)

$\overline{R}^2 = 0.986$이다. 예측은 각 년도의 더미변수로 실행하고 있다. 각 년도의 더미변수는 해당 년도에 대하여 -1, 그 외는 제로로, 더미변수의 계수는 Best Linear Unbiased Predictor(BLUP)이다. 해당년도의 유상여객 수는 제로로 두고 있다. 계수 아래의 괄호 안은 t값, 모두 1%수준으로 유의하다. 1979~2003년까지의 데이터로, 출처는 일본항공협회 "항공통계요람" 각 년도 분이다.

8) 마루야마(丸山)/나리우(成生)(1997) 46페이지를 참조.

9) 이하의 수요 가격 탄력성 및 소득 탄력성은 Oum et al.(1992) 및 Waters(1999)를 참고로 하고 있다.

10) 물론 특별할인도 2개월 이상 전에 예약을 확정하는 것부터 전날 예약에 이르기까지 다양하기 때문에, 모두 이 운임으로 이용할 수 있는 것은 아니다.

11) OLS에 따른 수요 함수의 추정 결과는 아래와 같다.

	운임	소득	인구	정수	통계량
복점	−0.746 (5.63a) −1.137DFL (2.27b)*	0.746 (5.63a)	0.584 (6.21a)	1.297 (3.01a) +8.193DFL (2.40b)	
3점	−0.724 (5.60a)	0.724 (5.60a)	0.733 (5.60a)	0.513 (0.683)	
4~다점	−0.342 (2.65a)	0.342 (2.65a)	0.255 (2.44b)	2.128 (1.16)	
전미 시 계열	−0.919 (7.32a)	0.884 (4.81a)		4.905 (7.86a) −0.005T (0.47)	

주) DFL은 플로리다노선 더미변수로 운임 파라미터의 합의 검정 결과는 t = 3.87이 되며, 1%수준으로 유의하다.
자료) 1998년의 횡단면 데이터는 O&D Plus, *Data Base 1A(DBIA)*와 *Bureau of Economic Analysis, Regional Account Data*, 또 1979~2000년의 시계열 데이터는 "항공통계요람" 각 년도 분이다.

참고문헌

[1] Douglas, G. W. and J. C. Miller (1974) "Quality Competition, Industry Equilibrium, and Efficiency in the Price Constrained Airline Markets", *American Economic Review*, September, pp. 658-660.

[2] Hendricks, K. (1997) "Econ 500 Microeconomics," *Lecture note at the University of British Columbia*, unpublished.

[3] 이시다 노부히로(石田信博) (2001) '아시아의 경제성장과 항공운송수요 구조', "경제학 논총" [도시샤(同志社)대학], 441-449페이지.

[4] 이시다 노부히로(石田信博) (2002) '아시아/태평양지역의 항공화물 수송과 GDP' "항공과 공항의 경제학" (항공교통연구회), 31-43페이지.

[5] 마루야마 마사요시(丸山雅祥)/나리우 다츠히코(成生達彦)(1997) "현대의 미시 경제학 – 정보와 게임의 응용 미크로–" 소분사.

[6] 마야시타 쿠니오(官下國生) (2002) "일본 물류업의 글로벌 경쟁" 치구라서방

[7] Oum, T. H., W. G. Waters II, and J. S. Yong (1992) "Concepts of Price Elasticities of Transport Demand and Recent Empirical Estimates", Journal of Transport Economics and Policy, May, pp. 139-154.

[8] Tretheway, M. W. and T. H. Oum (1992) *Airline Economics*, Center for Transport studies at the University of British Columbia, pp. 11-31.

[9] Waters II, W. G. (1999) "Econ 480 Transport Economics," *Lecture note at the University of British Columbia*, unpublished.

[10] 요시다 시게루(吉田茂)/타카하시 노조무(高橋望) (2002) "신판 국제교통론" 세계사상사.

항공운송업의 경쟁과 가격 결정(Pricing)

CHAPTER

04

항공경제학

항공운송업의 경쟁과 가격 결정(Pricing)

항공운송산업은 대부분의 국가들에 있어서 정부 규제의 대상이 되어 왔다. 항공운송산업의 규제 근거는 주로 항공운송을 통해 국가와 산업이 상호 발전하였기 때문이다. 그 외에도 서비스의 안정공급, 항공운임을 통한 물가관리, 서비스의 공공재적 성격, 안전성의 유지, 공급조정, 지나친 경쟁의 방지, 혹은 소득격차의 조정 등이 규제의 근거로 수년간에 걸쳐 지속적으로 시행되어 왔다. 그러나 한편으로는 경제규제에 관련된 일이라 하여도 꼭 효율성 면에서 정부규제의 필요성 여부가 심사되지는 않았으며, 1960년경부터 산업 규제가 비효율적인 측면을 갖는다는 것이 지적되기 시작했다.

특히 1970년대의 미국에서는 규제된 항공사가 초래하는 폐해, 규제를 받지 않는 항공사의 효율성이 지적되어 마침내 1978년 미국 국내에서 항공규제 완화가 이루어졌다. 그 사이 규제완화 정책을 추진하는 논거가 된 이론이 경합성(Contestable) 시장이론이었다. 당초 항공운송산업에 적용 가능하다고 여겨졌지만 실제로는 컴퓨터 예약시스템, 마일리지 서비스, 허브 앤드 스포크 시스템에 의한 외부성, 진입 장벽의 형성, 혹은 혼잡이 이 이론을 적용하는 데 방해물이 되었다.

규제완화 후의 산업은 기업 측면에서의 집중도는 높아지고 또 정규운임도 상승했지만, 개별시장에서 보면 경쟁 노선은 증가하고 또 할인 운임의 폭 넓은 보급으로 인해 실질 운임은 하락하고 운송량은 증가했다. 따라서 총 잉여가 증가함으로써 후생 경제학적으로는 규제완화는 긍정적으로 평가되었다. 다만 환승이 더 많이 필요해지는 등, 금전적으로 나타나지 않는 편리성 저하도 발생하고 있다. 1990년대 이후에는 대규모 네트워크를 보유하고 보너스 마일리지를 제공하며 수입관리(Yield management)에 의해 교묘한 가격설정을 실행하는 대형 네트워크 항공사와, 저비용/저운임을 무기로 단순한 서비스 전개를 하는 저비용항공사(LCC) 의 양극화가 진행 중이다. 특히 LCC의 참가는 총 잉여를 증가시킬

뿐만 아니라, LCC가 제공하는 서비스는 이른바 '싸고 좋지 않다' 가 아니라, 여객으로부터 일정 수준의 높은 만족도를 얻고 있다는 점은 평가할 만한 일이다.

가격 · 수량 · 서비스: 다양한 수단을 이용한 경쟁 01

미시경제학 및 산업조직론 분야에서 경쟁은 다양하게 분류되고 있다. 크게 분류한다면 가격경쟁, 판매량경쟁 혹은 서비스경쟁이라고 할 수 있다. 또한 경쟁의 정도도 다양하다. 생산자 1개사로 독점하는 상황, 복점, 과점, 다점이라는 상황에서부터 생산자도 소비자도 무수하고 양자 모두 완전히 시장 정보를 공유하고 있는 완전경쟁이라고 일컬어지는 상황, 독점적 경쟁이라고 일컬어지는 상황, 나아가 구매자가 1명인 '수요독점' 이라는 상황도 존재한다.

이상을 전통적인 유형이라고 한다면, 80년대 이후에는 경합성시장이론과 다단계 게임이론도 항공운송산업의 분석에 응용되고 있다. 일본, 미국 혹은 EU와 같은 OECD제국의 항공정책을 간단히 뒤돌아보면, 항공운송산업은 기존의 규제 시대에서 규제완화 시대로 돌입하고 있다. 그리고 이것에 관한 여론은 현재 더욱 진화된 규제완화론과 규제완화 재검토론이 혼재하는 상황인 듯하다. 본 장은 항공규제 시대에 그 근거가 된 이론, 규제완화 정책의 근거가 된 이론, 그리고 향후 경쟁시대의 산업행동을 설명하는 경제이론에 대하여 설명한다. 그 설명을 위해서는 조기에 국내항공 규제완화를 실천하였고 연구성과도 많은 미국의 사례를 이용하는 것이 적절한 것으로 생각된다. 이에 더해 적정한 일본의 사례도 섞어가면서 규제정책 및 규제완화 정책 하에서의 항공운송산업의 경쟁에 대하여 살펴본다.

항공정책과 경쟁: 개설 02

항공사의 경쟁구조를 규정하는 것은, 산업조직론의 입장에서 말하자면 시장구조이다. 항공운송산업의 경우, 이전 절에서 서술한 다양한 경쟁형태 모두가 확인될 수 있겠지만, 실질적으로는 이들 경쟁형태가 널리 균등하게 적용되는 것은 아니며, 몇 가지 특정 경쟁형태가 많이 관찰된다. 이것에 관해서는 본 장에서 상세히 서술하겠다[1]. 국제항공의 시장구조에 관해서는 제 7장에 서술한 바와 같이, 세계 각국은 기본적으로 제 2차 대전 후 바로 영국에 의해 주장된 항공협정의 방식에 따라 시장구조를 정해왔다(이른바 버뮤다 I형). 거기서 양국 간의 호혜와 항공운송의 상호발전의 기본이념 하에 동일 운임, 항공사 및 편수 지정 외에 '하늘의 자유' 라고 일컬어지는 2국간의 상업수송 이외에도, 예컨대 이원권(以遠權)을 행사한 상업수송과 3국간의 허브 앤드 스포크 수송에 관하여 약정이 이루어져 왔다.

그 후, 예를 들면 미-일간의 항공협정에서는 항공사 수, 운임결정 방식, 편수 및 노선연장, 지점 변경이 추가 됐지만, 기본적으로 상호 구속적인 협정에 따라 항공운송산업이 운영되고 있다. 이와 같은 상황은 미국과 일부 국가 간에 약정된 항공자유화(open sky) 협정에 합의한 경우를 제외하고는 일본을 포함한 여러 외국과 지금까지 이어지고 있다. 말하자면, 호혜적인 발전이라는 명목 하에서 국제항공운송산업에서는 경쟁이 제한되어 왔다고 할 수 있다. 국내선에서도 1978년 이후 및 1997년 이후의 EU를 제외하고, 제도상 혹은 실질적으로 경쟁이 억제되어 있는 경우가 많다. '실질적으로' 라고 쓴 이유는, 예컨대 일본의 경우 2002년에 국내항공 시장이 규제완화되었지만 일부 신규 항공사가 참가한 노선 이외에서는 일본항공 시스템 및 전일본공수 2개사(및 그들 계열 항공사)가 운항하는 노선에서는 45/47체제라 일컬어지는 구 체제를 이어 거의 완전배분비용에[2] 기초한 총괄 원가주의(풀 코스트원리)에 의한 '동일거리/동일운임' 이 결정되어 실질상 카르텔(Cartel)이 형성된 것에 가깝다.

다만, 하나의 시장을 2개의 항공사가 협조하여 공동 운항을 한다면, 원하는 비행 편을 놓친 여객은 정규 운임을 지불하는 한 타사의 다음 편에 탑승할 수가 있을 것이다. 그러나 실제로는 일본항공시스템과 전일본공수는 공동의 운임 하에서 예를 들어 보너스 마일리지와 같은 여객 서비스 부분에서 경쟁하고 있으며, 각처에서 여객 확보를 실행하고 있다. 도쿄~오사카 간에 타사 편으로 탑승할 수 있는 셔틀 편 서비스가 시험 제공되고 있지만, 이것은 예외적인 것이다. 다른 많은 국내선 시장은, 일본항공 시스템과 전일본공수가 운항하는 노선에서는 카르텔 운임과 상호 배타적인 여객 확보에 의해 여객의 금전적 손실 및 편리성 부분에서 손실이 발생하고 있다.

또 이미 많은 저서와 논문에서 소개되고 있는 바와 같이, 1978년 이전의 미국에서는 주와 주를 넘나드는 주제노선(州際路線)은 CAB(Civil Aeronautics Board; 민간항공위원회)라고 일컬어지는 규제기관의 규제를 받아 운임, 시장진입 및 퇴출, 운항 가능한 항공사의 지정이 각 노선에 대해 이루어지고 있었다. 그러나 이들 주제 사업에 종사하는 항공사는 편수 경쟁에 대해서는 규제를 받지 않았다. 더구나 주내 항공사업 및 커뮤터(Commuter) 항공사업에 대해서는 CAB의 규제를 받지 않았기 때문에, 특히 대표적인 캘리포니아주 및 텍사스주의 주 내에 한해서 운항하는 항공사는 이와 같은 규제가 없는 상황에서 영업전략을 구사하여, 그 시장 성과가 후의 규제완화 정책을 불러일으키는 동기가 된 것이다.

일반적인 산업규제의 근거 03

그러면 어째서 항공운송산업은 규제되어 왔거나 혹은 현재에도 규제되고 있는 것인가? 항공운송산업에 관하여 검토하기 전에 일반적인 산업규제의 근거에 대하여 검토해 보자.

(1) 자연 독점과 규제

전통적인 경제적 규제의 근거로, 자연독점의 이론과 그것에 기초한 규제가 있다. 자연독점이란 장기평균비용이 체감할 때 처음으로 조업을 시작한 기업이 후속의 같은 기술로 생산하는 기업보다 낮은 평균 비용으로 조업이 가능하게 된다. 그 결과 후속 기업의 참가가 제지되면서 독점이 형성되는 상황을 말한다.

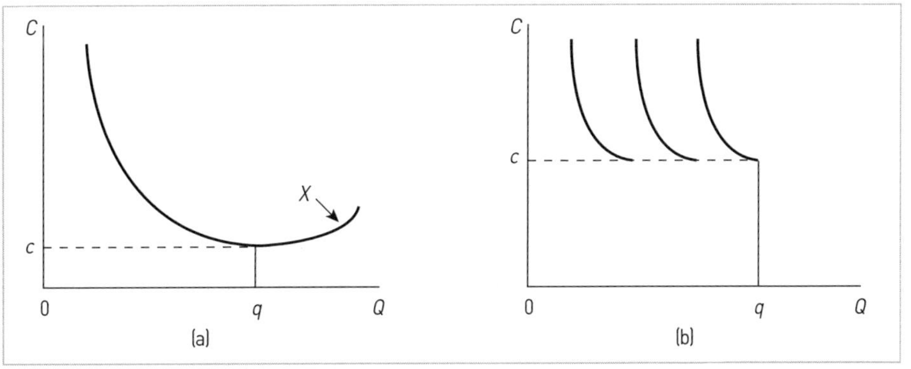

그림 4-1 » 자연 독점과 그 발전적 해석

이것을 발전적으로 해석하자면, 예를 들어서 이 산업에서 같은 기술수준의 기업 3개사가 동시에 참가, 생산량 q를 3개사 분담으로 달성하려 한다고 설정했을 경우, <그림 4-1>과 같이 1개사에 생산을 맡기는 것이 3개사에 생산을 분담하여 맡기는 것보다 낮은 평균비용이 달성되므로, 정부 입장에서 한 기업에 독점적 조업을 인가하는 편이 생산 면에서는 효율적이라는 것을 알 수 있다. 또 <그림 4-1> (a)의 X점과 같이 평균비용곡선의 최소 규모의 우측에서 규모의 경제성이 작용하지 않는 부분이라도 3개사 분담 생산보다 낮은 비용의 결과가 나올 수가 있다. 따라서, 자연독점이라고 해서 반드시 규모의 경제성이 작용한다고는 볼 수 없다.

이와 같은 자연 독점의 경우, 독점적 기업에 의한 수량 및 가격 설정에 의한 후생 손실이 발생한다(이것에 대해서는 제 5장 [보론] 1~2를 참조). 이를 어느 정도 해소할 정책의 일환으로, 예를 들자면 평균비용 가격 및 세컨드 베스트 가격이라고 부르는 요금, 혹은 램지가격과 같은 가격결정 방식이 있다. 또 평균비용곡선이 체감하고 있는 범위에서의 한계비용 가격 형성은 사회적인 총 잉여는 최대화되지만 기업에는 적자가 발생한다. 이 경우 기업을 존속시키기 위하여 정부로부터 직접 보조 등의 개입을 생각할 수 있다. 이처럼 자연독점 이론 및 그 발전적 해석 등의 이유로 시장에 대한 진입 제한 및 가격 규제가 정당화되고 있다고 볼 수 있다.

(2) 기타 산업 개입의 근거

① 소득의 재 배분

정부가 개입함으로써 예를 들어 저소득 지역에 저가격 서비스를 공급함과 동시에 고소득 지역에는 고가격 서비스를 공급한다.

② 가격(운임)의 안정화

가격 변동이 큰 재화에 대하여 가격과 수량을 안정화시키기 위하여 정부가 개입한다.

③ 공정

지역간 차이 없이 소비자가 서비스를 이용할 수 있도록 하기 위하여 정치적인 배려로 정부가 개입한다.

④ 공공재

공공재란 소비자가 경합하는 일 없이 소비할 수 있는 재화(특정의 소비자를 배제할 수 없는 재화)이다. 그 상세한 내용은 공항을 사례로 제 6장에서 다룰 것이므로 여기서는 간단히 개요만 설명한다. 보통 시장의 수요곡선은 개별 수요곡선의 수평 합으로 나타내지만 공공재의 경우에는 소비자의 요구에 대응하여 공급해야 하기 때문에 개별 수요곡선은 수직 합이 된다. 공공재의 공급은 이와 같은 재화의 성격 상, 공적 부문이 담당하는 사례를 기존에는 많이 볼 수 있었다.

⑤ 외부성

제 6장에 있는 바와 같이 외부성이란 그 좋고 나쁨에 관계없이 제 3자에게 끼치는 의도하지 않는 영향을 의미한다. 그에 따른 외부비용 및 외부이익을 생산자 및 소비자에게 인식시키기 위하여 정부가 개입하는 일이 종종 정당화된다.

⑥ 안전성의 유지

항공운송의 경우 ICAO가 창설된 이래로 안전성의 규제를 담당하여 왔다. ICAO에는 시카고조약 비준국이 모두 국가차원에서 가입한다.

⑦ 비대칭 정보의 시정

서비스 공급자는 소비자의 정보를 파악하고 있어도 소비자는 공급자의 정보를 파악하고 있지 못한 경우가 있다. 이 때 소비자가 부당하게 높은 금전적 대가를 지불하게 되거나 생산자가 양질의 상품을 공급하지 않고 자신을 위해 유보하면서 불량품만을 시장에 유통시키는 역선택(adverse selection)이 발생할 수 있다. 반대로 소비자만이 정보를 파악하여 생산자에게 정보를 전달하지 않은 경우(예컨대 생명보험에 신규가입 시 병력을 숨기는 등) 도덕적 해이(moral hazard) 현상이 발생할 수 있다. 이를 방지하기 위한 정책 개입이다.

⑧ 약탈적 가격 결정

장기적으로는 손익 분기점 이하로, 단기적으로는 폐쇄점 이하의 가격을 설정하여, 수요를 약탈하고 경쟁 상대를 배제하는 행위를 방지하기 위하여 정부가 개입한다.

⑨ 기타 목적

예를 들어서 군수물자와 병력의 수송을 실행할 때 정부의 요청을 받아 기업이 생산활동을 한다.

규제하 미국 국내의 항공경쟁 04

(1) 미국 항공규제 정책의 근거와 CAB에 의한 규제의 실태

다음으로 미국 국내 항공운송산업의 초창기 이래의 규제가 어떤 근거로 실행되었는지를 검토해 보자. 1938년 및 1958년에 제정된 법률에 따르면, 아래와 같이 정리할 수 있다.

① 국내 통상, 우편사업, 국방의 현재 및 미래의 요구사항에 적절히 조건에 맞는 항공운송 시스템의 육성, 발전 및 경쟁(의 조정).

② 항공운송에 고유의 우위성 확보, 안전성 유지, 건전한 경제조건의 조장, 항공사 간 관계개선 및 수송 조정.

③ 기업간의 부당한 차별 철폐, 파멸적 경쟁 방지. 기업이 타당한 요금으로 적절하고 경제적이며 효율적으로 서비스 제공 유도.

④ 민간항공의 진흥, 장려 및 발전.

이것을 보면 일반적인 산업 규제의 근거 중 해당되는 것은 약탈적 가격 설정의 방지, 안전성 및 군사목적에 한하며 경제발전의 대의명분 하에 산업 보호를 목적으로 삼고 있는 것으로 해석된다. 거기에는 소비자 보호의 측면에서 정부개입의 근거는 명기되어 있지 않다. 후에 경제적 규제의 이론이 발전해 감에 따라 이들 규제의 근거가 재검토되었다.

이와 같은 법 제도하에서 CAB는 조업하는 항공사 인가와 사업영역 지정을 실행했다. 그 중 간선기업은 주요도시 노선연장 항공사로 대표적인 것은 유나이티드항공, 아메리칸항공, 델타항공, 이스턴항공, TWA, 노스웨스트항공, 콘티넨탈항공 등 10개사이다. 또 지역 서비스 기업은 1945~51년 동안에 19개사가 인가되었다. 그 밖에 수요가 많은 노선으로 CAB에 인가된 정기수송 항공사의 수송을 보완하는 보완적 챠터 항공사, 알라스카 및 하와이주 안에서만 조업하는 항공사, 그 밖의 주내 항공사, 소형기(후에 1969년에 정식으로 커뮤터로 명명) 사용 항공사, 화물전용 항공사, CAB에 인가된 헬리콥터 항공사가 존재했다. 이미 전술한 바와 같이, 이들 중 주내 항공사와 커뮤터 항공사는 CAB에 의한 규제 정책을 적용받지 않았다[3].

그 이외에도 CAB는 신규진입의 완전한 배제를 실행했다. 구체적으로는 신규기업 설립의 제한 및 항공사의 타 시장 진출 제한이다. 그 결과, 항공사의 운임과 수송량 점유율은 안정되어 산업 발전이라는 초기 목적은 달성되었다. 또 운임 규제를 실행함과 동시에 항공사에 운임의 공표 의무를 부과했다(1958년 법). 그 결과 운임 안정의 목적이 달성되었다.

(2) 규제의 폐해: 규제된 항공사의 성과

그런데 CAB는 항공사의 편수 경쟁과 기재도입 경쟁은 규제하지 않았다. 운임 경쟁을 제한받은 항공사는 이 2가지 수단으로 여객의 확보를 도모한 것이다. 결과적으로는 저수요에 거리가 짧은 시장에 제트기가 운항되었고, 증편 경쟁에 의해 좌석이용률이 감소하여 여객 1명 당 비용이 증가했다. 이 사실이 운임 인상 신청으로 이어져 운임 인상에 따른 여객수의 감소가 발생하고 거기에 다시 과잉 증편 경쟁에 들어가는 등의 악순환이 발생한 것이다.

이와 같은 증편 경쟁이 발생하는 이유는 항공사가 경험을 통하여 제 3장 <그림 3-3>, [보론]의 <그림 3-10> 및 <그림 3-11>에서 설명한 바와 같이 이른바 여객 점유율의 'S자형 커브' 를 인식하고 있었기 때문이라고 생각된다. 이 효과를 항공사가 경험적으로 알고 있다면 증편하여도 여객점유 면에서 한계가 있어 증가하지 않는 이미 지배적 입장에 있는 시장에 경영자원을 집중하는 것 보다 자사 점유율이 적은 노선에 경영자원을 집중할 것이다. 시장참여 규제가 실행되고 있는 상황에서는 항공사가 신규시장 개척을 진행하는 것에 어려움이 있었지만, 후에 규제완화가 이루어졌을 때에 그 규제 시대에 축적된 노하우로 많은 항공사가 신규진입에 의한 노선망 확장을 진행하여 탄력적인 여객점유율 증가를 꾀했음을 알 수 있다.

또 Olson and Trapani(1981)는 경제학 이론을 이용한 분석으로 아래와 같은 주장을 전개하고 있다. 그들은 우선 항공사가 규제 하에서 이윤을 극대화한 경우의 운임과 좌석공급 수를 도출했다[4]. 다음으로 규제가 완화된 경우 운임과 좌석공급 수를 예측하여 규제 하에서의 운임과 좌석공급 수를 비교한 결과, 규제 하에 있는 쪽이 규제 완화된 경쟁상태보다도 높은 운임과 과중한 좌석 수가 공급된다고 주장하였다[5]. 즉, 증편 경쟁에 따른 공급 과잉은 이론적으로 보아도 반드시 나타나는 현상이라는 견해도 있는 것이다. 또 산업규제에 의하여, 항공시장뿐 만 아니라 노동 및 자본과 같은 항공서비스의 생산요소 시장도 비효율화되고, 특히 노동에 관해서는 CAB 인가기업에서는 높은 노조 조직률에 의해 인건비가 상승했다고 한다.

규제에 대한 반대 명제(Antithese): 규제 받지 않았던 항공사의 퍼포먼스

05

한편, CAB의 규제를 받지 않았던 항공운송산업은 주내(州內), 차터, 그리고 커뮤터 항공운송산업 등이다.

전자 중에서 특히 효율적이었다고 평가되는 대표적인 예는 캘리포니아와 텍사스 주내의 항공운송산업이었다. 규제하의 미국에서는 여압기의 도입 혹은 터빈 동력기의 도입과 같은 기술혁신은 CAB가 주간 간선항공사로서 인가한 항공사가 일반적으로 빨랐는데, 이어 캘리포니아 주내 기업, 지역 서비스 기업의 순서로 진행되었다. 개인마다 가치관에 따른 평가가 갈리기는 하지만, 연구자의 해석으로는 주간 간선 항공사의 기술혁신은 속도가 너무 빨라서 효율적이었다고 할 수만은 없다고 평가된다.

다음으로 운임과 수익성에 대해서, 캘리포니아주의 대표적인 기업이었던 PSA(패시픽 사우스웨스트 항공)의 수익률이 CAB 인가의 간선 및 로컬선 항공사보다 상위에 있으며, 또 운임은 CAB 산정기준에 따라 산출된 동일 거리의 동부 주간 노선보다도 32~47% 낮았다. 또 캘리포니아주의 3대 시장(LA, 샌프란시스코, 샌디에고를 연결하는 노선)에서는 CAB가 간선 항공사로 분류한 기업과 캘리포니아 주내 항공사인 PSA가 경쟁을 전개한 결과, 간선 항공사는 CAB가 인가한 수준을 밑도는 정도밖에 운임을 설정하지 못했다. 더구나 텍사스주에서는 사우스웨스트 항공이 인가기업보다도 낮은 운임을 설정했었다. 이와 같은 주내 항공사는 단순한 노선 구조를 가지고, 기재를 통일함으로써 운항/정비 비용의 효율화를 달성했으며, 노동조합의 조직률이 낮아서 인건비를 낮게 조정할 수 있었다. 이들 비용 인하 효과가 결과적으로 경쟁적 환경 하에서 저운임에 직결된 것이라고 본다. 이와 같은 주내 항공운송산업 외에도, 차터 항공과 커뮤터 항공이 역시 간선 항공운송산업 및 로컬선 항공운송산업과 비교해서 효율적으로 운항되고 있다.

규제완화의 경제이론 06

(1) 경합성 시장 이론의 등장

이와 같은 CAB 인가 항공사의 비효율적인 운항 및 CAB의 규제를 받지 않는 항공사의 효율적인 운항이 60년대부터 70년대에 걸쳐서 연구자에 의해 지적되었다. 그런 중에 특히 70년대 중반 이후 기존의 경제적 규제의 근거까지도 흔들어 놓을 이론이 등장했다. 이것이 경합성 시장(contestable market) 이론이다. <그림 4-2>와 같이 어떤 산업에 있어 커다란 규모의 경제성이 작용하고 있어서 가격과 생산물이 (*P*, *Q*)로 정해져 있다고 가정하자. 이 상황에서 아래 7가지 조건이 갖추어지면 자연 독점 + 가격 규제와 같은 정책보다도, 경쟁 촉진책 쪽이 가령 기업의 이윤은 다소 감소해도 소비자의 이익이 큰 폭으로 촉진되어 사회적으로 보아서 바람직한 시장 성과를 가져온다.

① 제품 또는 서비스가 동질적이고 소비자는 어느 기업의 제품 또는 서비스도 무차별이라고 인식한다.

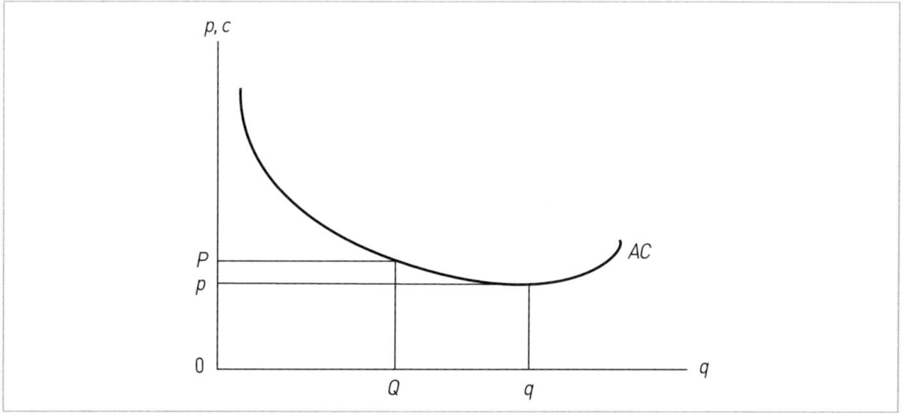

그림 4-2 » 경합성 시장의 가격과 수량

② 신규진입 기업은 그 산업에서 생산에 필요한 기술을 알고 있고, 기존 기업도 포함하여 모두 같은 비용 조건으로 생산할 수 있다.
③ 기업은 가격 경쟁을 할 용의가 있다.
④ 진입/퇴출이 자유롭고, 더구나 퇴출 시에 매몰비용(sunk cost)이 발생하지 않는다(예컨대 중고시장이 완비되어 있는 상황 등).
⑤ 기존기업이 가격 변경을 실행하기 위해서는 일정의 시간이 필요하다.
⑥ 소비자에게 스위칭 코스트(한 기업에서 구입하는 것을 중단하고 다른 쪽으로 옮겨가는 비용)가 들지 않는다.
⑦ 산업에 초과수요/초과공급이 발생하지 않는다.

이와 같은 조건으로 아래와 같은 행동이 반복된다고 가정하자.

- 신규진입 기업이 상기 그림 중의 가격 P보다도 상당히 낮은 가격으로 참가하여 일정한 이익을 얻는다(히트 앤드 런 전략).
- 기존기업이 추종하여 가격을 인하하므로 신규진입 기업의 이윤이 저하한다.
- 신규진입 기업은 이윤이 소멸하기 전에 퇴출한다.

그렇다면, 기존기업은 최종적으로 최소최적규모(p, q)로 생산할 수밖에 없다. 이 점은 $P = AC = MC$이므로, 총 잉여가 최대화되어 있다. 상기와 같이 현실적으로 경쟁이 발생한 경우만이 아니라, 잠재적인 시장진입자가 시장 진입의 위협을 지속적으로 가한 경우에도 기존기업은 최소/최적 규모로 생산하지 않을 수 없다. 왜냐하면 기존 기업 입장에 서면 시장 진입을 제지하기 위해서는 최소최적 규모에서의 생산을 선택할 수 밖에 없기 때문이다. 만일 수요가 최소최적 규모에 달하지 않는 것이라면 가격과 수량은 우측 하향의 평균비용 함수와 수요곡선과의 교점에서 결정된다.

(2) 경합성시장 이론의 한계

이상과 같이 경합성시장 이론은 그 실행가능성(feasibility)과 유지가능성(sustainability)에서 상당히 타이트한 조건을 충족하지 않으면 안 된다. 그런 사실로 인하여 '완전한 경합성시장' 이 존재하기는 아주 어렵다고 할 수밖에 없다. 실제로 규제완화 후 얼마 지나지 않은 상황에서는 아래와 같은 '경합성 저해 요인' 이 지적되었다. 그 대표적인 것은 여행 대리점에 설치된 티켓 예약 단말기에 의한 예약시스템(CRS; Computer Reservation System)이다. 아메리칸, 유나이티드 및 델타항공과 같은 대형 네트워크항공사는 여행 대리점에 독자적으로 개발한 예약 단말기를 설치하여 자신들의 티켓을 우선적으로 판매한 대리점에 대하여 킥-백(리베이트)을 주고, 그 킥-백을 예상한 대리점은 한층 더 운임의 할인에 나섰다. CRS에서 표시되는 화면은 말할 것도 없이 개발 기업에 유리한 정보를 소비자에게 제공했다. 그것에 의해 소비자의 선택 폭이 좁아진 결과, 경합적인 상황이 성립하는 조건 이른바 ①이 무너진 것이다.

또 규제완화 후 대형 항공사와 일부 지역 항공사는 어느 특정 공항을 허브(Hub)공항이라고 정하여 그곳에서 방사상으로 노선을 전개하는 이른바 허브 앤드 스포크 네트워크의 구축에 착수했다[6]. 이로 인하여 <그림 4-3>과 같이 대형 항공사는 기본적으로 동서를 연결하는 노선을 두텁게 하여 수송밀도를 향상시킬 수 있게 되었고, 또 적은 노선의 선 긋기로 많은 지점에 수송 서비스를 전개할 수 있게 된 것이다. 허브 앤드 스포크는 보다 적은 기재에 대한 투자로 운항 지점을 증가시킬 수 있다. 따라서 항공사는 수입 증가와 비용 절감을 동시에 달성할 수 있는 노선 전략이다. 이러한 사실에서 비롯, 허브 앤드 스포크 전략은 과점적 경쟁 하에서 이윤 극대를 지향하는 많은 항공사에게는 상당히 매력적인 전략이 되었다.

그와 동시에 허브 앤드 스포크 전략은 상용고객우대제도(FFP; Frequent Flyer Program, 보너스 마일리지 서비스)를 보다 한층 발전시켰다. 즉 노선수가

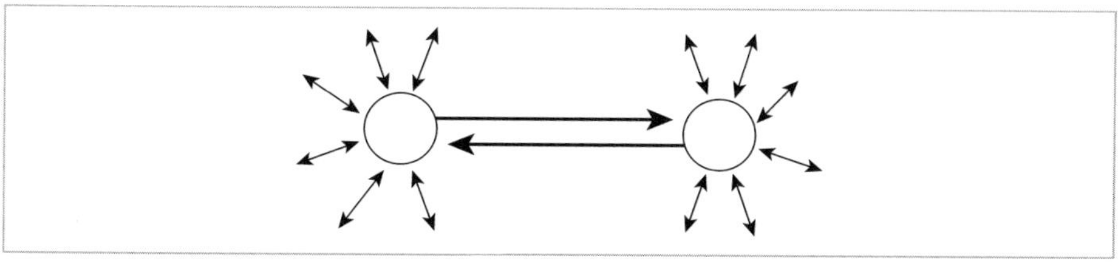

그림 4-3 》 허브 앤드 스포크의 개념

늘어났기 때문에 마일리지의 가산 기회가 보다 증가한 것이다. 그리고 이 FFP는 여객에게 스위칭 코스트를 발생시키고 '항공사를 무차별로' 라는 인식을 무너뜨렸기 때문에 경합성을 저해하는 요인으로 자리매김하게 되었다. 그리고 일단 대형 항공사가 허브공항을 구축하면 새로이 네트워크를 확장하려고 했던 기업이 참가할 수 없게 되어, 이전 절에서 언급한 경합성 성립을 위한 요건 ④가 무너진다. 이리하여 허브공항을 점유하는 항공사는 독점력을 강화할 수 있게 되고, 그 결과로서 허브공항 출발 편에서는 높은 운임을 설정할 수 있었다. 이러한 타사 참가를 저지하고 독점적인 이익을 누릴 수 있는 허브공항을 요새 허브 혹은 지배적 허브(Fortress Hub, or Dominant Hub)라고 한다.

이상과 같이 규제완화 이전에, 이른바 전략 측면에서 '상상의 범위 밖' 이었던 전략을 항공사가 도입함으로써, 경합성시장 이론은 결과적으로 들어맞지 않았다. 그리고 항공사의 독점도가 강해질수록 항공사는 높은 운임을 설정할 수 있게 된 것이다. 또 한가지, 경합성시장 이론이 상정하지 않았던 상황이 발생했다. 그것은 즉 가격과 수량이 최소최적 규모에 달할 가격 경쟁은 발생하지 않고, 기존기업과 신규진입 기업이 함께 시장에서 공존을 선택해버리는 상황이다. 이 상황은 이전 절의 경합성시장 형성을 위한 요건 ①이 무너진 상태로 아래와 같은 유한한 순차게임에서 설명할 수 있다(좌측이 기존기업의 이윤, 우측이 신규진입 기업의 이윤).

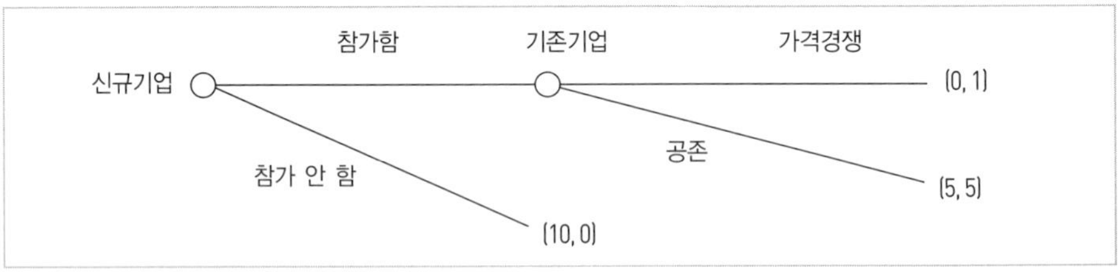

그림 4-4 ≫ 항공사의 시장 진입

이 경우 신규진입 기업은 참가하지 않으면 이윤은 제로 그리고 참가하여 가격 경쟁을 벌여 이윤을 얻고 히트 앤드 런 전략을 취한 경우의 이윤이 1이다. 그러나 만일 신규기업이 참가 후에 기존기업이 시장에서의 공존을 신규 참가기업에 신청하여 신규진입 전에 기존기업이 독점적으로 얻어 왔던 이윤 10을 5씩 나눌 것을 제안했다고 가정하면 후방 귀납(Backward Induction)을 써서 이 참가게임을 풀 수 있다. 내쉬 균형(Nash equilibrium)은 (참가, 공존)이 되어 가격과 수량이 최소최적 규모에 이르기 전에 경쟁은 끝이 난다. 이와 같이 경합성시장 이론은 규제완화 후 몇 가지 이론적/실천적인 문제를 남기기는 하였지만, 1970년대 중반부터 제창되기 시작하여 미국에서 여러 산업의 규제완화 정책 추진의 이론적 뒷받침이 됐다는 점은 눈여겨보아야 할 것이다.

규제완화후의 경쟁 07

(1) 항공 규제완화 직후의 상황(90년대까지)

규제완화 정책이 실시된 후로도 여러 외국의 연구자는 '항공운송산업에서는 경합성시장 이론이 적합한 이론이 아닌가' 라는 가설 하에 여러 가지 이론적, 실증적 연구를 해 왔다. 그에 동반되는 부수적인 연구성과 등을 포함하여 아래와 같은 대표적인 성과가 보고되고 있다.

① 수송량은 큰 폭으로 증가했다(규제완화의 8년 후에는 약 70% 증가).

② 정규 운임은 상승했다. 그러나 할인운임 이용자 비율이 1978년에는 30%였던 것이 1985년에는 85%로 상승하고, 현재 90% 이상이다. 또 그 기간 중에 할인율도 평균 30%에서 40%로 상승하여 현재 50% 이상에 달해 있다. 즉 할인운임 이용률과 할인 폭이 동시에 넓어지고 있기 때문에 운임이 다양화됨과 동시에 실질적으로는 평균 운임이 떨어지고 있다고 해석하는 것이 타당하다.

③ 도산 및 합병에 의해 산업은 과점화되고 있다는 의견이 존재한다(단, 이 견해에 의거하여 경쟁의 정도가 진척되었거나 혹은 억제되었는지를 의논하는 것에는 주의를 요함)[8]. 또 뉴욕 JFK, 워싱턴 내셔널, 시카고 오헤

어 및 로스앤젤레스와 같은 큰 공항에서 혼잡이 발생했다. 결과적으로 신규진입이 이루어지지 않아도 이른바 잠재적인 참가자가 참가의 위협을 가하는 것만으로도 기존기업은 최소최적 규모로 운임과 수송량을 결정하여 참가를 제지하려고 하기 때문에 경쟁자수가 늘어나도 시장 운임은 아무런 변화가 없을 것이다. 그러나 실제로는 시장의 경쟁자수와 시장점유율 혹은 잠재적으로 참가 가능한 항공사의 존재가 운임 수준에 영향을 준다는 것이 확인되었다. 따라서, 연구자 간에는 경합성시장 이론은 적합하지 않다는 결론에 이르렀다.

④ 규제완화 후 지역 항공사는 수요가 희박한 노선에서 철수하여 보다 잠재적 이익이 큰 시장에 참가했다. 지역 항공사 철수 후의 항공시장에는 보다 기동성이 있는 커뮤터 항공사가 참가하여 서비스를 계속했다. 제트기 노선이 터보 프롭기[9] 노선이 되었지만 항공 효율은 개선되었다. 지역 항공사에 의한 제트기 운항이 오히려 과잉 서비스였다고 지적하는 견해도 존재한다.

⑤ 소비자 잉여는 증가했다. 한편으로 수송밀도의 경제성이 작용하고 있는 중에 운임과 수송량이 결정될 경우 우측 상향의 공급 곡선은 존재하지 않으므로 생산자 잉여는 측정할 수 없다. 거기서 항공사의 평균적인 이윤율을 생산자 잉여에 대체하여 생각하면 이윤율은 떨어져 있다. 게다가 시장 측면에서 봤을 때 이윤이 극히 적거나 적자가 발생한 시장이 있는가 하면 복수의 항공사가 협조하여 독점 이윤을 서로간에 나누어 갖는 상황도 발생하고 있다. 결과적으로 경합성시장 이론이 가정하는 운임 = 평균 비용 = 한계 비용과 같은 최선의 운임과 수량이 아닌 마스이(増井)/야마우치(山內)(1990)가 언급한대로 세컨드 베스트인 램지가격에 가까운 운임과 수송량이 정책의 개입 없이 결정된다고 해석된다.[10]

이상의 내용을 정리하면, 소비자 잉여가 확연히 증가하고 있다고 볼 수 있다는 점에서 규제완화 정책이 평가된다. 또 경합성시장 이론이 완전한 형태로 들어맞지 않았기 때문이라고 하여 이 이론이 항공운송산업 분석에 유효하지 않다는 논의는 너무 단편적이라고 볼 수 있다. 경합성시장 이론을 전제로 한 논의에서, 시장 경쟁자를 늘림으로써 운임수준이 하락하고 수송량이 증가한다는 것이 밝혀졌다는 것은 엄연한 사실이다. 따라서 얼마나 신규진입을 촉진하고 경합적인 환경을 정립할 것인가 하는 차세대 정책 과제가 수면 위로 나타났다는 점은 중시해야 할 부분이다.

경합성시장 이론이 적용되지 않은 이유로서 CRS, FFP, 허브 앤드 스포크 시스템(HASS)에 의한 네트워크의 외부성의 발생과 진입 억제 및 공항 혼잡에 의한 진입 억제가 거론된다는 것은 이미 서술한 바 있다. 이들 중 진입 장벽인 공항 혼잡, 그리고 CRS에는 사법적 개입이 있었다. 예를 들어 CRS에 관해서는 항공사에서 이것이 분리됨으로써 선입관이 개입된 정보의 표시가 금지되었다. 그러나 이러한 사실은 항공사의 신규사업 개발 의욕을 저감시킬 수도 있으므로 문제로 삼는 목소리도 있다.

(2) 네트워크 항공사의 가격 경쟁 전략: Yield Management

규제완화 후 기존의 간선 항공사 및 로컬선 항공사는 지배적 허브공항을 대륙의 동서 또는 남북으로 건설하여 그것을 중심으로 하는 허브 앤드 스포크 시스템(곧잘 HASS라고 표기된다)를 건설함으로써 독점적 가격 형성을 기획했다. 그 이외에도 이미 언급한 바와 같이, CRS의 구축 및 FFP의 적용을 통하여 여객 확보를 도모해 왔다.

이들 이외에도 네트워크 항공사가 중요한 경쟁 수단으로 자리매김한 것이 Yield Management(수입관리; 아메리칸 항공의 다이나모 등 컴퓨터를 이용한 고객 정보관리에 의한 가격 결정)이다. 이것은 종종 티켓 판매 시기를 조정하는 등, 여객의 지불 의욕(willingness to pay)에 대응하여 여객을 세밀하게 선별하는 것이다. 즉 높은 운임을 지불해 주는 여객에게는 될 수 있는 한 높은 운임을 또 저운임 밖에 지불할 의사가 없는 여객에게는 저 운임을 제공한다.

그 경제학적 의미를 <그림 4-5>를 가지고 설명하도록 한다. 가령 그 항공사가 당초의 티켓 판매로는 모든 여객에 대해서 같은 운임을 부과한다고 가정했을 때 이 운임 하에서는 항공사는 좌석이용율 80%로 공석 분의 기회 비용을 보충할 독점적 이윤을 획득 가능한 상태라고 설정한다. 그리고 이 항공사는 이윤

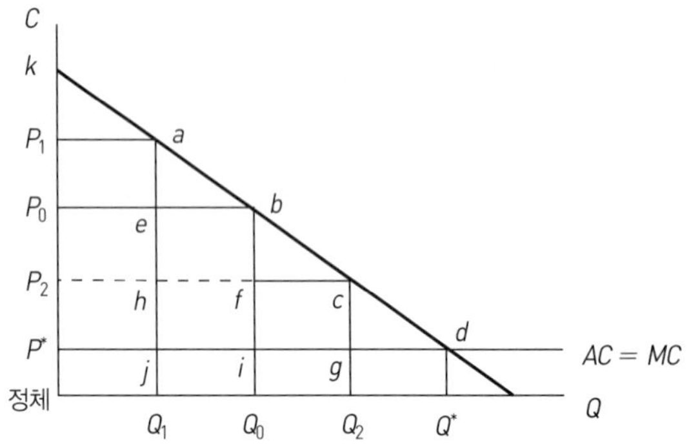

그림 4-5 ›› Yield Management의 경제학적 의미

(사각형 P_0biP^*)이 최대가 되도록 (운임, 수송량) = (P_0, Q_0)를 결정한다. 그리고 좌석이용률이 80%로 만석임을 안내하여 우선 독점적인 이윤을 획득한다. 그러나 좌석에는 아직 20%의 공석이 존재한다. 그리고 이 남은 20%의 좌석을 출발 직전에 높은 운임을 지불하여 탑승을 희망하는 급한 용무로 서두르는 비즈니스여객을 위하여 좌석을 유보한다. 이와 같은 비즈니스객은 독점가격 P_0보다 높은 운임 P_1을 지불하여 탑승한다. 그렇게 함으로써 항공사가 추가적으로 얻는 이익은 P_1aeP_0이다.

이와 같이 일반적으로 탑승 직전에 사는 티켓 가격은 비싸다. 그러나 그 한편으로 비교적 탑승에 가까운 기일이라도 염가 티켓이 판매되는 경우가 있다. 이것은 <그림 4-5>에서 말하면 가격 P_2이다. 이것으로 P_1에서는 티켓 구입을 할 수 없었던 여객이 증가하여 항공사는 사각형 *fcgi* 만큼 더 추가적 이익을 얻는다[11]. 이와 같은 형태로 만일 항공사가 모든 여객의 지불 의욕에 대응한 가격 결정을 내리면, 삼각형 kP^*d가 항공사의 이익이 된다. 이것은 단일가격 설정의 독점 이윤보다도 크다.

그러면 이 때 총 잉여는 어떤가? 만일 P^*으로 운임이 결정되면, P^*이상의 운임으로 탑승하려고 했던 여객은 모두 자신이 지불하려고 했던 운임에서 P^*를 차감한 금액만큼 득을 보았다고 여긴다. 이를 여객수의 분만큼 합산한 것이 소비자잉여이다. P^*로 운임이 결정됐을 때에 이 소비자잉여는 최대화되는 한편,

기업에 있어서 $P^* = AC$이므로 초과이윤은 발생하지 않는다. 또 $P^* = MC$이므로 사회적 총잉여 (=소비자잉여)가 최대화되어 공공정책적으로는 바람직하다고 할 수 있다.

<그림 4-5>의 경우에는 역으로 Yield Management를 궁극적으로 달성하게 되면, 항공사가 모든 여객의 지불의욕을 식별하여 삼각형 kP^*d가 항공사의 이익이 되기 때문에 역시 사회적 총 잉여는 최대화된다. 그러나 이 경우 최대화된 사회적 총 잉여 = 생산자의 이익이다. 즉 항공사가 궁극적인 Yield Management를 성공시키는 일은 공공정책적으로는 긍정적으로 받아들여진다. 이것은 제1급 가격 차별과 동등한 상황이다. 급한 용무로 탑승하는 여객 외에도 높은 운임을 받아들이는 여객 층은 확실히 존재한다. 일반적으로 대규모 허브 앤드 스포크 시스템이 형성될 정도로 네트워크의 외부성의 존재에 의하여 목적지의 증가 및 그에 동반되는 FFP의 가산 기회의 증가와 같이 소비자에게 편익이 생긴다. 이로 인하여 일부 고객은 어느 정도 고운임도 수용할 수 있게 되었다고 여겨진다. 다만 일부 지역 항공사는 급격하고 재무적으로 체력에 맞지 않는 무리한 확장 전략을 취하는 바람에 도산한 사례가 있다(예: 브라니프항공, 피플익스프레스 등).

칼럼 ③: Network Carrier와 Low Cost Carrier

오늘날 세계의 주요 대형 항공사는 네트워크 항공사로서 자사의 항공 네트워크의 거점인 공항을 중심으로 한 허브 앤드 스포크형의 항공 네트워크를 형성하고 있다. 이와 같은 네트워크를 형성함으로써 네트워크 항공사는 거점인 공항 배후지의 시장에 대하여 독점적인 힘을 가질 뿐 아니라, 허브공항을 거점으로 타 도시간의 수요도 거두어들이기 위하여 지역 항공사를 피더(feeder; 지선) 항공부문으로 계열화하고 있다. 네트워크 항공사는 지역의 주요 항공사로서의 지위를 구축하기 위하여 타 지역의 네트워크 항공사와 글로벌한 전략 제휴그룹을 결성하고 있다. 그 한편으로 지역의 주요 항공사로서의 지위를 구축하기 어려운 규모가 작은 네트워크 항공사는 니치 캐리어(niche carriers)인데, 주요 제휴그룹에 가맹하여 살아남으려고 하고 있다.

이에 대하여 저가항공사(Low cost carriers)는 복수의 네트워크 거점을 통하여 주로 환승을 전제로 하지 않는 두 지점간 항공 네트워크를 형성하고 있다. 이들 항공사는 secondary 공항과 같은 혼잡이 없고 공항 사용료가 싼 공항의 이용과 운항기재의 단일화, 공항에서의 이착륙 시간(turn-around time) 단축, 좌석지정이 없는 티켓리스 탑승 등으로 아주 효율적인 기재 운용을 가능하게 하여 저비용 운항을 실현하고 있다. 더욱이 이들 항공사는 항공사 간의 환승 접속과 제휴를 하지 않으며, 항공권의 인터넷에 한정한 직접 판매, 공항업무 등의 외부 위탁(outsourcing), 마일리지 프로그램의 미 채용, 모든 기내 서비스의 유료화 등 항공서비스를 가능한 한 심플하게 하여 경비를 최저 수준으로 억제하고 있다. 이상의 특징은 각 회사 간에 다소 차이는 있는데, 저운임으로 보다 많은 수요를 획득함으로써 더욱 낮은 손익분기 탑승률(load factor)을 실현하여 저운임으로라도 높은 이익을 올릴 수 있도록 하고 있다.

요시이 히데카즈(吉井秀和)

(3) 저비용 항공사의 경쟁전략

한편 사우스웨스트 항공, 에어트랜, 아메리칸 트랜스에어, 혹은 볼티모어 국제공항에서 네트워크 캐리어인 US에어와의 경쟁에서 우위성을 획득한 제트블루, 또 미국에 인접한 캐나다에 거점을 둔 웨스트 제트 등 이른바 '수직적 제품 차별화' 를 실행함으로써 네트워크 항공사와 다른 비즈니스 모델로 양호한 업적을 이루고 있는 항공사도 존재한다. 여기서는 대표적인 예로 사우스웨스트 항공의 전략을 간단히 언급하겠다. 사우스웨스트 항공에 대한 자세한 내용은 본장의 칼럼을 참조하기 바란다.

① 대규모 허브 앤 스포크를 형성하지 않는다. Route by route의 노선망.
② 다빈도 운항에 따른 고객의 대기 시간의 억제.
③ 도심에 가까운 세컨더리 공항의 이용(대형 항공사의 공항과의 경합을 피함). 예를 들어서 사우스웨스트의 달라스 러브필드 공항과 시카고 미드웨이 공항을 들 수 있다.

④ CRS가 아닌 전화 및 인터넷을 이용한 예약에 한정.

⑤ 기종의 통일에 의한 운항 경비 및 정비 경비의 삭감.

⑥ 철저한 본부(headquarter) 부문의 비용 삭감.

⑦ 정시성의 유지, 높은 탑승률, 낮은 수화물 분실률. 단, 일부 저비용 항공사는 상대적으로 경년기(노후된 기기)를 사용하는 경우가 있으며 그에 따른 사고도 문제화됐다(1996년의 ValuJet기의 추락사고). 즉, 반드시 모든 저비용 항공사가 성공한 것은 아니다. 또 미국 남북/남서부에 주로 노선을 전개하는 사우스웨스트와는 달리 ATA(아메리칸 트랜스에어)와 제트블루는 대륙 횡단의 장거리노선을 전개하여 그 만큼 운항 빈도를 희생하고 있다. 사우스웨스트 항공에 이어지는 저비용 항공사는 기본적으로 사우스웨스트 항공을 모델로 삼지만 저비용 항공사가 서로간에 경쟁을 하는 일은 거의 없다. 또 사우스웨스트와 100% 같은 발전 과정을 밟으려는 것도 아니다. 즉 후속 기업은 사우스웨스트와의 경쟁을 회피하였기 때문에 결과적으로 단거리 시장보다 장거리 시장으로 신규진입의 타겟을 옮길 수 밖에 없어 잠재적 이익이 큰 대륙횡단 시장에 진출했다고 보는 것이다.

(4) 저비용 항공사 참가의 시장 성과

이러한 저비용 항공사의 참가에 의하여 아래와 같은 시장 성과가 확인되고 있다.

① 대표적인 저비용 항공사인 사우스웨스트 항공은 평균적으로 운임 수준이 높고, 수요가 많은 노선을 교묘하게 선별하여 복점시장에서는 상대가 시장을 포기할 때까지 저운임 전략을 계속한다. 또 그것보다도 3개의 항공사가 지배하고 있는 큰 시장에서도 사우스웨스트는 저운임 전략을 계속하겠지만 대항하는 네트워크 항공사도 어떤 의미에서 자사의 자존심을 걸고 저비용 항공사와 경쟁을 전개한다. 그 결과 소비자 잉여는 큰 폭으로 개선된다.

② 지배적 허브를 형성할 수 없는 단계에서는 네트워크 항공사 간에서도 꾸르노 형 경쟁 혹은 버트란드형 경쟁을 한다. 그 경우 운임수준은 낮아진다.

③ 저비용 항공사가 참가한 노선에서는, 네트워크 항공사의 지배적 허브공항을 기점으로 하는 노선이었어도 운임 수준이 낮아진다[13).

④ 저비용 항공사가 네트워크 항공사와 동일한 공항뿐만 아니라 세컨더리 공항으로의 참가를 이룬 경우에도 네트워크 항공사 및 시장평균 운임은 떨어지고 수송량은 증가한다. 그 결과 경제후생 수준은 개선된다[14).

⑤ 저비용 항공사의 참가 직후에는 일시적으로 시장이 확장하고 가격 및 수송량이 함께 상승하는 경우가 있다. 이 효과는 저비용 항공사가 대형 네트워크 회사와 동일 공항에서 조업하는 경우에 현저히 확인된다. 한편, 저비용 항공사가 세컨더리 공항에서 조업하는 경우에는 라이벌 네트워크 항공사의 수송량은 감소한다.

즉 저비용 항공사가 참가하는 시장에서는 잠재적 수요가 발굴되어 시장 전체가 확장되고 라이벌 네트워크 항공사에 대한 수요도 증가한다. 그러나 저비용 항공사가 세컨더리 공항에 참가하는 경우에는 이와 같은 시장확장 효과가 관찰되지 않고 결과적으로 한정된 시장의 파이를 쟁탈하게 된다는 네트워크 항공사에게는 어려운 경영환경이 부여된다.

⑥ 사우스웨스트 항공 외의 항공사가 신규진입을 한 경우에는 신규진입 후 일시적으로 과격한 운임경쟁이 전개되지만 곧 2, 3년 후에 운임수준이 되돌아오는 경향이 있다. 이들 신규진입 항공사는 사우스웨스트 항공과 비교하여 존재감이 작고, 기존 기업이 라이벌로 생각하지 않거나, 혹은 협조를 제의하여 시장 질서의 복귀를 도모할 것으로 보인다. 그러나 독점금지 당국의 사법적 개입을 의식해서인지 운임의 복귀는 그다지 서두르는 감 없이 결과적으로 참가 이전보다도 약간 낮은 수준에서 운임의 복귀가 머무른 채 시장이 확장되는 경향이 있다.

주석

1) 본 장의 2~6(1)절의 내용은, 주로 마스이(增井)/야마우치(山內) (1990) pp.122-160, 타카하시(高橋)(1999) pp.7-254, Bailey et al.(1985) pp. 11-34, pp. 69-223 및 Caves(1962) pp. 55-444를 참조.

2) 완전배분 비용에 관해서는 제 2장을 참조.

3) CAB는 주제 사업을 규제하고, 주내 사업은 각 주의 규제를 받았다.

4) 규제 하에서는 운임이 정해져 있기 때문에 이윤 극대화는 수송량을 극대화하는 것과 같다.

5) 과중한 좌석공급은 경우에 따라서는 수 많은 운항 빈도 및 큰 기재를 의미하며, 이것에 의하여 여객은 희망하는 편의 좌석을 예약할 수 있는 확률이 높아진다. 따라서 이를 높은 레벨의 서비스라고 해석할 것인지, 초과 공급이라고 해석할지는 의견이 엇갈린다.

6) 자동차, 오토바이의 차축(허브)에서 방사상으로 뻗는 스포크 형상에 빗댄 네트워크.

7) 유한 반복게임의 경우, 마지막 서브게임의 완전균형을 강구하여 거기서 거슬러 올라가 게임 전체를 푼다. 이 경우라면 마지막 서브게임에서의 의사 결정자는 기존기업으로 그는 경쟁에 따른 이윤 제로 또는 공존에 따른 이윤 5에서의 선택을 합리적으로 이행한다. 그는 당연히 공존에 따른 이윤 5의 획득을 선택한다. 다음으로 한 개 앞의 서브게임에 대하여 생각하면 신규 참가기업은 참가하지 않은 경우의 이윤 제로와 공존한 경우의 이윤 5 획득의 2가지에서 합리적인 선택을 한다. 신규가입기업은 당연히 5를 선택하므로 이 순차게임의 내쉬균형은 (참가, 공존)이 된다.

8) 몇 가지 연구는 기업수가 감소하여 과점화됐다는 사실 혹은 특정의 허브공항을 기점으로 하는 노선의 집중도가 상승한 것을 근거로 하여 규제완화 정책을 비판한다(예를 들어 Dempsey and Doetz(1992) pp. 221-242). 그러나 실제적으로 기업 수는 감소했지만 경쟁이 진행되고 있는 시장의 수는 종합적으로 증가하고 있

다. 말하자면 여러 장소에서 같은 상대가 경쟁하고 있는 상태라고 해석하는 것이 타당할 것이다. Morrison and Winston(1995) pp. 6-38을 참조.

9) 일반적인 에시프로엔진의 프로펠러기보다도 출력이 강하고 속도가 빠른 프로펠러기의 일종.

10) 마스이(増井)/야마우치(山内) (1990) pp.158-159.

11) 운항 직전에서는 항공사는 공석을 둔 채 비행하기보다 조금이라도 수입을 얻는 방책을 선택한다. 상기 예에서는 P_2는 수지균형인 AC보다도 위쪽에 위치하므로 항공사는 이익을 얻지만, 예를 들어 수송밀도의 경제성이 작용하고 있는 상황으로, P_2가 AC보다도 아래쪽에 위치하는 MC로 결정되어 있으면 항공사에는 적자가 발생한다. 그래도 항공사는 매몰비용(sunk cost)을 될 수 있는 한 회수하기 위하여 운임할인을 실행할 것이다.

12) Brander and Zhang(1990) 및 Oum et al.(1993)을 참조.

13) Dresner and Windle(1996) 및 Windle and Dresner(1999)를 참조.

14) Morrison(2001)을 참조.

참고문헌

[1] Bailey, E. E., D. R. Graham, and D. P. Kaplan (1985) *Deregulating the Airlines*, MIT Press

[2] Brander, J. A., and A. Zhang (1990) "Market conduct in the airline industry: An empirical investigation", *RAND Journal of Economics*, Vol. 21 No. 4 pp. 567-83.

[3] Caves, R. E. (1962) *Air Transport and its regulator*, Harvard University Press.

[4] Dempsey, P. S. and A. R. Goetz (1992) Airline deregulation and laissez-faire mythology, Quorum books.

[5] Dresner, M., J. S. C. Lin, and R. Windle (1996) "The impact of low-cost carriers

on airport and route competition," *Journal of Transport Economics and Policy* Vol. 30, No. 3, pp. 309-328.

[6] 마스이 겐이치(增井健一)/야마우치 히로타카(山内弘隆) (1990) "항공운송" 코요 서방.

[7] Morrison, S. A. (2001) "Actual, adjacent, and potential competition: Estimating the full effect of Southwest Airlines," Journal of Transport Economics and Policy, Vol. 35, No. 2, pp. 239-56.

[8] Morrison, S. A. and C. Winston (1995) *The evolution of airline industry*, Brookings Institutuon.

[9] 무라카미 히데키(村上英樹) (2003) '저비용 항공사에 의한 운임경쟁에 따른 시간효과와 스필오버(Spill-over)효과의 계측', "국민경제잡지" 제 188권 4호, pp. 47-62.

[10] 무라카미 히데키(村上英樹) (2005a) '저비용 항공사 참가의 시장효과의 지속성: 미국 복점시장에서의 유형', "국민경제잡지" 제 191권 제 4호, pp. 85-95.

[11] 무라카미 히데키(村上英樹) (2005b) '미국 국내시장에서의 저비용 항공사가 시장에 끼친 영향의 실증분석', "운수와 경제" 65권 5호, pp. 53-61.

[12] Olson, V. C. and J. M. Trapani III (1981) "Who has identified from regulation of the airline industry?" *Journal of Law and Economics*, Vol. 24, pp 77-93.

[13] Oum, T. H., A. Zhang, and Y. Zhang (1993) "Inter-firm rivalry and firm specific price elasticities in the deregulated airline markets," *Journal of Transport Economics and Policy*, Vol. 24, pp. 77-93.

[14] 타카하시 노조무(高橋 望) (1999) "미국항공규제 완화를 둘러싼 여러 논의의 전개" 하쿠토(白桃) 서방.

[15] Windle, R., and M. Dresner (1999) "Competitive response to low cost carriers entry," Transport Research Part E. Vol. 35, No. 1. pp. 59-75.

무라카미 히데키(村上英樹)

전통적 과점 이론과 항공운송산업

CHAPTER

05

항공경제학

전통적 과점 이론과 항공운송산업

본 장은 규제완화 후의 미국 국내 항공시장에서의 항공사의 경쟁 행위를 전통적인 과점이론으로 설명하고 있다. 대상 시장은 복점, 3점, 그리고 4개사 이상의 다점 시장이다. 이들 시장에서는 1일에서 분기라는 극히 짧은 경쟁기간에서는 운임을 전략 변수로 설정하는 버트란드형 경쟁이 이루어지고 있을 가능성이 있다. 또 1년이라는 시간 폭으로 보면 그 사이에 항공사는 운임 수준을 조정하고 수송량 베이스로 시장 점유율의 쟁탈을 꾀하는 꾸르노 경쟁이 이루어질 것이다. 그러나 비슷한 규모의 대형 네트워크 항공사가 운항하는 복점시장에서는 경쟁보다도 협조에 의한 이익 배분이 실행되고 있을 가능성이 높다. 한편 저비용 항공사는 일관되게 짧은 경쟁 기간에서는 버트란드 경쟁을, 1년 시간 폭 상에서는 꾸르노 경쟁을 이루고 있을 가능성이 높다.

항공사의 가격 및 비용 마진율은 대체로 복점, 3점 시장에서 높고 다점 시장에서는 낮아진다. 특히 하위 네트워크 항공사와 사우스웨스트 항공 이외의 저비용 항공사는 다점 시장에서 낮은 가격 및 비용 마진율에 의존하고 있다. 장거리의 대도시를 연결하는 다점 시장은 잠재적 수요가 많고 이들 경쟁 열위에 있는 항공사는 비용에 대하여 낮은 운임 설정으로 잠재수요의 발굴을 하고 있을 가능성이 있다. 또 복점 시장과 3점 시장을 비교한 경우 네트워크 항공사의 가격 및 비용 마진율은, 이론대로 복점의 경우가 3점의 경우보다도 크다. 그러나 저비용 항공사의 경우에는 반대로 3점 시장의 가격 및 비용 마진 쪽이 복점의 경우보다도 크다. 잠재수요가 적은 복점 시장에서는 네트워크 항공사보다 후발의 저비용 항공사는 저비용에 상응하는 상당히 낮은 운임으로 참가하여 수요를 일으키고 있다. 그 한편으로 대도시 간을 연결하는 비교적 잠재수요가 많은 3점 시장에서는 복점 시장만큼 낮은 운임으로 참가하지 않아도 저비용 항공사는 충분히 잠재수요를 개척할 수 있는 것으로 보고 있다.

전통적 과점 이론의 구조 01

제4장에서는 미국의 항공운송산업에서 실제로 전개된 사례를 소개해 왔다. 이미 전술한 대로 규제완화 후의 경쟁에는 경합성시장 이론은 적용되지 않는다. 또 일부 네트워크 항공사는 수입관리(yield management)를 통하여 1차 가격차별을 시도하려고 하고 있다. 본 장에서는 전통적 혹은 오늘날과 같은 과점 경제론에 의해 한발 더 나아가 규제완화 후의 경쟁행위를 설명하고자 한다[1].

항공 규제완화 후의 경쟁은 독점과 완전경쟁의 중간에 있는 몇 가지 경쟁형태를 나타낸다고 한다. 어느 쪽도 기업의 의사결정에는 라이벌의 의사결정과 행동이 중요하다. Brander and Zhang(1990) 외에, 많은 연구자가 상정하고 있는 기업 행동 패턴은 장기적으로는 가격을 조정하고, 수송량을 전략 변수로 하는 꾸르노 경쟁이며, 극히 단기적으로는 가격을 전략변수로 하는 버트란드 경쟁이다. 또 전략변수가 수량 및 가격의 어느 쪽인가에 따라 경쟁에 리더(Leader)와 팔로어(Follower)가 존재하는, 이른바 스타켈버그 경쟁도 고찰되고 있다.

(1) 꾸르노 경쟁(Cournot competition)

꾸르노 경쟁은 소수의 기업이 많은 소비자에게 제품을 판매하고 있는 상황에서 제품 또는 서비스가 동일하거나 차별화되어 있는 경우 모두를 가정하고 있다. 그리고 시장에는 진입장벽이 존재한다고 가정된다. 이와 같은 상황에서 경쟁자는 상대의 반응에 대하여는 주어진 것으로 판단하여 동시에 의사결정을 실행한다. 꾸르노 경쟁이 된 경우 균형 가격, 생산량, 기업의 이윤, 그리고 그것들과 기업 수와의 관계에 대해서는 본 장의 말미에 있는 [보론] 2를 참조하기 바란다.

꾸르노 경쟁의 귀결로 중요한 것은 경쟁자 간의 수량 관계가 '전략적 대체', 즉, 2개사의 예를 통하여 말하자면 한 기업의 몇 가지 조건을 변경한 경우, 그 기업의 생산량이 증가하면 다른 쪽의 생산량이 감소하는 관계(역으로 한 쪽의 생산량이 감소하면 다른 쪽의 생산량이 증가하는 관계)가 존재한다. 또 경쟁자의 수가 증가하면 할수록 가격과 수량은 완전경쟁의 수준에 수렴되어 간다.

'몇 가지 조건의 변화'란, 예를 들어 [보론] 2의 예에서는 기업이 직면하는 시장의 규모, 수요곡선의 정점 혹은 한계비용 수준을 말한다. 이들이 기업 간에서 상호 다를 경우, 한 쪽의 생산량 변화와 다른 쪽 생산량의 변화는 역방향이다. 만일 이들 조건이 동등하다면, 시장 규모가 확대되는 경우와 가격을 세로축, 생산량을 가로축으로 하는 수요곡선(역수요함수라고 한다)의 기울기가 완만해질 경우 생산자의 생산량은 함께 증가하고, 또 한계비용 수준이 오르면 생산자의 생산량은 함께 감소한다.

(2) 버트란드 경쟁(Bertrand competition)

한편, 시장을 둘러싼 환경이 소수의 기업이 많은 소비자에게 제품을 판매하고 있는 상황에서 생산물 혹은 서비스의 질이 동질인 경우와 차별화된 제품을 판매하는 경우로 분류된다. 그리고 진입장벽이 존재하고 상대의 반응은 주어져있으며, 거래비용이 존재하지 않고, 의사결정이 동시에 이루어진다는 꾸르노 경쟁이 발생하는 환경에 가까운 경우라도 가격을 전략변수로 설정하는 경쟁이 발생하는 경우가 있다.

우선 동질의 재를 생산하는 2개의 기업 예를 생각해 보자. 양자 각각의 생산물은 하나로, 둘 다 한계비용은 c라고 치자. 만일 기업 1이 기업 2의 가격 = 독점가격이라고 알면, 기업 1도 독점가격을 설정한다. 만일 기업 1이 기업 2의 가격이 독점가격보다도 낮은 수준이라고 알면, $P_1 = P^*_2 - \varepsilon$ (기업 1의 가격 = 기업 2의 가격보다도 한참 낮은 가격)을 설정한다. 그러나 기업 2도 같은 행동을 취한다고 하자. 그 과정을 반복해 가면 결국 복점 시장임에도 불구하고 $P_1 = P_2 - c$ (한계비용)이 되고 만다. 이를 버트란드 패러독스라고 한다.

그럼 다음으로 2개의 기업이 이질재를 생산하는 경우는 어떨까? 이 경우는 반드시 가격이 한계비용에 일치하는 것과 같은 균형점에 도달한다고 할 수는 없다. 이질적인 생산재인 경우 버트란드 경쟁 후의 균형 가격과 균형 수량의 도출에 대해서는 [보론] 3을 참조하기 바란다. 이질재를 생산하는 경우의 버트란드 경쟁에서 중요한 것은 한 쪽 기업의 몇 가지 조건에 변경이 있을 때, 한 쪽 기업의 가격이 상승하면 다른 쪽의 가격도 상승한다는 것이다. 이를 '전략적 보완

관계' 라고 한다. 몇 가지 조건이란, [보론] 3의 예를 인용하자면 시장 규모, 한계비용 및 재 또는 서비스의 대체성이다. 시장 규모와 한계비용이 상승하면 가격도 상승하며, 각 기업의 제품 또는 서비스의 대체성이 작아지는 경우에도 가격이 상승한다. 이것은 예를 들어 한계비용이 기업 간에 다르고 한 쪽의 한계비용만이 상승하는 경우나, 한계비용 수준이 동일하고 양쪽의 한계비용이 상승한 경우라도 기업의 가격은 함께 상승한다.

(3) 스타켈버그 경쟁(Stackelberg competition)

스타켈버그 경쟁은 수량 및 가격 경쟁의 각각 유형에서 리더와 팔로어가 존재하는 경우이다. [보론] 4에 있는 바와 같이 기업이 수량을 전략 변수로 삼아 스타켈버그형 경쟁을 할 경우, 리더의 이윤은 그가 꾸르노 경쟁을 할 경우의 이윤보다 커진다[2)]. 따라서 수량 경쟁에 관한 한 기업은 상대보다 먼저 의사결정을 하는 리더가 되는 인센티브를 갖는다. 반대로 가격 경쟁의 경우에는 팔로어가 되는 인센티브를 갖는다.

90년대 중반 이후의 경쟁 형태: 사례 고찰 02

그러면 실제로 경쟁 하에 있는 항공사는 어떠한 경쟁을 하고 있는지, 최신 데이터를 통하여 그 사례를 보도록 한다. 통상 과점적 경쟁의 수량적인 유형화는 추측적 변동을 나타내는 항을 통계적으로 추정함으로써 이루어진다([보론] 5를 참조). 그러나 본 논문의 성질을 고려하여 아래에 최적반응 함수를 간략화하고, 3가지 사례를 가지고 최적반응 함수를 통계적으로 추정한다. 대상 노선은 네트워크 항공사끼리 경쟁하는 복점 시장, 저비용 항공사끼리 경쟁하는 복점 시장, 그리고 네트워크항공사와 저비용항공사가 경쟁하는 복점 시장이다.

데이터는 각각 동일 노선의 분기별 자료로 기간은 1996년 제1사분기에서 2003년 제4사분기이다. 이 기간 도중 2001년 제3사분기에 이른바 9.11 테러가 발생하고 있다. 테러의 발생에 의해 2002년도 전미 항공 여객수요(국내, 국제)는

911테러 발생전인 2000년도에 비해 약 8% 감소했으며, 국내의 각 노선도 시장 규모의 축소가 나타났었다(제3장을 참조). 이 수요곡선의 좌측 이동이 초래하는 수요감소 및 수입감소에 대하여 가격 결정력이 있는 일부 항공사는 운임을 인상함으로써 대처하려고 한 반면, 가격경쟁이 심한 노선에서는 기업이 가격 결정력을 행사할 수 없기 때문에 수요감소 및 가격저하와 같은 사태에 빠졌다. 즉 테러 이후의 기간을 포함함으로써 복점 시장의 공모 혹은 경쟁의 정도를 짐작할 수 있는 것이다.

노선과 경쟁하는 기업을 고정함으로써 최적반응 함수에서의 비용, 시장규모 및 서비스의 대체성을 고정할 수 있으므로, 우리들은 버트란드형 경쟁에서는 가격 정보만을, 또 꾸르노형 경쟁에서는 수송량 정보만을 이용해서 최적반응 함수를 추정할 수 있다. 아래에서는 이 두 종류의 추정을 실행한 결과 Brander and Zhang(1990)의 연구를 인용하자면, 단기에서는 대부분이 버트란드형의 전략적 보완 관계가 확인되었다.

(1) 네트워크 항공사 간 복점경쟁

가장 먼저 취급할 예는, 시카고 오헤어~시라큐스 노선의 아메리칸 항공 및 유나이티드 항공의 경쟁 패턴을 분석해보자. 우선 양자의 운임과 수송량 추이를 살펴 본다. <그림 5-1>은 환승 여객을 생략한 출발편의 편도운임의 추이를 <그림 5-2>는 수송량의 추이를 보이고 있다. UAP는 동 시장에서의 유나이티드 항공의 평균운임, AAP는 아메리칸 항공의 운임이다. 또 UAPAX는 유나이티드 항공의 여객 수송량, AAPAX는 아메리칸 항공의 여객 수송량, 그리고 TPAX는 양자의 수송량을 합한 총 여객 수송량이다.

이것을 보면 직감적으로는 2개의 항공사의 운임과 수송량이 거의 같은 방향으로 움직이고 있는 것으로 보인다. 여기서 가격이 전략적 보완재인 버트란드 경쟁을 가정하여 최적반응 함수를 추정해 보면 통계적으로 유의하게 가격에 대해 전략적 보완형의 최적반응 함수가 구축되었다[3]. 이 결과에서 두 개의 항공사가 질이 다른 서비스를 공급하는 버트란드형 경쟁을 전개하고 있다고 보긴 이르다. 가격이 같은 방향으로 변동된다는 것은, 예를 들면 두 개의 항공사가 협조

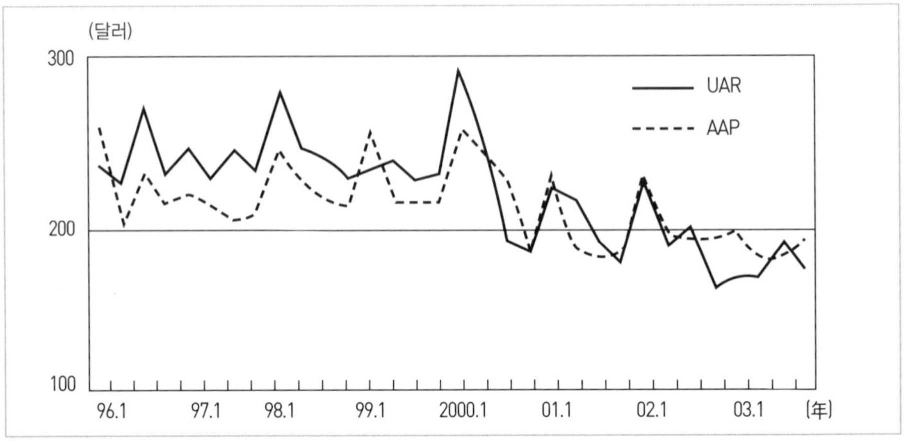

그림 5-1 » 시카고~시라큐스노선의 유나이티드와 아메리칸 항공의 운임 추이

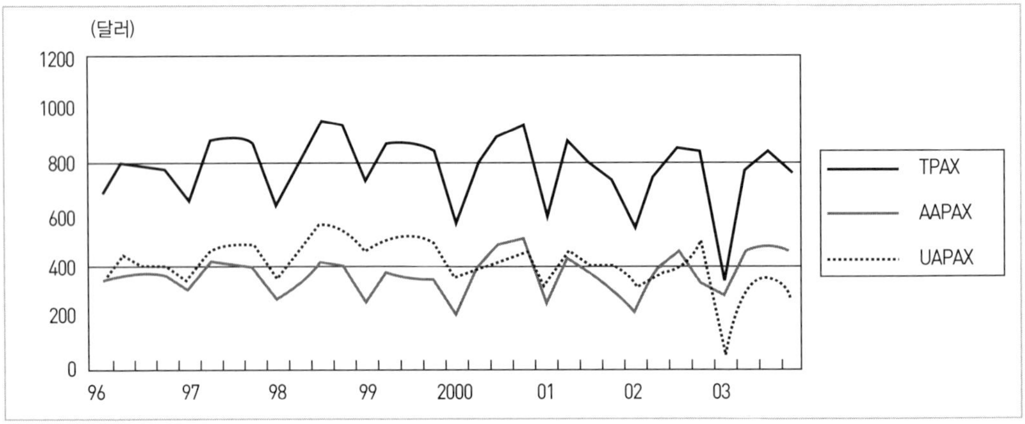

그림 5-2 » 시카고~시라큐스노선의 유나이티드와 아메리칸 항공의 수송량 추이

행동을 취하고 있을 가능성도 존재한다. 그렇다면 한계비용 수준에서 상대적으로 높은 가격 인상을 결정하고 있을 것이다. 그 사실에 관해서는 2절 (4)에서 더욱 상세히 다루도록 한다.

(2) 저비용 복점 경쟁

다음으로 비교적 단위당 비용이 낮은 항공사의 복점 경쟁 패턴을 고찰해 보자. 노선은 로스앤젤레스~엘파소로 운항하고 있는 항공사는 사우스웨스트 항공 및 아메리카웨스트 항공이다. 아메리카웨스트 항공의 시장 점유율은 낮으며 사우스웨스트 항공이 지배적인 지위를 유지하고 있는 노선이다. 아메리카웨스트 항공은 아리조나주 피닉스 등 미국 남서부를 중심으로 전개하는 항공사로 휴스턴을 허브로 한 컨티넨탈 항공과 제휴함으로써 동서 허브형 네트워크의 효과를 추구하는 항공사이다. 기업 규모 자체는 그다지 크지는 않고, 또 사우스웨스트 항공과 같은 철저한 저비용화를 도모하고 있는 것도 아니지만 유나이티드 항공과 같은 네트워크 항공사보다는 평균비용과 한계비용이 낮은 수준을 유지하고 있다. 사우스웨스트 항공과 아메리카웨스트 항공의 운임 및 수송량의 추이는 <그림 5-3> 및 <그림 5-4>에 나타나 있다.

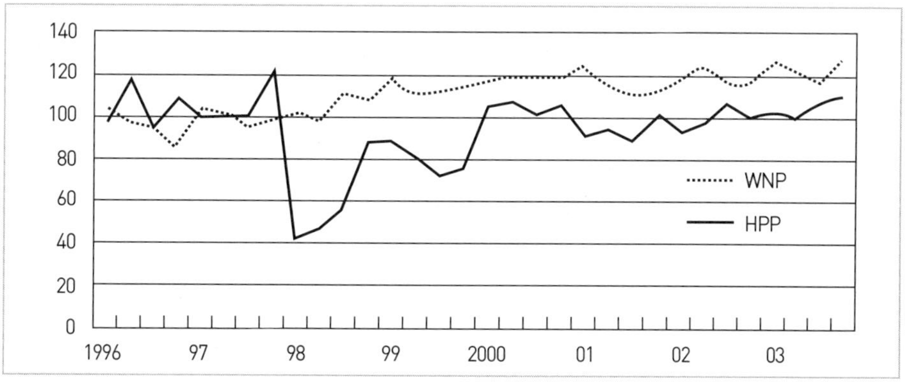

그림 5-3 ≫ 로스앤젤레스~엘파소노선의 사우스웨스트와 아메리카웨스트항공의 운임 추이

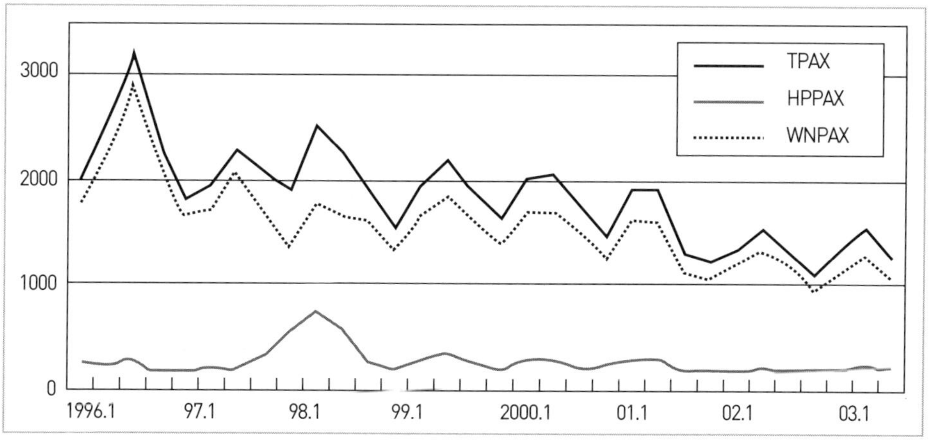

그림 5-4 ≫ 로스앤젤레스~엘파소노선의 사우스웨스트 항공과 아메리카웨스트 항공의 수송량 추이

WNP와 HPP는 각각 사우스웨스트 항공과 아메리카웨스트 항공의 운임, WNPAX와 HPPAX는 각각의 여객 수송량, TPAX는 총 여객 수송량이다. <그림 5-3>의 운임의 추이를 보면 1998년까지는 아메리카웨스트 항공은 사우스웨스트 항공과 거의 같거나 약간 상위 수준으로 운임을 결정했었지만 1998년 초부터 여객확보 경쟁을 의식한 탓인지 현저히 낮은 운임 수준을 전개하기 시작했다. 결국 이 전략은 효과를 발휘하지 못하고 아메리카웨스트 항공은 사우스웨스트 항공보다도 약간 하위 수준으로 운임을 결정하고 있는 상황이 이어지고 있다. 운임과 수송량의 어느 쪽도 양자의 변동은 동일한 움직임을 나타내고 있지 않은 것으로 보인다.

잠정적으로 버트란드형의 반응함수를 적용해 보아도 통계적으로 유의하지 않았다[4)]. 다만 아메리카웨스트 항공이 현저히 운임을 인하한 1998년 이후에는 시장 점유율에 있어서 열위에 있는 아메리카웨스트 항공이 점유율 만회를 위하여 선도기업이 되어 운임을 떨어뜨리는 경향이 있는데, 이는 이른바 스타켈버그형 가격경쟁을 전개한 것이다. 그러나 팔로어 쪽이 리더보다도 많은 이익을 획득하기 때문에 아메리카웨스트 항공 입장에서는 이 전략이 꼭 현명했다고 볼 수는 없다. 운임을 할인했는데도 불구하고 결과적으로 일시적인 시장점유율 만회에 그쳤던 아메리카웨스트 항공은 상실한 이윤의 회복을 위하여 후에 운임 회복을 진행하였다. 이 귀결은 스타켈버그형 가격경쟁의 이론이 시사하는 내용과 맞아 들어간다. 무라카미(村上)에서는 사우스웨스트 항공은 일단 진입하면 라이벌이 철퇴할 때까지 저운임을 지속하여 결코 협조균형에는 이르지 않는다는 사실을 실질적으로 보여주고 있다. 이 사례에서 보더라도 높은 시장점유율을 갖는 사우스웨스트 항공은 결국 아메리카웨스트 항공이 철수할 때까지 팔로어적 입장에서 저운임 경쟁을 전개한다고 여겨지고 있다.

(3) 네트워크 항공사와 저비용 항공사

마지막으로 네트워크 항공사와 저비용 항공사의 경쟁에 대하여 고찰한다. 노선은 달라스~아말릴로 항공사는 아메리칸 항공 및 사우스웨스트 항공으로 <그림 5-5>에 운임 추이를 <그림 5-6>에 수송량의 추이를 나타냈다. 사우스웨스트 항

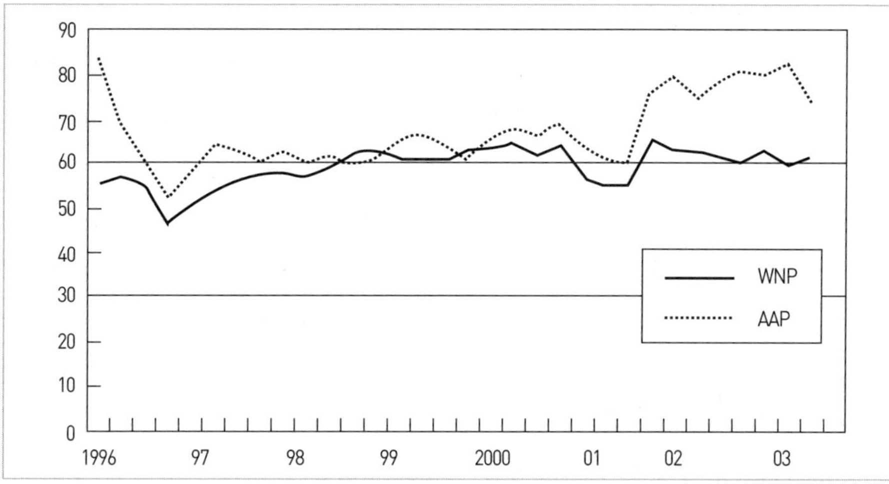

그림 5-5 》 달라스~아말릴로 노선의 아메리칸항공과 사우스웨스트항공의 운임 추이

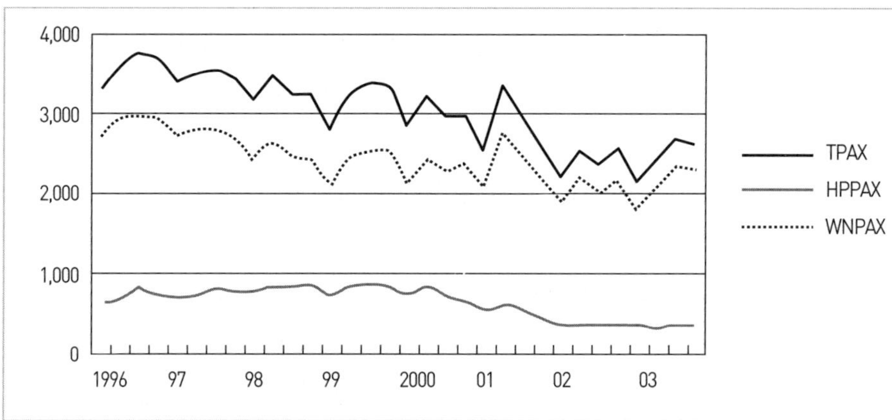

그림 5-6 》 달라스~아말릴로 노선의 아메리칸항공과 사우스웨스트항공의 수송량 추이

공은 달라스 도심의 세컨드리 공항인 러브필드 공항을 허브공항으로 하였고, 아메리칸 항공은 달라스의 포트워스 공항을 허브공항으로 설정했다. 이 노선의 시장점유율은 저비용 항공사인 사우스웨스트 항공 쪽이 크고, 아메리칸 항공은 고전하고 있는 모습이다. 지금까지의 그림과 같이 AAP와 WNP는 각각 아메리칸 항공과 사우스웨스트 항공의 운임, 또 AAPAX와 WNPAX는 각각 아메리칸 항공과 사우스웨스트 항공의 여객 수송량, 그리고 TPAX는 총 여객 수송량이다.

운임의 추이를 보면, 1996년 중반부터 911 테러까지 아메리칸 항공은 사우스웨스트 항공과 격한 운임경쟁을 벌이고 있다. 최적반응 함수를 보아 버트란드형 경쟁이 이루어진 것으로 보인다[5]. 그리고 아메리칸 항공은 9.11 테러 이후에 수요의 감소를 높은 운임으로 보완하고자 했는지 운임을 인상했다. 한편 사우스웨스트 항공은 일시적으로 운임을 인상했으나, 장기적으로는 운임을 인상하지 않아 아메리칸 항공은 그 영향으로 여객을 잃게 되었다. 이 경우에도 아메리칸 항공이 철수하기까지 사우스웨스트 항공은 저운임을 유지할 것으로 예상된다.

(4) 복점경쟁의 정리

이상의 복점경쟁의 유형을 종합하면 아래와 같이 정리할 수 있을 것이다. 전술한 바와 같이 운임이 같은 방향으로 변동할 경우, 하나의 패턴으로써 버트란드 경쟁이 될 것으로 생각된다. 그러나 또 하나의 가능성으로서 2개사가 협조하여 독점 이윤을 나눠 가질 가능성도 있다. 여기서 각 패턴에 대하여 거리 당 운임과 운임의 변동계수를 구해 보았다. <표 5-1>에는 유나이티드와 아메리칸의 결과를, <표 5-2>에는 사우스웨스트와 아메리카웨스트의 결과를 <표 5-3>에는 아메리칸과 사우스웨스트의 결과를 나타냈다. 변동계수(cv)는 안정성을 나타내는 지표로 표준편차를 평균으로 나눈 값이며 값이 작을수록 안정적이다.

이것을 보면 유나이티드와 아메리칸의 경우, 운임의 변동방향이 같고 더구나 운임 수준이 다른 2가지 예보다 예상 밖으로 높다는 것을 알 수 있다. 변동계수에서 미루어 판단하자면, 9.11 테러의 영향도 있기 때문에 운임은 비교적 안정적이라고 할 수 있다. 만일 이들 항공사의 가격 및 비용 마진율이 타 항공사의 그것보다도 충분히 크다면 이들 2개사의 복점시장에서는 버트란드 경쟁이 아니라 협조가 이루어지고 있을 가능성이 있다. 이 사실에 관해서는 다음 절에서 검토하기로 한다. 그 밖의 2가지 예에서는 운임 수준과 변동계수에서 미루어 판단하면 사우스웨스트는 안정적으로 저운임을 유지하고 있음을 알 수 있다. 아메리카웨스트 항공은 선도기업으로 나타나 있지만 스타켈버그형 가격 경쟁의 이론대로 저이윤에 만족하고 있다. 아메리칸 항공은 9.11 테러 이전에는 사우스웨스트 항공과 이질재 버트란드형 경쟁을 전개하고 있었을 가능성이 있지만 9.11

표 5-1 » 유나이티드와 아메리칸 항공의 거리당 운임과 변동계수

	UA	AA
거리당 운임	0.352	0.314
변동계수(cv)	0.158	0.124

*cv = coefficient of variation

표 5-2 » 사우스웨스트와 아메리칸웨스트 항공의 거리당 운임과 변동계수

	WN	HP
거리당 운임	0.156	0.131
변동계수	0.102	0.200

표 5-3 » 아메리칸과 사우스웨스트 항공의 거리당 운임과 변동계수

	AA	WN
거리당 운임	0.217	0.185
변동계수	0.123	0.072

테러 이후에는 경쟁에서 이탈하여 운임 인상을 실행하였으며 그 결과 점점 여객이 줄어들고 있다.

같은 규모의 네트워크 항공사가 같은 시장에 존재하면 협조행동이 일어나기 쉽다는 생각은 교통경제학의 연구인 Oum et al.(1993)과 부합하는 이론이다. 또 단기적으로는 버트란드 경쟁이 발생하기 쉽다는 결과는 Brander and Zhang(1990) 의 연구결과와 부합한다. 9.11 테러의 영향에 의하여 경쟁의 패턴이 변화하였다고 하여도 그것은 어디까지나 기존의 경쟁 범위 속에서의 변화라고 생각해도 될 것이다.

시장 유형별/항공사별 가격-비용 마진율 03

다음으로 개별 사례가 아닌 보다 많은 데이터를 가지고 시장 타입 별 항공사의 가격-비용 마진율을 구해보도록 한다. [보론] 1-1에 있는 바와 같이 가격-비용 마진율은 (가격-한계비용) ÷ 가격으로 나타낼 수 있다. 이것은 수요 운임 탄력성의 역수(러너의 독점지수)와 일치한다. 즉, 운임 탄력성의 절대값이 작으면 기업의 가격-비용 마진율은 커진다. 스위칭 코스트가 충분히 작은 상황에서 시장의 기업 수가 많아지면 소비자는 기업의 가격 인상에 민감하게 반응하고 가격 탄력성은 커져서 기업의 가격-비용 마진율은 작아진다. 완전 경쟁에 들어서면 운임 탄력성은 무한대 즉 그 역수는 제로가 되어(가격-한계 비용) ÷ 가격 = 제로가 된다는 사실을 토대로 가격 = 한계 비용이 된다.

그러면 미국의 국내 항공시장에서 항공사는 어느 정도의 가격-비용 마진율을 가지고 있었던 것일까? 제4장에서 사용한 것과 같은 데이터를 써서 산출한 것이 <표 5-4>이다.[6] <표 5-4>에서는 복점시장에서 가격-비용 마진율이 가장 높고, 그 뒤에 이어서 3점 시장, 그리고 경쟁의 정도가 한층 강하다고 여겨지는 4개사 이상의 다점 시장에서 가격-비용 마진율이 낮았다. 그리고 이들 3개 시장의 가격-비용 마진율은 통계학적으로 보아도 같다고 볼 수 없는 것이다[7]. 다음으로 대표적인 항공사별로 시장의 유형에 따른 가격-비용 마진율이 어떻게 되어 있는지를 <그림 5-7>을 통하여 검토해 보자.

표 5-4 》 3종류 시장의 시장별 가격 및 비용 마진율과 분산분석 결과

사장 타입	표본수	가격 및 비용 마진율 평균값(X)	동 분산	가격 탄력성(1/X)
복점	326	0.5757	0.0187	1.7372
3점	396	0.5558	0.0219	1.7991
4개사 이상의 다점	675	0.4437	0.0368	2.2538
분산분석의 검정 결과: $F_{(2,1392)} = 91.473a$				

주) a는 1% 수준으로 유의함.

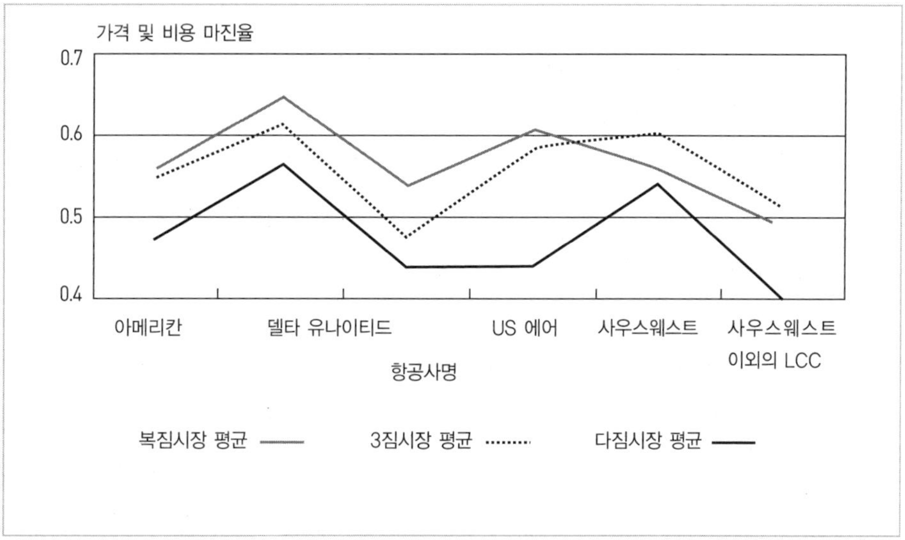

그림 5-7 》 항공사별/시장별 가격 및 마진율

칼럼 ④: 규제완화 후 항공사의 합종연횡

규제완화는 항공사 경영의 자유지수를 높였지만 그 한편으로 항공사간의 경쟁을 한층 심화시키고 있다. 항공사간의 합종연횡은 항공사를 둘러싼 환경의 불안정성에 대한 대응책으로 또 경쟁상의 우위성을 보다 강력히 하기 위한 전략적인 대응책으로 이루어지고 있다. 미국에서는 1978년의 규제완화 직후에 항공사의 신규진입이 급증했지만, 1980년대 중반에는 기존 대형 항공사가 이들 항공사를 피더 부문으로 산하에 흡수하였다. 기존의 대형 항공사간에서도 대규모 합병과 매수가 이루어져 1980년대 후반에는 업계의 과점화가 급격히 진행되었다. 국내 항공시장에서의 합병과 매수에 의해 기반을 견고히 한 주요 항공사는 네트워크 캐리어로서 더욱 국제 항공시장에서의 경쟁에 살아 남기 위하여 타 지역의 네트워크 캐리어와의 사이에 전략적인 제휴 그룹을 결성해 글로벌한 네트워크를 실현하고 있다.

요시이 히데카즈(吉井秀和)

이것을 보면, 대형 네트워크 항공사는 이론대로 복점, 3점, 다점 순으로 가격-비용 마진율이 감소하고 있다. 그러나 저비용 항공사는 복점과 3점 시장의 순위가 역전되고 있고, 3점 시장에서 가장 높은 가격-비용 마진율을 달성하고 있다. 복점 시장에서도 저비용 항공사는 대부분의 경우 나중에 참가하고 있어 상대적으로 시장 점유율이 낮다. 또 복점 시장은 3점 혹은 다점 시장보다도 수요가 상대적으로 희박하고, 게다가 노선 거리가 짧으므로 지표 교통수단과의 경합도 많다. 따라서 시장 점유율을 올리기 위해서는 어떻게든 한층 철저한 저운임 전략을 취할 수 밖에 없었을 것이다. 한편, 복점 시장에 대하여 3점 시장은 상대적으로 시장의 수용력이 크고, 또 노선 거리가 길기 때문에 지표 교통수단과의 경합도 적다. 더욱이 노선거리의 길이는 한계 비용을 감소시킨다[8]. 그 결과, 저비용 항공사의 참가는 잠재적인 항공수요를 발굴함과 동시에, 시장 규모를 확대(수요곡선을 상향으로 이동)시켜, 한계비용을 감소시킨 결과보다 더 높은 가격-비용 마진율을 달성할 수 있었던 것이다.

주목할 점은 4점 이상의 다점 시장의 예이다. 이들 시장은 대륙 횡단 노선 등의 장거리 및 고수요 노선으로 지표 교통수단과의 경합은 적지만 항공사간의 경쟁은 심화된다. <그림 5-7>을 보면 대형 네트워크 항공사 및 사우스웨스트 외의 저비용 항공사에 대해서는 이들 노선에 있어서 가격-비용 마진율이 현저히 떨어져 있다. 특히 대형 네트워크 항공사 가운데 하위인 US Air의 값은 명확히 낮아지고, 동 회사가 다점 시장에서 고전하고 있음을 말해주고 있다. 이에 대하여 잠재적 이윤이 큰 시장만을 대상으로 참가하는 사우스웨스트 항공은 이들 경쟁이 격심한 노선에서도 높은 가격-비용 마진비율을 유지하고 있다. 이러한 사실이 사우스웨스트 항공의 오늘날까지의 높은 업적에 반영되고 있다고 보여진다[9].

다만, 높은 가격-비용 마진율은 바로 높은 이윤을 획득하고 있음을 의미하는 것은 아니다. 가격-비용 마진율은 어디까지나 한계비용에서의 마진율이기 때문에 만일 항공사의 손익분기점(평균비용)이 높은 수준이라면 설령 높은 가격-비용 마진율을 유지해도 수익성은 반드시 좋다고 볼 수 없는 것이다. 또 가격-비용 마진율의 높이는 반드시 운임의 높이를 나타내는 것은 아니다. 그 이유는 가격이 비싸도 한계비용 수준이 높으면 가격-비용 마진율은 작아지기 때문이다.

이전 절에서 아메리칸 항공과 유나이티드 항공이 운항하는 노선 거리 당 운임은 타 항공사가 운항하는 노선보다도 비싸다는 것이 판명되었다. 그러나 동시에 한계비용 수준도 어느 정도 높으므로 <그림 5-7>의 가격-비용 마진율은 그다지 높아졌다고 볼 수 없다.

[보론1] 독점 가격과 생산량 및 3차 가격차별: 수치 예에 따른 해설

[보론 1-1] 독점의 생산량과 가격

여기 평균비용 = 한계비용 = 4로 가정하자. 또 기업이 직면하는 수요곡선을 $Q = 10 - P$ (즉 $P = 10 - Q$)라고 설정하자. 기업의 총 수입을 TR이라고 하면, $TR = PQ$ (가격과 생산량의 곱)이다. 이것에 위 $P = 10 - Q$를 대입 하면, $TR = (10 - Q)Q$로 표시된다. 평균수입을 AR, 한계수입을 MR이라고 하면, $AR = \frac{TR}{Q} = 10 - Q$(즉, 평균수입 함수 = 역수요 함수), $MR = \frac{\Delta TR}{\Delta Q} = 10 - 2Q$가 된다(이 경우 역수요 함수 2배의 기울기 직선) (<그림 5-8> 참조).

기업이윤(사각형 $Pab4$)을 극대화하는 P와 Q를 찾아내기 위해서 이윤 $\pi = PQ - 4Q = (10 - Q)Q - 4Q = (6 - Q)Q$라 하고, 이것을 Q로 미분하여 제로로 둔다 (이윤 극대화의 1차 조건). 즉 $\frac{\Delta \pi}{\Delta Q} = 6 - 2Q = 0$가 최대화의 조건으로서, 2회 연속으로 미분한 미분계수는 음수가 된다는 점에 주의해야한다. 이에

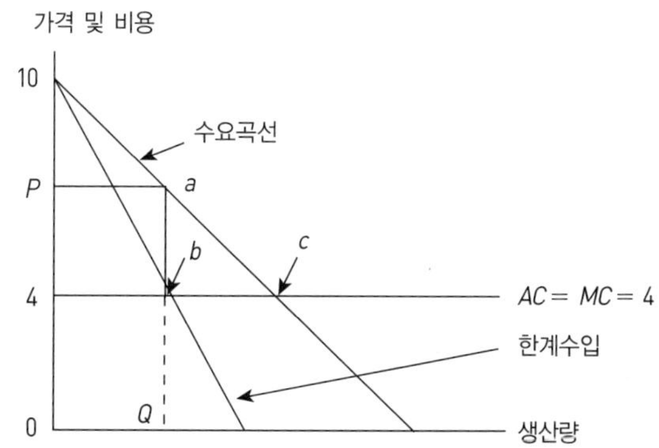

그림 5-8 ›› 독점시의 생산량과 가격

따라 $Q = 3$, $P = 7$이 얻어진다. 아울러 MR과 MC가 교차하는 점은 $10 - 2Q = 4$에서 얻어지며 역시 $Q = 3$이다. 독점의 생산량은 $MR = MC$가 되는 점에서 결정되며, 가격은 그 생산량을 역수요 함수에 대입한 값이 된다. 만일 지금과 같이 수요함수와 MC를 특정화하지 않는다면, 위와 같은 방식으로 아래와 같은 관계식이 구해진다.

$$\pi = P(Q)Q - TC \text{ 그래서 } \frac{\partial \pi}{\partial Q} = (\frac{\partial P}{\partial Q})Q + P - MC = 0 \qquad (5\text{-}1)$$

(5-1)식을 변형하여

$$\frac{P - MC}{P} = -\frac{\partial P}{\partial Q}\frac{Q}{P} = \frac{1}{e} \qquad (5\text{-}2)$$

즉, 기업의 가격-비용 마진율은 수요의 가격 탄력성의 역수가 된다. 이 가격 탄력성의 역수를 이것을 제시한 사람을 따라 러너의 독점지수(Lerner index)라고 한다[11]. (5-2)식의 예에서는 $P = 7$, $MC = 4$이므로, 가격-비용 마진율은 3/7이 된다. 한편 $Q = 3$, $P = 7$일 때의 가격 탄력성은 $e = \frac{\partial P}{\partial Q}\frac{Q}{P} = -(-1)\frac{7}{3} = \frac{7}{3}$ 따라서 역수는 3/7로 양자는 일치한다.

[보론 1-2] 독점에 따른 후생 손실

상기 예에서는 소비자 잉여는 수요함수의 세로축과의 절편 10과 P와 a로 둘러싸인 삼각형 면적이다. 기업 이윤은 P, a, b와 세로축 절편 4에 둘러싸인 사각형이다. 독점 하에서의 총 잉여(생산자 잉여 + 소비자 잉여)는 세로축 절편 10, a, b및 세로축 절편 4에 둘러싸인 사다리꼴 면적이 된다. 한편, 만일 가격이 $MC = 4$로 결정된다면, 기업의 이윤은 삭감되지만 소비자잉여는 세로축 절편 10, 동 절편 4 및 c에 둘러싸인 삼각형으로 증대한다. 총 잉여는 제로 + 세로축 절편 10, 동 절편 4 및 c에 둘러싸인 삼각형이 되는데, 후자 쪽이 명확하게 총 잉여가 크다. 양자의 면적의 차는 삼각형 abc로, 이것을 독점에 따른 후생 손실(Dead Weight Loss)이라고 한다.

[보론 1-3] 독점의 응용: 2차 가격차별

그 다음 독점이론의 응용의 일환으로, 2차 가격차별에 대하여 언급하여 둔다.

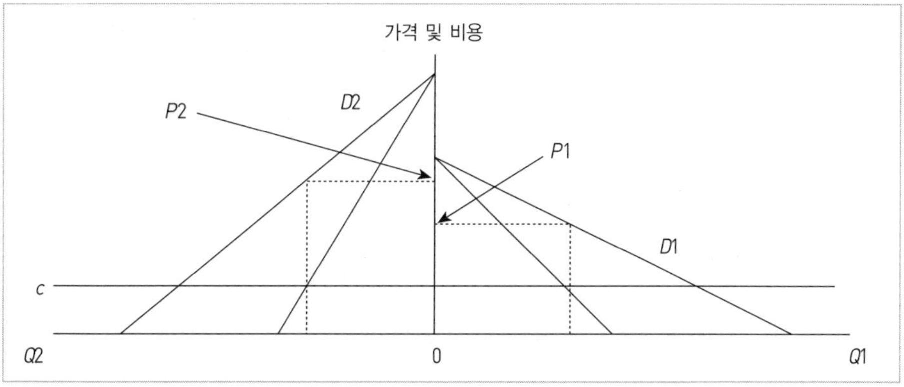

그림 5-9 » 2차 가격 차별의 예

아래와 같은 다른 시장(양자는 완전히 독립, 되파는 시장도 없음)에 있어서 각각 시장의 수요 가격 탄력성의 역수에 근거한 독점가격을 결정하는 것을 2차 가격차별이라고 한다(<그림 5-9>를 참조). 1차 가격 차별과는 달리 2차 가격차별은 후생 손실이 발생하고 있다.

[보론 2] 꾸르노 경쟁과 최적반응 함수

(2개사 경우의 예)

수요곡선 $P = a - bQ$, $Q = q_1 + q_2$, 총 비용은 $C_1 = c_1q_1$, $C_2 = c_1q_1$ 라고 하자.

기업 1의 이윤: $\pi_1 = \{a - b(q_1 + q_2)\}q_1 - c_1q_1$ (5-3)

기업 2의 이윤: $\pi_2 = \{a - b(q_1 + q_2)\}q_2 - c_2q_2$ (5-4)

각각의 기업이 생산량에 대하여 이윤 극대화의 1차 조건으로서 (5-3)식과 (5-4)식을 각각의 생산량으로 미분하여 제로로 둔다.

$$a - c_1 - 2bq_1 - bq_2 = 0 \quad (5\text{-}5)$$

$$a - c_2 - 2bq_2 - bq_1 = 0 \quad (5\text{-}6)$$

이 (5-5)식과 (5-6)식을 연립시켜 q_1, q_2에 대하여 풀면, 꾸르노-내쉬 생산량을 얻을 수 있다. $q_1^* = \dfrac{a - 2c_1 + c_2}{3b}$, $q_2^* = \dfrac{a - 2c_2 + c_2}{3b}$ 즉 $Q^* = q_1^* + q_2^* =$

$$\frac{2a - c_1 - c_2}{3b} \; p^* = \frac{a + c_1 + c_2}{3} \text{ 또 } \pi_c^2 = \frac{(a - 2c_1 + c_2)^2}{9b}, \pi_c^2 = \frac{(a - 2c_2 + c_1)^2}{9b}$$

참고로, $c_1 = c_2 = c^*$로, 양자가 공모하여 독점가격을 형성한 경우 및 완전경쟁의 경우에 있어서, 시장 거래량은 아래와 같이 나타난다. 공모의 경우 $Q_M = \frac{a - c^*}{2b}$ 완전경쟁의 경우 $Q_{comp} = \frac{a - c^*}{b}$ 또 꾸르노 경쟁의 경우 $Q_C = \frac{2(a - c^*)}{3b}$ 즉 $Q_M < Q_C < Q_{comp}$ 가 되며, 따라서 가격은 $P_M > P_C > Q_{comp}$ 가 된다. 일반적으로 n사에 따른 꾸르노 경쟁이라면,

$$q_1^* = \frac{a - c^*}{(n + 1)b} \tag{5-7}$$

$$Q^* = \frac{n(a - c^*)}{(n + 1)b} \tag{5-8}$$

$$P^* = \frac{a + nc^*}{n + 1} \tag{5-9}$$

가 된다. 만일 n이 무한대로 커지면 (5-7)식에서 $\lim_{n \to \infty} = \frac{a - c^*}{(n + 1)b} = 0$, (5-8)식에서 $\lim_{n \to \infty} = \frac{n(a - c^*)}{(n + 1)b} = \frac{a - c^*}{b}$, (5-9)식에 $\lim_{n \to \infty} = \frac{a + nc}{n + 1} = c$서 (가격 = 한계 비용) 이 된다. 즉, 기업수가 늘어나면 늘어날수록 꾸르노 경쟁이 가져오는 가격과 생산량은 완전경쟁의 시장 생산량과 가격에 근접해 감을 알 수 있다. 다음으로, (5-5)식에 의하여

$$q_1 = \frac{a - c_1 - bq_2}{2b} \tag{5-10}$$

(5-6)식에 의하여

$$q_2 = \frac{a - c_2 - bq_1}{2b} \tag{5-11}$$

를 얻는다.

표 5-5 》 항공사별/시장별 가격-비용 마진율과 분산분석 결과

기업명	복점 시장 평균	3점 시장 평균	다점 시장 평균	복점 시장 분산	3점 시장 분산	다점 시장 분산
아메리칸	0.5608	0.5538	0.4771	0.0142	0.0158	0.0189
델타	0.6500	0.6160	0.5676	0.0089	0.0079	0.0101
유나이티드	0.5404	0.4797	0.4412	0.0222	0.0315	0.0187
US에어	0.6057	0.5851	0.4409	0.0158	0.0153	0.0199
사우스웨스트	0.5614	0.6042	0.5434	0.0053	0.0041	0.0093
사우스웨스트 외의 LCC	0.4892	0.5149	0.4047	0.0231	0.0367	0.0285

복점 시장에서의 '각 기업의 가격-비용 마진율은 같다'는 귀무가설의 검정 결과: $F_{(5,277)} = 9.948a$

3점 시장에서의 '각 기업의 가격-비용 마진율은 같다'는 귀무가설의 검정 결과: $F_{(5,319)} = 8.468a$

다점 시장에서의 '각 기업의 가격-비용 마진율은 같다'는 귀무가설의 검정 결과: $F_{(5,466)} = 17.207a$

(5-10)식 및 (5-11)식을 최적반응 함수(Best Reply Function)라고 한다. 꾸르노 경쟁의 경우, 최적반응 함수의 기울기는 음으로 이것을 전략적 대체라고 한다. 최적반응 함수의 형상은 <그림 5-10>과 같이 되며, 균형 생산량(꾸르노-내시 생산량)은 a점에서의 생산량이 된다. 여기서 만일 기업 2의 한계비용 C_2가 상승하면, <그림 5-10>의 ②가 하향 이동하고(<그림 5-10>의 점선), 균형점은 b로 이동한다. 이 때 기업 1의 생산량 q_1은 증가하는 반면, 기업 2의 생산량 q_2는 감소한다는 것을 알 수 있다.

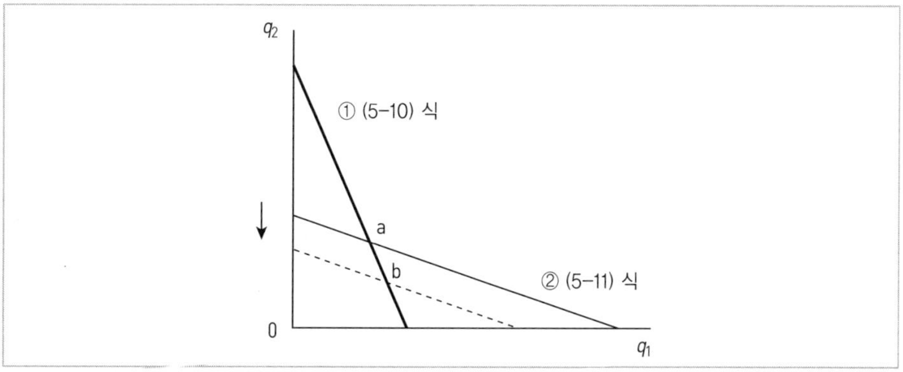

그림 5-10 》 꾸르노 경쟁의 최적반응 함수와 전략적 대체

[보론 3] 이질재 버트란드 경쟁과 최적반응 함수

2개의 재는 대체재(다만 불완전한 대체관계)라고 가정한다면, 각각의 수요함수는 아래와 같다.

$$q_i = a - b_iP_i + b_jP_j,\ (i \neq j, |b_i| > |b_j|) \tag{5-12}$$

이윤함수는

$$\pi_i = (P_i - c_i)(a - b_iP_i + b_jP_j),\ (i = 1, 2) \tag{5-13}$$

각각의 기업이 이윤함수를 가격에 대하여 미분하여 제로라고 둔다(이윤 극대화의 1차 조건).

$$a - 2b_1P_1 + b_2P_2 + b_1c_1 = 0 \tag{5-14}$$

$$a - 2b_2P_2 + b_1P_1 + b_2c_2 = 0 \tag{5-15}$$

(5-14)식과 (5-15)식을 함께 나열해서 풀면, 버트란드-내쉬균형 가격은

$$P_1^* = \frac{3a + 2b_1c_1 + b_2c_2}{3b_1},\ P_2^* = \frac{3a + 2b_2c_2 + b_1c_1}{3b_2}$$

가 된다. 또 (5-14)식과 (5-15)식에 의한 각각의 기업의 최적반응 함수는

$$P_1 = \frac{a + b_1c_1 + b_2P_2}{2b_1} \tag{5-16}$$

$$P_2 = \frac{a + b_2c_2 + b_1P_1}{2b_2} \tag{5-17}$$

최적반응 함수의 기울기는 음수로 이를 전략적 보완이라고 한다. 만일 2개의 재가 완전한 대체재라면(즉 $b_2 = b_1$) 최적반응 함수의 기울기는 같아진다. 최적반응 함수의 대체적인 모양은 <그림 5-11>과 같이 된다. 버트란드-내쉬균형 가격은 a점이다. 여기서 예를 들어 (5-16)식이 불변이면서 (5-17)식의 한계비용 c_2가 상승하면 <그림 5-11>의 ④가 상향 이동하여(그림 중의 점선), 균형점은 b로 이동한다. 이 때 기업 1의 가격 P_1과 기업 2의 가격 P_2는 함께 상승한다는 것을 알 수 있다. (5-17)이 불변으로 c_1이 상승하는 경우에도 같은 상황임을 확인바란다.

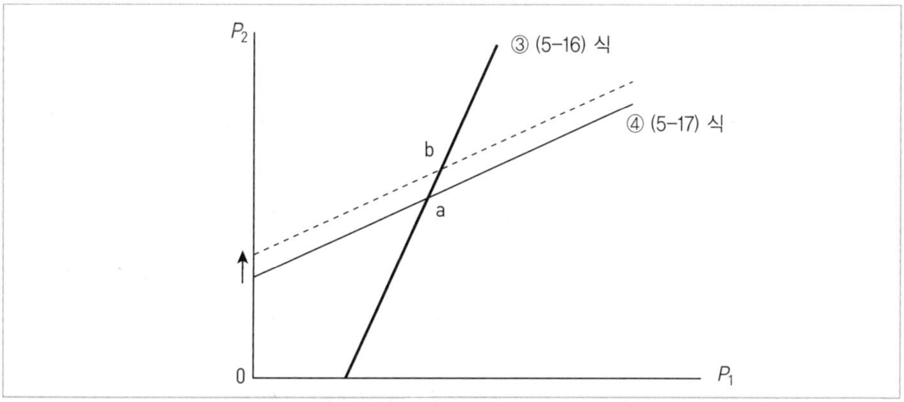

그림 5-11 》 버트란드 경쟁의 최적반응 함수와 전략적 보완 관계

[보론 4] 스타켈버그 경쟁과 리더/팔로어가 되는 인센티브

리더가 우선 독자적 이윤을 극대화하기 위해 수량 또는 가격을 결정하고, 다음으로 팔로어가 그것을 부여받아 독자적으로 이윤을 극대화한다. 후방 추론을 통하여(즉 팔로어의 이윤 극대화 문제에서) 해를 구한다. i)의 꾸르노 경쟁에서의 설정을 통하여, 스타켈버그 경쟁의 균형 가격과 수량을 구해 본다.

수요곡선 $P = a - bQ$, $Q = q_1 + q_2$, 총 비용은 $C_1 = cq_1$, $C_2 = cq_2$.

기업 1(리더)의 이윤: $\pi_1 = \{a - b(q_1 + q_2)\}q_1 - cq_1$ (5-18)

기업 2(팔로어)의 이윤: $\pi_2 = \{a - b(q_1 + q_2)\}q_2 - cq_2$ (5-19)

그리고, 우선 팔로어(기업 2)의 이윤 극대화 문제에서 해를 구한다. (5-19)식에서 기업 2의 이윤 극대화에 의하여 구해진 최적반응 함수는 $q_2 = \dfrac{a - c - bq_1}{2b}$ 이것을 리더(기업 1)의 이윤함수 (5-18)에 대입하면, $\pi_1 = \dfrac{1}{2}(a - c - bq_1)q_1$가 된다. 생산량에 대하여 이윤 극대화하면, $q_1 = \dfrac{a - c}{2b}$, $q_2^* = \dfrac{a - c}{4b}$ 가 된다. 두 기업 전체의 생산량 합계를 보면, $Q_S = \dfrac{3(a - c)}{4b}$로 꾸르노 경쟁의

그것보다 크고, 완전경쟁의 그것보다는 작아진다. 이윤을 보면, $\pi_S^1 = \frac{(a-c)^2}{8b}$, $\pi_S^2 = \frac{(a-c)^2}{16b}$가 되어 리더의 이윤은 동시 계획인 꾸르노 경쟁의 경우보다도 커진다(모종의 창업자 이익이다). 다른 한 편의 팔로어의 이윤은 꾸르노 경쟁의 경우보다도 작아진다. 즉 스타켈버그형의 과점적 경쟁에서 수량 경쟁을 전개할 경우, 기업은 리더가 되는 인센티브를 갖는다. 여기서는 계산 과정을 생략하나 반대로 가격 경쟁의 경우에는 기업은 팔로어가 되는 인센티브를 갖는다.

[보론5] 추측적 변동(Conjectural Variation)

역 수요곡선을 $P = P(Q)$, 단 $Q = \sum_i q_i$ 로 설정하여 이윤함수를 $\pi_i = pq_i - TC_i$ 라고 한다. 수량 경쟁을 가정하여 이윤 극대화의 1차 조건을 취한다.

$$\frac{d\pi_i}{dq_i} = p + \frac{dp}{dq_i}q_i - MC_i = p + \frac{dp}{dQ}\frac{dQ}{dq_i}q_i - MC_i = 0 \tag{5-20}$$

여기서 (5-20)식의 우변 제2항에서 $\frac{dQ}{dq_i} = 1 + \frac{d}{dq_i}\sum_{j \neq i} q_i \equiv 1 + \gamma_i$ (5-21)

이 (5-21)식의 γ_i를 추측적 변동의 항(Conjectural Variation)이라고 부른다. 이때 가격은 아래와 같이 된다.

$$p = -\frac{dp}{dQ}q_i(1 + \gamma_i) + MC_i \tag{5-22}$$

(5-20)식에서 완전경쟁의 경우, $\gamma_i = -1$이며, 또 꾸르노 경쟁의 경우에는 γ_i는 제로다. γ_i가 정수의 값을 취하면, 독점지수가 강해진다는 것을 나타낸다. 이 γ_i의 값을 추정함으로써 경쟁의 정도가 판명된다.[12)]

주석

1) 전통적인 과점 가격 이론에 대해서는 굴절 수요곡선과 가격의 경직성에서부터 이야기를 시작해야 하겠지만 여기서는 생략한다.

2) [보론] 4에 언급한 바와 같이 산업 전체의 이윤에 대해서도 스타켈버그 수량 경쟁 쪽이 꾸르노 경쟁의 수량 경쟁보다도 커진다.

3) 데이터의 출처는 OD Plus, *DB1A*, 관계 년도 분이다.

4) ※아메리칸 항공의 최적반응 함수

$$\underset{(2.186)}{AAP = 73.212} - \underset{(0.03)}{0.346D911} + \underset{(4.17a)}{0.548UAP} + \underset{(0.07)}{3.766TIME} \quad R^2 = 0.559$$

$$F_{(3,28)} = 14.073a$$

※ 유나이티드 항공의 최적반응 함수

$$\underset{(2.869)}{UAP = 103.168} - \underset{(1.18)}{13.343D911} + \underset{(4.17a)}{0.699UAP} - \underset{(2.06b)}{116.673TIME}$$

$$\bar{R}^2 = 0.723 \quad F_{(3,28)} = 28.010a$$

단, D911은 9.11 테러에 의한 시장 규모의 축소가 가격에도 영향을 주었다고 가정하는 더미 변수로, 2001년 이후에 대하여 1, 그 이전은 제로이다. TIME는 타임 트렌드 변수이다.

5) ※사우스웨스트 항공의 최적반응 함수(1998년 1월 이후)

$$\underset{(18.62a)}{WNP = 89.85} - \underset{(0.92)}{3.614D911} + \underset{(1.77)}{0.146HPP} + \underset{(1.91)}{70.502TIME}$$

$$\bar{R}^2 = 0.628 \quad F_{(3,20)} = 13.764a$$

※아메리카 웨스트 항공의 최적반응 함수(1998년 1월 이후)

$$HPP = -\underset{(1.15)}{57.914} - \underset{(1.44)}{13.912D911} + \underset{(1.77)}{0.931WNP} + \underset{(2.50b)}{221.542TIME}$$

$$\bar{R}^2 = 0.659 \quad F_{(3.20)} = 15.824a$$

6) ※아메리칸 항공의 최적반응 함수

$$AAP = 24.409 + 14.183D911 + 0.721WNP - 22.567TIME$$
$$(1.43) \quad (3.73a) \quad (2.32b) \quad (1.04)$$

$$\bar{R}^2 = 0.518 \quad F_{(3, 28)} = 12.127a$$

※사우스웨스트 항공의 최적반응 함수

$$WNP = 40.084 - 6.219D911 + 0.931AAP + 39.120TIME$$
$$(6.39a) \quad (2.70) \quad (2.32b) \quad (3.97a)$$

$$\bar{R}^2 = 0.442 \quad F_{(3, 28)} = 9.185a$$

7) 시장 별 한계비용(RMC)은 아래 방법으로 구한다.

$$RMC_i^k = AC^k\left(\frac{Dist_i}{AFL^*}\right)^{-\lambda} Dist_i$$

다만 AC^k는 항공사 k의 전사 집계의 평균 비용, AFL^k은 항공사의 연 평균 비행거리, λ는 오목형 함수의 테이퍼(taper, 미미한 커브)의 정도를 나타내는 파라미터이다. Oum, et al.(1993)을 참조.

8) 모든 시장의 가격-비용 마진율은 동일하다는 귀무가설을 분산분석으로 검정한 결과, 1%수준으로 귀무가설이 기각되었다(<표 5-4>의 F값을 참조).

9) 일반적으로 이착륙 시에 많은 연료를 소비하기 때문에, 단거리 비행은 평균비용 및 한계비용과 함께 올라가며 장거리 비행일수록 그것들이 내려간다.

10) 다만 델타 항공에 대하여 말하자면, <그림 5-7>과 같이 9. 11 테러와 이라크전쟁 발효 이전의 1998년에는 비교적 높은 가격-비용 마진율과 어느 정도 높은 수익성을 유지해 왔던 것이, 9.11 테러에 의한 수요 감소, 그리고 이라크전쟁과 그 후의 정세 불안으로 연료비용이 상승한 결과, 2005년 9월에 연방 파산법 11조(제11장)를 신청하고 있다.

11) 마루야마(丸山) (2005), 82~83페이지에서 인용.

12) 일본의 항공운송산업의 추측적 변동에 관한 분석은 예를 들어 엔도(遠藤)(2004)를 참조.

참고문헌

[1] Brander, J. A., and A. Zhang (1990) "Market conduct in the airline industry: An empirical investigation", *RAND Journal of Economics*, Vol. 21 No. 4 pp. 567-83.

[2] 엔도 노부아키(遠藤伸明) (2004) ' 일본 국내항공운송의 추측적 변동의 계측', "해운경제연구" 제 38호, pp. 41-50.

[3] Hendricks, K.(1997) "Econ 500 Microeconomics," *Lecture note at the University of British Columbia*, unpublished.

[4] 마루야마 마사요시(丸山雅祥) (2005) "경영의 경제학" 유히카쿠(有斐閣)

[5] Oum, T. H., A. Zhang, and Y. Zhang (1993) "Inter-firm rivalry and firm specific price elasticities in the deregulated airline markets," *Journal of Transport Economics and Policy*, Vol. 27, No. 2, pp. 171-192.

[6] Ross, T. (2000) "BAP500 Managerial Economics," *Lecture note at the University of British Columbia*, unpublished.

[7] Slade, M. (1997) "Econ565 Market Structure," *Lecture note at the University of British Columbia*, unpublished.

[8] Tirole, J. (1988) *The Theory of Industrial Organizations*, MIT Press.

무라카미 히데키(村上英樹)

시장 실패와 그 해결책

CHAPTER

06

항공경제학

시장 실패와 그 해결책

본 장에서는 이른 바 '시장 실패'의 문제를 취급한다. 시장에서 해결이 불가능한 경우에는 정부의 역할이 발생하는데 공항은 현 상태에서 봐도 공공재 혹은 혼합재이다. 따라서 시장의 실패를 거론할 것 없이 정부의 역할이 거론되어야 하는 것이다. 더구나 공항에는 소음 문제가 있어서 그 해결을 위하여 사법과 행정은 일정의 역할을 해 왔다. 일반적인 교과서에서는 시장 실패의 대표적인 예로 독점, 외부성 및 공공재가 제시되곤 한다. 여기서는 우선 외부성의 사례로, 오사카공항 소송을 통하여 코스(coase)의 정리에 근거한 판결 내용과 비교를 하고자 한다. 이어서 공항 소음의 경우는 주변 주민에 대한 보상이 일반적인 해결책이지만, 그것은 경제학적으로 보아서 어떠한 평가를 내려야 하는 것인지를 생각한다. 마지막으로 공공재의 사례로 공항의 시설 용량의 부족을 들어 왜 그와 같은 일이 발생하는가에 대하여 설명한다.

항공 분야에서 규제의 필요성 01

시장의 가격 작용(시장 메커니즘)은 자원을 효율적으로 배분한다는 것이 경제학의 기본적인 입장이다. 그리고 모든 시장은 완전경쟁 상태이며, 거기에는 외부성은 없고, 정부도 개입하지 않는다는 전제가 있다. 그러나 시장 메커니즘은 만능으로 기능한다고 할 수는 없고, 때로는 '시장 실패'가 발생한다. 독점과 과점이라는 시장 형태 외에 규모의 경제성, 외부성, 공공재 및 정보의 불완전성이 있으면 시장 메커니즘은 충분히 기능할 수 없게 된다. 교통은 다른 재나 서비스에 비해 전통적으로 정부의 역할이 크고 규제를 통하여 지켜져 왔다. 1970년대 후반 이후 자유화의 흐름 속에서 시장의 역할은 확대되었지만, 그럼에도 불구하고 의연히 정부가 관여하는 부분이 적지 않다. 따라서, 여기서는 우선 규제가 남아 있는 분야와 그 근거를 설명한다. 항공분야의 규제에 대해서는 이미 제4장에서 언급하였지만, 이 장에서는 항공과 공항을 예로 외부성과 공공재의 공급에 관한 시장의 실패와 그 해결책을 서술한다.

항공을 비롯한 교통시장에서는 구조적으로 시장 실패의 발생 가능성이 있다. 예를 들면 제2장에서 상술한 바와 같이, 고정비가 큰 항공사에는 수송밀도의 경제성이 있다는 연구결과가 많다. 또 터미널로서 공항의 대부분은 정부 부문이 설치 및 관리하고 있기 때문에, 그 수급 관계가 항공사의 행동까지 좌우한다. 일본에서는 수요가 높은 노선의 대부분이 하네다 공항을 기종점으로 하며, 그것들은 항공사의 중요한 수익원이 되고 있다. 그러나 하네다 공항을 관리하는 국토교통성은 공항의 시설 용량 한계를 이유로 항공사의 행동을 규제하고 있고, 이러한 상황은 2009년에 예정되는 하네다 공항의 확장에까지 이어진다. 즉 항공사는 경제학이 가정하는 완전경쟁 시장에서의 기업과 같이 이윤 극대화를 도모할 수 없다. 또 인구밀도가 높은 도시권에 있는 오사카 공항과 후쿠오카 공항의 소음 문제는 심각하여, 정부와 사법의 개입 여지가 있다.

규제에는 일반적으로 양적 규제와 질적 규제가 있는데, 이러한 규제는 1980년대 이후 완화되었다. 현재 항공에 남겨져 있는 규제는 후자에 관련 분야가 많은데 그 전형이 안전 규제이다. 왜냐하면 안전은 보통운송인(common carrier)인 항공사의 최대 관심사인 데도 불구하고, 정부 규제가 없다면 이윤 극대화를 도모하는 기업은 점검 및 정비에 드는 경비를 기피할 가능성이 있다. 즉, 규제당국과 Agency로서의 항공사 사이에는 정보의 비대칭성이 존재한다. 따라서, 안전을 유지하기 위해서는 일정 벌칙(penalty)을 포함하는 규제가 필요하게 되는 것이다.

이 사실은 민간 항공사가 존재하는 한, 전 세계 공통의 문제라고 할 수 있다. 전통적으로 국제연합(UN) 기관으로서 국제민간항공기구(ICAO; International Civil Aviation Organization)는 국제항공의 기술 문제에 관련된 활동을 계속해 왔다. 오늘날에 와서는 사정이 변화되었다고 하나, 항공은 유사시 군사 이용으로도 가능한 것이기 때문에 역사적으로 정부가 항공기술의 규제를 계속해 온 것이 사실이다. 미국에서 민간항공국(CAB)이 폐지되었을 때, 안전관리 업무는 연방항공청(FAA; Federal Aviation Administration)에 이관되어 중요한 업무라는 점이 부각되었다. 일본의 경우에도 항공운송 사업의 허가를 비롯, 항공기의 안전 확보는 정부의 주요 업무의 하나이다. 2001년 이후의 경기후퇴와 9.11 테러의 영향을 받아 미국 대형 항공사가 경영 위기에 빠졌을 때, 미국 정부와 의회가 극진한 구제조치를 취한 사실도 있다. 정부에서 가장 빨리 독립한 미국 항공사에서조차 이처럼 정부의 보호 하에 있다.

외부성과 그 해결책 02

(1) 외부성

외부성은 경제학에서는 100년 전부터 발견된 개념이다. 원래 그것은 해당 산업과 관련 없는 환경 변화, 예를 들어 새로운 교통 발전, 원재료 질의 향상, 노동자 숙련도 상승 등에 의해 발생하는 원가절감, 혹은 노동자 부족, 원재료 가격 인상 등에 의해 발생하는 경비 상승을 의미했다. 그러나 외부성의 개념은 시간과 함께 아주 크게 변화해 왔다. 외부성이란 하나의 경제주체가 자신의 편익을 최대화함으로써 타 경제주체에 영향을 미치는 것을 말하며, 이는 기본적으로 경제를 구성하는 주체간에 있는 상호 의존성에 기초를 둔다. 인간이 혼자서 살아갈 수 없듯이 산업도 하나의 산업만으로는 살아남을 수 없다. 상호 거래 및 영향을 주고 받으면서 전체적으로 살아가고 있는 부분이 많다. 그렇게 생각했을 때, 산업간 만이 아니라 수요간과 기타 많은 경제주체간에도 외부성의 존재가 인식되었다. 외부성의 크기에는 주체간에서 커다란 차이가 있으며, 교통은 폭 넓고 깊은 외부성을 갖는다고 생각된다.

외부성 중에서 타 경제주체에 바람직한 효과를 주면 외부경제, 바람직하지 않은 효과를 주면 외부비경제라고 한다. 또 외부성에는 소비 외부성과 생산 외부성이 있는데 여기서는 전적으로 생산 외부성에 대해서 설명하도록 한다. 생산 외부비경제의 전형적인 예는 소음과 같은 공해로 본 절에서는 공항소음을 예로 이 문제를 고찰하도록 한다.

우선, <그림 6-1>을 통하여 소음이 있을 때의 수요곡선과 공급곡선을 생각해 보자. 공항에 항공기가 이착륙할 때마다 소음이 발생하므로 주변 주민의 건강에 영향을 미칠 가능성이 있다. 만일 완전 경쟁에 맡기면 공항의 착륙 회수는 *PMC*(사적 한계비용)와 D(수요곡선)의 교점 *E*로 결정된다. 그런데 소음에 의해 초래될 영향을 포함한다면 진정한 경비는 사회적 한계비용(SMC)이 되어, 공항의 이착륙 회수가 늘면 *SMC*의 수직 거리분 만큼 비용은 증가한다. *SMC*는 공항이 사회에 비용을 부담시킨다는 생각에서 *PMC*보다도 상향에 위치한다.

시장이 완전경쟁일 때의 발착 회수는 q^*회가 되며, 사회적 비용을 고려한 때에 비하여 $q^* - q_s$회분만큼 과잉 생산이 된다는 것을 알 수 있다. 따라서, 공항의 이착륙 회수를 삭감하여 완전경쟁의 균형수준 이하로 한다면 사회 전체의 후생수준은 증대하게 된다. 완전 경쟁 시의 총 잉여는 총편익($OGEq^*$) − 총비용(OEq^*)이므로, *OGE*이다. 그리고, 사회적 비용을 고려한 균형에서의 총 잉여는 *CGF* ($OGEq_s - OGFq_s$)가 된다. 만일, 완전경쟁 상태와 같이 공항이 사회적 한계비용을 물리지 않은 이착륙을 허가하고 있다면 어떻게 될까? 수요 사이드에

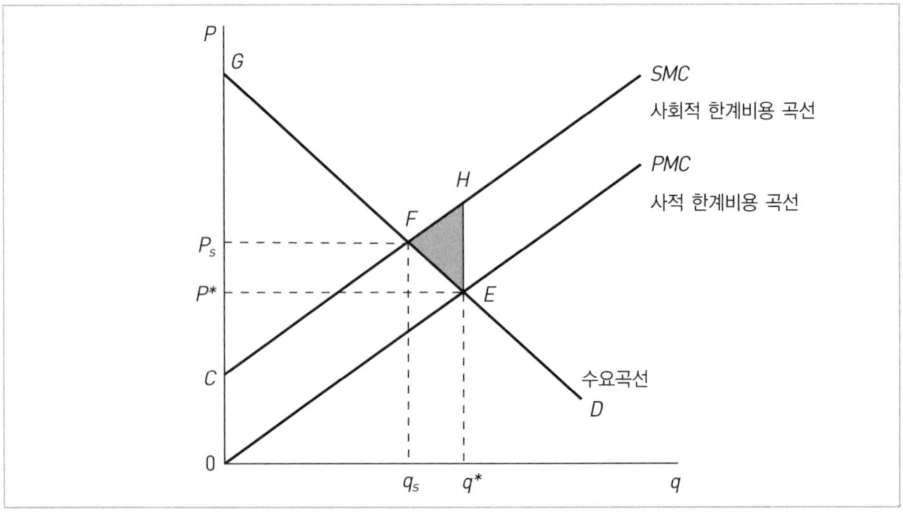

그림 6-1 》 사회적 평가를 포함한 균형

서 본 총편익은 $OCEq^*$지만, 사회적 총비용은 $OCHq^*$가 되어, 총 잉여는 사회적 비용을 고려한 *CGF*에 비하여 삼각형 *FEH*분 만큼 손실(Dead Weight Loss)이 발생하고 만다.

즉, 이착륙 회수를 방치하면 시장 손실이 존재하게 된다. 정부가 처음부터 OC분의 과세를 하면 공항의 사적 한계비용과 사회적 한계비용이 동등해져서 FEH와 같은 손실은 발생하지 않는다. 이와 같은 과세를 피구세(Pigovian Tax)라고 한다. 현재 오사카 공항에서 실행되고 있는 오후 9시에서 오전 7시까지의 운항 규제는 어디까지나 자율 규제라고 할 수 있지만 이것을 경제학적으로 보면 사회적 한계비용을 고려하여 후생 수준을 증대시키기 위한 조치라고 평가할 수 있는 것이다.

(2) 오사카 공항 공해 소송

먼저 간사이 국제공항(이하, 간사이 공항이라고 약칭함)의 건설 경위에 대하여 설명한다. 독자는 '강풍으로 간사이 공항 연결다리가 폐쇄', '커다란 조수로 인해 간사이 공항 지하에 바닷물 침수'와 같은 보도를 들은 적이 있을 것이다. 간사이 공항이 천재지변으로 기능에 제약이 생길 리스크를 각오하면서까지 육지에서 5킬로미터 떨어진 해상에 건설된 것은 오사카 공항 주변에 충분한 토지가 없고 증가하는 항공수요에 대처할 수 없기 때문이었다. 그리고 무엇보다 가장 큰 이유는 오사카 공항의 소음 문제가 있어서인데 해상공항이라면 소음 우려가 없을 것으로 여겨진 것도 그 이유 중의 하나이다.

1969년부터 5차에 걸쳐서 오사카 공항에 대한 소송이 제기되어 이 일련의 소송은 '오사카 공항 공해소송'이라고 부르고 있다. 오사카 공항에서는 1964년에 제트기가 취항하여 1970년의 활주로 증설을 거쳐 이착륙 회수가 증가했다. 이리하여 항공기의 소음 공해가 드러나게 되어 공항 부근의 이착륙 코스 아래 거주자가 (1) 오후 9시에서 오전 7시까지의 공항 사용을 저지, (2) 과거 손해배상 및 (3) 향후 손해배상을 청구하여 민사소송을 일으켰다. 오사카 지방법원에 의한 일심판결과 오사카 고등법원에 의한 2심 판결을 거쳐 1981년에 최고재판소의 법정판결이 내려졌다. 판결 내용은 다음과 같이 요약된다. (1)에 대해서는 원고가 민사소송 수속에 의하여 청구하였기 때문에 기각되었다. 즉, 항공 행정은 정부의 역할이며, 민간간의 소송에는 응하지 않는다는 것이 그 이유이다. (2)는 용인되었는데, 그 이유는 공항의 공공적 이익을 위하여 지역 주민이 손해를 입고 있으며, 일부 사람들이 불이익을 당함으로써 불공평이 존재한다는 것에 있었다. (3)에 대해서는 배상은 명확한 구체적 기준에 의해 이루어져야 한다는 이유로 기각되었다. 판결내용에 대해서는 법조계에서 비판이 일었지만, 다음 절에서는 경제학의 입장에서 판결내용을 검토하도록 한다.

다만 오사카 공항은 '간사이 공항의 개항에 동반하여 폐항 예정이었다' 고 생각하던 것이 일반적이었지만, 지금까지 한번도 그와 같은 결정이 내려진 사실이 없다. 분명 1974년의 항공심의회 답신에서 '간사이 국제공항은 오사카 국제공항의 폐지를 전제로 그 위치 및 규모를 정한다' 고 했었다, 그러나 이것은 오사카 공항의 폐지를 결정한 것이 아니라, 폐지되었다고 하여도 그에 대신할 공항 건설을 추진할 것을 의미하고 있었다. 그리고 그 이후에도 오사카 공항의 존속을 전제로 여러 가지 노력이 이어져 왔음에 유의하기 바란다[1].

(3) 오사카 공항 공해 소송의 경제학적 해석

손해배상

외부성을 해결하기 위한 방법으로는 정책, 또는 시장 기능을 통한 당사자간의 교섭이라는 2가지가 있다. 정책에 의한 해결에는 이미 전술한 피구과세와 같은 직접 규제, 가해기업에의 과세, 가해기업의 조업 중지 및 조업 수준 단축을 위한 보조금의 갹출이 있다. 아래에서 취급하는 교섭에 대해서는 가해 기업이 피해 측에 손해배상을 하거나 피해 측이 가해기업의 조업 수준을 떨어뜨리기 위한 의뢰금을 지불한다는 2가지 선택대안이 있다.

우선 코즈정리(Coase Theorem)에 기초하여 재판소가 인정한 손해배상의 경제학적인 의미를 설명한다. 코즈정리란 당사자간의 교섭에 의해 시장 실패를 해결하고자 할 경우, 시장을 설정하여 자원 배분에 대하여 교섭될 수 있다면, 당사자간의 부담 원칙이 손해배상이나 진정 방식의 의뢰금이라 하더라도 외부성 문제는 해결된다는[2]. <그림 6-2>에는 공항의 한계이윤 곡선과 주민 한계손실 곡선이 그려져 있다. 항공기 이착륙 회수가 늘어나면 공항 관리자의 비용은 증가하지만 착륙 요금과 같은 수입도 증가한다. 게다가 한계 수입은 거의 일정함에도 불구하고 이착륙 시간은 이른 아침과 야간 등 피크시간 외의 시간대를 이용하여야 하기 때문에 인건비를 포함한 한계 비용은 증가한다고 보인다. 이리하여 공항의 한계이윤은 한계수입/한계비용이므로 그림과 같은 우 하향 한계이윤 곡선이 된다. 참고로 여기서는 설명을 용이하게 하기 위하여 직선으로 표현했다.

또는, 공항이 있는 한 주민은 소음 피해를 입는다. 게다가 야간 및 이른 아침에 이착륙 회수가 늘어나면 한계손실 직선은 우측 상향으로 틀어질 것이다(그림의 주민 한계손실 곡선)[3]. 다음으로 손해배상액은 어떻게 결정되는 것일까? 공항이 주민에게 손해배상할 것을 전제로 한다면 공항은 그 제약 속에서 이윤 극대화 행동을 취하며, q^* 회의 이착륙을 인정한다. 그 때 한계 순이윤은 $OFEq^*$(한계이윤) − OEq^*(손해배상) 이 되어, OFE에서 최대가 된다. E점에서는 한계이윤과 한계손실이 동등해져 양자가 직접 교섭한 경우에는 그림 속의 손해배상액인 (OEq^*)이 결정된다.

그러나 법원이 지시한 손해배상액에 대한 사고방식과 경제이론에 근거한 사고방식이 일치하는가에 대해서는 의문의 여지가 있다. 법원은 과거의 손해배상

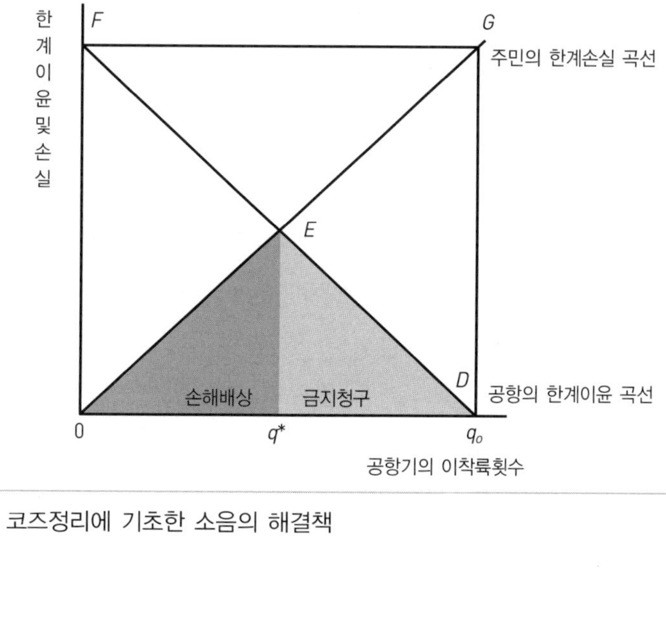

그림 6-2 》 코즈정리에 기초한 소음의 해결책

을 인정했으나, 장래에 있을 손해에 대한 배상을 인정하지 않았다. 최고재판소의 판단은 1981년에 나타났지만 그 시점에서는 이미 제소 때와 비교하여 소음 수준이 계속 떨어져가고 저소음기의 도입이 가세되어 장래의 소음 수준이 명확하지 않았다. 이러한 이유에서 장래 손해에 대한 배상은 기각되었다고 추측되는데 한계 개념의 정의에서 보면 경제학상 손해배상은 타 조건을 일정의 장래(추가적인) 이착륙에 대한 손해라고 판단할 수 있다. 즉 엄밀한 산출은 곤란하다 하더라도 이착륙 1회 당 한계이윤과 주민 한계손실이 명시되지 않으면 안 된다. 여기에 타 조건이 일정하다는 상태에서 분석을 진행하는 경제이론과 법적 해결의 괴리가 존재한다.

금지청구

금지청구에 대해서는, 주민이 정부에 규제를 요청한 것이 되는데, 법원은 그것을 인정하지 않았다. 거래 비용을 고려하지 않은 채 코즈정리를 적용하면, 피해 주민이 공항에 감편 요청을 하는 경우 공항 당국에 독자적으로 손해액을 상회하지 않는 금전을 지불할 필요가 있다. 이것을 <그림 6-2>에 근거하여 설명하도록 한다. 공항의 이착륙 회수가 q_0회에서 감편된다면, 공항이 한계이윤을 잃는 대신에 주민의 손실은 감소한다. 주민은 공항의 상실 이윤을 지불한 상태에서 공항에 감편을 요청하여도 한계 순손실(한계손실－금지의뢰액)은 감소한다. 따라서, 주민은 한계 순손실이 제로가 되는 E점까지 금지 의뢰액(q_0Eq^*)을 준비하면 된다. 이 때 공항의 이착륙 회수는 손해배상과 같은 수준의 q^*회가 된다.

재판에서 일방적인 금지를 용인하면 주민의 손실은 Eq^*q_0G만큼 감소하지만, 법원은 청구를 기각했다. 표면적으로는 소송 조건을 충족하고 있지 않기 때문에 청구 내용에는 들지 않는다는 것이다. 경제학적으로 이것을 해석한다면, 공항 기능을 규제함으로써 발생하는 손실이, 주민이 받는 편익을 상회한다고 법원이 판단한 결과라고 볼 수가 있다. 더구나 재판에서는 피해자 측이 금전 지불을 요구당하는 경우가 거의 없지만, 주민은 금지 의뢰금을 지불하는 것이 타당하다는 판단도 할 수 있다.

소음대책의 현 상황

정부가 진행하는 공항 환경대책은 다음 3가지로 대별된다. 제1은 발착 규제와 운항 방법의 개선과 같은 발생원 대책, 제2는 공항 구조 개량, 제3은 공항주변 대책이다. 제10장에서 설명되는 공항정비 특별회계에서 지출되는 환경대책 사업비는, 1995년에는 사상 최고액인 350억엔이었는데 2002년에는 175억엔까지 떨어졌다. 최대 지출항목은 공항주변 대책으로, 이전 보상, 방음 공사 및 녹지대 정비가 사업비의 88%를 차지하고 있다. 구체적으로는 공항 주변 주택에 대하여 에어컨 및 2중 창의 설치와 같은 장래 손해배상에 상당하는 보상이 이루어지고 있다. 주민은 재판 결과의 확정과 함께 과거 손해배상을 얻고 있다. 장래 공항이 계속 운영된다는 것이 결정된 단계에서, 주민들은 이전의 권리도 있었음에도 불구하고 해당지에 거주할 것을 선택했다. 즉 주민은 장래 손해배상은 받지 않아도 거주에 의해 얻어지는 효용을 하회한다고 판단한 것이 된다. 그럼에도 불구하고 배상이 이루어지는 것은, 경제이론과는 동떨어진 부분에서 공해의 해결이 꾀해지기 때문이다.

예를 들어, 경제이론에 따른 해결방안은 시정과 시장에 대한 비난이 강해지고, 혹은 리콜 청구가 일어날 가능성도 있었을 것이다. 또 차기 선거에서 솔깃한 공략을 내세울 대립 후보가 나올지도 모른다. 정치가와 관료는 이와 같이 비용이 배상보다도 높다고 생각한 것으로 보인다. 거기에 더하여 배상금은 국민이 부담하고 있는 것이지 정치가와 관료가 직접 지불하고 있는 것은 아니다. 마지막으로 하나만 염두에 두어야 할 사실이 있다. 소음을 내는 것은 직접적으로는 항공사가 소유하는 항공기이고, 공항은 이착륙을 위한 스페이스를 빌려주고 있을 뿐이다. 그럼에도 불구하고 배상금을 지불하는 것은 공항의 설치 관리자인 정부인 것이다.

이는 공항정비 특별회계라는 구조에 기인한다. 특별회계의 수입은 하네다 공항과 신치토세 공항과 같은 국토교통성이 관리하는 공항에서 항공사가 지불하는 공항 사용료 등인데 이것만으로는 불충분하며, 일반회계에서 특별회계로 자금의 편입이 진행되고 있다. 말하자면 실제적인 배상은 항공사와 납세자인 일본 국민이 부담하고 있다고 볼 수 있으며, 오사카 공항을 이용하는 항공사가 직접 주민에게 지불하고 있는 것은 아니다. 이는 지역간 소득 이전 및 지역간 내부 보조가 암묵적으로 이루어지고 있는 것을 의미한다.

공공재로서의 공항 03

일본에서 최대 항공여객을 자랑하고 시설용량 부족이 심각한 하네다 공항은 2010년에 제4 활주로가 완성된다. 그리고 간사이 지방은 2006년에 3공항 시대를 열었다. 그러나 일부에서는 간사이 공항도 아직 용량이 남는데 3개나 공항을 만들어도 괜찮은가 하는 우려의 목소리가 나오고 있다. 여기서는 공항의 최적 공급량 결정에 관한 기본적인 사고방식을 설명하고, 이와 같은 우려의 목소리가 나오는 이유를 경제학적으로 설명한다. 우선 공항이 공공재라고 할 수 있는지에 대한 논의부터 시작하지 않으면 안 된다. 공항에는 완전한 민간 공항이 있다는 사실에서 알 수 있듯이 공항은 순수 공공재라고 할 수는 없고, 오히려 혼합재 혹은 준 공공재라고 자리매김 하는 것이 정확할 것이다.

따라서 본 절에서의 논의는 '공항을 공공재라고 생각한다' 는 가정 하에 시작하지 않으면 안 된다. 공공재로서의 공항 용량은 정해져 있으며, 아무리 지불액을 늘려도 단기적으로는 확장할 수 없다. 게다가 이용자에 따라 공항의 평가가 다른데, 물론 공공재로서의 가치를 인정하는 사람만이 금전적인 평가, 혹은 그것에 대한 지불을 인정하게 될 것이다. <그림 6-3>은 이야기를 간단히 하기 위하여, 교토에 거주하는 a씨와 오사카 남부에 거주하는 b씨만이 간사이 공항을 이용한다고 설정한 경우의 수급 관계를 나타내고 있다. 간사이 공항에 대한 각각의 수요곡선을 D_a와 D_b로 나타낸다. 세로축에는 각 사람의 유보 가격(예상가격)이 표시되어 있다. 유보 가격은 공항이 제공하는 서비스에 대한 이용자의 지불의사(Willingness to pay)액이며, 교토의 a씨보다 오사카 남부의 b씨가 공항의 가치를 인정하고 있는 것이 된다.

공급량이 고정되어 있을 경우, 다른 유보 가격을 합계하는 것이라면 각 사람들의 수요를 수직(세로)방향으로 합해야 한다. 이 점은 사적 재화의 시장 수요곡선이 개별 수요곡선의 수평 합이 되어 있었던 것과는 반대된다는 점에 주의해야 한다. 따라서, 두 사람의 수요곡선을 합한 총 수요곡선과 공급곡선이 일치하는 양, 즉 가q^*공항의 최적 공급량이 된다. 그런데 현실적으로는 불특정 다수의 이용자가 있는 공공재의 경우, 이용자 전원의 유보 가격을 파악하는 것은 불가능하다. 또 이용자의 범위도 타 조건에 의해 변화할 것이다. 그 때문에 공공사업을 실시하는 데 있어서는 수요 예측이 진행되고 있으나, 그 신뢰성에 의문부호가 붙는 일이 종종 있다. 공공사업 중에서도 세토 대교와 도쿄만 아쿠아라인에 대하여 용량과 요금 수준이 문제가 되었던 것도 최근 일이다.

간사이 지방에서는 2006년에 세토 공항의 개항, 2007년에 간사이 공항의 제2 활주로의 한정 공용이 개시되었다. <그림 6-3>에서는 간사이 공항을 하나의 시장으로 생각했는데, 간사이 권의 3개 공항을 하나의 시장으로 생각할 수도 있다. 따라서, 수요 예측에 즈음하여 간사이권의 항공 이용자가 실제 지불 가능한 액수보다도 많은 액수를 지불할 것으로 생각했다면 어떻게 될까? 이 때 수요곡선은 우측 상향으로 이동하고, 공항은 과다 공급될 것이다. 이른바 공공재의 과다공급의 문제인 것이다.

한편, 공공재에는 free ride의 문제가 있다. 즉, 각 개인들이 스스로 지불 의사를 과소 신고하여 이번에는 수요곡선이 좌측 하향으로 이동하면, 지금까지의 설명과 반대로 공공재는 과소 공급이 되어 버리는 것이다. 공항수요는 본질적으로는 그것이 항공수요임을 잊어서는 안 된다. 말하자면 항공수요가 늘어나지 않으면 공항수요는 늘지 않는 관계인 것이다. 하네다 공항이 혼잡한 것은 항공수요가 많기 때문으로 간사이 공항의 2번째 활주로가 완성되어 공항 용량이 늘어나도 항공수요가 상승한다고는 볼 수 없다. 더구나 이용 목적에 따라 다르지만 항공은 보통재의 서비스와 달리, 수요의 가격 탄력성이 높다고 할 수 없으며, 항공사가 운임을 내려도 수요가 크게 향상된다고는 볼 수 없다. 그리고 공항 사용료는 총괄 원가방식에 의해 결정되고 있기 때문에 하방경직성이 있다. 공항 사용료가 내렸다고 해도, 항공사의 운임 결정은 노선마다 이루어진다고 말할 수 있으므로 그것이 운임에 반영된다고 할 수는 없다.

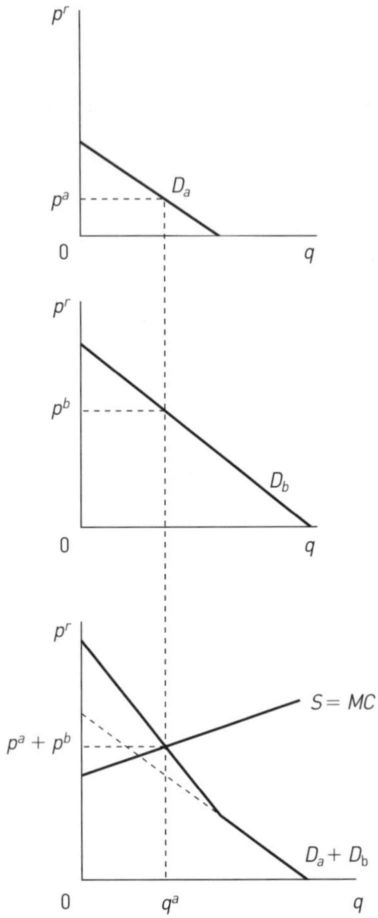

그림 6-3 》 공공재로서의 공항의 제공

칼럼 ⑤: '비행기는 좋겠다. 하늘을 자유로이 날아서'

항공수요가 증대한 오늘날에는 엔진 스타트에서부터 도착공항의 램프인에 이르는 동안까지, 조종사들은 다양한 허가와 지시, 명령에 따라 항공기를 조종하고 있다. 이들을 통제하는 것은 항공 관제사로, 타 항공기와의 충돌 방지 및 질서있는 항공기의 흐름을 유지하는 등의 관제업무가 이루어지고 있다. 말하자면, 관제업무란 하늘의 교통정리라고 할 수 있겠다.

하늘에도 항공로라고 부르는 길이 있어 혼잡스런 시간과 장소가 있다. 관제사는 비행 경로가 교차할 때에는 고도와 경로의 변경을 지시하고, 공항 근방에서는 타 항공기를 피하면서 항공기를 강하시켜, 나란히 한 줄로 세워서 착륙허가를 준다. 또 활주로가 1개인 공항에서는 착륙항공기와 이륙항공기가 효율적으로 활주로를 이용할 수 있도록 관제 간격을 만들어두지 않으면 안 되며, 착륙항공기가 한꺼번에 밀려올 것 같으면 여기저기서 공중 대기를 해야 하니 하늘의 교통 정리도 보통 힘든 것이 아니다.

니시자와(西澤)

간사이의 GDP는 캐나다의 그것과도 필적하며, 잠재적인 항공수요는 작지 않다. 그러나 현실의 항공수요는 도쿄권에 비해 작고, 2005년에는 나고야의 중부국제공항도 개항했던 바, 수요예측을 낙관적이라고 받아들이는 경향이 적지 않다. 공항과 같은 공공재의 경우, 평가기간이 길고 불확실성이 커지는 것은 어쩔 수 없는 점이다. 무엇보다 여러 외국의 공항은 이른바 경영 노력을 하고 있고, 일본의 공항 당국도 예상된 수요곡선에 근접하는 것과 같은 '공항 경영'을 실행할 필요가 있다. 공항 경영에 관한 사례는 제11장에서 상세히 서술한다.

주석

1) 이 경위에 대해서는 '숫자로 본 항공' 에 매년 게재되고 있으며, 2003년도 판이라면 216페이지를 참조.

2) 코즈(Coase)정리가 적용되는 것은 거래 비용이 무시될 정도로 작은 경우이며, 그때 손해배상액은 당사자간에 결정하지 않으면 안 된다. 그러나 오사카 공항 공해 소송과 같이 피해주민이 다수이고, 금액 산정이 곤란한 경우에는, 거래 비용이 크기 때문에 사법제도에 의한 중개가 타당하다고 할 수 있다. 물론 소송에는 거래 비용이 필요하고 법적인 해결책이 최선이라고 할 수 없을지라도 오사카 공항 등의 공해 소송은 대체로 집단 소송 방식을 취하고 있다. 개인의 비용부담을 억제하고 더구나 부담에 의해 무임 승차를 방지한다는 점에 있어 법적인 해결책에 장점이 있다(스티글리츠 (1996) pp. 211-213).

3) 오사카 공항의 관리자는 국토교통 대신으로, 수입은 공항 정비 특별회계에 편입된다. 동 회계에서는 공항 별 수지가 명확히 밝혀져 있지 않아 원래 오사카공항 자체의 한계 이윤 곡선은 그릴 수가 없다.

참고문헌

[1] 아시베 노부요시(戸部信喜)/타카하시 카즈유키(高橋和之)/하세베 야스오(長谷恭男) 편저(2000) "별책 주리스트(Jurist) 헌법판례 백선 I (제4판)" 유히카쿠(有斐閣)

[2] 호소에 모리키(細江守紀)/오오타 쇼조(太田藤造) 편저(2001) "법의 경제분석? 계약, 기업, 정책?" 케이쇼서방(勁草書房)

[3] 국토교통성 항공국 감수 "숫자로 보는 항공 2003" 항공진흥재단

[4] 니시무라 오사무(西村 理) (1989) "미크로 에코노믹스" 쇼와당(昭和堂)

[5] 스티글리츠(1996) "공공경제학(상, 하)" 동양경제신보사

카토 카즈세이(加藤一誠)

Part 02

항공과 공항의 구조

Chapter 7
국제항공과 자유화정책

Chapter 8
항공사의 새로운 비즈니스 모델

Chapter 9
국제항공화물과 글로벌 로지스틱스

Chapter 10
일본 공항의 현황과 과제

Chapter 11
공항민영화와 공항시스템

Chapter 12
항공연구의 공학적 관점

국제항공과 자유화정책

CHAPTER

07

항공경제학

국제항공과 자유화정책

'해운자유의 원칙' 이 전통적으로 확립되었던 외항해운과는 달리, 국제정기항공노선을 개설하기 위해서는 국가간에 '항공협정' 을 체결해야 한다. 이러한 양국간협정에 의거하여 뒷받침되어 온 국제항공운송체제는 그 기반을 '시카고-버뮤다체제' 에 두고 있으며, 제2차 세계대전 이후 꾸준히 유지되고 있다. 이는 강한 국가적인 색채, 그리고 경영재량권을 매우 제한하는 것으로 항공사 또한 직접 창설한 카르텔조직을 통해 운임 협정을 준수해 왔다. 실제 '국적항공사(National Flag Carrier)' 라 불리는 각국의 국제정기항공사들은 국영 혹은 반관반민기업으로 설립되는 경우가 많았고, 그 국가를 대표하여 독점적으로 국제선을 운항해 왔다. 그러나 이러한 양상은 제2차 세계대전 이후 일관적으로 추구되어 온 무역자유화와는 상반되는 것이었다. 신흥공업국의 경제성장과 그에 따른 국제항공수요의 급성장에 따라 국제항공시장 구조는 크게 변화하였고, 제2차 세계대전 이전부터 국제항공의 자유화를 주장해 온 미국의 '항공자유화정책(Open Sky Policy)' 에 따라 양자간 항공협정의 개정이 많은 국가들간에 이루어지게 되었다. 또한 이러한 추세에 박차를 가한 것이 EU의 성립을 계기로 구체화된 EU역내의 항공자유화이며, 이러한 일련의 움직임에 따라 지금까지 '시카고-버뮤다체제' 가 크게 전환 내지 해체될 가능성도 충분히 예상된다.

시카고-버뮤다체제[1] 01

(1) 시카고 회의

현대 국제민간항공의 제도적 틀은 1944년 11월 1일부터 12월 7일까지 미국 시카고에서 개최된 '국제민간항공회의(Chicago Conference; 통칭 시카고회의)' 에서 찾을 수 있다. 이 국제회의는 제2차 세계대전 이후 민간항공의 질서와 건전한 발전을 추구하기 위해 ① 항구적인 국제기관의 설립 ② 항공운송/항공기술 등을 다루는 다자간조약의 성립을 목적으로 미국정부가 연합국과 중립국 52개국을 초청하여 개최한 회의이다.

그리고 이 회의는 현 국제항공운송제도의 기초가 되는 몇 가지 성과를 도출하였다. 그 첫 번째가 '국제민간항공조약(Convention on International Civil Aviation; 통칭 시카고조약)' 의 체결이다. 이는 체약국의 국가주권이 상공에 미치고, 외국 상공은 그 국가의 승인이 없으면 비행할 수 없다는 완전하고 배타적인 영공주권을 확인한 것이다. 실은 영공주권의 개념 자체는 제1차 세계대전 당시부터 의식되어 왔고, 1919년에 파리조약(항공법규에 관한 조약)이 이미 체결되어 있었다. 시카고조약은 파리조약 이래 국제항공에 관한 일반 국제법을 법제화한 것이다. 이를 통해 제2차 세계대전 이후 국제항공에 관한 기본원칙이 확립되었다고 볼 수 있다. 이는 시카고조약의 전문에 있는 본 조약의 목적을 통해서도 알 수 있다. 즉 '국제민간항공의 안전하고 질서있는 발달을 확보하고, 기회균등의 원칙하에 국제민간항공 업무의 건전하고 경제적인 운영을 도모하는 것' 으로 되어있다. 참고로 본 조약의 체약국은 2001년 말 현재 약 185개국에 이른다.

두 번째 성과는 '국제항공업무통과협정(International Air Services Transit Agreement)' 을 작성하여 체약국의 항공사에게 영공통과와 기술착륙의 권리(이후 기술할 제1과 제2의 자유) 허가를 서로 인정하는 것이다. 2001년 말 현재 체결국은 약 185개국이지만, 주요국 중 중국 · 러시아 · 캐나다 · 브라질 등은 아직 비준하지 않고 있다.

시카고회의의 세 번째 성과는 '국제민간항공기구(International Civil Aviation Organization; ICAO)를 설립한 것이다. ICAO는 민간항공의 안전과 발전을 목표로 하는 국제협력기관으로 국제연합(UN)의 전문기관 중 하나이다. 본부는 캐나다의 몬트리올에 있으며, 2002년 말 현재 약 188개국이 가입하였다(일본은 1953년에 가입). ICAO가 채택한 부속서(Annex)는 시카고회의를 보충하는 세칙으로 각국 항공행정의 세계적인 표준화와 통일화에 커다란 역할을 하고 있다. 특히 항공기의 기술 및 공항의 시설과 운용 · 운항상의 기준에 대해서는 ICAO가 '국제표준 및 권고방식'을 작성함으로써 각국은 이에 의거하여 안전규제를 실시하고 있어 국제항공업무의 안전하고 원활한 수행이 확보되어 있다.

(2) 버뮤다 협정

그러나 시카고회의에서는 국제항공의 실제 운영에 필요한 노선권 · 운수권 · 수송력에 관해서는 다자간 합의를 얻지 못했다. 왜냐하면 제2차 세계대전으로 인하여 경제적으로 피폐해진 영국 등 유럽 각국이 경쟁제한을 주장했으나, 광대한 국내시장을 배경으로 민간항공을 옹호하던 미국이 자유경쟁을 주장했기 때문에 양자간의 대립이 치열해 다자간협정의 성립이 불가능했기 때문이다.

사실 정기항공에 관한 운수권(정기항공사가 유상으로 즉 운임수수를 목적으로 여객 · 우편물 또는 화물을 운송할 수 있는 권리)은 시카고회의에서 서명된 '국제항공운송협정(International Air Transport Agreement)'에서 상호 승인된 바 있다. 제1조에 있는 운수권은 아래와 같이 분류한다(<그림7-1> 참조). 또 본 조약은 주요국의 참가를 얻지 못하고, 당초 수락한 미국도 탈퇴하여 실효성을 잃게 되었다.

제1 자유: 상대 국가의 영역을 무착륙하여 횡단 비행하는 특권(영공통과 자유).

제2 자유: 운임을 지불한(유상) 화객을 싣거나 내리지 않고, 급유나 정비 등을 목적으로 상대 국가의 영역에 착륙하는 특권(기술적 착륙 자유).

제3 자유: 항공기 국적이 있는 국가의 영역에서 실은 유상 여객 · 우편물 및 화물을 상대국의 영역에서 내리는 특권.

제4 자유: 항공기의 국적이 있는 국가 영역으로 향하는 유상 여객 · 우편물 및 화물을 상대국의 영역에서 싣는 특권이며, 또한 제3 자유와 제4 자유는 방향은 다르지만, 항공협정에서 노선별로 수송력을 규정하는 경우가 있으므로, 양자를 구분할 필요가 있다. 특히 수송수요와 관련해서 여러 노선개설 지점을 연결하는 삼각운항을 통해 채산

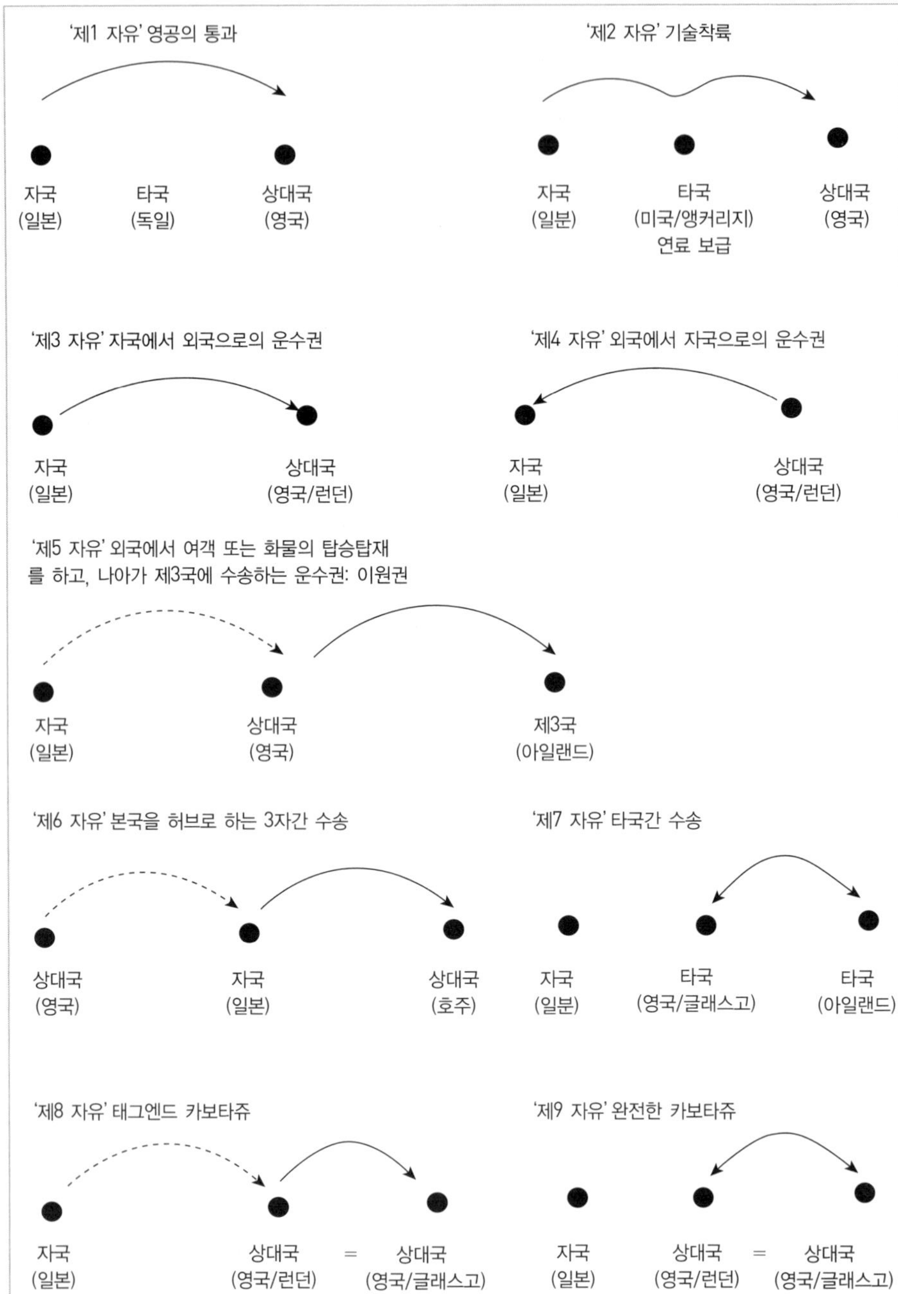

그림 7-1 》 국제항공에서의 9가지 자유

성을 확보하기 위해 코터미널(co-terminal)화할 때에는 제3과 제4 자유의 구분에 유의할 필요가 있다.

제5 자유: 제3국의 영역으로 향하는 유상 여객 · 우편물 및 화물을 상대국 영역에서 싣거나 제3국의 영역에서의 여객 · 우편물 및 화물을 상대국의 영역에서 내리는 특권(3국간수송에서 '이원권(Beyond Right)' 이라 불린다). 이 권리를 행사하기 위해서는 관련 제3국과의 항공협정에서 해당 구간의 수송권이 인정되어야 한다.

실제 국제항공운송협정에서 확인된 운수권과는 별도로 미 정부나 업계에서 사용되고 있는 운수권의 분류로는 아래와 같은 것이 있다.

제6 자유: 항공사가 속하는 국가를 경유하여 출발지인 외국내의 지점에서 도착지인 다른 외국내의 지점을 향해 이루어지는 운송을 말함. 그림과 같이 영국발 호주행 화객 수송에 대해 영국의 항공사 입장에서는 제4 자유임에도 불구하고, 항공기의 현행 항속성능을 고려하면 일본 경유로 할 경우에는 영국 항공사 입장에서는 제5 자유가 되지만, 일본 항공사 입장에서는 제4 자유와 제3 자유를 통합하는 것에 불과하여 영국 항공사보다 운송이 유리하다는 반발에서 분류되었다.

제7 자유: 상대국에서 실은 여객 · 우편물 및 화물을 다른 제3국에서 내리는 특권을 의미함. EU(유럽연합) 가입국 항공사에 한해 역내에서 이 특권을 서로 인정하고 있다.

제8 자유: 제3 및 제4 자유에 의한 운항에 접속해 카보타쥬(Cabotage: 상대국 국내 지점간 운송을 말함)를 실시하는 특권을 의미함. 수송수요면에서 독립된 직행편을 개설할 수 없는 노선개설 도시(그림의 글래스고)에 대해서 종래의 노선개설 지점인 런던에서 연장 운항할 경우, 수송 단차가 발생하는 영국 국내의 런던~글래스고간 운항인 'tag and cabotage' 를 제8 자유라 부른다. 원래 시카고조약에서는 '외국 항공기에 대해 자국내 지점간에 화객을 싣는 허가를 부여하지 않는 권리를 가진다' 고 규정하고 있다(제7조: 카보타쥬 금지). 그러나 이 구간 수송이 인정되면 당연히 운항효율이 상승한다. 지금까지 카보타쥬가 허가된 것은 연합국 항공기의 구서독과 서베를린간 수송과 같은 예외적인 것으로 한정되었다.

제9 자유: 제3 및 제4 자유에 의한 운항을 수반하지 않는 완전한 카보타쥬를 실시하는 특권을 의미함. EU는 가입국 항공사에게 전면 개방하였다.

이상에서 제1과 제2 자유의 경우에는 다자간 협정인 국제항공업무통과협정에 의해 상호 허가되지만, 제3 자유부터 제5 자유의 경우에는 시카고회의에서 당초 기대된 다자간협정에는 포함되지 못하고, 별도의 양자간 항공협정에 의해 정기국제항공에 허가를 부여하게 되었다.

쌍무협정(Bilateral Agreement)이라고도 불리는 양자간 항공협정은 특정 양자간의 항공관계를 다루는 것이다. 이러한 양자간협정은 시카고회의에서 치열하게 의견이 대립된 미국과 영국간에 최초로 이루어졌으며, 이는 1946년 영-미간의 버뮤다협정으로 결실로 맺어졌다. 양자간협정의 표준양식은 시카고회의의 최종의정서에서 채택되었고, 그 채택이 각국에게 권고되었으며 협의 및 결정사항은 아래 항목과 같다.

① 어떤 권리를(운송권 허가), ② 어떤 조건으로(유보조건), ③ 어떤 절차를 통해(규칙준수), ④ 어떤 항공사에 의해(지정 항공사), ⑤ 어떤 기재와 어느 정도의 편수로(제공수송력), ⑥ 어떻게 결정된 운임으로(운임결정방식), ⑦ 어떤 노선에서(운항노선) 상호 허가하는지에 대해 결정해야 한다고 되어 있다.

항공협정의 특징은 첫째로 평등하고 공정한 권리를 교환하는 호혜주의 사고방식에 기초를 두고 있다. 두 번째로 카르텔이라고 비판받는 IATA(국제항공운송협회)가 결정한 운임을 허가함으로써 보호주의적 성격이 강하다는 것이다. 그리고 마지막으로 권익 교환은 수송력의 규정에서 볼 수 있듯이 제3 · 제4 자유가 기본이며, 제5 자유는 부차적으로 다루어진다는 것이다.

상기 내용을 살펴보면, 자유경쟁을 주장했던 미국에게는 불리한 내용이 되지만, 버뮤다협정에서는 수송력의 사후심사주의(공급량은 일정 한도내에서 항공사가 자유롭게 늘이거나 줄일 수 있으며, 문제가 발생한 경우에만 사후적으로 조정된다)가 채택되어 이후 협정에서 주류가 된 사전심사주의가 연기됨으로써 당시 타협이 이루어질 수 있었다고 할 수 있다.

여하튼 버뮤다협정은 시카고회의에서 서로 극단적인 입장을 취했던 미국과 영국의 타협의 산물이며, 또 양국은 당시 국제항공운송을 리드하는 입장에 있었으므로, 이것이 이후 항공협정의 기본모델이 되었다. 이와 같이 시카고조약과 버뮤다형의 양자간 항공협정에 의해 유지되어 온 국제항공운송을 총칭하여 일반적으로 '시카고-버뮤다체제'라 부르고 있다.

한편 일본은 2005년 현재 약 55개국 1지역과 항공협정을 체결하였고, 63개 외국항공사가 취항하고 있다(국토교통성 항공국 감수(2005), pp. 7~9). 그 외에도 항공협정 체결을 신청하고 있는 국가가 약 30개 있다. 또한 항공협정이 없어도 상대국의 허가가 있으면 해당국에 대한 정기항공운송이 가능하다. 처음부터 상대국과 국교가 없는 경우에는 항공협정을 체결할 수가 없고, 외국 항공사의 노선진출을 위해 항공협정 체결을 선호하지 않는 경우가 있기 때문이다. 일본에도 이란 · 대만 등 4개국 1지역의 6개 항공사가 양자간 항공협정 이외의 방식으로 진출하고 있다.

ICAO와 IATA[2] 02

(1) ICAO의 특색과 기능

ICAO는 위에서 기술한 바와 같이, 시카고회의에서 설립이 결정된 국제기관이다. 그 특징은 3가지로 정리해 볼 수 있다. 우선 첫째로, ICAO의 가입 · 탈퇴는 시카고조약의 가입 · 탈퇴로 이루어진다는 것이다. 이는 국제민간항공의 질서유지와 발전을 위해서는 이 조약에 규정된 제반 원칙의 존중이 필수적이라고 인식되고 있기 때문이다. 둘째로, ICAO는 지금까지 존재했던 국제항공에 관한 여러 국제기구를 흡수한 세계적인 기구로서 설립되었다. 예를 들어, 법률위원회는 국제항공법전문가위원회(CITEJA)의 기능을 승계한 것이다. 셋째로, UN의 전문기관이라는 것이다. 이는 시카고회의가 연합국과 중립국간에 개최된 점을 감안하면 쉽게 이해할 수 있을 것이다. 결국 ICAO는 UN 전문기관으로서의 특권을 받을 뿐만 아니라, 다른 국제기관과의 협력이 용이해진다.

다음으로 ICAO가 맡고 있는 기능은 크게 법적 분야와 기술적 분야가 있다. 전자는 국제민간항공에 관한 국제법의 통일화와 법제화라는 것이다. 구체적으로는 1929년 바르샤바조약에서 규정한 여객에 대한 운송인의 책임한도액을 인상하도록 개정하고, 1955년에 채택된 헤이그의정서 등의 국제조약을 담당하거나 시카고조약을 국제항공업계의 요구에 맞추어 개정하는 것이다. 후자는 기술요건의 국제적 통일, 즉 시카고조약의 부속서에 규정된 '국제표준 및 권고방식'의 작성 및 개정이다. 이에 따라 항공기의 감항성 · 항공종사자의 기능증명 등 항공의 안전에 관련된 규제가 국제적으로 통일되었다.

또한 1970년대 후반에는 국제항공의 자유화 정책을 주장하는 미국과 이에 위기감을 느낀 국가들과의 대립이 뚜렷해짐에 따라 ICAO는 항공운송의 경제적 측면을 토의하기 위한 '세계항공운송회의'를 소집하게 되었다. 경쟁력 있는 항공사와 광대한 국내 항공시장, 그리고 무엇보다도 뛰어난 경제력을 배경으로 한 미국의 항공자유화정책(open sky policy)에 불안과 위협을 느낀 개도국들은 이 문제를 논의하는 장으로서 ICAO를 선택한 것으로 보인다. 이 회의는 1977년, 1980년, 1985년, 1994년 그리고 2003년 등 다섯 차례 개최되어, ICAO의 역할에 경제적 분야가 추가되었다.

(2) IATA의 설립과 국제항공시장의 변화에 따른 기능 저하

시카고회의는 일정한 성과를 올렸지만, 운임 등 국제항공사의 실제 운영에 관한 상사(商事)적 사항에 대해서는 아무런 합의를 보지 못했다. 이에 시카고회의를 지켜보았던 항공사들은 직접 국제단체를 설립해야 할 필요성을 느끼고 1945년 쿠바의 하바나에서 세계항공사들간 회의를 개최하여 '국제항공운송협회

(International Air Transport Association; IATA)' 를 설립하였다. 본부는 캐나다의 몬트리올과 스위스의 제네바에 있으며, 국제항공업무를 하고 있는 정회원(1997년 시점 약 217개사)과 기타 항공운송을 하고 있는 준회원(약 38개사)으로 나뉜다. IATA는 원래 정기항공사들의 단체로서 출범했으나, 1975년 이후에는 부정기항공사들도 가입할 수 있게 되었다.

IATA가 과거부터 맡아 왔던 가장 중요한 기능 중 하나는 운송회의(Tariff Conference) 산하의 운임조정회의에서 이루어지는 운임조정 기능(협정운임의 설정)이다. 운임조정회의는 제1지역 북 · 남아메리카, 제2지역 유럽 · 중동 · 아프리카, 제3지역 인도 · 동남아시아 · 극동아시아 · 오세아니아 등 3지역으로 구분하여 이들 지역내의 운임을 협정하는 각각의 운임회의가 시행되며, 그 외에 둘 이상의 지역에 걸친 운임을 협정하는 지역간 운임회의가 이루어져 개별적으로 운임을 결정해 왔다.

그러나 IATA의 운임조정 기능은 크게 떨어져 실질적인 역할을 하지 못하게 되었다. 운송회의의 의결은 만장일치로 이루어져 실제로는 곤란했다. 그리고 1979년 조직개혁에서 운임조정회의에 참여하지 않은 항공사들은 IATA의 협정운임에 따를 필요가 없어졌고, 과거에는 볼 수 없었던 혁신적인 운임을 설정하는 길을 개척하게 되었다. 실제로 1982년에는 미국과 유럽민간항공회의(ECAC) 소속의 항공사들은 주요 10개국간 대부분의 북대서양노선에 대해 일정한 폭으로 자유롭게 운임을 설정할 수 있는 '존(zone)운임' 을 도입하는 새로운 협정을 체결하였다. 이는 IATA가 국제항공운임 설정에 관여하지 않고, 완전히 새로운 운임형성 개념을 도입한 것으로 볼 수 있다. 그 결과 IATA는 설립 당시의 의의를 상실했다고 평가하는 견해마저 나오게 되었다.

이러한 조직 개혁이 필요하게 된 이유는 우선 첫째로, IATA라는 카르텔에 속하지 않는 외부의 경쟁압력을 들 수 있다. 왜냐하면 전세항공사들은 정기항공과 달리 항상 이용률을 높게 유지할 수 있을 뿐만 아니라, 모노클래스의 좌석이 많기 때문에 단위당 비용이 낮아 저운임으로 여객을 확보할 수 있기 때문이다. 또한 관광객이 대부분을 차지하는 국제항공에서는 외항해운과 달리 정기편과 전세편에서 수요 · 공급 모두 상호대체성이 높기 때문에 과거의 해운동맹과 같은 강력한 카르텔을 유지하기가 어렵다. 이 때문에 원래 정기항공사들은 IATA에 속하지 않은 전세항공사들에게 구미를 중심으로 여객의 대부분을 뺏기게 되었다. 또한 동남아시아를 중심으로 하는 신흥개발국의 항공사들은 구미의 전통적 항공사들과의 경쟁 때문에 처음부터 의도적으로 IATA에 가입하지 않고 저운임 전략을 구사하던지 아니면 IATA가 정한 서비스수준보다 훨씬 높은 고수준의 서비스를 제공하여 시장점유율을 획득하였다.

둘째로는 IATA가 자체 카르텔을 유지하기 어려워진 점을 지적할 수 있다. 왜냐하면 IATA는 수송력을 조정할 수 없고, 운임협정만으로 이윤극대화를 도모한다는 것은 사실상 불가능하며, 신형기재의 대형화에 따른 공급력 과잉추세가 수송력 조정을 더 어렵게 하기 때문이었다. 또한 운송회의의 만장일치원칙 때문에 경쟁 상대의 운임하락 압력에 대해 경직적이고 혁신적인 운임정책을 개발하는 것이 불가능하여 시장환경의 변화에 탄력적으로 대응할 수 없었다. 또한 IATA의 운임이 최종적으로는 관계국 정부의 허가를 받아야 했던 점도 카르텔로서는 불완전했다고 할 수 있다.

마지막으로 미국 민간항공위원회(Civil Aeronautics Board; CAB)가 1978년 IATA에 내린 Show Cause Order(이유공개명령)에서 IATA의 카르텔 행위에 대한 비판도 약체화에 크게 영향을 미쳤다. 이 명령서는 '왜 CAB는 IATA의 운임협정을 계속 인가해야 하는지, 그리고 또 반독점법의 적용 제외를 해야 하는지 그 이유를 제시하라' 는 내용의 것이었다. 나중에 외국정부와 외국항공사들의 반발이 잇따라 외교관계를 우려한 미 국무성의 요청으로 CAB는 이 명령서를 취하했으나, 결과적으로는 조직개혁을 초래하여 IATA의 기능을 약화시킨 것만은 분명한 사실이 되었다.

IATA의 또 하나 중요한 기능은 정산소(Clearing House)에서 이루어지는 항공사들간의 대차관계 결제기능이다. 이는 최초 운송구간의 운송인이 전 항공노선의 항공권을 발권하는 연락운송의 수입 분배나 노선진출 공항에서 상대국 항공사들에게 위탁한 정비 · 탑승절차 업무의 비용 또는 공항사용료의 대체지급 등을 정산하는 것이다. 이 정산소는 IATA에 가입하지 않은 항공사(non-IATA carrier)에게도 개방되어 있다.

그 외에도 항공권 종류의 규격 또는 발행절차를 통일하거나, 여름철(3월 마지막 일요일~10월 마지막 토요일)과 겨울철 2차례 운항스케쥴을 조정하는 등 항공사들간의 이해관계를 조정하고 있다. 또한 ICAO 권고에 따라 공항관리자간에 이루어지는 공항사용료 협상 등 항공업계의 이익을 대변하는 역할도 맡고 있어 동업조합적인 성격이 강해지고 있다.

양자간 협정의 자유화[3] 03

(1) 미국의 항공자유화정책과 양자간 항공협정의 개정

IATA에 대한 이유공개명령의 발표와 동시에 미 정부는 양자간 협정의 개정을 통한 자유화를 추구하였다. 이를 '교두보 전략(Beachhead Strategy)' 이라 불린다. 예를 들어 네덜란드가 미국과의 항공협정 개정에 따라 폭넓은 운임정책의 재량권을 항공사들에게 부여하자, 주변국들은 저운임에 탄력적으로 반응하는 화객들이 네덜란드로 대량 유입되어 미국을 연결하는 유럽 최대의 관문이 될 것을 우려하여 미국과 자유화협정을 체결할 수 밖에 없었다. 이에 따라 미국은 1977년 이후 네덜란드 · 벨기에를 비롯하여 서독(당시) · 이스라엘 · 싱가포르 등과 항공협정을 개정함으로써 자유화(규제완화의 수출)를 추진하게 되었다. 여기에 포함된 새로운 개념을 살펴보면 다음과 같다.

① 항공사의 복수 지정: 과거 국가를 대표하는 국적항공사에 한정되었던 국제정기항공편의 취항을 복수화하여 경쟁의 정도를 높인다.

② 쌍방불승인주의(Double Disapproval Rule): 기존의 '쌍방승인주의' 와 같이 관련된 쌍방 국가들로부터 인가를 받을 필요 없이, 쌍방에서 미승인되지 않으면 항공사들이 신청한 운임은 유효하므로 운임설정의 자율성이 확대된다.

③ 출발지국가주의(Country of Origin Rule): 원래는 각국별로 달랐던 전세

운송에 관한 규칙을 출발국의 규제에 따르게 함으로써, 정기항공사에게 경쟁압력을 주려는 것이었다. 이것이 나중에 운임으로 확대되어 출발지의 정부 인가만 있으면 상대국 정부의 의도와는 관계없이 운임설정이 항공사에게 자유롭다는 것이다. 운임이 유효하게 되기 위해서는 출발지 국가의 인가가 필요하므로, 쌍방불승인주의에 비해 제약이 까다롭지만, 기존 쌍방승인주의와 비교하면 항공사의 경영재량권이 확대된다.

④ 콤비네이션권: 체약국이 여러 노선연장 지점에 대한 운수권을 가질 경우, 이를 통합해 하나로 운항할 수 있는 권리를 말한다. 운항 효율성이 향상된다.

⑤ 체인지 오브 게이지(Change of Gauge): 지정항공사는 노선 일부에 수송량의 차이가 발생할 경우, 투입된 노선의 공급량과는 수송력이 다른 항공기로 변경할 수 있는 권리를 말하며, 이는 운항 효율성 향상에 도움을 준다.

이러한 미국의 항공자유화정책의 배경에는 미국 항공사들의 점유율 확대 요구를 지적할 수 있다. 즉 오랜 경제적 규제로 국제항공시장에서 하락했던 미국 항공사들의 점유율은 1978년 경제적 규제 철폐를 통해 생산성을 향상시켜 이를 바탕으로 경쟁적인 시장환경 조성을 통해 회복하려는 목적이 있었다.

이러한 정책 목적을 수행하기 위해 미국은 1980년 국제항공수송경쟁법(International Air Transport Competition Law)을 제정하였다. 항공협정 개정에 따라 유럽의 경우, 자유화협정을 체결하지 않은 국가에 비해 수송량은 증가하고 운임은 낮아진 것으로 분석되었다.

(2) EU(유럽연합)의 역내자유화

한편 유럽은 점진적인 자유화를 진행시켜 왔다. 그 이유는 유럽은 전통적으로 보호주의적이고 국가간 이해조정이 복잡했기 때문이었다. 또한 유럽 각국은 국영 내지 정부가 출자한 국적항공사가 국제선을 독점적으로 운항하고 있어, 미국과는 사업적 배경이 다르다는 이유도 있었다.

그러나 유럽에서도 자유화는 꾸준히 진행되어 왔고, 그 단초가 된 것이 영국과 네덜간드간 항공협정의 개정이었다. 그 배경은 양국간의 이해관계가 일치했기 때문이었다. 당시 영국 보수당 정부는 영국항공(British Airways)의 민영화를 앞두고 경쟁정책의 촉진이라는 기본방침을 가지고 있었다. 한편 네덜란드는 자국 이착륙 수요에 한계가 있어 항공협정의 자유화를 통해 외국 여객을 유치하려고 했었다. 즉 전통적으로 중계무역으로 살아가고 있는 네덜란드는 스키폴공항의 국제 허브기능의 강화로 공항자체 및 KLM네덜란드항공의 성장을 도모할 필요가 있었기 때문이다.

또한 앞서 논한 바와 같이, 미국의 항공자유화정책이 이미 유럽각국에 침투했던 점도 무시할 수 없었다. 이리하여 영국과 네덜란드간의 항공협정은 1984년 자유화된 이후, 특히 영국을 중심으로 유럽내의 양자간 항공협정 개정이 잇따라 개최됨에 따라 영국과 네덜란드간의 협정과 거의 동일한 내용의 협정개정이 이루어졌다. 그런데, 이 국제 항공자유화는 어디까지나 양자간 틀 안에 머무르는 것으로, EC가 존재하면서 통일적 항공정책은 수립되지 않았다. 왜냐하면, EEC(유럽경제공동체) 설립을 규정한 로마조약에서 운송부문은 경쟁조약의 규제대상에서 제외되었기 때문이다. 그러나 1986년 유럽사법재판소(누벨 프론티엘 소송)에서 자유경쟁의 원칙은 모든 상업활동에 적용되어야 한다는 판결이 나왔다. 이에 따라, EC위원회가 초안을 만들고 각국 장관으로 구성된 각료이사회에서 승인된 EC이사회 규칙에 따라 EC역내 공동항공정책이 수립되었다. 그리고 1987년 패키지I을 비롯해, 1990년 패키지II, 1992년 패키지III을 거쳐 1997년 이후 카보타쥬의 개방을 포함해 EU역내의 항공운송시장은 완전히 자유화되었다.

EU의 경제통합화와 공동항공정책을 통한 역내자유화는 분명 각 가입국들에게는 시장확대라는 혜택을 가져왔지만, EU 역내와 역외간의 격차를 확대시키기도 하였다. 또한 역내 항공사에 대해서만 카보타쥬(제8 및 제9 자유)를 상호 허용하는 것은 시카고조약상 문제를 야기시킬 수도 있다. 왜냐하면 시카고조약 제7조에는 '타국 또는 타국의 항공사에 대해 배타적인 기초 위에 카보타쥬 구간을 운송하는 특권을 특별히 부여하는 협정을 하지 않을 것과 타국에서 카보타쥬에 대해 배타적인 특권을 받지 않을 것' 에 대해 각 체약국은 동의했기 때문이다[사카모토(板本) · 미요시(三好), 1999 pp. 37~38].

그러나 EU의 공동항공정책은 단순히 시카고조약 위반 가능성이라는 것뿐 만 아니라, 기존의 시카고-버뮤다체제를 크게 흔드는 사태를 초래할 수도 있다. 왜냐하면, 2002년 11월 5일 '공항자유화소송' 에 대한 유럽사법재판소 판결에서 EU가 미국간 항공협상의 권한을 가진다는 결정이 나왔기 때문이다. 2003년 6월 5일 운수담당 각료이사회에서는 EU가입국에 대한 항공협상 권한을 위임받는 것으로 패키지조치가 합의되었다. 그리고 2003년 6월 25일 미국과 EU정상회담에서 미국과 EU간 포괄적인 항공협상이 가을부터 개시되는 것으로 합의하였다. 과거 항공협상은 국가 단위로 이루어졌으나, EU라는 주권국가가 아닌 새로운 조직이 협상 상대로 등장하면서 미국과의 신항공협정이 2005년 합의에 이르렀다.

이는 카보타쥬를 포함해 자유화된 EU가 방대한 국내항공시장을 가지는 미국과 항공협상을 할 때, 과거 시카고조약에 의해 금지되어 왔던 카보타쥬를 상호 허락할 가능성이 있다는 현실적인 측면을 고려한 것으로 해석할 수 있다. 지금까지 미국이 카보타쥬를 개방하지 않았던 이유는 다름 아닌 시카고조약의 규정은 물론 호혜주의가 원칙인 양자간 항공협정에서 이에 상당하는 항공권익을 받을 수 없다고 판단했기 때문이다. 이것이 블록경제화를 통해 규모를 확대하고 서로 카보타쥬를 개방한 EU 역내항공시장은 추가적으로 원래 양자간에서는 교환할 수 없는 제7 자유도 인정함으로써 미국 항공사에 대한 매력도를 높임과 동시에 미국과의 협상력을 높일 수 있었기 때문에 가능한 것이었다.

또한, 경제통합화와 함께 다각적인 항공사간 제휴(Alliance)가 진행되는 과정에서(Alliance에 대해서는 예를 들어 후지이 야타로(藤井彌太郎) 감수(2001), 제12장 참조) 과거 양자간 항공협정에서 까다롭게 심사되어 왔던 지정항공사에 대한 실질적 소유와 실효적 지배(Substantial Ownership and Effective Control)에 대해서도 ICAO가 자유화를 제안할 정도로 환경이 변화되고 있다.

(3) 일본 국제항공정책의 향후 과제

이와 같은 상황에서 일본이 극복해야 할 국제항공정책의 과제는 무엇일까? 과거 일본은 미국의 '항공자유화정책'에 대해 부정적인 입장을 취해 왔다. 즉, 이 정책은 '독과점을 조장하는 등 공정한 경쟁조건을 저해하고, 또한 미국 국내 시장을 미국기업에게 유보하면서 미일간 국제항공시장만을 개방하려는 것으로 미국기업이 두 시장간에 실시하는 내부보조 등을 억제하지 않는다면 공정한 경쟁을 기대할 수 없다'는 것에 근거를 두었었다(운수성편『운수백서 1998년판』대장성 인쇄국, 1999년, p. 222).

그러나 항공자유화협정에 의해 초래되었다고 보는 독점 내지 과점은 시장경쟁의 결과로 초래된 것이며, 항공사의 시장철수 이유는 저생산성 내지 경영전략의 실패에 기인한 것이기 때문이었다. 또한 항공규제완화의 이론적 지주가 된 '경합성시장(Contestable Market) 이론'에 따르면 취항 항공사 수의 감소가 시장성과 저하로 직결되는 것은 아니다. 또한 국내시장의 경우, 원래 시카고조약에서 금지할 수 있는 것으로 되어 있으며, 국제시장에 대한 내부보조에 대해서도 규제철폐 이후 치열한 경쟁이 펼쳐지고 있는 미국 국내시장에서 초과이윤이 발생하는 것으로는 볼 수 없다는 것이다. 특히 호혜주의를 전제로 생각하면 미국내의 카보타쥬권 획득은 일본 한 나라만으로는 불가능하며, 일본 항공사들의 국제비용경쟁력 측면에서 볼 때 카보타쥬의 상호허락이 일본항공사에게 바람직한 것인지에 대한 판단이 어렵다.

당초 압도적인 미국의 '항공자유화정책'을 우려하여 개도국을 중심으로 한 요청에 따라 ICAO는 세계항공운송회의를 개최하였으나, 크게 간격이 벌어진 것은 항공자유화정책이 자국 및 자국항공사들에게 유리하다고 평가되었기 때문이다. 즉, 항공자유화정책의 체결은 수요 및 비즈니스 기회 모두 확대를 가져왔기 때문이다. 그 효과는 블록경제화로 한층 커질 것이며, 대미 협상력을 키우게 될 것이다. 또한 사용료가 저렴한 외국 공항을 미니허브화 함으로써 일본의 비싼 input cost의 외화화를 촉진하여 일본 항공사들의 국제비용경쟁력 강화가 가능해질 수 있기 때문이다. 따라서 일본정부가 노력해야 할 것은 미국의 항공자유화정책을 기피하는 것이 아니라, EU와 같이 아시아역내의 블록경제화를 추진함과 동시에 역내를 자유화하는 것이라 생각된다(Oum and Yu, 2000 p. 150).

주석

*본 장은 2004년도 간사이대학 학술연구조성기금(장려연구)의 연구성과 중 일부이다.

1) 본 절의 기술은 주로 참고문헌[8] 제 I 편 제2장 · 제3장과 [6]에 의거하고 있다.

2) 본 절의 기술은 주로 참고문헌[8] 제 I 편 제5장 · [6], [3] 제2부 제2장, [4] 에 의거하고 있다.

3) 본 절의 기술은 주로 참고문헌[1] 제3장, [10] 제 X 장, [5] 제2장에 의거하고 있다.

참고문헌

[1] 도가니스(1995)『신개정 국제항공수송의 경제학』[나카니시(中西), 시오미(塩見), 타카하시(高橋), 야마우치(山内) 역] 나리야마도(成山堂)서점.

[2] 후지이 야타로(藤井彌太郎) 감수(2001)『자유화시대의 교통정책 현대교통정책 II』 도쿄대학출판회.

[3] 가와구치 미치루(川口 滿) (2000)『현대항공정책론』 나리야마도(成山堂)서점.

[4] 국토교통성 항공국 감수(2005)『숫자로 본 항공 2005』 항공진흥재단.

[5] 항공정책연구회편(1995)『현대의 항공수송』 케이쇼서방(勁草書房).

[6] 무카에 마스카네(迎 增慊)(1994) '국제민간항공의 발전과 시카고체제–ICAO의 활동을 중심으로–'『테이크오프』 No.66, 전일본공수.

[7] Oum, T.H. and C. Yu(2000) *Shaping Air Transport in Asia Pacific*, Aldershot: Ashgate.

[8] 사카모토 아키오(板本昭雄), 미요시 스스무(三好 晉) (1999)『신국제항공법』유신도(有信堂).

[9] 이시구레 노부다카(石榑信孝) 'IATA운임조정기능의 역할'『Currents』 Vol.2, No.4, 일본항공.

[10] 다카하시 노조무(高橋 望) (1999)『미국항공규제완화를 둘러싼 제반 논의의 전개』시로모모쇼보(白桃書房).

다카하시 노조무(高橋 望)

항공사의 새로운 비즈니스 모델

CHAPTER

08

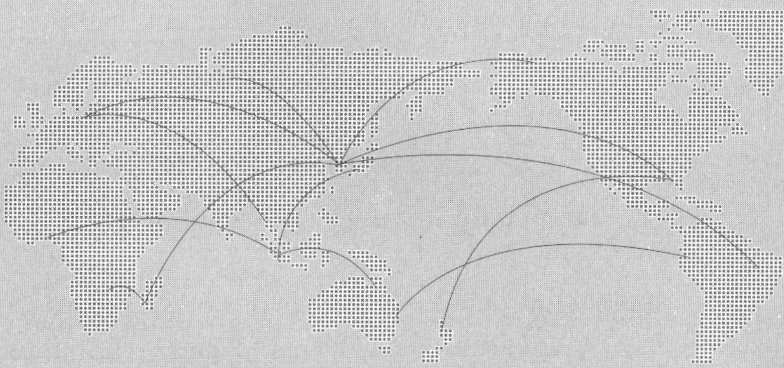

항공경제학

항공사의 새로운 비즈니스 모델

제I부에서 서술한 바와 같이, 미국은 저비용항공사가 눈에 띄게 성장하고 있다. 본 장에서는 우선 기존 대형항공사들이 부진에 빠진 원인을 검토하기로 한다. 그 원인으로는 항공운송산업 자체의 특성에 기인한 것과 허브 앤드 스포크 시스템(Hub & Spoke System) 실패에 기인한 것도 있다. 그리고 3절부터 5절까지는 사우스웨스트(Southwest)항공을 사례로 저비용항공사의 전략을 검토하기로 한다.

항공기 재원조달 방안 중 하나인 항공기 리스에는 파이낸스 리스와 오퍼레이팅 리스가 있다. 항공운송사업의 경우, 보유기재와 금융부문의 탄력성이 요구되며, 중고기시장의 확대와 더불어 오퍼레이팅 리스에 대한 수요가 증가해 왔다. 항공기 파이낸스 부문은 장래 항공기 리스채권의 증권화가 주목된다. 항공기 리스사업과 항공기 장래 수요관계를 파악하는 것은 항공운송사업자로서 경영전략을 수립하는데 중요한 검토사항 중 하나이다.

저비용항공사의 성장 01

미국의 9.11테러 이후 전세계 항공사들은 대부분 실적 악화에 고전하며 파산이나 흡수, 합병되는 경우가 잇따르고 있다. 그러나 이와 같은 기존 항공사들과는 대조적으로 미국이나 유럽, 혹은 아시아지역의 저비용항공사(Low Cost Carrier; 이하 LCC로 약칭)들은 꾸준한 실적 증가로 기존 항공사들보다 많은 수익률을 올리면서 급속히 성장하고 있다. <그림 8-1>은 LCC의 대표적인 기업인 미국의 사우스웨스트항공과 기존 3사(유나이티드, 아메리칸, 델타 항공)의 수입실적에 대해 세전 순이익률을 나타내고 있다. 사우스웨스트 항공은 1971년 창립 이래 9.11테러 이후에도 계속적인 흑자를 기록하여 꾸준한 수익률을 올리

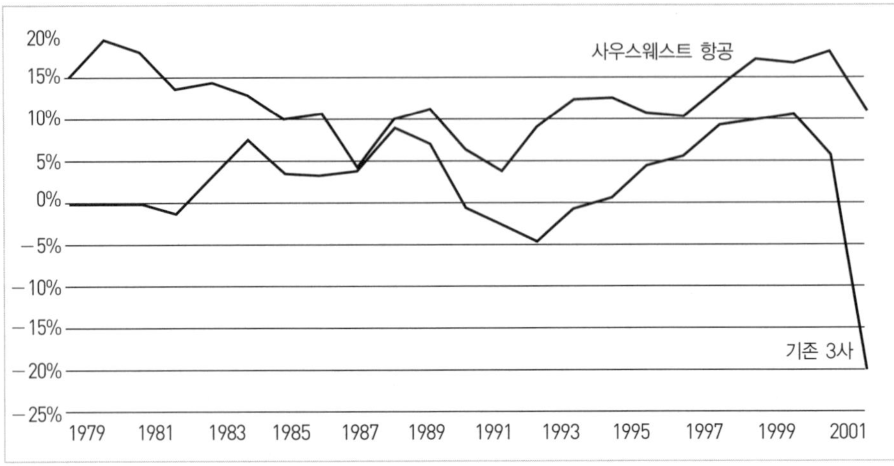

그림 8-1 》 수입에 대한 세전 순익율(1979~2001년)

출처) Unisys R2A Scorecard, Coayright 2002 Unisys Corporation "Reprinted with permission of Unisys Corporation"

고 있음을 알 수 있다. 참고로 <그림 8-2>는 주식시장에서의 자산평가액으로 이는 사우스웨스트 항공의 평가액이 다른 대형 8사의 합계액보다 많다는 것을 알 수 있다.

9.11 테러가 발생한 것은 1990년대 중반 이후 전세계 경기를 이끌어 온 미국 경제가 악화되기 시작되면서부터였다. 테러 이후 미국뿐만 아니라 전세계 소비자들 사이에 테러나 전쟁에 대한 불안과 까다로워진 탑승전 검사의 불편함 등에 따라 항공기 이용을 기피하는 움직임이 뚜렷해졌고, 항공사들은 큰 타격을 받았다. 또한 그 영향이 줄어들 즈음 SARS나 조류인플루엔자 등의 전염병이 유행하면서 최근까지 전세계 항공수요에서 강력한 회복 조짐을 찾아볼 수 없게 되었다. 또한 항공보안측면에서 공항검사체제의 강화, 기체정비나 손해보험료의 급등, 고유가 등의 비용 증가로 인하여 항공사의 경영은 크게 압박됨에 따라 기존 항공사들의 실적은 고전을 면치 못하고 있다.

그러나 같은 시장환경하에서 왜 기존 항공사들과 LCC간에 이러한 실적 차이가 생기는 것일까? 적어도 기존 항공사들의 어려움은 주기적인 경기변동이나 9.11테러 등의 돌발적인 사건이 아닌 다른 요인에 의한 것이라고 생각할 수 밖

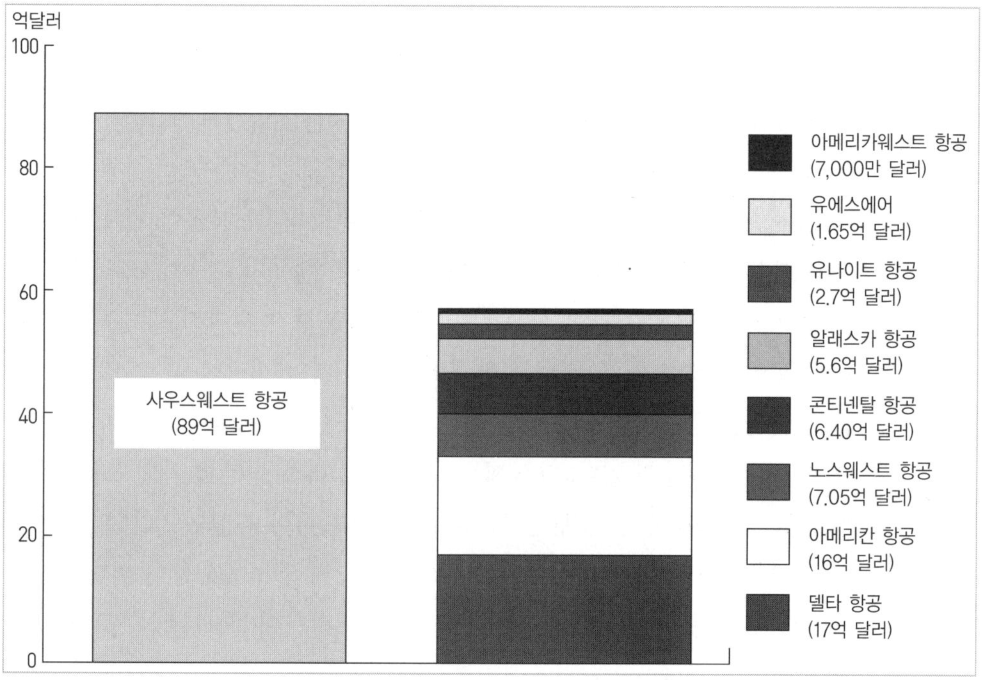

그림 8-2 » 주식시장에서의 자산평가액

출처) Unisys R2A Scorecard, Coayright 2002 Unisys Corporation "Reprinted with permission of Unisys Corporation

에 없다. 이에 따라 LCC와 기존 항공사들과의 비즈니스모델을 소비자의 관점에서 비교하고, 그 이유를 찾아냄으로써 기존 항공사들의 과제와 대응방안을 모색해 보고자 한다.

기존 항공사들은 왜 어려움에 직면하고 있는가 02

(1) 항공운송산업의 특성

일반적인 항공운송산업의 특징에 대해서는 제I부에서 서술하였으나, 다시 한번

요약해 보면 다음과 같이 정리해 볼 수 있다. 우선 <그림 8-4>에 나타난 바와 같이, 첫째, 항공수요는 경기 동향에 좌우되기 쉽고, 세계나 각국 경제의 주기적인 변동에 크게 영향을 받으며, 1년 중에서도 계절, 휴가시즌, 요일, 시간대에 따른 변동도 심하다는 점을 들 수 있다. 둘째는 장기와 단기 모두 항공수요의 변동이 큰 반면 기재 조달이나 인력 육성에는 많은 시간과 자금이 필요하므로 유연하고 시의적절하게 대응하기가 어렵다. 셋째는 비용구조 중에서도 고정비가 크고, 또 항공기 연료나 공항 사용료, 세금 등 항공사가 자체적으로 조정하기 어려운 비용의 비율이 높다. 넷째는 한계비용이 낮지만 재고를 팔 수 없으며 차별화가 어렵다는 항공서비스의 상품 특성상 항공사는 점유율을 중시하는 경쟁환경으로 치닫는 경향이 있다. 다섯째는 타 산업에 비해 정부의 관여도가 높다. 여섯째는 날씨 변화, 사회 정세(전쟁, 테러, 전염병 등)나 공항인프라의 상황에 좌우되기 쉬운 취약성을 가지고 있다. 일곱째는 강력한 노동조합이 버티고 있다. 마지막으로 기득권에 의한 혼잡공항의 이착륙 시간대(slot) 확보 등 경쟁조건의 불균형 등이 있다.

기존의 대표적인 항공사 대부분은 역사적인 바탕 위에 국가를 대표하는 항공사(Flag Carrier)로서 국영이나 그에 준하는 형태로 운영되었고, 자국 정부에서 직간접적인 지원과 보호를 받으면서 제2차 세계대전 이후 경제성장의 확대와 기술혁신에 힘입어 큰 발전을 이루어왔다. 그 동안 전세계 항공수요는 여객과 화물 모두 비약적으로 증가하였고, 속도가 빠르고 수송력이 큰 제트기나 대형기의 등장 등에 따라 항공사들의 생산성은 향상되었고 비용도 절감되었다. 그러나 한편으로 1970년대 후반부터 시작된 세계적인 항공규제완화와 자유화로 인하여 경쟁은 심화되었고, 수입단가가 하락하면서 항공운송산업의 이익률은 제2차 세계대전 이후부터 오늘날까지 저조한 수준에 머무르고 있다. 이는 <그림 8-3>과 정기항공사들의 실적을 나타낸 <그림 8-5>에서도 알 수 있다.

(2) 기존 항공사의 비즈니스모델

한편, 기존 항공사의 비즈니스모델은 1978년 미국의 국내항공 규제완화 이후 치열한 경쟁 속에서 대형항공사에 의해 그 기초가 확립되었다. 그 중에서 가장

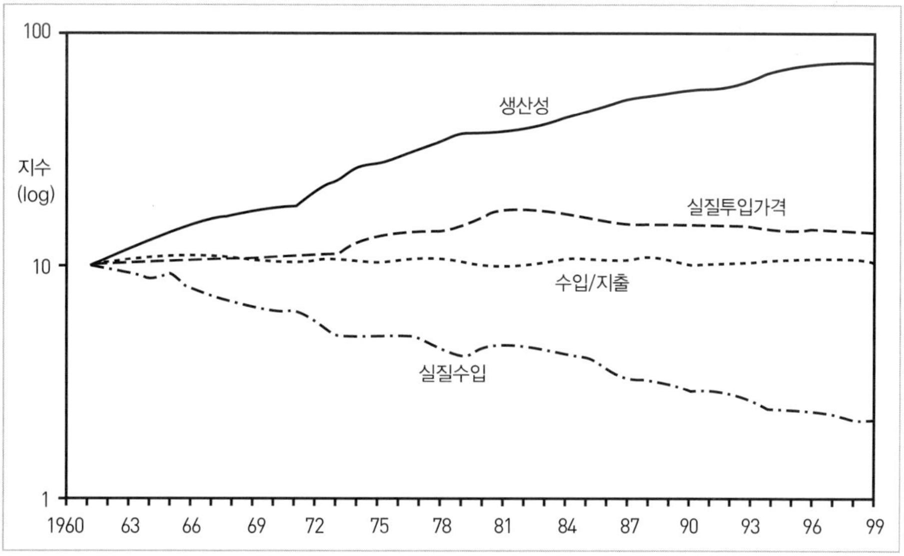

그림 8-3 》 항공운송산업의 실적

출처) ICAO "Outlook for Air Transport to the Year 2010"

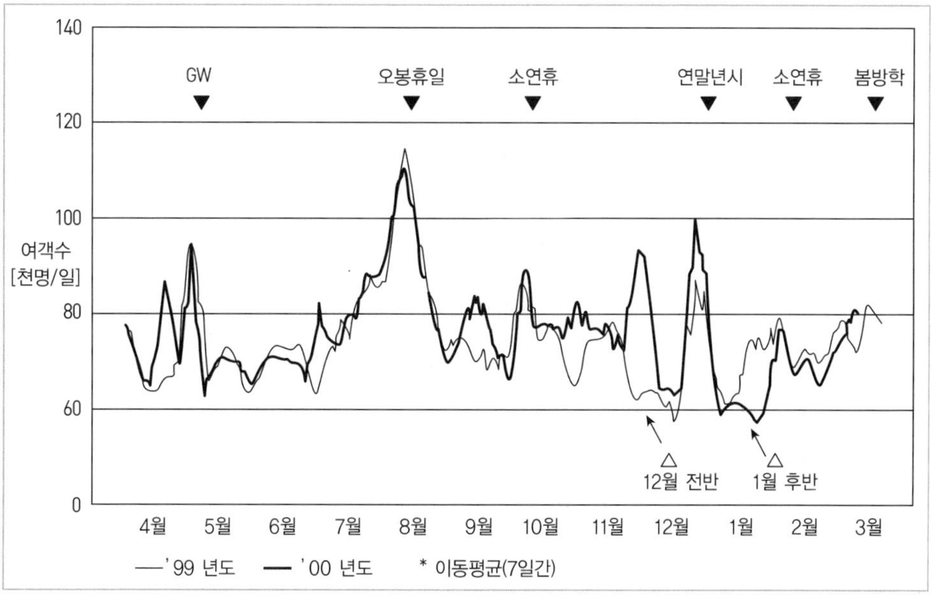

그림 8-4 》 전일본공수 국내개인여객의 연간변동

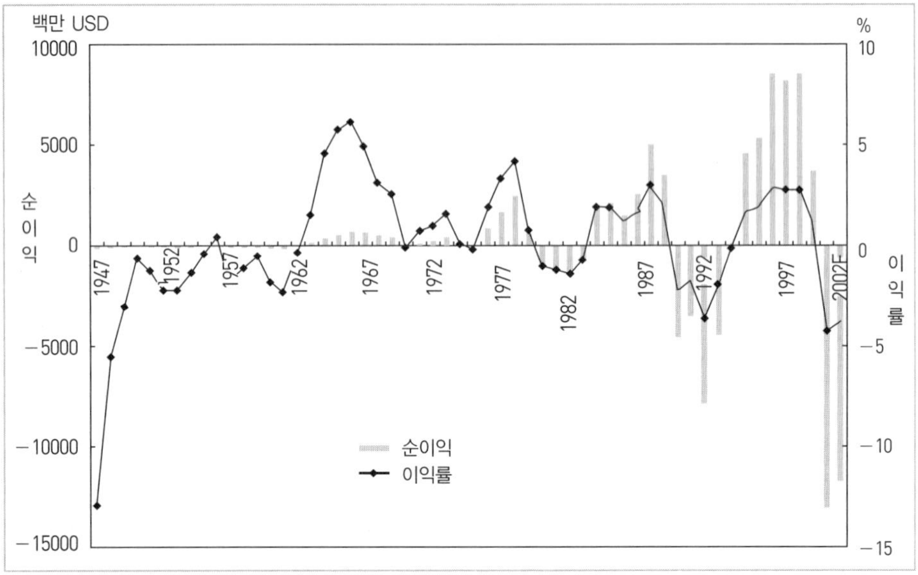

그림 8-5 》 세계 정기항공기업의 실적 추이(1947~2002)

출처) ICAO 데이터에서 작성

중시된 요소 중 하나는 보다 큰 시장을 포괄하기 위한 네트워크의 확대이다. 이때 많은 직항노선을 운행하는 대신에 여러 거점(허브)공항을 중심으로 노선을 집중시켜 그곳에서 여객이 환승하는 허브 앤드 스포크 방식을 도입하여 한정된 기재, 인원을 효율적으로 사용함으로써 노선망과 편수를 내실화하였다.

또한, 운임의 경우 규제 하에서 당연하게 여겨온 '공급비용을 기준으로 한 운임체계' 대신에 '소비자측의 가치를 기준으로 한 운임체계,' 즉 같은 비행편이라도 소비자가 선택하는 이용조건에 따라 다양한 할인운임이 도입되었다. 이에 따라 가격보다도 네트워크나 각종 부가서비스, 편의성을 가장 중요시하는 비즈니스여객부터 다소 불편해도 저렴한 운임을 선택하는 여객까지 모든 계층에 대한 대응을 추구하였다. 이렇게 할인운임을 늘리는 한편, 상품(좌석, 공간)을 재고로 남길 수 없는 항공비즈니스의 특징을 고려하여 'Yield Management' 방법을 도입하여 잔여 좌석을 최소화하면서 수입을 최대로 높일 수 있도록 하였다. 즉, 경험에 의거하여 각 항공편의 예약상황을 비행편이 출발할 때까지 계속적으로 예측, 감시하면서 각 운임의 좌석 수를 조정하였다.

그 외에도 고객 확보와 더불어 행동패턴을 분석하여 마케팅에 활용하는 '마일리지프로그램의 도입', '컴퓨터예약시스템(CRS)' 등의 개발에 따른 유통망의 합리화도 추진되었다. 그 결과, 미국 국내시장에서 환승은 있어도 더 많은 노선과 편수 등의 편의성, 조건에 따라 다양하고 저렴한(반대의 경우에는 비싼 경우도 있다) 운임체계가 실현되고 신규수요도 진작되어 미국 경제에도 크게 공헌했다는 평가를 받고 있다.

또한, 이 방법은 미국의 규제완화에 따라 진출한 많은 신규항공사들과의 경쟁측면에서도 크게 위력을 발휘하였다. 피플익스프레스(People Express)항공과 같이 한때 저운임을 내세워 급속히 성장한 항공사도 있었지만, 이러한 초기 신규진출사들은 '저운임'만을 세일즈 포인트로 내세웠기 때문에 결국에는 기존 항공사와 같은 영역에서 경쟁하게 되었다. 상대적으로 빈약한 네트워크로 인하여 고수익 비즈니스여객을 확보하지 못함에 따라 마일리지프로그램의 매력도가 떨어져 유통이 취약하다는 이유로 실패한 결과, 자취를 감추거나 대기업의 허브-앤드-스포크를 지탱하는 항공사로서의 길을 걷게 되었다.

(3) 기존 비즈니스모델의 한계와 소비자의 불만

2002년 3월 아메리칸항공의 전 회장인 밥 크랜달은 뉴욕의 윙스클럽 월례회 강연회에서 기존 항공사들의 어려움에 대해 경고 메시지를 전달하였다. 크랜달은 1998년 퇴직하기까지 약 25년간 미국내 항공규제완화 이후의 치열한 경쟁 속에서 기존 항공사들의 비즈니스모델을 개발, 확립하여 아메리칸항공을 세계 최대의 항공사로 키워나간 인물이다.

크랜달의 비즈니스모델은 미국 뿐 아니라 EU를 비롯한 세계 각지에서 항공자유화가 진전됨에 따라 각국 항공사에 의해 경쟁적으로 채택되었다. 또한, 이 과정에서 국제항공에도 응용되면서 전지구적인 허브 앤드 스포크 네트워크가 가능한 기업간의 전략적 제휴가 진전되었다.

그러나 지금까지 성공을 거두어 온 기존 대기업의 비즈니스모델을 개발한 본인이 지적한 것은 항공사들이 지금 직면하고 있는 어려움은 과거와 같이 주기적으로 찾아오는 불황시의 어려움이라기 보다는 1978년 규제완화시와 맞먹는 커다란 환경변화에 의한 것으로 보았다. 이에 대처하기 위해서는 지금까지의 비즈니스모델 자체를 재검토하여 장기적으로 효과적인 경영시스템을 만들어 나갈 필요성이 있다는 것이었다.

기업간 경쟁이 치열해짐에 따라 국유기업의 민영화가 진전되는 한편, 항공사들 입장에서 고수익층을 확보하기 위한 기내설비나 서비스경쟁, 마일리지프로그램의 특전 경쟁과 유지관리, 또는 Yield Management나 고객데이터 관리시스템에 대한 투자나 운용비용의 증가가 경영상 무시할 수 없게 되었다.

그러나, 항공운송산업의 특성상 기존기업은 점유율 확대를 추구하는 경쟁에서 공급과잉에 빠지기 쉽다. 이 때문에 경기의 주기적인 변동을 뒤쫓는 형태로 움직이는 수요 갭의 변동에 일희일비하면서도 9.11테러 이전부터 서비스나 시스템, 혹은 기재에 대한 과잉투자를 반복함에 따라 노동비용의 상승과 함께 경영체력이 취약해졌다고 할 수 있다.

한편, 이용자 입장에서는 비즈니스모델 덕분에 이동 가능한 구간이나 이용 가능한 편수가 늘어났고, 조건에 따라 저렴한 운임으로 이용할 수 있게 된 것은 사실이다. 그러나 항공수요 증가에 따라 특히 허브공항에서의 혼잡이나 운항편의 지연, 또는 환승의 불편함이나 조건에 따라 몇 배나 다른 복잡한 운임체계가 소비자들의 불만을 높이 사게 되었다.

또한, 1990년대 후반 미국 경제의 IT거품 붕괴, 아시아 금융위기 이후 각국 경제의 회복 지연 등에 따라 기존 항공사들이 믿고 의지했던 높은 수익을 올릴 수 있고 비즈니스 고객들이 기업의 경비절감으로 출장횟수를 줄이고 더 저렴한 운임으로 이용하게 되는 경향이 뚜렷해졌다. 또한, 인터넷으로 대표되는 경제사회의 정보화가 1990년대 후반부터 본격화되었다. 시장을 구성하는 개인의 정보수집과 발신능력이 크게 향상되어 고객들은 항공을 비롯한 모든 상품, 서비스에 대해 보다 유리한 조건을 즉시 그리고 쉽게 파악하고 교환할 수 있게 되었다. 이러한 상황 속에서 2001년 테러가 발생한 것이다. 그 후 전세계 경기가 악화되면서 항공수요가 침체된 가운데 제2세대 신규 항공사인 LCC가 기존 항공사의 서비스에 불만을 느낀 소비자들의 수요를 포착하여 급속히 시장에 참여하게 되었다.

기존 항공사들은 당초 과거 신규 진출사들을 밀어낸 성공사례가 있어 이러한 신규항공사들을 경쟁상대로 별로 의식하지 않았다. 그러나 고비용구조를 떠안은 채 주가하락, 시장 점유율 감소, 경영 악화라는 사태에 직면하면서 지금까지 신봉했던 네트워크를 기본으로 하는 기존 비즈니스모델의 유효성을 다시 고려하여 타개책을 진지하게 고민해야 하는 상황에 빠져 있다.

LCC라는 비즈니스모델 03

(1) 사우스웨스트 항공

LCC를 대표하는 사우스웨스트(Southwest)항공은 새로운 항공사는 아니다. 창립년도는 앞서 말한 바와 같이, 1971년으로 미국의 국내항공 규제완화가 시작되기 7년 전이었다. 이 시기에 진출한 다른 신규 항공사들이 사라져 가는 가운데 이 회사가 살아 남아 발전을 거듭하고 있는 중요한 이유는 크랜달식 비즈니스모델과는 완전히 다른 비즈니스모델을 만들어 꾸준히 실행해 왔기 때문이다.

<표 8-1>과 같이 기존 항공사와 LCC비즈니스모델을 비교해 보았다. 예를 들면, 가격이나 편의성을 중시하는 고객층을 고려하여 환승없는 직항노선을 기본으로 삼았다. 서비스수준은 적당하지만 운임은 기존 항공사보다 매우 저렴하고 단순화하여 알기 쉽게 하였다. 또 저렴한 가격이라도 이익을 내기 위해 기존 항공사의 상식을 모두 뒤엎고 가장 합리적인 방법을 채택하여 비용을 절감하였다. 또한, 유통경비를 줄이기 위해 예약은 직접판매를 기본(현재는 온라인)으로 하였다. 치밀한 Yield Management는 복잡한데다 거액이 드는 시스템투자와 숙련된 직원들이 필요하다는 이유로 운임체계나 마일리지프로그램을 단순화하였다.

또한, 기존 항공사들은 네트워크 확대에 따른 기대이익을 우선적으로 고려하여, 이를 실현하기 위해 적절한 각종 기재, 인원 등의 생산력을 조정하는 경향이 있지만, 사우스웨스트 항공은 보유하는 단일기종에 대해 면밀한 시장조사를 거쳐 신중하게 선택한 다음 기존 항공사보다 압도적으로 저렴한 운임과 많은 편수를 가지고 경쟁에 도전하였다.

표 8-1 ≫ 기존 항공사와 저비용항공사의 비즈니스모델 비교

	기존 항공사	저비용항공사(LCC)	
		사우스웨스트 항공	기타 LCC(기본적으로는 사우스웨스트 항공)
운임	매우 비싼 것부터 저렴한 것까지 다양 제약조건이 많고 복잡	(기존기업의 운임보다) 저렴 제약조건이 적고 단순	←
노선	허브-앤드-스포크 시스템(허브공항에서의 환승) 중장거리가 중심 전세계를 네트워크화	두 지점간 직행(환승객도 있지만) 미국내에서 단거리 (500마일 이하) 중심	→← 장거리 노선(제트블루), 단거리 국제선(유럽의 라이언에어, 말레이시아의 에어아시아 등)에도 진출
기내 서비스	풀 서비스 식사, 음료, 오락서비스. 2~4클래스 좌석지정 있음	No-Frill 식사, 음료서비스 없음. (고밀도의) 이코노미클래스만 있음 좌석지정 없음	→← 각종서비스의 유료화. 단 일부에서는 음료, 개인용 TV, 가죽시트 등기존기업과 동일한 음료서비스를 제공하기도 함
판매	주로 여행사를 경유함. 항공권 있음 (네트워크 경유, 티켓리스 비율 급증)	주로 네트워크를 통한 직접판매 티켓리스	→←
마일리지 프로그램	있음	비행횟수에 따른 우대제도(온라인)	없음(라이언에어, 이지젯 등) 온라인 제도 있음(제트블루 등)
제휴	연대수송 외에 각종 제휴, 얼라이언스	(연대수송을 포함하여) 제유하지 않음	←
기재	노선특성에 맞춰 많은 기종	단일기종(B737)	←
사용 공항	주요공항	2차적 공항, 비혼잡 공항	← 주요공항을 사용하는 경우도 있음
편수 빈도	노선수요에 맞춰 다양	높다	←

(계속)

표 8-1 》 기존 항공사와 저비용항공사의 비즈니스모델 비교(계속)

	기존 항공사	저비용항공사(LCC) 사우스웨스트 항공	저비용항공사(LCC) 기타 LCC(기본적으로는 사우스웨스트 항공)
목적지에서 돌아오는 시간	길다(평균 60분 이상)	짧다(30분 이하)	→←
정시성	상대적으로 낮다	높다	→←
노사관계	자주 대립 생산성이 낮음 임금수준은 높고 상승 추세	양호(직원의 사기가 높음) 생산성이 높다 경쟁력 있는 운임체계 직원에 대한 이익 환원	→←

게다가 노선 진출은 매우 신중하게 고려한 결과, 지난 30년 이상 흑자를 기록하여 주식시장에서 사우스웨스트 항공의 자산평가는 다른 미국의 기존 Mega Carrier 합계액보다 훨씬 높은 성과를 보이고 있다. 그리고 지금은 <표 8-2>에서 알 수 있듯이 사우스웨스트 항공은 소규모의 틈새기업이 아닌 여객운송실적에서 아메리칸, 델타 항공에 이어 세계 제 3위 항공사로 성장하였다.

표 8-2 》 전세계 항공회사 TOP 20(2003년)

	유상여객킬로 (10억 RPK)		영업수입 (백만 USD)		순이익 (백만 USD)		여객수 (백만명)	
1	American	209.7	Lufthansa G.	25,655	FedEx	772	American	92.6
2	United	185.4	Air France-KLM	24,641	Emirates	708	Delta	86.9
3	Air France -KLM	169	JAL	19,794	Cathay Pacific	566	Southwest	81.2
4	Delta	158.1	FedEx	18,676	Lufthansa	551	United	70.9

(계속)

표 8-2 》 전세계 항공회사 TOP 20 (2003년)(계속)

	유상여객킬로 (10억 RPK)		영업수입 (백만 USD)		순이익 (백만 USD)		여객수 (백만명)	
5	Northwest	118.1	AMR(American)	18,645	Korean Air	475	Air France -KLM	64.1
6	BA	106.8	UAL(United)	16,391	BA	472	JAL	59.4
7	Continental	105.8	Delta	15,002	Air France -KLM	453	Northwest	55.4
8	Lufthansa	104.1	BA	14,681	Qantas	448	Lufthansa	50.9
9	JAL	102.4	ANA	11,753	Ryanair	344	ANA	47.7
10	Southwest	86.1	Northwest	11,279	Southwest	313	Contitental	42.7
11	Singapore	77.6	Qantas	7,837	Air China	289	US Airways	42.4
12	Qantas	73.6	Air Canada	7,387	JAL	280	BA	35.7
13	Air Canada	69.9	Singapore G.	7,276	Asiana	257	China Southern	28.2
14	US Airways	65.2	US Airways	7,117	ANA	248	Air Canada	27.6
15	Cathay Pacific	57.3	Korean Air	7,031	Thai	243	Iberia	26.7
16	ANA	55.7	Southwest	6,530	Iberia	229	Ryanair	26.6
17	Thai	50.6	Alitalia	5,619	Aeroflot	220	Air China	24.5
18	Emirates	48.7	Iberia	5,550	SAS	220	Qantas	24.3
19	Air China	46.6	SAS	5,387	LAN Airlines	164	SAS	23.8
20	Iberia	45.9	Emirates	5,202	Singap-oreG.	142	Easy Jet	22.3

출처) Air Transport World, 2004. 7

(2) 사우스웨스트 항공사의 복제 항공사들

세계적인 항공자유화 진전을 배경으로 1990년대 후반 이후에는 사우스웨스트 항공 비즈니스모델의 뒤를 잇는 신규 LCC들이 잇따라 생겨났고, 그 중에서 살아남은 항공사들의 실적은 크게 증가하였다.

예를 들어 미국에서 저비용 추구와 고객요구 만족이라는 기본은 변함없지만, 사우스웨스트 항공과 달리 장거리노선에서 기존 항공사의 비즈니스여객을 확보하기 위해 일정한 기내서비스나 높은 수준의 기내설비를 상대적으로 저렴하게 제공하는 컨셉을 가진 제트블루(Jet Blue)의 건투가 눈에 띈다.

또 유럽에서도 EU역내에서는 항공자유화의 결과로 카보타쥬나 3자간 수송도 가능한 협정을 이용해 원래 아일랜드가 본거지였던 라이언에어(Ryanair)나 영국의 이지젯(Easy Jet) 등이 유럽역내 국제선이나 타국 국내구간으로 노선을 확대함에 따라 유럽의 기존 대형항공사들은 심각한 영향을 받고 있다.

또한 2003년 이후, 말레이시아를 본거지로 하는 에어아시아(Air Asia)가 역시 같은 비즈니스 방법으로 말레이시아 국내 뿐 아니라, 싱가포르, 태국, 마카오 등으로 진출하거나 진출할 계획을 가지고 있으며, 이에 맞서 싱가포르항공, 타이항공, 콴타스항공 등도 저비용 저운임의 자회사를 설립하여 운항을 개시하고 있다.

기존 항공사의 대응 04

(1) 비용절감만으로 충분한가?

위기에 몰린 기존 항공사들도 사태의 중대함을 깨닫고 대응책을 모색하면서 우선 비용절감에 대한 노력부터 시작하였다. 인건비나 생산성의 향상이 큰 과제 중 하나였지만, 스위스항공이나 사베나항공 등 전통있는 유럽 국적항공사가 무너지고, 또 세계최대 항공사였던 유나이티드항공까지 파산법 제 11조에 의거한 회사재건에 내몰리게 된 상황에서 노동조합측도 고용확보를 위해 어느 정도 양보하는 태도를 보이기 시작하였다. 또한 인터넷으로 유통경로를 확대하여 유통시스템의 합리화와 비용절감을 도모하거나, 사용기재의 통합, 관련사업을 포함한 적자부문의 정리, 간접부문 비용절감이나 아웃소싱 등 크고 작은 다양한 비용절감에 노력하고 있다.

그러나 그래도 여전히 LCC의 비용수준까지 낮추기에는 어려운 상황이다. LCC는 과거에 얽매이지 않는 비즈니스모델을 바탕으로 애초부터 비용이 늘어나는 분야에는 진출하지 않기 때문이다.

(2) 저비용/저운임 자회사

이에 따라 기존 항공사들 중에서 시장별, 사업분야별로 계열 자회사를 만들어 모기업이 총괄하는 항공그룹을 형성하고, 그 자회사 중 하나를 LCC와 같은 비즈니스모델로 운영하려는 움직임이 생겨났다. 실제로 이미 이러한 시도가 많은 기업에서 실시되었으나, 아쉽게도 확실히 성공했다고 말할 수 있는 예는 아직 없다.

예를 들어, 1990년대 전반에 사우스웨스트에 맞서 등장한 콘티넨털 항공계열의 콘티넨털 라이트는 모기업 브랜드와의 혼란으로 소멸했고, 유나이티드 항공계열의 유나이티드 셔틀도 한때 건투했으나 결국에는 사우스웨스트 항공에 패했고, 에어캐나다의 컨셉별 3개 자회사도 건투했으나 모회사가 파산하였다. BA의 GO도 결국 LCC인 이지젯에 매각되었고, 델타 항공의 Song도 부진을 보이는 등 실패한 사례가 적지 않다.

영업, 운항, 정비를 비롯한 여러 분야에서 모회사와의 관계가 LCC와 경쟁할 때 유리하게 작용할 것을 기대하면서 진출하고 있지만, 과연 결과는 어떠할까? 시장이나 마케팅 등의 조건에 따라서 효과적인 방법일 수도 있다. 위에서 말한 아시아지역 항공사들의 시도나 재도전 중인 유나이티드 항공계열을 앞으로 주목할 필요가 있다.

(3) 네트워크 항공사로서의 길

허브 앤드 스포크 네트워크에 의존하는 기존 항공사들은 단순히 비용이나 운임면에서 LCC와 맞서기 어렵기 때문에 대가에 걸맞는 고품질서비스를 제공하면서 LCC와는 다른 시장분야에서 생존하려는 움직임이 주류를 이루고 있는 듯하다. 즉, 앞으로도 경제사회의 글로벌화가 진행되면 사람, 물자가 세계 각지를 여러 경로로 이동하는 수요는 분명 늘어날 것으로 예상되지만, LCC타입의 직항과 저운임 서비스가 모두 이러한 수요에 대응할 수는 없을 것이다.

따라서 기존 항공사와 LCC와의 시장공존이 성립할 것으로 기대되지만, 그것은 시장 즉, 고객이 결정하는 것이다. 기존 항공사들은 당분간 전략적인 제휴를 활용하면서 가급적 비용절감에 힘쓰고, 자사의 시장 타겟을 명확히 하여 각 세그먼트의 고객수요에 적합한 서비스를 제공하고, 저비용/저운임 항공사와 경계에 있는 전략을 확대하려는 노력이 필요할 것이다(<그림 8-6> 참조).

향후 경영전략 05

전통적인 항공사와는 발상이 완전히 다른 비즈니스모델을 통해 실적을 크게 늘리고 있는 LCC의 도전에 맞서 고전하고 있는 기존 항공사들의 전략에 대해 살펴보았다. 경제, 사회의 글로벌화, 정보화의 진전으로 시장구조나 소비자의 구매행동 등이 급속이 변화하고 있는 환경 속에서 기존 항공사들의 대응이 둔감했던 것은 사실이다.

인터넷이나 휴대전화의 보급에 따라 각종 정보수집이나 정보교환이 개인간

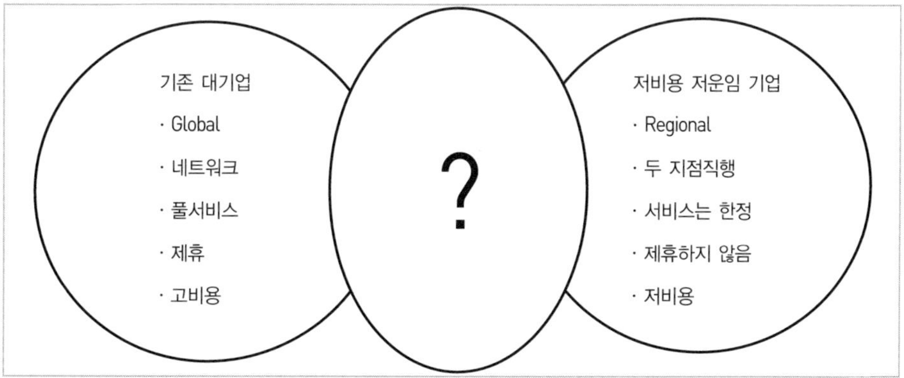

그림 8-6 》 어디에서 살아갈 길을 찾을 것인가?

에 쉽게 언제 어디에서라도 가능한 사회로 전환되고 있다. 시장의 주도권은 생산자에서 소비자로 이행되고 있다. 또 풍요로워진 소비자의 재화, 서비스의 구입기준은 다양해지고 있고, 자주 변화하고 있다.

이러한 상황에서 항공사들은 모든 고객들에게 대응하기 어렵기 때문에 각각의 항공사들은 고부가가치를 선별하여 그 분야의 고객이 추구하는 서비스인 "Value for Money"를 어떻게 만들어서 제공할 것인가가 중요한 전략적 과제인 것이다. 기존 항공사들이 사우스웨스트 항공에게 배워야 할 점은 여기에 있다.

칼럼⑥: 물류수요의 고도화와 인접형 산업단지

물류수요가 고도화되고, 고속 · 안전 등의 특징을 지닌 항공화물수송 수요가 급증하고 있다. 이러한 가운데 고도의 유통가공이나 정온정습에서의 보관, 고도의 유통정보 제공 등 최첨단 기능을 가진 물류거점에 대한 수요도 늘어나고 있다. 특히 나리타공항 주변지역에서는 보세시설을 갖춘 대규모 · 고기능형 물류거점이 잇따라 입지하는 등 물류산업의 활발한 집적이 이어지고 있으며, 치바(千葉)현도 이에 적극 지원하고 있다. 중부공항 주변지역에서도 공항화물지구와 그에 인접한 아이치(愛知)현 기업형 종합물류지구 등의 종합보세지역화가 이루어지는 등 야심적인 활동들을 볼 수 있다. 한편 린쿠타운과 같이 간사이공항 맞은편 해안의 5km에 입지한 대규모 유휴지의 처분을 서두르는 가운데, 위락시설위주의 비임공형 산업집적만 눈에 띄고 고도의 물류기능 집적은 진행되지 않은 경우도 있다. 공항과 인접한 중요 공간을 어떻게 사용할 것인지 각 지방의 전략이 논의되고 있다.

츠지모토 마사히사(辻本勝久)

참고문헌

[1] Nawal K. Taneja(2002) *Airline Survival Kit*, Ashgate.

[2] Rigas Doganis(2001) *The Airline Business in the 21st Centuty*, Touteledge.

[3] Unisys R2A Scorecard Unisys Corporation.

이즈미 마사시(泉 正史)

항공기 파이낸스와 항공기 리스 06

(1) 항공기 파이낸스의 동향

항공기 파이낸스를 둘러싼 세계 정세를 보면, 여러 가지 측면에서 변화가 감지되고 있다. 우선 지역적으로는 아시아태평양지역의 항공사들이 신규로 항공기 구입을 위한 거액의 자금이 필요해 파이낸스가 과거 미국 및 유럽에서 아시아 주도로 전환되는 현상을 볼 수 있다. 또한 항공사의 민영화(privatization), 정부의 규제완화(deregulation)가 더 진전됨에 따라 리스의 임차인(lessee)이 요구하는 자금조달방법의 형태 · 조건이 바뀌어 더 유연해지면서 리스 임대인(lessor)이 보다 많은 리스크를 부담하는 형태의 파이낸스 시스템을 구축해야 하는 상황에 있다는 점이다. 이는 임대인이 이전과는 다른 새로운 리스크를 부담하게 되어 리스크를 정확하게 분석하고, 파이낸스 이후의 리스크도 정확하게 관리해야 하는 것을 의미한다.

항공기 파이낸스에 대해서는 ① 전지구적인 정보수집력, ② 기체에 관한 광범위하고 정확한 전문지식, ③ 강력한 자본력을 바탕으로 한 국제적인 재무체제 및 강고한 투자협조체제의 확립, ④ 항공기 가격 및 중고기 시장의 정확한 평가 · 예측, ⑤ 기체의 정비상황 및 각종 규제에 대한 적응상황의 점검, ⑥ leveraged lease나 structured finance 등의 시스템이나 방법의 개발, ⑦ 연료가격의 예측, ⑧ 각국의 세제 및 회계제도 파악 등 리스크 처리에 따른 고도의 능력이 한층 요구되고 있다.

향후 항공사가 항공기의 자사 보유를 피하고 리스크가 적은 리스방식을 선택하는 경향은 더 뚜렷해질 것이다. 일반적으로 항공여객·화물의 수요는 늘어날 것으로 예상되며, 항공수요가 늘어나면 필연적으로 항공사들은 보유 항공기 수를 늘려야 하며, 후발항공사 등 자금력이 약한 항공사들은 합리적인 항공기 조달수단으로 파이낸스 리스 또는 오퍼레이팅 리스에 의존하게 된다.

항공사 경영환경은 민영화와 규제완화에 따른 시장변동 중에서 수익성 확보 가능성도 높지만 리스크도 큰 변화의 환경에 처해 있다. 항공운송사업에서 이익을 늘리고 리스크를 줄이는 수단은 기단의 탄력성과 금융의 유연성이다. 항공수요의 증가가 예상될 경우에는 시장점유율을 많이 차지하기 위해 항공사들은 매우 어려운 전략상의 의사결정이나 선택을 해야만 한다. 즉 항공노선의 구성, 운항횟수의 설정 등 이익을 최대화하는 경영전략이 그것이다. 이러한 전략에서 요구되는 항공기를 어떻게 확보하는지 그 방법에 따라 영업성과가 영향을 받기 때문에 항공사들은 이러한 종류의 요인들에 대해 보다 신속하고 탄력적으로 대응해야 한다.

항공기 파이낸스의 새로운 방법 중 하나가 항공기 리스채권의 증권화(securitization)로, 리스 파이낸스의 수요 증대에 대응하는 해결책으로서 고안된 방법인데, 이는 자금공급원을 늘리기 위해 소액증권화를 통해 여러 투자자들의 자금을 이용하는 방법이다. 즉 항공기 리스료 채권을 특별목적회사(SPC; Special Purpose Company)에 양도해 이를 담보로 커머셜페이퍼(CP)를 발행하는 것이다. 이 방식을 이용하면 거액의 채권을 유동화할 수 있고, 중개은행도 자산을 압축해 자기자본비율을 향상시킬 수 있다. 예전부터 항공기용 리스채권을 대상으로 신탁방식의 유동화가 실시된 바 있다. 신탁방식의 수익증권을 판매할 수 있는 투자자층은 한정되지만, 자산담보 CP방식은 투자신탁 등 대형기관투자자에게도 쉽게 판매할 수 있어 거액의 자금조달이 가능해진다. 항공기의 리스채권은 10년짜리 장기로 원금을 상환하기 때문에 단기발행 CP로는 리스료의 원금상환계획에 맞추어 1개월짜리로 연결해 나가는 시스템이다. 향후 항공기에 관한 자금조달수단 중에서 항공기 리스의 증권화는 더 발전될 것으로 예상된다.

(2) 항공기 리스의 의의

과거 항공사들은 항공기를 오랫동안 직접 보유한다는 인식을 가지고 있었기 때문에 항공사들은 증자, 사채 발행, 은행 차입을 통해 항공기 구입자금을 조달해 왔다. 그러나 이러한 corporate finance는 항공사의 재무상태에 따라 실시내용의 난이도가 크게 다르다. 예를 들면, 미래의 실적 향상이 예상되어도 현재 재무상태가 나쁜 항공사는 사채 발행금리가 높게 설정되어 있는 경우가 많아서, 사채 발행 자체가 불가능한 경우도 있을 수 있다. 리스는 한번에 거액의 자금을 필요로 하지 않고, 임대차방식의 회계처리상 자산으로서 대차대조표에 기재되지 않은 장부외거래(오프밸런스)가 되므로 자금조달의 문제를 해결하는 수단이 된다.

이러한 임차인 입장에서 본 일반적인 리스의 장점과 함께 오퍼레이팅 리스는 보유기재의 유동성을 확보할 수 있다. 항공기는 한번에 구입하거나 파이낸스 리스로 조달하면 10년에서 15년은 사용해야 한다. 이 때문에 기재가 불필요해져 매각하고자 할 때, 항공운송사업이 전체적으로 불황에 빠져 항공기 수요가 저조한 경우를 과거에 자주 볼 수 있었다. 또한 중고기 시황도 가격변동이 심하고 경우에 따라서는 매각손이 발생할 가능성도 있다. 오퍼레이팅 리스의 리스기간은 2년에서 5년 정도이기 때문에 장래 항공기 시장동향이 불투명한 경우에는 구입하는 것보다도 리스크를 줄일 수 있다. 완전히 새로운 기종이라서 평가가 확정되지 않은 항공기를 이용하는 경우나 신형 항공기 발주에서 인도까지 기간 중에 기재를 이용할 경우에도 오퍼레이팅 리스는 효과적인 수단이 된다. 신설 항공사인 경우에는 처음 몇 년 동안은 기체를 오퍼레이팅 리스로 조달하고, 경영기반이 안정되고 재무체질을 강화할 수 있을 때 증자를 실시해 항공기를 보유하는 것도 적절한 방법이 될 수 있다.

(3) 항공기 파이낸스의 발전과정

1940년대부터 1950년대까지 항공기 조달비용은 영업수입에 비해 별로 많지 않았기 때문에 내부자금으로 마련할 수 있었다. 특히 감가상각율이 높았기 때문에 상각금은 내부자금의 중요한 원천이 되었다. 그러나 1950년대 이후에는 내부자금으로는 부족하게 되어 외부자금으로 눈을 돌리게 되었고, 1960년대 이후 제트기가 도입되자 차입금으로 처리해야 하는 현상이 발생하게 되었다. 대형항공사들은 많은 자금력을 보유하고 있고, 장기자금 또는 연금기금, 생명보험회사를 통한 차입금 등을 이용하는 경우가 많았지만, 항공기가 대형화되면서 가격도 비싸진 데다 운항횟수도 늘려야 했기 때문에 항공기 조달비용은 거액을 필요로 하게 되었다. 이 때문에 처음에는 equity finance(신주발행에 따른 자금조달)에 의존했지만, 1960년대 중반부터는 제작업체로부터 직접 구입하는 방법 이외에 리스방식이 등장하게 되었다. 1970년대에는 직접 구입보다는 리스를 통한 기재조달이 일반화되었다.

1978년 미국의 항공규제 폐지에 따라, 항공업계의 경쟁이 심화되면서 재무상태가 어려운 입장에 처한 항공사들이 리스를 사용하게 되었다. 특히 장래가 불투명해진 결과, 항공기를 구입하여 직접 소유하기 보다는 리스라는 수단을 사용해 자금 활용이나 자금 회전을 향상시키는 방법을 선택하게 되었다.

일본의 리스사업은 처음에는 '외국환 및 외국무역관리법(이하 외환법)'의 규제가 까다로웠기 때문에 리스사업자가 본사 대금으로 운용하는 해외대상 리스거래 및 할부거래는 외화 지불에 관한 규제를 받아 인정되지 않았다. 당시에는 일본 리스사업 자체가 아직 성숙되지 않았고, 항공기 등 대형 고액물건을 취급할 정도로 기반이 갖추어지지 않았다. 따라서 본격적인 cross-border lease로서 해외용 항공기 파이낸스를 취급한 것은 1978년 7월부터 1979년 5월에 걸쳐 실시된 일본수출입은행의 긴급수입외화차입제도에 의거한 국제 항공기리스, 즉 사무라이리스에 의해 시작되었다.

사무라이리스는 당시 문제가 되었던 일본의 대외무역 흑자를 줄일 목적으로 일본정부가 일본수출입은행을 통해 저금리의 달러자금을 회사에 대출하였고,

이를 통해 항공기를 수입해 다시 제3국에 리스한 것으로, 외환법상 특례취급을 받은 정부지원의 국제리스였다. 이 사무라이리스는 이듬해 1979년 그 목적을 달성해 종료하였으나, 항공기 파이낸스시장에 미친 영향이 컸고, 특히 가장 중요한 점은 하나의 조세지역에서 다른 조세지역을 초월해 거래하는 크로스보더 리스의 독자적인 방법과 기능을 가진 거래분야가 실제로 인식되었다는 점이다.

사무라이리스가 종료된 후에도 일본의 리스사업자는 외환법의 규제로 계속 해외용 파이낸스가 제약을 받았지만, 1980년 12월 외환법이 전면 개정됨에 따라 거주자인 일본리스회사가 해외에 있는 화물을 비거주자로부터 구입해 재외화물 그대로 비거주자에게 리스 또는 할부판매할 수 있게 됨에 따라, 커머셜 베이스에 의한 본사 자금으로 운용하는 엔화 크로스보더 리스인 통칭 쇼군리스를 개시하였다. 이에 따라 일본 리스회사들의 순수한 커머셜 베이스 크로스보더 리스 거래가 실시되었다. 이후 금융자유화로 국내에서의 달러자금 조달도 용이해짐에 따라 달러화 리스거래 및 할부거래도 대상금융상품에 추가되어 일본의 항공기 파이낸스사업이 급속히 발전해 나가는 계기가 되었다.

지금까지 실현된 일본 리스회사들의 크로스보더 거래는 설비 조달과 관련되거나 또는 물건을 개재한 파이낸스업무로서 넓은 의미에서는 크로스보더 리스라고 불렸지만, 계약 형태는 엄밀히 ① 명목가격 매수옵션부 리스, ② 계약기간중 리스회사가 소유권을 유보하는 할부판매, ③ 할부구입자에게 소유권을 곧바로 이전하는 할부판매의 세 가지 형태로 분류된다.

1980년대 중반부터 등장한 일본형 leveraged lease는 임대인이 받는 세무상의 감가상각 이익 일부를 리스료에 반영시킴으로써 임차인에게 환원하는 거래이다. 이 일본형 leveraged lease 거래의 경우, 일본의 리스사업자는 equity package나 차입금 제공자로서 소위 재팬머니를 세계 항공기 파이낸스시장으로 이끌어내는 중개자의 역할을 확대해 나갔다. 일본의 크로스보더 리스는 일본형 leveraged lease를 제외하고는 그 당시에는 세법상 임대차 처리가 인정되는 리스는 거의 실시되지 않았고, 금융적 색채가 강한 리스나 그와 유사한 경제적 기능을 가진 할부판매계약의 형태로 이루어졌다.

현재 항공기 리스사업의 발전 동향을 보면 다음과 같다.

① 자산가치의 중시와 오퍼레이팅 리스사업의 발전

항공사의 신용리스크에 대한 경계심이 높아지자 항공기 자체의 자산평가에 주목한 asset base 파이낸스가 전세계 항공기 파이낸스 시장에서 확대되어, 중고기시장의 확대와 함께 asset 베이스 파이낸스 형태 중 하나인 오퍼레이팅 리스가 활발히 이용되었다. 구미기업과의 합작 방식을 통해 일본의 금융기관들이 오퍼레이팅 리스사업분야로 뛰어들려는 움직임이 가속화되고 있다.

② 리스물건의 대상과 개별거래금융의 소액화

신디케이션(syndication)의 형성이 어려운 상황에서 항공기 1대당 리스 부담이 지나치게 클 경우에는 엔진 부품 등 기체 일부를 대상으로 한 파이낸스도 증가하게 된다.

③ 리스채권의 증권화

새로운 자금조달수단의 확보를 목적으로 리스회사가 가지고 있는 리스채권의 증권화가 법률제도의 정비와 함께 널리 활용되고 있다.

(4) 항공기 리스의 형태

항공기 사용자인 항공사 입장에서 본 항공기의 조달수단은 크게 자기보유와 리스로 구분된다. 항공기 리스의 형태는 ① 일반 융자와 마찬가지로 각 항공사의 신용력을 바탕으로 항공기 구입자금을 융자하는 파이낸스 리스, ② 절세목적으로 하는 leveraged lease, ③ 항공사의 신용보다도 기체 자산으로서의 가치에 의존한 asset base 파이낸스인 오퍼레이팅 리스로 분류된다.

파이낸스 리스는 기재의 경제적인 사용 연한의 전 기간에 걸친 사용수익권과 리스크가 임차인에게 이전되며, 할부판매나 은행융자와 동일한 금융기능을 맡고 있다. 오퍼레이팅 리스는 기재 사용에 중점을 둔 임대차거래이다.

항공기 사용자인 항공사 입장에서 볼 때, 항공기 조달시에 일반적으로 항공기 리스는 기재만 리스하는 dry lease를 가리키지만, dry lease 및 승무원까지 포함한 wet lease의 분류는 파이낸스 리스 및 오퍼레이팅 리스의 분류와는 분류기준의 개념이 다르다. 항공사 입장에서 승무원이 포함된 wet lease는 자사의 일시적인 승무원 부족을 해소하는 대응책으로 고려되며, 장기적으로 외부 승무원을 계속 고용하면 리스크가 크기 때문에 실제로 wet lease는 단기 리스에서만 이루어질 뿐만 아니라 모두 오퍼레이팅 리스이다. 또한 항공사가 소유하는 항공기를 일단 매각하여 이를 리스로 빌리는 sale and lease back은 항공사가 일시적으로 이익을 염출하는 경우에 자주 사용되는 방법이지만, 금융거래가 아닌 리스로 인정되면 잔존 리스크가 있는 비교적 단기간의 리스거래가 되며 오퍼레이팅 리스이다.

항공사의 자금조달 형태로서는 무담보차입(사채발행을 포함), 유담보차입(사채발행을 포함), 자기자금(cash flow, 주식발행)이 있다. 항공기 리스를 이용하는 경우에는 임대인이 자금을 조달하여 구입한 기체를 항공사에게 빌려주게 되므로 항공사 입장에서는 자금조달이 아닌 기재조달이 된다.

파이낸스 리스에 대해서는 아래와 같은 특징을 들 수 있다.

① 리스계약 기간 중 임차인은 취득가액을 전액 지불해야 한다. Full-pay-out이므로 임대인은 리스기간 중에 투자한 자금 반환을 기대할 수 있다
② 10~15년짜리 장기리스 계약으로 당해 자산으로서의 항공기 내용연수가 리스기간과 매우 비슷하다.
③ 리스기간 만료 후 자산으로서 항공기 가치는 잔존가치를 거의 고려하지 않는다. 파이낸스 리스의 경우, 일반적으로 자산이 임차인에게 이전되지만, 매수인이 없는 경우도 있으므로 매우 저렴한 가격으로 옵션 대상이 되는 방법도 있다.
④ 자산을 임대인에게 반환하는 시기는 풀페이아웃의 기간이 만료되어야 반환할 수 있다. 원칙적으로 중도 해약은 불가능하다. 부득이 중도 해약하는 경우에는 잔존채무를 전액 지급해야 한다.
⑤ 임대인이 기재를 선택하는 경우는 없다. 일반적으로 임차인이 조건에 맞는 기재를 선택하여 임대인이 이를 구입하여 대출하는 절차를 밟는다.
⑥ 완전한 순 리스이다. 즉 임차인이 해당 자산에 대한 보험, 세금, 수리비 등 모든 비용을 부담하는 구조이다.

항공사 입장에서 기동성 있는 오퍼레이팅 리스에 대한 수요가 늘어나고 있으며, 그 특징은 다음과 같다.

① 오퍼레이팅 리스의 임대인은 복수의 리스계약 또는 자산 판매에 따라 원금 회수와 이익을 얻는 것을 계획할 수 있다.

② 리스기간 만료 후에 소유권이 임차인에게 이전되지 않는다. 임대인이 소유권을 유보하여 기재가 반환되면, 항공기를 처분하게 되어 매각 또는 리스계약을 갱신하는 의사결정이 가능하다. 따라서 리스기간 만료후의 시점에서 기재의 잔존가액이 임대인의 이익에 많은 영향을 미치게 된다. 즉 항공기를 매각하는 경우에는 항공기의 자산가치에 대해 asset risk를 부담하게 되지만, 항공기 시장의 동향 및 중고기 시장의 시세에 따라서는 자본이득(capital gain)을 얻을 수도 있다.

③ 리스기간이 짧아 일반적으로 2년에서 5년, 또는 추가적으로 단기간으로 설정이 가능하다. 기체반환 시기에 대해서는 기간 조정이 가능한 경우가 많고, 탄력성이 있다.

④ 파이낸스 리스는 이용자인 임차인이 필요한 기재를 입수 · 확보하기 위한 금융을 파는 거래이지만, 오퍼레이팅 리스는 임대인이 필요한 기재를 구입한 후에 임차인을 구해 금융과 기재를 판매하는 상거래이다.

⑤ 리스회사의 순 리스이며, 임차인이 모든 운영비용을 부담하여 금액을 순수 리스료로 지불한다.

⑥ 항공기 자체가 자산으로서 오퍼레이팅 리스에 적합한 아래와 같은 장점을 가지고 있다.

· 고액 물건으로서 가치가 있는 것.

· 중대한 기술 변경이 미래에 크게 영향을 미칠 가능성이 없는 것. 항공전자 기기류의 성능향상개 · 선, 소음방지 규제, 연료절약 기술 등은 기술혁신이 크게 발전할 것으로 예상되므로 중고기에 대한 적용도 요구되지만, 그렇다고 중고기의 가치가 사라지지는 않을 것이다.

· 항공기의 내용연수가 매우 긴 것.

· 항공기 시장에서는 대체성이 높은 것.

⑦ 임대인은 항공기로 구입한 다음, 소유하고, 이에 따른 감가상각이 이루어지기 때문에 당면한 사업수지 적자에 따른 이익의 지연효과를 얻을 수 있다.
⑧ 항공기의 정비 및 보험관리는 리스계약상 물건사용자로서 항공사의 의무사항이기 때문에 임대인 입장에서는 번잡한 업무 부담이 경감된다.

오퍼레이팅 리스는 안정된 항공기의 담보가치를 배경으로 투자가가 항공기 가치에 착안하여 자금투자를 시행한다. 물론 많은 리스크를 수반하지만, 다양한 요구에 대해 장점을 누릴 수 있기 때문에 생겨난 것이다. 파이낸스 리스가 주로 신형기 도입에 필요한 자금 융자와 비슷한 리스형태인 반면, 오퍼레이팅 리스는 중고기, 신형기를 불문하고 항공기 자산가치에 대해 임대인이 주로 리스계약 종료 시 리스크를 부담하는 리스형태이다. 오퍼레이팅 리스는 다양한 시스템을 조성할 수 있으며, 크게 3종류로 분류된다.

가장 기본적인 형태인 익명조합방식 · 상각형 오퍼레이팅 리스(제1유형)는 일반적으로 이익의 이연을 목적으로 하며, 출자금의 2배 안팎의 과세소득을 이연할 수 있다. 이 방식은 상법의 익명조합방식에 의거하는 출자에 의해 출자금은 대차대조표상의 투자계정에 기재되기 때문에 회계처리가 간편하다. 또한 차입금 부분에 관한 금융기관의 설정 및 조건 전반에 걸쳐 arranger인 리스회사가 절차를 진행하기 때문에 투자가의 절차도 간단하다.

반면에 임의조합방식 · 상각형 오퍼레이팅 리스(제2유형)는 민법의 조합계약에 의거하여 투자가가 항공기를 소유하는 방식이다. 투자가가 단독이라면 임의조합을 조성할 필요는 없다. 일반적으로 이 사업에 투입한 자금의 2배 정도의 과세소득을 이연할 수 있다. 공유지분에 따라 자산과 차입금을 대차대조표상에 계상하기 때문에 자산 · 부채 모두 늘어나는 자산효과를 얻을 수 있다. 참고로 투자시에는 투자가는 정관에 항공기 임대업을 추가해야 한다. 또한 리스료의 입금, 차입금의 원금 · 금리 상환 등의 입출금처리와 함께 감가상각에 관한 회계처리가 필요하다.

이상의 방식 외에 단독소유방식 · 자산형 · 오퍼레이팅 리스(제3유형)는 제2유형과 동일한 구조로 자산효과와 자본이득을 얻는 것에 중점을 둔 방식이며, 물건의 30% 정도 자금으로 많은 상각자금을 가질 수 있는 점에 특징이 있다.

(5) Asset-based 파이낸스

항공기 cross border 리스 분야에서는 리스크 분석의 중점이 항공사에서 항공기 자체 또는 항공기 제조회사로 이행하는 움직임이 뚜렷해지고 있다. 항공기 정비관리 프로그램은 잘 짜여져 있는데다 항공사에 대한 파이낸스는 최초 인도부터 refinance의 기간을 포함해 20년이었던 사례가 있어 장기화되는 경향도 엿볼 수 있다. 또한 제3세계 국가의 항공사들은 투자자 모집 파이낸스의 2차 리스로서의 유력한 시장을 제공하게 된다. 투자자 모집 파이낸스에 대한 활동을 촉진시키는 세계적인 리스기능의 다양화에 대해서는 다음과 같은 리스 거래환경 요인을 지적할 수 있다.

① 각국 항공사의 민영화
국영 항공사의 민영화가 진전되면 각국 정부의 보증 지원을 받아내기가 어려워지며, 크로스보더 리스를 컨트리 리스크에 맞추는 기회가 그만큼 축소되는 것을 의미한다. 반면에, 민영화한 항공사는 보다 유연한 소유 항공기의 편성 및 평가에 유리한 재무비율을 요구받게 된다.

② 항공 규제완화
미국에서 볼 수 있듯이 항공행정의 규제완화로 항공사간의 경쟁심화나 흡수합병을 통한 재편성 및 경쟁에 의한 보유항공기 편성 다양화 등이 나타나고 있다. 그 결과 향후 민간항공기의 수요는 늘어날 것으로 예상되며, 투자자 모집 파이낸스로서의 리스 및 오퍼레이팅 리스는 이 수요에 맞는 효과적인 금융수단 또는 설비조달 수단이 될 수 있다.

③ 항공기 제조사업자간 경쟁과 항공기 제조기술의 진보
항공기 종류나 사양의 다양화, 신형기 개발이 촉진되면 투자자 모집 파이낸스의 기초가 더 확충될 것이며, 리스의 투자자 모집 파이낸스화를 크게 진전시키는 결과가 된다. 또한 항공기 제조회사의 각종 보증도 더 일반화될 것으로 기대된다.

④ 컨트리 리스크의 증가
누적채무국을 비롯한 개발도상국에서는 외화자금 회전의 파탄으로 인한

송금정지, 채무 reschedule의 발생 가능성, 항공사의 만성적인 자금 부족 등에 따라 금융기관은 끊임없이 컨트리 리스크에 노출되고 있지만, 오퍼레이팅 리스 또는 투자자 모집 파이낸스가 컨트리 리스크를 경감하는 유효한 수단이 될 수 있다. 이는 항공기라는 자기이동 능력을 가진 국제적인 물건의 특성 때문에 계약사고가 발생했을 경우에 기체의 점유회복과 그에 따른 전매, 전(轉)리스에 의한 투입자본의 회수만 가능한 것이 아니다. 리스채권 또는 리스사업자가 제공하는 신용공여로서의 할부채권 자체가 은행이 제공하는 론(loan)채권에 비해 채무지연 협상의 대상이 되기 어려우며, 임차인의 국가에서 일시적인 외화자금 회전문제가 발생해도 이러한 지급이 우선시된다는 것을 의미하고 있다. 그 이유는 리스채권은 용역계약의 대가이며, 할부채권은 무역금융 또는 그에 준하는 취급을 받기 때문이다. 또한 자국의 재정당국이 부가한 여러 규제에 따라 해당국 항공사의 항공기 신규 구입과 대외채무 확충에 규제를 받을 경우, 항공사는 자사의 기재수준을 업그레이드하고 개도국 채무에 대한 제약을 회피하는 효과적인 항공기 파이낸스 방식이 요구되며, 리스크를 asset 기준으로 맞추는 오프 밸런스 거래의 크로스보더 리스로 처리할 수 있게 된다.

⑤ 리스회계 기준 및 세무처리의 고도화에 대한 대응과 거래의 실체에 적합한 처리의 요구

각국의 세제 및 법제가 계약형태보다도 실질 경제를 중시하게 되는 것이 asset 베이스 파이낸스에 대한 이용을 조장하고 있다.

⑥ 중고기 시장의 확대 가능성

구미의 유력한 오퍼레이팅 리스회사의 신형기 도입과 관련된 파이낸스 경쟁을 심화시켜, financer 입장에서 이 사업의 매력도가 떨어지고는 있지만, 항공기 대량발주의 결과로 중고기 시장에 기재가 다수 방출될 것으로 예상된다. 시장에 대량으로 방출되는 중고기는 이익률을 크게 기대할 수 있는 투자자 모집 파이낸스나 오퍼레이팅 리스의 사업기회를 제공할 것이다. 단 중고기를 흡수하는 시장이 충분이 있는지 여부는 별개의 문제이다.

(6) 항공기 수급의 결정요인

세계 항공운송업계는 항공 규제완화정책에 의한 항공사의 파산, 신흥 저비용항공사(LCC; Low Cost Carrier)의 등장, 유럽의 항공자유화정책, 세계적인 항공사의 자본제휴에 의한 재편성의 촉진, 테러나 전염병 확대 등 격동 속에 있지만, 항공기 리스사업과 항공기 수급관계를 파악 · 인식하는 것은 항공운송사업자로서 이러한 리스크에 대응하여 경영전략을 수립할 때 매우 중요한 요소이다. 신형기 및 중고기의 수급을 정확하게 예측하기 위해 아래와 같은 요인 분석이 필요하다.

① 항공사의 이용 예측

항공사가 항공기 제조회사에 신조기를 발주하는 경우에는 다양한 데이터를 예측하고, 조달해야 할 기재를 결정한다. 항공사들은 자사의 운항노선에 대해 향후의 유상여객수, 유상여객 km, 좌석이용율(유상여객 km/유효좌석 km)의 수준을 예측하고, 자사의 운항노선의 거리와 해당 노선에서의 운항횟수 등을 고려하면서 필요한 항속거리나 규모에 대해서 검토하며 적절한 기재를 조달하게 된다. 따라서, 경기변동 등에 따라 여객수송량이 줄어들 것으로 예측될 경우에는 기재조달을 억제하며, 여객수가 늘어날 것으로 예상되는 경우에는 기재조달의 증가가 예상된다.

② 항공사의 수익 현황

항공사의 재무상태가 항공기수급에 미치는 영향으로서, 수익 악화가 뚜렷해지면 기재의 인도 연기 또는 구입계약 취소 등 신형기에 대한 수요는 줄어든다. 이 경우 일시적으로 중고기로 수요가 이전하는 경우도 있지만, 수익 악화가 더 계속되면 중고기 수요도 줄어들 것으로 예상된다.

③ 연료가격의 동향

향후 연료가격의 동향에 따라서도 항공기 수요는 변동한다. 항공사가 향후 연료가격이 상승기조로 예측되면 신형기나 중고기라도 경제성이 높은 기체 수요가 많아지며, 반대로 연료가격이 안정 또는 하락할 것으로 예측되면 연료효율이 다소 떨어져도 중고기 수요는 늘어난다.

④ 항공기 제조회사의 공급능력

항공기 제조회사의 공급능력도 항공기 수요에 영향을 미치는 요인이다. 신형기의 확정 발주가 늘어나면, 항공사에 대한 기체 인도가 늦어질 수 있기 때문에 항공사들은 부족한 기재를 중고기 시장에서 조달해야 하므로 중고기 수요가 늘어난다.

⑤ 소음규제의 강화

향후 소음규제 강화에 대해서는 각국에서 다양한 제안이 나오고 있으며, 소음규제 강화가 항공기시장에 미치는 영향도 클 것이다. 예를 들어 현재 운항이 인정되고 있는 형식의 기재라도 허쉬킷(엔진을 둘러싼 나셀 보수)이나 엔진 교환을 의무화한 경우에는 그것이 실시되지 않는 한, 해당 기재의 가치는 떨어지게 된다.

⑥ 항공기 시장의 확대 경향

각 항공기 기종이 항공기 시장에 얼마만큼 존재하는지도 의사결정요인 중 하나가 된다. 항공기 시장에 다수 존재하고 있는 기종에는 그만큼 해당 라이센스를 가진 조종사나 정비사의 수도 많고, 항공사 입장에서 수요가 많은 기종이 될 수 있다.

⑦ 항공시설의 정비와 혼잡 공항

공항의 항공기 이착륙 편수 및 이용자수가 늘어남에 따라 공항시설의 혼잡 추세가 뚜렷해지고 있다. 주요 공항에서는 확장공사 등의 대책에 따라 시설용량이 늘어나고 있지만, 자금부족이나 소음대책 등의 문제에 따라 정비가 이를 뒤쫓아가지 못하고 있는 경우가 많다. 이와 같이 공항시설의 혼잡 해소 여부는 한번에 다수의 여객 및 다량의 화물을 수송할 수 있는 대형기 수요가 기대되고 있는 경우에는 중요한 검토 대상이 된다.

참고문헌

[1] 하바라 게지(羽原敬二) (1997) 『항공기파이낸스의 제반문제』연구쌍서 제150권, 간사이대학경제 · 정치연구소.

[2] 하바라 게지(羽原敬二) (1998) '항공기파이낸스에 관한 고찰' 『공법』제39호, 일본공법학회, 27~54p.

[3] 하바라 게지(羽原敬二) (1998) '항공기파이낸스의 발전에 대해서' 『월간리스』제27권7호, 사단법인리스사업협회, 2~13p.

[4] 하바라 게지(羽原敬二) (1998) '항공기오퍼레이팅 리스사업의 전개와 조건' 『월간리스』제27권8호, 사단법인리스사업협회, 2~12p.

하바라 게지(羽原敬二)

국제항공화물과 글로벌 로지스틱스

CHAPTER

09

항공경제학

국제항공화물과 글로벌 로지스틱스

기업활동의 국제화가 확산됨에 따라 국제항공화물 수송량이 점점 늘어나고 있다. 본 장에서는 우선 국제항공화물 동향으로 세계 및 일본의 국제항공화물 수송량 추이, 국제항공화물의 주요 상품별 수출입액과 항공 점유율, 국제화물수송 분야에서 항공의 위치와 형태 및 특성 등을 중심으로 살펴보고자 한다. 그리고 국제분업의 발전과 국제항공화물의 미래에 대해 우선 아시아지역의 안행[雁行; flying gees, 기러기 떼의 날음(역자주)]형태적 발전을 살펴본 다음, 일본 항공사들의 수직적 분업과 역수입 및 중간재 수출 현황을 다루고, 나아가 국제물류기업의 전략과 국제항공화물 수송네트워크를 고찰하기로 한다. 여기에서는 국제항공화물 이동에 있어서 아시아 주요도시의 허브화에 대해 간단한 분석결과를 소개하고자 한다.

항공운송사업에서 화물을 안전하고 확실하게 수송하기 위해서는 운송계약과 보험계약의 체결이 필요하다. 우선 항공운송장은 화물을 항공기로 운송할 때에 항공사가 발행하는 화물수취증으로 운송계약의 성립을 입증하는 서류이며 화물의 유통을 보증하는 가장 기본적인 운송서류이다. 항공운송장은 선하증권(B/L)과 달리 유가증권이 아니며 유통성은 없지만, 맡고 있는 기능은 다양하다. 항공화물에 관한 보험은 화주의 소유이익 보험인 화물보험과 항공운송사업자의 책임을 담보하는 항공화물배상 책임보험이 있고, 각각의 의의와 필요성에 대해 살펴보고자 한다.

국제항공화물의 동향 01

(1) 국제항공화물 수송량의 추이

<표 9-1>은 지난 20년간 지역별 국제항공화물 수송실적의 추이를 나타내고 있

다[1]. 그동안 전세계 국제항공화물 수송량은 연평균 약 7.7% 성장하여 약 4배 성장하였다. 특히, 아시아 · 태평양지역은 연평균 성장율 약 9.5%로 수송량은 5.4배로 크게 증가하였고, 2002년 수송실적은 약 380억 톤킬로로 전세계 총량의 약 40%를 차지하고 있다.

<표 9-1 ①>은 2002년 국제항공화물 취급량에 대해 세계 공항 순위를 나타내고 있다[2]. 특히,아시아 · 태평양지역의 경우, 홍콩, 도쿄, 서울, 싱가포르가 상위 4개 공항을 독점하고 있으며, 특히 중국을 배후지로 하는 홍콩의 취급량은 약 250만톤에 달하고 있다. 또한, 일본의 국제항공화물 대부분은 도쿄 또는 오사카를 경유하여 수출입되고 있다는 것을 알 수 있었다(<표 9-1 ②> 참조). 이상에서 알 수 있듯이, 국제항공화물 수송은 아시아 · 태평양지역에서 높은 성장이 예상된다.

다음으로 <표 9-2>는 지난 30년간 일본을 이착륙하는 국제항공화물 수송량의 추이를 나타내고 있다. 2003년의 국제항공화물 수출입량은 중량기준으

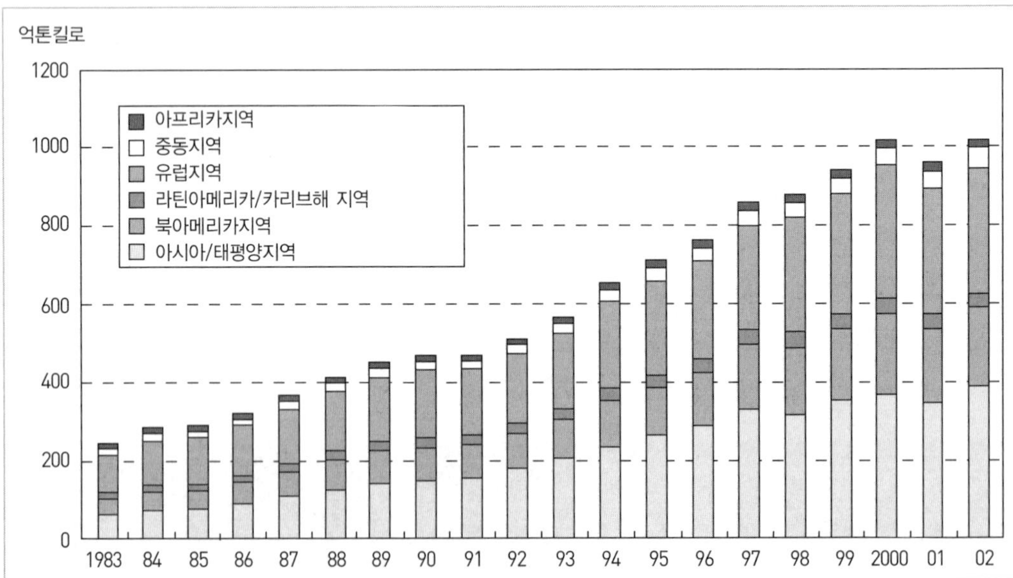

그림 9-1 ›› 국제항공화물의 지역별 정기수송실적 추이

출처) 일본항공협회 '항공통계요람' 각 년도 판에서 필자 작성.

표 9-1 》 국제항공화물 취급량에 따른 세계 공항순위(2002년)

① 세계

순위	도시명	공항	화물량 (만톤)	순위	도시명	공항	화물량 (만톤)
1	홍콩	HKG	248	11	런던	LHR	123
2	도쿄	NRT	194	12	뉴욕	JFK	116
3	서울	ICN	167	13	방콕	BKK	91
4	싱가포르	SIN	164	14	로스엔젤레스	LAX	87
5	앵커리지	ANC	148	15	두바이	DXB	76
6	프랑크푸르트	FRA	146	16	시카고	ORD	73
7	파리	CDG	137	17	오사카	KIX	72
8	타이페이	TPE	137	18	룩셈부르크	LUX	55
9	마이애미	MIA	125	19	브뤼셀	BRU	51
10	암스테르담	AMS	124	20	샤자	SHJ	50

② 일본

순위	도시명	공항	화물량 (만톤)
1	도쿄	NRT	1,942
2	오사카	KIX	722
3	나고야	NGO	132
4	후쿠오카	FUK	63
5	고마츠	KMG	21
6	도쿄	HND	7
7	센다이	SDJ	6
8	삿포로	CTS	5
9	나하	OKA	2
10	히로시마	HIJ	2

주) 앵커리지에는 transit 화물을 포함.

출처) Worldwide Airport Traffic Report 2002, ACI(국제공항평의회) 및 각 공항 HP에서 필자 작성.

로 298만톤(수출: 139만톤, 수입: 159만톤), 금액기준으로는 30조 3,608억엔(수출: 17조2,601억엔, 수입: 13조1,007억엔)이었다. 1974년에는 중량기준으로 27만톤(수출: 14만톤, 수입: 13만톤), 금액기준으로는 2조394억엔(수출: 7,742억엔, 수입: 1조2,652억엔)으로, 지난 30년간 중량기준으로 11.1배(수출: 10.3배, 수입: 12.0배), 금액기준으로 14.9배(수출: 22.3배, 수입: 10.4배) 증가한 꼴이 된다. 다만, 1995년 가격수준 대비 금액기준에 의한 실질적인 증가는 9.5배(수출: 14.2배, 수입: 6.6배)로, 금액기준으로 수출 증가가 가장 크다는 점에는 변함이 없다.

국제항공화물 수송량과 경제성장률과의 관계를 살펴보면, 일본이 가공무역으로 급속한 경제발전을 이루어옴에 따라 국제항공화물 수송량 증가율이 실질 GDP 증가율보다 높은 성장 추이를 보여왔다. 그러나 굴뚝산업에서 첨단산업으로의 구조 전환이나 경제의 서비스화, 국제분업에 따른 역수입이나 중간재수출이 증가함에 따라, 이 둘의 상관관계는 상대적으로 낮아지고 있다(이시다, 2002). 아시아 · 태평양지역을 대상으로 국제항공화물 수송량의 GDP 탄력도를 검증하였다. 그리고 실질 GDP에 대한 탄력도는 점차 하락추세를 보이고 있으나, 일본, 한국, 홍콩 등은 여전히 높은 수치를 기록하고 있으며, 앞으로도 경제성장이 지속된다면 국제항공화물 수송량의 성장률은 높을 것으로 결론짓고 있다.

(2) 국제항공화물 수송분야의 주요 상품별 수출입액과 항공 점유율

<표 9-2>는 일본 국제항공화물의 주요 상품별 수출입액을 나타내고 있다. 2003년 일본이 수출한 국제항공화물 중 기계기기가 12조7,077억엔으로 가장 많아 전체 약 73.6%를 차지하였고, 다음으로 기타 2조6,131억엔, 화학제품 1조2,895억엔이 그 뒤를 잇고 있다. 세부 품목별로는 반도체 등 전자제품이 3조6,220억엔으로 전체 약 21.0%를 차지하였고, 영상기기 1조4,227억엔, 과학광학기기 1조2,784억엔, 사무용기기 1조2,607억엔의 순이다(<표 9-2 ①> 참조).

2003년 일본이 수입한 국제항공화물의 경우, 금액이 큰 항목은 기계기기가 8조6,621억엔으로 전체 약 66.1%를 차지했다. 그리고 기타가 2조6,068억엔, 화학제품이 1조4,678억엔으로 그 뒤를 이었다. 세부 품목별로 보면, 사무용기기가

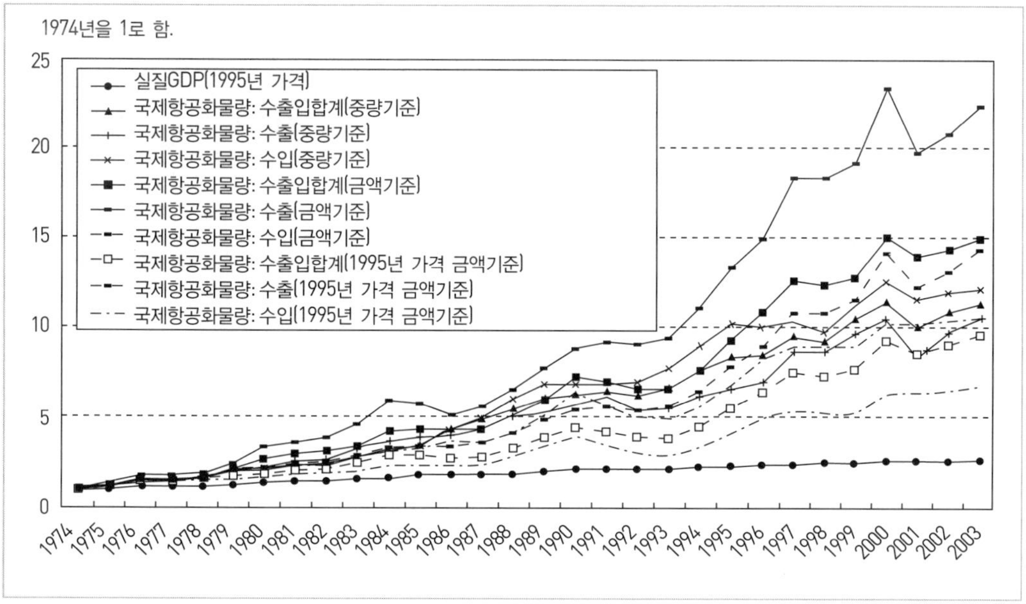

그림 9-2 》 일본이착륙 국제항공화물 수송량 추이

출처) 일본관세협회 '외국무역개황' 각 년도 판, IFS Yearbook 2000/June 2004, IMF에서 필자 작성.

2조 165억엔, 반도체 등 전자부품이 1조 9,671억엔으로 높은 비율을 차지하였다(<표 9-2 ②> 참조).

한편, 일본 무역 중에서 항공수송이 차지하는 비율인 항공점유율은 1974년 금액기준으로 수출 4.8%, 수입 7.0%, 중량기준으로는 수출 0.2%, 수입 0.02%였지만, 2003년에는 금액기준으로 수출 31.6%, 수입 29.5%, 그리고 중량기준으로는 수출 0.8%, 수입 0.2%까지 증가하였다. 품목별 항공점유율은 2001년 수출에서 화학제품 27.0%, 비금속광물제품 34.3%, 기계기기 30.3%, 기타 43.8%가 높은 수치를 보였다. 세부 품목별로는 의약품 83.7%, 진주 88.3%, 반도체 등 전자부품 85.4% 등으로 상위를 차지하였다(<표 9-2 ①> 참조). 2001년 수입에서는 화학제품 41.1%, 기계기기 61.7%, 기타 28.2%로 높았고, 항공점유율이 높은 세부항목은 살아있는 동물 92.9%, 공업용 다이아몬드 97.7%, 항공기용 내연기기 96.8%, 반도체 등 전자부품 96.8%, 전기계측기기 91.0%, 항공기 95.3%, 다이아몬드 99.7%, 귀금속 및 반귀금속 95.1% 등으로 나타났다(<표 9-2 ②> 참

표 9-2 » 일본 국제항공화물의 주요 품목별 수출입액(2003년)

① 수출

항목	수출액(억엔)	구성비(%)	항공비율(%)
식료품	193	0.1	4.7
섬유 및 섬유제품	1,304	0.8	13.8
직물	672	0.4	13.9
의류	232	0.1	42.6
화학제품	12,895	7.5	27.0
의약품	3,126	1.8	83.7
비금속광물제품	2,026	1.2	34.3
진주	224	0.1	88.3
금속 및 금속제품	2,976	1.7	8.4
금속제품	1,738	1.0	20.7
기계기기	127,077	73.6	30.3
사무용기기	12,607	7.3	46.8
영상기기	14,227	8.2	73.8
음향기기	629	0.4	34.9
반도체 등 전자부품	36,220	21.0	85.4
전기계측기기	4,496	2.6	48.7
항공기	164	0.1	10.2
과학광학기기	12,784	7.4	51.3
시계	725	0.4	61.4
기타	26,131	15.1	43.8
합계	172,601	100.0	29.7

주) 항공비율에 대해서는 항공진흥재단 '숫자로 보는 항공 2003' p. 4에서 인용. 여기에서는 데이터 관계상 2001년 항공비율을 나타내고 있다.

출처) 일본관세협회 '외국무역개황' 2004년 5월에서 필자 작성.

조). 이와 같이 가볍고 작은 고부가가치제품이나 시간가치가 높은 제품을 중심으로 항공화물 수송이 이루어지고 있음을 알 수 있다.

② 수입

항목	수출액(억엔)	구성비(%)	항공비율(%)
식료품	2,898	2.2	5.9
살아 있는 동물	172	0.1	92.9
원료 및 연료	742	0.6	0.7
공업용 다이아몬드	62	0.0	97.7
화학제품	14,678	11.2	41.1
의약품	6,155	4.7	84.1
기계기기	86,621	66.1	61.7
항공기용 내연기관	2,929	2.2	96.8
사무용기기	20,165	15.4	77.9
음향 · 영상기기	4,992	3.8	29.7
반도체 등 전자부품	19,671	15.0	96.8
전기계측기기	3,797	2.9	91.0
항공기	4,972	3.8	95.3
과학광학기기	9,209	7.0	77.4
시계	1,768	1.3	84.3
기타	26,068	19.9	28.2
다이아몬드	1,147	0.9	99.7
귀금석 및 반귀금석	201	0.2	95.1
비철금속	2,307	1.8	28.2
금속제품	979	0.7	20.3
합계	131,007	100.0	29.7

주) 항공비율에 대해서는 항공진흥재단 '숫자로 보는 항공 2003' p. 6에서 인용. 여기에서는 데이터 관계상 2001년 항공비율을 나타내고 있다.

출처) 일본관세협회 '외국무역개황' 2004년 5월에서 필자 작성.

(3) 국제항공화물 수송의 형태 및 특성

항공화물수송은 화물전용기(freighter)로 수송되는 것과 결합생산물인 여객기의 밸리(belly; 하부화물칸)로 수송되는 것이 있으며, 그 비율은 대략 반반 정도이다[3]. 전세계에 노선네트워크가 형성됨에 따라 여객기의 목적지 수나 편수가 늘어남과 동시에 화물전용기의 취항도 증가하였다. 따라서 과거에는 해상수송의 보완적 수단에 불과했던 항공수송이 부분적이기는 하지만 현재는 국제화물수송에서 해상수송과 대체적 혹은 경쟁적 수단으로 그 역할이 변화되고 있다는 것을 알 수 있다.

화주에 따라 항공화물수송이 선택되는 요인은 아래와 같은 경우를 들 수 있다[데라다(寺田), 1995].

① 귀금속이나 전자부품 등 중량당 가치가 높은 경우
② 어패류를 비롯한 신선식품이나 화훼를 중심으로 한 식물 등 신선도 때문에 수송시간에 상한이 있는 경우
③ 살아있는 동물 등 장시간 수송에 견딜 수 없는 경우
④ 신상품이나 히트상품 또는 A/S용 부품 등 마케팅전략상 · 영업활동상 조기 출하가 필요한 경우
⑤ 고속이고 정기적인 납품에 따라 정상적인 재고를 압축하고자 하는 경우 (저스트 인 타임 물류)
⑥ 해상수송중의 진동/적재 화물 붕괴나 항만 하역중의 충격으로 인한 손해 등의 리스크를 회피하고자 하는 경우
⑦ 긴급화물의 수송이나 납기지연 제품을 수송하는 경우

최근에는 다빈도 소량생산이나 제품의 콤팩트화로 운임 부담이 늘어난 결과, 잠재적인 항공화물수요가 표면화되어 왔다. 그리고 규제완화로 인한 운임하락이 추가적인 항공화물수요를 확대시켰다. 해상운임과 항공화물의 운임은 몇 배나 차이가 나기 때문에 고부가가치이고 시간가치가 높은 제품을 중심으로 화물수송의 항공이용이 더욱 일반화되었다고 할 수 있다.

국제분업의 진전과 국제항공화물의 향후 발전방향[4] 02

(1) 아시아지역의 안행형 발전형태

<표 9-3>은 아시아지역의 안행형 발전형태를 나타내고 있다. 아시아지역의 경제발전은 일본을 선두로 고차원 산업이 타지역으로 단계적으로 이행하는 형태로 진행되고 있다. 예를 들어, 일본은 연구개발거점(R&D)과 첨단제품, NIE 3개

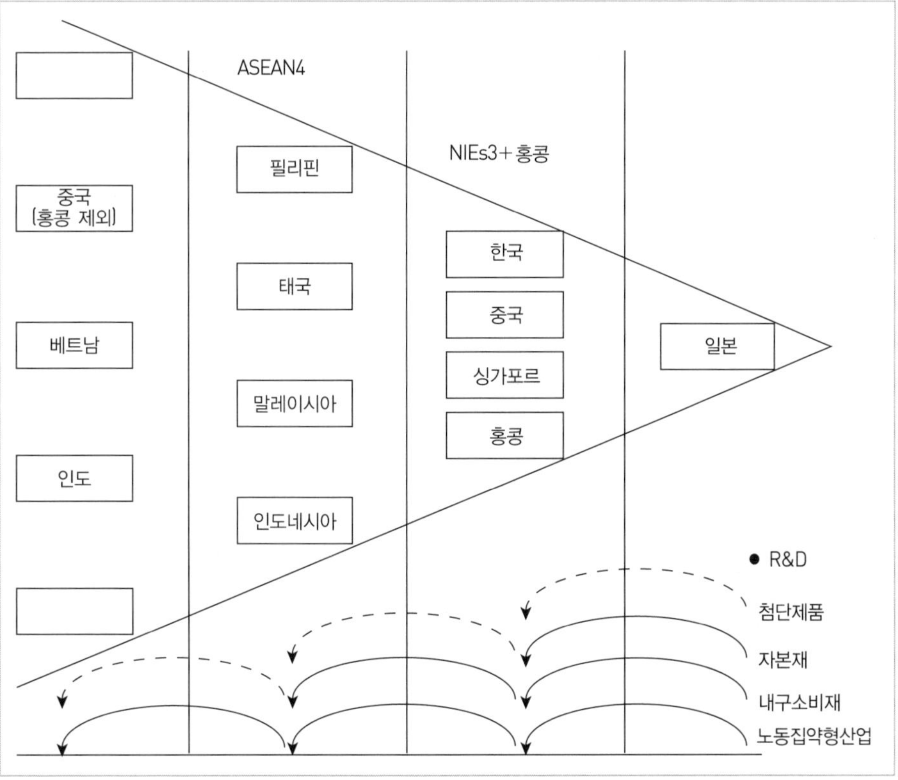

그림 9-3 》 아시아지역의 안행(Flying Geese)형 발전형태

주) 홍콩은 1997년 7월 중국반환을 계기로 NIEs4에서 제외되었으나, 여기에서는 실제 상황을 반영하여 NIEs3+홍콩, 중국(홍콩을 제외)으로 하였다. 산업이전을 나타낸 곳에서 실선은 이미 산업이 이행한 것을, 점선은 현재 그 산업이 이행하고 있거나 향후 이행할 것임을 의미한다.

국(한국, 대만, 싱가포르)과 홍콩은 자본재와 첨단제품, ASEAN 4(필리핀, 태국, 말레이시아, 인도네시아)는 내구소비재와 자본재, 그리고 중국(홍콩을 제외), 베트남, 인도 등은 노동집약형 산업의 입지와 내구소비재의 일부 생산이 이루어지고 있다. 이와 같은 발전형태는 기러기가 열을 이루어 비행하는 모습을 본따서 '아시아지역의 안행형 경제발전론(Flying Geese Theory)' 이라 불린다[5].

글로벌화가 가속화되고 있는 지금, 과거와 같은 완성품 무역뿐만 아니라, 기업도 국경을 초월한 생산활동이나 경영활동이 이루어지고 있다. 특히, 인근 아시아국가들과 관련해서는 일본기업의 진출에 따라 국제분업이 전개되어 경제적인 결합관계가 더 밀접해지고 있다[후지타(藤田) 외, 1997]. <표 9-4>는 1985년부터 2003년까지 일본 제조업의 해외생산비율 동향을 나타내고 있다. 2002년 실적은 국내 전법인(제조업) 기준으로 약 17.1%, 해외진출기업(제조업) 기준으로는 약 41.0%를 기록하여 모두 사상 최고치였다.

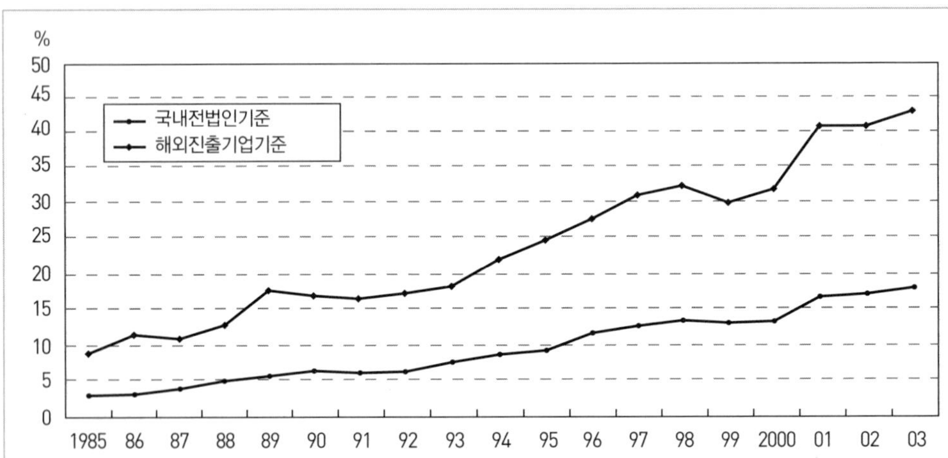

그림 9-4 ≫ 일본 제조업의 해외생산비율의 동향

주) 국내법인기준 해외생산비율 = 현지법인(제조업) 매출/국내법인(제조업)매출 × 100
해외진출기업기준 해외생산비율 = 현지법인(제조업) 매출/본사기업(제조업)매출 × 100
국내법인 매출에 대한 출전은 법인기업통계(재무성).
2003년은 장래수치.
본사기업이란 금융 · 보험업 · 부동산업을 제외한 해외로 현지법인을 가지는 일본 기업.
출처) 경제산업성 '해외사업활동기본조사' 1999년판 및 2003년판에서 필자 작성.

2003년 전망은 국내 전법인기준 약 18.0%, 해외진출기업기준으로는 약 43.3%로 해외생산이 더욱 더 진행될 전망이다. 2002년 국내 전법인(제조업)기준으로 업종별 해외생산비율을 살펴보면, 운송기계 약 47.6%, 전기기계 약 26.5%, 화학 약 15.5%, 정밀기계 약 14.8% 등으로 높은 경향을 보였다.

(2) 일본 기업의 수직적 분업과 역수입 및 중간재 수출 현황

<표 9-2>에 나타난 바와 같이, 지난 30년 동안 일본을 이착륙한 국제항공화물 수송량은 꾸준히 증가하고 있다. 그 중에서도 특히 금액기준으로 본 수출이 크게 증가하고 있는데, 이는 반도체 등 전자부품의 수출이 크게 늘어나고 있는 것이 주요 요인 중 하나이다. <표 9-5>에서 알 수 있듯이, 반도체 등 전자부품의 수출액은 1974년 530억엔이었지만, 2003년에는 3조6,220억엔까지 증가해 지난 30년간 약 70배나 늘어났다. 항공으로 수송되는 중간재의 증가는 일본 기업의 수직적 분업이 아시아지역에서 이루어지고 있는 결과라고 할 수 있다.

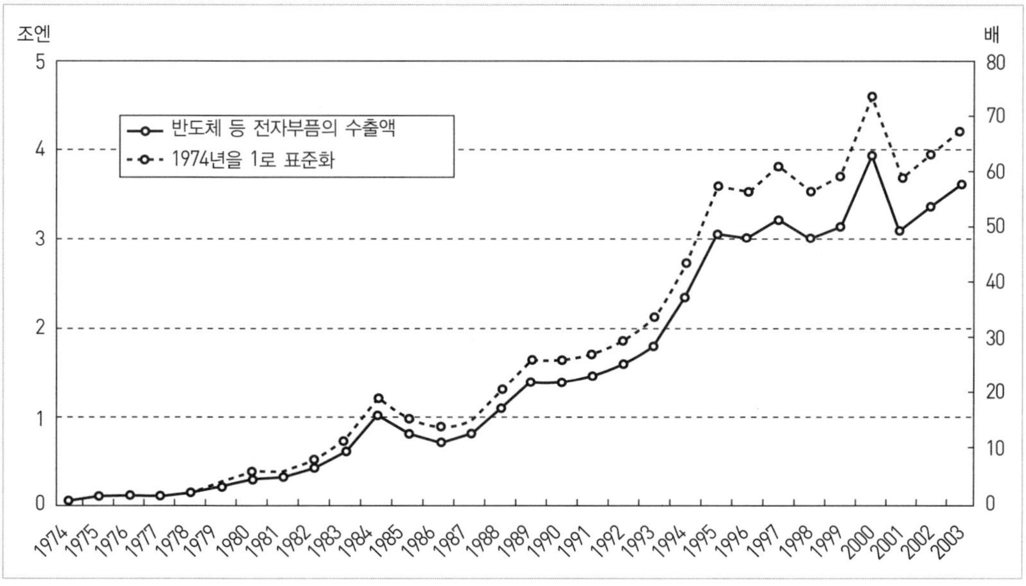

그림 9-5 » 항공에 의한 반도체 등 전자부품의 수출액 추이

주) 1974~1985까지의 상품표시는 '열전자관 반도체 등'으로 되어 있음.
출처) 일본관세협회 '외국무역개황' 각년도 판에서 필자 작성.

일본 기업의 해외생산 이전이나 확충이 국내생산에 미치는 영향으로는 적어도 두 가지 상반되는 작용이 있다. 하나는 현지에서 생산된 제품이 일본에 수입되는 '역수입효과' 이다. <표 9-6>과 같이, 일본 제조업 현지법인에서 역수입되는 총액은 1986년 8,500억엔에서 2002년에는 7배 이상인 약 6조3,000억엔으로 사상 최고액을 기록하였다. 그 중 아시아지역에서의 역수입액은 2002년 약 5조2,000억엔으로 약 83%를 차지하였다. 특히 아시아지역에서도 ASEAN 4에서의 역수입액이 가장 크고, 최근에는 중국에서의 역수입액이 증가하고 있는 추세이다. 업종별 역수입액을 살펴보면, 정보통신기계가 약 절반을 차지하며, 전기기계가 그 뒤를 잇고 있다. 한편, 일본의 총수입액 중에서 차지하는 역수입총액의 비율도 상승 추세에 있으며, 2002년 총수입액 중 약 14.8%가 역수입에 의한 것이다.

또 하나는 일본의 중간재수출을 유발하는 '수출유발효과' 이다. 예를 들어, 전자부품을 일본에서 수입해서 가전제품을 조립하는 해외현지법인들은 일본산 중간재를 수입하여 생산활동을 하는 경우가 많다. <표 9-5>에서 알 수 있듯이,

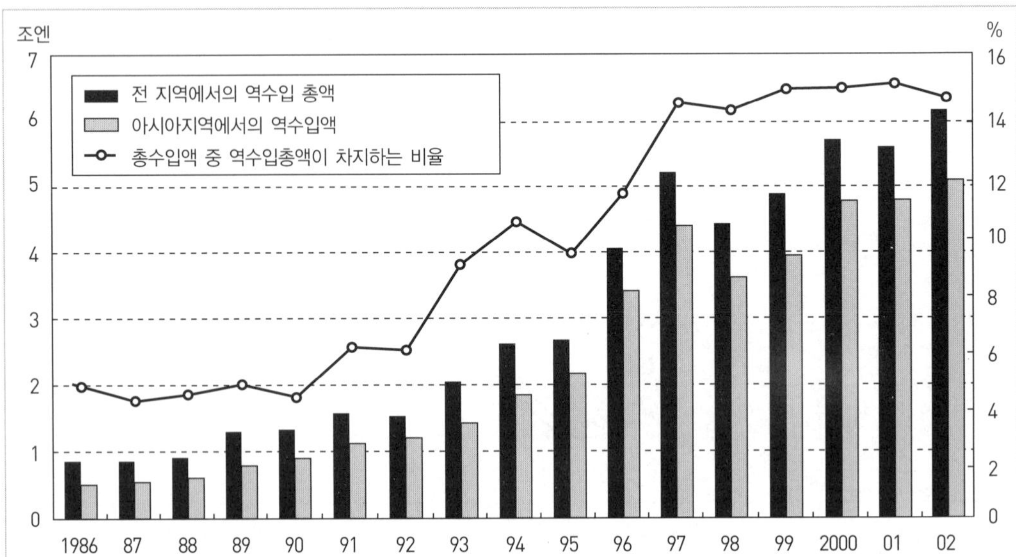

그림 9-6 》 일본의 역수입 동향

주) 역수입액에 대해서는 석유석탄 · 종이펄프 · 식료품을 제외한 제조업에서 집계.
출처) 경제산업성 '해외사업활동기본조사' 각년도 판에서 필자 작성.

중간재인 반도체 등 전자부품의 항공수출액은 지난 30년간 뚜렷이 증가하였다. <표 9-7>에 나타난 바와 같이, 1986년 일본의 제조업 현지법인 대상 중간재 수출총액은 4조3,000억엔 이었으나, 2002년에는 약 15조 1,000억엔으로 약 3.5배 증가하였다. 이 중 아시아지역 대상 중간재 수출액은 2002년 현재 약 5조 1,000억엔으로 약 34%를 차지하였다. 업종별 비율내역을 보면, 수송기계가 약 절반을 차지하였고, 정보통신기계를 합친 두 업종 합계가 전체의 약 70%를 차지하고 있다. 한편, 일본의 총수출액에서 차지하는 중간재 수출총액의 비율도 상승 추세에 있으며, 2002년 총수출액 중 약 30.1%가 중간재 수출에 의한 것이다.

이와 같이 일본기업의 해외생산 이전이나 확충은 역수입을 촉진하는 한편, 일본에서 중간재 수출을 유발하여 국내생산에 긍정적인 영향을 미친다. 생산비용 절감에 박차를 가하고 있는 일본기업의 해외사업활동의 진전으로 인하여 일본의 제조업 현지법인에서의 역수입은 점차 증가하고 있으며, 동시에 일본의 제조업 현지법인에 대한 중간재 수출도 늘어남에 따라 아시아지역의 분업체제

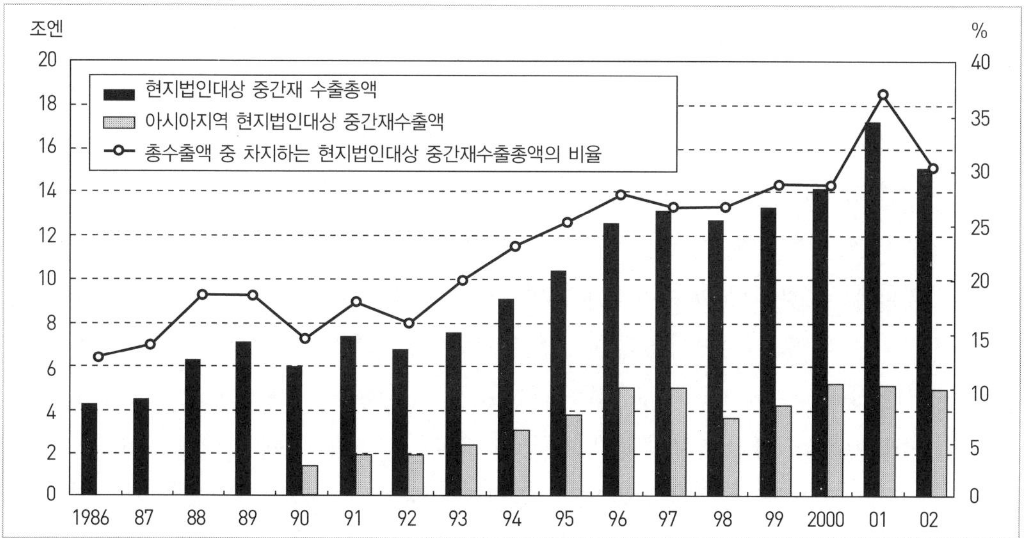

그림 9-7 » 일본의 중간재수출 동향

주) 중간재수출액에 대해서는 석유석탄 · 종이펄프 · 식료품을 제외한 제조업에서 집계.
출처) 경제산업성 '해외사업활동기본조사' 각년도 판에서 필자 작성.

는 더욱 강화될 것이다. 그리고 일본기업이 해외 생산거점을 확대하여 아시아 지역의 국제분업을 진행한 결과, 항공기를 통한 중간재나 최종제품 또는 고부가가치이며 시간가치가 높은 제품의 수송 촉진으로 이어질 것이다.

(3) 국제물류기업의 전략과 국제항공화물 수송네트워크

국제항공화물은 귀중품이나 동물, 위험물 등 특수화물을 제외하고 대부분 항공화물 포워더(혼재업자)가 수송한다. 예를 들면, 일본 수출항공화물 수송의 대부분은 일본통운이나 긴테츠익스프레스, 유센항공 등 대형 포워더에 의해 이루어지고 있다. 그리고, 이러한 항공화물 포워더들은 종래부터 혼재업무뿐만 아니라, 화주의 로지스틱스 전략에 맞추어 서비스 수준을 향상시켜 왔다[미야시타(官下), 2002]. 즉, 조달/생산/판매과정의 물류업무 전반을 개혁하여 화주들에게 최적의 전략적 물류시스템을 제공하도록 요구받아온 것이다. 한편, 최근 성장이 뚜렷한 분야가 국제택배 운송분야이다. 국제택배는 courier(서신)수송과 small package(소포)수송으로 이루어지며, 제조업이나 상사 등이 서류나 상품 샘플, 부품 등의 고가화물을 급송할 때에 이용된다.

다음으로는 캐리어업, 포워더업, 그리고 국제택배업 등 국제물류사업의 전반을 갖추고 있는 Integrated Carrier인 Federal Express사(Fedex)의 국제항공화물 수송네트워크를 중심으로 국제물류업으로서의 기업전략을 개관해보기로 한다. Fedex는 미국내는 물론 전세계 210개국 이상의 지역에 서비스를 제공하고 있으며, 이는 허브 앤 스포크형 수송시스템을 갖추고 있으므로 인하여 가능하게 되었다. 예를 들어 미국내에서는 Super Hub인 멤피스(테네시주)를 최상위로 하여, 인디아나폴리스(인디아나주), 포트워스(텍사스주), 앵커리지(알래스카주)가 National Hub, 뉴악(뉴저지주)과 오클랜드(캘리포니아주)가 Regional Hub, 시카고(일리노이주)와 로스엔젤레스(캘리포니아주)가 Metroplex로서 자리잡고 있다. 또한 Global Network으로서는 스탠스티드(영국), 프랑크푸르트(독일), 파리(프랑스), 도쿄(일본), 오사카(일본), 수빅만(필리핀), 그리고 두바이(아랍에미리트)가 화물집배거점으로서 선정되어 있다[6].

해외로 생산거점 이전을 추진하고 있는 제조업 분야에서는 본국의 기획/설계/개발부문과 해외의 생산부문간 이루어지고 있는 서류나 샘플 배송 및 반제품이나 부품 등의 중간재 수송에는 일반적으로 까다로운 수송일자나 기간제약이 있는 경우가 많다. 이와 같이 화주의 글로벌 로지스틱스 전략에 대응하는 것이야말로 오늘날 국제물류기업이 생존할 수 있는 전략 중 하나이며, 이 때문에 항공화물수송이 맡은 역할은 크다.

칼럼 ⑦: 국제항공화물 이동에 있어서 아시아 주요도시의 허브(거점)성

마츠모토(松本, 2004)는 GDP와 인구 및 거리로 구성된 기본적인 중력모델에 도시 더미변수를 도입하여 국제항공화물 이동에 있어서의 아시아 주요도시의 허브(거점)의 특성에 대한 시간에 따른 변화를 분석하였다. 우선 국제항공화물 이동을 설명할 때에는 아시아국가간의 경제력 격차가 점점 줄어들고 있으므로 GDP로는 설명되기 어려운 부분이 있는 반면, 기업이 국적을 초월한 공장배치의 결과, 인구는 그 영향력이 커지고 있다. 한편, 화물은 시간에 별로 민감하지 않고, 또 국제항공의 헙-앤드-스포크 네트워크 도입으로 거리는 이동 저항으로서의 중요성이 작아지고 있다.

또한 국제항공화물 이동에 있어서 아시아 주요도시의 허브(거점)의 특성에 대한 시간에 따른 변화에 대해서는 오사카와 서울, 홍콩이 상승 추세에 있고, 도쿄, 타이페이, 그리고 싱가포르는 거의 일정하고, 방콕의 경우에는 하락 추세였다. 특히 1994년 간사이국제공항이 개항한 오사카의 경우에는 신공항 개항에 따른 공항용량의 증가로 인해 잠재적인 화물수요가 뚜렷해졌고, 도쿄의 경우 공항의 용량제약이 영향을 주고 있다고 판단할 수 있다. 대체적으로 예전부터 국제무역의 중계지로서 큰 역할을 맡고 있는 싱가포르와 세계적인 도시인 도쿄와 함께 배후지에 중국이 있는 홍콩의 허브(거점)에 대한 역할이 점차 커지고 있으며, 동시에 아시아지역의 허브화전략을 추진하고 있는 서울의 허브(거점)에 대한 역할 상승이 뚜렷해졌다.

마츠모토 히데노부(松本秀暢)

주석

1) 지역구분에 대해서는 국제민간항공기구(ICAO)에 따른다. 특히 아시아/태평양 지역이란 북으로는 몽골, 서로는 아프가니스탄 및 파키스탄까지, 유럽지역과는 구 소비에트연방을 포함한 지역을 가리킨다.

2) 2002년 국제/국내항공화물 취급량에 따른 세계 공항순위에서는 멤피스가 339만 톤으로 세계에서 가장 많았다. 그 외에도 루이빌(152만톤), 인디아나폴리스(90만톤)도 상위 20대 공항에 포함되었으며, 이 공항들은 Fedex나 UPS의 허브로 지정되어 있다.

3) 이 외에도 국제선의 경우에는 combi라 불리는 객실의 일부를 화물칸으로 개조한 기재로 수송되기도 하지만, 극히 소량이다.

4) 국제항공화물에 대해 고찰한 논문은 다수 있지만, 여기에서는 국제분업과 관련해 국제항공화물의 위상에 초점을 맞추었다. 일본 제조업의 해외 생산거점 전개의 상세 사항에 대해서는 Fujita and Ishii(1998)를 참조하고, 해외사업 전개를 추진하는 화주의 로지스틱스의 국제항공화물수송의 최근 동향에 대해서는 Reynolds-Feighan(2001) 등을 참조할 것.

5) '안행형 경제발전론'의 이론적 전개 및 과제에 대해서는 고지마(小島) (2003, 2004)를 참조할 것. 이 글에서는 1930년대에 아카마츠 가나메가 제창한 안행형태론에서 한발 나아가 협조분업에 의한 산업내 무역 추진에 의해 미국/유럽/동아시아 3극간의 국제협조체제를 구축하고 있다.

6) Fedex는 2008년에 수빅만(필리핀)의 화물집배거점을 광저우(중국)로 이전하기로 하였다.

참고문헌

[1] 이시다 노부히(石田信博)로 '아시아 · 태평양지역의 항공화물수송과 GDP' 『항공과 공항의 경제학』 간사이공항조사회, 2002년, 31~44p.

[2] 고지마 기요시(小島清) 『안행형경제발전론 제1권–일본경제 · 아시아경제 · 세계경제–』, 『안행형경제발전론 제2권–아시아와 세계의 신질서–』 문진당, 2003년, 2004년.

[3] 데라다 가즈시게(寺田一薰) '국제항공화물' 항공정책연구회편『현대의 항공수송』 케이소서방(勁草書房), 1995년, 91~107p.

[4] 후지타 마사히사(藤田昌久) · 히사다케 마사토(久武昌人) '일본과 동아시아의 지역경제시스템의 변용–새로운 공간경제학 시점에서의 분석–'『통산연구리뷰』 제13호, 1997년, 40~99p.

[5] 마츠모토 히데노부(松本秀暢) '국제항공여객 · 화물유동에서 본 아시아주요도시의 허브(거점)성에 관한 고찰–1982년도부터 2000년도까지 시계열 데이터를 원용하여–'『항정연시리즈(특별호)』항공정책연구회, No.436, 2004sus, 65~93p.

[6] 미야시타 구니오(官下國生)『일본물류업의 글로벌 경쟁』 치쿠라쇼보(千倉書房), 2002년.

[7] Aisling J. Reynolds-Feighan(2001) "Air-Freight Logistics", *Handbook of Logistics and Supply-Chain Management*(A.M.Brewer et al eds), Oxford, Elsevier Science Ltd, 431-439.

[8] Fujita, M. and Ishii, R.(1998) *Global Location Behavior and Organizational Dynamics of Japanese Electronics Firms and Their Impact on Regional Economics*, The Dynamic Firm, London, Oxford University Press, 343-383.

[9] Matsumoto, H.(2003) "Hub-ness of Asian Major Cities in terms of International Air Passenger and Cargo Flows", *The Korean Transport Policy Review* 10(1), 103-123.

[10] Matsumoto, H.(2004) "International Urban Systems and Air Passenger and Cargo Flows:Some Calculations", *Journal of Air Transport Management* 10(4), 239-247.

마츠모토 히데노부(松本秀暢)

항공운송장과 항공화물에 관한 보험 03

(1) 항공운송장의 의의와 기능

항공운송장은 항공적하 수취증이라고도 불리며, 화물을 항공기로 운송할 때에 항공사가 발행하는 화물수취증이다. Air Waybill 또는 Air Consignment Note라고 하며, AWB라고 표시한다. 항공사가 발행하는 Air Waybill과 항공화물혼재업자(Consolidator)가 발행하는 Air Waybill을 구별하기 위해, 혼재업자가 혼재화물을 1건의 거액화물로서 항공사에 반입할 때에 항공화물대리점을 통해 발행되는 항공사의 운송장을 Master Air Waybill이라 부르며, 혼재업자(법률상으로는 계약운송인)가 자신의 운송약관에 의거하여 화주와 운송계약을 체결할 시에 각 화주의 화물에 대해 발행하는 운송장을 House Air Waybill이라고 부른다.

항공운송장은 화물의 유통을 보증하는 가장 기본적인 운송서류이며, 이에 따라 화물은 운송거리나 참여하는 항공사의 수, 국내선 구간 또는 국제선 구간의 여하를 불문하고 출발지에서 목적지까지 운송이 보장된다. 항공운송장은 선하증권(Bill of Lading; B/L)과 달리 유가증권이 아니며, 수취식이고 전부 기명식으로 발행되며 유통성이 없기 때문에 선하증권 대신 제공이 불가능하지만, 현행 무역거래에서는 발행은행 또는 추심은행을 수하인으로 하여 담보권을 유보하여 대금결제를 하고 있다.

국제항공화물에 대해 발행되는 항공운송장은 IATA(International Air Transport Association; 국제항공운송협회)가 양식과 발행방식을 세부적으로 규정하고 있다. 항공운송장은 화물과 함께 송부되며, 화물의 출발지 · 경유지 · 목적지를 통한 각 지점에서 적절한 화물취급 및 인도 · 정산 등의 업무가 원활하게 실행될 수 있도록 필요한 모든 사항이 기재되어 있다. 구체적으로는 보내는 사람, 받는 사람의 주소 · 성명, 화물의 품목 · 중량개수 · 신고가액, 운송경로와 사용항공사, 화주보험의 유무, 적용 임율과 운임 · 요금, 운임 지급방식(선불, 착불, C.O.D; Cash on Delivery), 특별 화물취급의 지시, 취급대리점의 주소 · 성명 등을 표시하고 있다. 또한 발행항공사, 운송참여항공사, 발행대리점, 보내는 사람, 받는 사람의 상호간 운임 · 요금정산 · 회계업무에 있어서도 반드시 필요하다. 예를 들어 발행대리점과 발행항공사간에는 매출금의 정산 및 수수료 지급의 증거서류가 되며, 송화인과 항공사와의 관계에서는 운송/인수 조건을 분명히 하여, 손해배상의 보전 범위나 한도액을 증명하는 계약의 증거서류가 되는 것이다.

항공운송장의 기능은 이와 같이 다양하며, 다시 종합해 보면 ① 보내는 사람 또는 그의 대리인, ② 화물 인수시 및 인도시에 양호한 상태로 인수, 인도가 이루어졌음을 입증하는 화물의 수령증, ③ 운임 · 요금의 청구서, ④ 화주보험에 관한 보험계약체결의 증명서, ⑤ 세관신고서류, ⑥ 항공사에 대한 운송품의 취급 · 발송 · 인도에 관한 보내는 사람의 지도서로서의 역할로 집약된다.

(2) 항공운송장의 법적 성격

항공운송장은 운송계약의 성립을 입증하는 서류이고, 항공운송인의 화물 수취를 입증하는 서류이지만, 단순한 화물운송장이므로 그 사실을 입증하기 위해서는 항공운송장에 따라야 하는 것은 아니다. 항공운송장의 유무는 운송계약의 성사 여부에 영향을 미치지 않으며, 해당 운송계약에는 책임제한을 포함한 조약의 규정이 적용된다. 항공운송장은 그것과 교환해야 화물 인도를 받을 수 있는 증권 즉 수취증권이 아니다. 항공운송과 같이 단시간에 운송이 종료되는 경우에는 수취증권이 적당하지 않기 때문이다. 따라서 수취증권이 아니기 때문에 화물인도 청구권은 없다. 또한 항공운송장은 화물에 관한 권리를 표시한 운송서류, 즉 정당한 소지인이 화물의 처분권을 가지는 서류는 아니다.

항공화물운송계약 관점에서 보면, 다음과 같은 점을 항공운송장의 중요한 특징으로서 들 수 있다.

① 보내는 사람과 운송인간에 운송계약이 체결되었음을 입증하는 증거서류이다.

② 보내는 사람으로부터 운송화물을 수취했음을 증명하는 화물수취증이지만, 유통성, 양도성 및 담보성은 없다. 일반적으로 외부에 not negotiable(유통금지)로 표시되며, 비유통증권(Non-negotiable Instruments)으로서 발행된다.

③ 운송인용, 받는 사람용 및 보내는 사람용 원본, 즉 3통의 원본과 6통 이상의 부본으로 구성되며, 모두 운송계약상의 권리행사 및 이전에 필요한 것은 아니므로 유가증권은 아니다.

④ 보내는 사람이 화물 인도를 항공사에 청구할 경우, 보내는 사람에게 발행된 AWB의 원본 표시가 필요없다. 항공사는 받는 사람용 원본에 기재된 받는 사람에게 도착지에서 화물과 함께 받는 사람용 원본을 인도하는 것이 의무화되어 있을 뿐이며, 받는 사람이 보내는 사람에게 발행한 원본 소유 여부는 문제가 되지 않는다. 따라서 수취증권은 아니다.

⑤ 항공기에 탑재하기 전에 항공사가 화물을 수취했을 때 발행되는 수취(Received)방식이다. 항공운송에서는 이착륙편수가 많아도 화물 수탁부터 적재까지 많은 시간을 필요로 하지 않으므로, 수취식이라도 받는 사람에게 불이익이 발생할 위험성은 없다. 다만, 보내는 사람이 화물을 항공기에 탑재하지 않은 경우의 리스크는 여전히 남아있다.

⑥ 현재 모두 기명식으로 발행된다. 지명식이나 선택 무기명식 또는 무기명식으로 발행되면 AWB는 화물교환증 또는 B/L과 완전히 동일한 효력을 가지게 되지만, 신속한 인도가 요구되는 항공화물의 경우 지명식으로 하면 도착공항에서 화물 처리가 지연되고, 화물이 체류되어 항공운송의 장점인 신속성을 잃게 됨과 동시에 책임이나 비용 등에 대해 여러 문제가 발생한다.

⑦ 법률상으로는 받는 사람이 작성하고 화물과 함께 운송인(항공사)이 발행하도록 되어 있다. 그러나 실제로는 일반적으로 항공화물대리점이 항공사로부터 입수한 AWB 용지에 필요사항을 기입하고, 화물이 항공사의 받는장소로 인도되어 Delivery Sheet에 받는 장소의 책임자가 서명하면 항공화물대리점이 보내는 사람용 원본에 항공사의 대리인으로서 서명하거나 항공사가 서명하여 그것을 보내는 사람에게 발행하도록 되어 있다. 따라서 현실적으로는 보내는 사람의 대리인인 항공화물대리점이나 혼재업자가 작성하여 항공사 또는 대리점이 이에 서명한다.

(3) 항공화물운송에 관한 법규

국제항공화물운송에 관한 법률적 근거로는 와르소조약(The Warsaw Convention)인 '국제항공운송에 대한 규칙의 통일에 관한 조약(Convention for the Unification of Certain Rules Relating to International Carriage by Air, 1929)' 이 국제항공운송분야에서 운송인의 의무와 책임에 대한 통일법을 규정한 조약이다. 이 조약은 헤이그의정서(The Hague Protocol; Protocol to Amend the Convention for the Unification of Certain Rules Relating to International Carriage by Air signed at Warsaw on 12 October 1929)와 과테말라의정서(Protocol to Amend the Warsaw Convention as Amended at the Hague on 28 September 1955)에서 개정되었으나, 각국의 체제가 갖추어지지 않아 4개의 몬트리올의정서(Montreal Protocols No.1 to No.4)가 작성되었다. 제4 추가의정서는 헤이그의정서에서 개정된 화물운송에 관한 운송인의 책임 등에 대한 개정을 목적으로 하는 것이다. 그러나 상황이 개선되지 않음에 따라 다시 몬트리올조약(The Montreal Convention)(Convention for the Unification of Certain Rules Relating to International Carriage by Air, 1999)이 작성되었다.

일본은 2000년 5월에 몬트리올조약을 승인했으나, 이 조약은 발효되지 않았기 때문에 와르소조약, 헤이그의정서 및 몬트리올 제4의정서를 적용하게 된다. 따라서 국내항공운송에서는 기존 운송에 관한 국내법과 운송인이 작성한 항공운송약관에 의해 규율되며, 국제항공운송에서는 국제조약과 IATA가 작성한 항공운송약관에 의해 규율된다.

(4) 항공화물에 관한 보험

항공운송에 대한 보험은 상법과 그 외 특별법상에도 아무런 사법법규가 없다. 항공화물에 대해 화주가 가입한 손해보험은 일반적으로 국제항공화물의 경우, 대부분 외항화물 해상보험으로 보증되며, 국내항공화물은 운송보험으로 보증된다. 따라서 해상보험과 동일한 계약서를 만들어 겉면에 협회화물약관(항공)을 기재한 양식을 사용하여 외항화물 해상보험의 영문보험 증권 및 영문보험 약관을 거의 그대로 사용한다. 그 종류는 Institute Cargo Clauses(Air) excluding sending by post(협회화물약관(항공), 우편물 제외) 및 면책된 위험을 담보하는 Institute War Clauses(Air Cargo)(협회전쟁약관(항공화물)) 및 Institute Strike Clauses(Air Cargo)(협회파업약관(항공화물))에 따라 보증된다.

항공화물 보험의 경우 Marine Insurance Act 1906은 적용되지 않으며 그에 상당하는 특별한 법률도 없으므로 일반적인 Non-Marine에 관한 법률이 적용되지만, 실무상으로는 해상보험의 모든 원칙이 적용되고 있다. 그 외에 항공운송인과 보험자간 포괄예정보험계약에 의거하여 화주가 화물을 항공운송인에게 인도할 경우 항공운송장에 필요사항을 기재하여 보험료를 지급하는 방식에 따라 개별 화물운송별로 가입하는 소위 화주보험 또는 항공운송보험(shipper's interest insurance)을 이용하는 것도 가능하다. 또한 항공운송인의 책임에 대해서는 항공화물 배상책임보험이 항공보험으로서 이용되고 있다.

(5) 항공화물 관련보험의 관계와 보상

일본에서 보증되는 항공화물에 관한 보험은 크게 두 종류로 나눌 수 있다. 그 중 하나는 화물보험 및 운송보험, 화주보험 등의 물(物)보험(property insurance)으로 주로 화주의 소유이익보험이며, 또 하나는 항공화물 배상책임보험, 운송업자 배상책임보험 등 항공운송사업자가 법률상의 배상책임을 부담함으로써 받는 손해를 담보하는 배상책임보험(liability insurance)이다.

이 두 종류의 보험은 사고로 인한 손해에 대해 경합하는 경우가 자주 있다. 예를 들어 화물보험에 가입한 항공화물에 대해 항공운송 중 사고가 발생한 경우, 화주는 화물보험을 든 보험회사에 보험금을 청구할 수 있을 뿐 아니라, 운송인인 항공사에 대해서도 운송약관에 의거하여 손해배상청구를 할 수 있게 된다. 그러나 화주는 화물보험에 의해 보험금 지급을 받은 경우에는 항공사로부터 배상금을 수취함으로써 실제 손해액보다 많은 보상을 받을 수는 없다. 만약 먼저 화물보험으로 보험금을 수령해 버리면, 상법 규정에 따라 화주의 운송인에 대한 손해배상청구권은 수취한 보험금의 범위내에서 보험회사에 이전된다. 또 항공사로부터 손해배상금을 수취한 경우에는 그 배상금이 화물보험으로 지급되어야 할 보험금에서 공제된다. 화물보험의 손해보전액이 실제 손해액보다도 적은 경우, 부족한 부분을 직접 항공사에 배상청구할 수 있다. 따라서 화물보험에 대한 보험금 청구와 운송인에 대한 배상청구를 동시에 하는 것 자체는 문제가 아니다. 다만, 실제 클레임 처리에서 화주는 일반적으로 보험금과 배상금 중 한 쪽만 받을 수 있다. 이는 보험에 의한 부당이득을 회피하기 위함이다.

(6) 물(物)보험의 필요성

화주는 항공운송인으로부터 배상금을 받으면 손해가 보전되므로 직접 보험을 준비할 필요는 없다고 생각할 가능성이 있다. 그러나 다음과 같은 이유로 화주 입장에서 화물보험 또는 화주보험 등의 물보험을 준비하는 것이 꼭 필요하다는 것을 인식해야 한다.

① 운송인으로부터 배상금을 받을 수 있는 것은 운송인측에 책임이 있는 경우에 한한다. 즉 천재지변 등 운송인에게 책임이 없는 원인 또는 책임에서 벗어난 원인에 의한 사고도 발생할 수 있으므로, 화주 입장에서는 반드시 운송인으로부터 보상을 받을 수 있는 것은 아니다.

② 운송인에게 책임이 있는 경우라도 운송약관에서 운송인의 책임한도액이 마련되어 있는 경우가 일반적이며, 반드시 손해가 전액 보전되는 것은 아니다.

③ 운송인의 책임유무 또는 배상금액에 대해서 당사자간에 견해가 일치하지 않을 경우에는 소송 등의 법적해결 절차로 이행하게 되며, 해결까지는 오랜 시간이 걸리는 경우도 많아 소송비용 지급이 필요하게 될 경우가 있다.

(7) 화주보험 또는 항공운송보험(shipper's interest insurance)

일반적인 화물해상보험 또는 운송보험은 화주가 각각 보험회사에 계약을 신청하고 각 화물의 내용 · 가격 · 형상에 따라 개별적으로 보험계약조건이 결정된다. 이에 반해, 화주보험 또는 항공운송보험은 계약내용면에서는 일반적인 화물보험 · 운송보험과 동일하지만, 정기항공사, 부정기항공사 또는 화물혼재업자가 화주로부터 보험신청을 의뢰받으면 직접 보험계약자가 되어 같이 보험회사와 계약하는 것이 특징이다. 참고로 이 보험은 송화인이 화물을 항공사에 인도하기 전에 항공운송장(Air Waybill)에 필요사항을 기재하여 보험료를 지급하면 실질적인 신청이 가능하므로 Air Waybill Insurance라고 불리기도 한다.

화주보험은 다종 · 대량의 화물을 신속하게 발송해야 하는 항공운송의 실태를 감안하여 불특정다수의 화주도 취급하기가 용이하고, 가입도 용이하여 화주가 간단한 절차를 통해 보험에 가입할 수 있도록 설정되어 있다. 단 보험조건이나 요율에 대해서는 항공운송인과 보험자간 사전에 체결된 획일적인 포괄보험계약의 내용에 따라야 하기 때문에 소액 화물에 적합한 보험이라 할 수 있다.

항공사 또는 화물혼재업자가 보험계약자가 되며, 화주를 위해 화주 대신에 보험계약을 체결하고 있다. 즉 항공사 또는 화물혼재업자는 화주라는 제3자를 위해 보험계약을 체결한다. 따라서 사고가 발생한 경우에 보험금을 청구하는 권리를 가지는 것은 보험계약자인 항공사나 화물혼재업자가 아닌 화주이다. 실무상으로는 보험계약자인 항공사 또는 화물혼재업자가 일단 사고통보 또는 보험금 청구서류를 접수하고, 이를 보험회사에 제출하는 방식을 취하고 있다. 사고결정과 관련된 개별 협의, 절충 및 보험금 지급에 대해서는 보험사와 화주간에 직접 이루어진다.

본 보험의 신청은 항공운송장의 발행전 또는 발행과 동시에 이루어져야 하는데, 보험 가입 여부는 화주가 결정한다. 보험에 가입할 때 항공사 또는 화물혼재업자가 보험사와 약정한 포괄적인 보험조건 및 요율에 따르게 되고, 각 화주에 대해서는 보험증권이 발행되지 않으며, 항공운송장에 보험조건 및 인수보험금액 등을 기재하는 방식으로 이루어진다.

항공기 및 이에 접속하는 항공 · 육상 · 수상수단으로 수송되는 항공화물이 보험의 대상이지만, 본 보험은 올 리스크 보험으로 외부적인 원인에 따라 발생된 화물의 물적 멸실 · 손상이 면책조항에 해당되지 않는다면 전부 보전된다. 주의해야 할 면책사유로는 ① 이유 여하를 불문하고, 운송 지연으로 발생한 손해(지연으로 인한 시장의 상실 또는 손상 · 품질 저하에 대해서는 면책 · 지연약관:delay clause), ② 역손품 또는 동물에 대해 냉기 · 기압변화로 인한 손해(생물이나 부패하기 쉬운 물건에 대해서는 냉기 또는 기압변화로 인한 손해는 면책–냉기 · 기압약관), ③ 화물의 성질 또는 하자로 발생한 손해(적절 · 타당한 운송상태에도 불구하고 식료품의 부패, 화학약품의 변질, 동물의 자연사 등이 발생한 경우에는 면책)가 있다.

(8) 항공화물 손해배상 책임보험(Freight Legal Liability Insurance)

상기 보험은 항공사의 운송약관에 따라 과실책임주의에 의거한 유한책임을 담보하기 위한 보험이다. 이 보험은 보험종목상 화물보험이 아닌 항공보험으로 인식되고 있다. 항공기로 운송중인 화물이 우연한 사고로 멸실 · 손상되어 피보험자인 항공사가 책임을 지고 손해배상금을 지급한 경우, 보험자가 항공사에 대해 보험금을 지급한다.

항공운송사업자의 운송화물에 대한 손해배상책임은 항공화물운송약관에 '화물의 멸실, 파손 또는 연착 등의 사고로 발생한 손해에 대해 배상책임을 진다' 고 규정되어 있으며, 항공운송사업자가 스스로 고의나 과실이 없음을 입증하지 않으면 손해에 대해 배상책임을 부담하도록 규정되어 있다. 승객에 대한 손해배상책임과 다른 점은 화물 연착으로 인한 손해에 대해 배상책임을 담보하고 있는 것이다.

항공화물 손해배상책임보험은 피보험자인 항공운송사업자가 취급하는 화물의 멸실, 파손, 연착 등으로 인한 손해에 대해 법률상의 배상책임을 부담함으로써 입는 손해를 보전하는 것이다. 항공운송사업자가 법률상의 배상책임을 부담하는지 여부에 대해서는 운송약관과 함께 국제화물운송 계약시 적용되어야 할 국제조약에 따라 결정된다.

항공운송화물은 일반적으로 화물해상보험 또는 운송보험에 가입되어 있기 때문에 해당 화물에 손해가 발생했을 때 이 보험자들이 보험금을 지급한 후에 피보험자인 항공운송사업자에게 대위구상(對位救償)을 하는 경우가 많다. 이 경우에도 항공운송사업자가 부담해야 할 책임은 운송약관 및 적용되는 국제조약의 규정에 따르며 그 결과 부담한 손해배상책임이 항공화물 손해배상책임보험의 대상이 된다.

항공화물 손해배상책임보험은 항공기 보험약관에 포함되어 있는 제3자 배상책임보험 및 승객배상책임보험과는 달리 독립적인 보험약관을 구성하고 있다. 보전 대상이 되는 것은 피보험자의 항공운송장에 의해 인수된 화물로 운송도중에 발생한 손해, 또는 다른 운송인의 항공운송장에 의해 인수된 화물이라도 피보험자가 관리하는 동안에 발생한 손해에 대해서는 피보험자가 법률상의 손해배상책임을 부담함으로써 발생하는 손해라고 규정되어 있다. 그 외에 보험자의 사전 동의를 받아 지출된 소송비용도 보전 대상이 된다.

항공화물운송약관에 따라 항공운송사업자가 배상책임을 부담하지 않는 원인에 따른 손해로 들 수 있는 주요 사항은, ① 화물의 변질, 소모, 또는 하자, 동물의 사망이나 부상, 질병으로 인한 손해 및 ② 포장불완전, 포장파손, 화물표시사항 또는 항공운송장의 기재사항 불비나 허위 등 하송인의 과실로 인한 손해이다.

항공운송사업자가 화물에 발생한 손해에 대해 배상책임을 부담할 때의 책임한도액은 해당 화물가격이 신고되어 있는 경우에는 신고가격으로 하고, 신고가 없는 경우에는 국내항공화물운송은 화물 1개 당 3만엔으로 하고 있다. 국제화물운송은 국제조약의 규정에 따라 가격을 신고한 경우에는 신고가격, 가격을 신고하지 않은 경우에는 화물중량 1 kg당 250프랑(운송약관상 미화 20달러로 환산)을 한도로 하는 와르소조약이 적용된다. 참고로, 경미한 손해에 대해서는 일정한 면책금액이 설정되며, 면책으로 처리하는 경우도 많다.

보험료는 보통 해당 항공운송사업자의 보험기간 중에 수수하는 화물운임

총액에 대한 일정 비율로 결정된다. 구체적으로는 분기 초에 보험기간중의 예상화물운임총액에 해당하는 보험료를 보험자가 수수하고, 분기 말에 확정화물운임 총액으로 정산한다.

참고문헌

[1] 라이쥬 데츠지(来住哲二) (2004)『기본무역실무[11개정판』 도분칸(同文舘)출판.

[2] 기노시타 다츠오(木下達雄) (1999)『국제항공화물운송의 이론과 실무』 도분칸(同文舘)출판.

[3] 다카구와 아키라(高桑昭) (2003)『국제상거래법』 유히카쿠(有斐閣).

[4] 도쿄해상화재보험주식회사편(1984)『손해보험실무강좌 제8권 신종보험(하)』 유히카쿠(有斐閣).

[5] 요코야마 겐지(横山治研)(2000)『항공운송과 무역시스템-구조변화 과정-』 도분칸(同文舘)출판.

[6] World Air Cargo편(2003)『에어 카고 매뉴얼』 선데이.

하바라 게지(羽原敬二)

일본 공항의 현황과 과제

CHAPTER

10

항공경제학

일본 공항의 현황과 과제

항공운송산업에서 필수불가결한 기초설비가 공항이다. 과거 전세계적으로 볼 때 공항은 공공적인 성격을 띠며 국가나 지방자치단체가 소유 · 운영하는 것이 일반적이었다. 그러나, 최근 각국에서는 재정효율화에 따라 공항의 민영화나 상업화가 주목을 받고 있다. 공항을 '경영' 하는 사고방식이 새로운 조류를 맞이하고 있는 것이다. 그럼에도 불구하고, 공공성의 유지와 경제적 효율성의 달성이라는 상반되는 개념이 서로 부딪히는 가운데 많은 과제가 공항 경영부문에 산적해 있다.

본 장에서는 우선 일본의 공항정비제도를 소개하고, 수요와 공급이 일치하지 않는 형태로 정비가 이루어지고 있다는 점을 지적하고자 한다. 그리고, 전세계적인 공항간 경쟁 속에서 지금까지의 공항관리 운영방법을 대체할 수 있는 새로운 시도를 제안하고자 한다.

공항 정비의 현황 01

(1) 거의 완성된 지방공항의 정비

일본은 제2차 세계대전 후 모든 민간항공이 정지되었으나, 1952년 도쿄, 오사카를 시작으로 겨우 7개 비행장을 연결하는 간선중심의 민간항공이 재개되었다. 처음에는 미군으로부터 반환된 비행장을 이용했지만, 1956년에 공항정비법이 시행되면서 제1종에서 제3종까지 3 종으로 나누어 설치관리자의 구분과 정비 · 운영의 비용부담이 정해지면서 공항정비는 급속히 진행되었다. 또한, 필수생활노선인 낙도 및 원격지인 홋카이도와 오키나와에서도 시빌미니멈(civil mini-

기호	종별	공용공항수	제트화공항수	대형화공항수	미공용공항수
■	제1종공항	5	5	5	0
○	제2종(A)공항	19	18	17	0
●	제2종(B)공항	5	5	4	0
▲	제3종공항	53	31	6	1
◎	기타 비행장	15	6	4	1
	합계	97	65	36	2

주: 1) 공항명의 □는 '제트화공항' 을 표시한 것임.
2) '대형화공항' 이란 활주로길이가 2,500 m 이상의 공항을 나타냄.
3) 비공공용비행장은 제외.

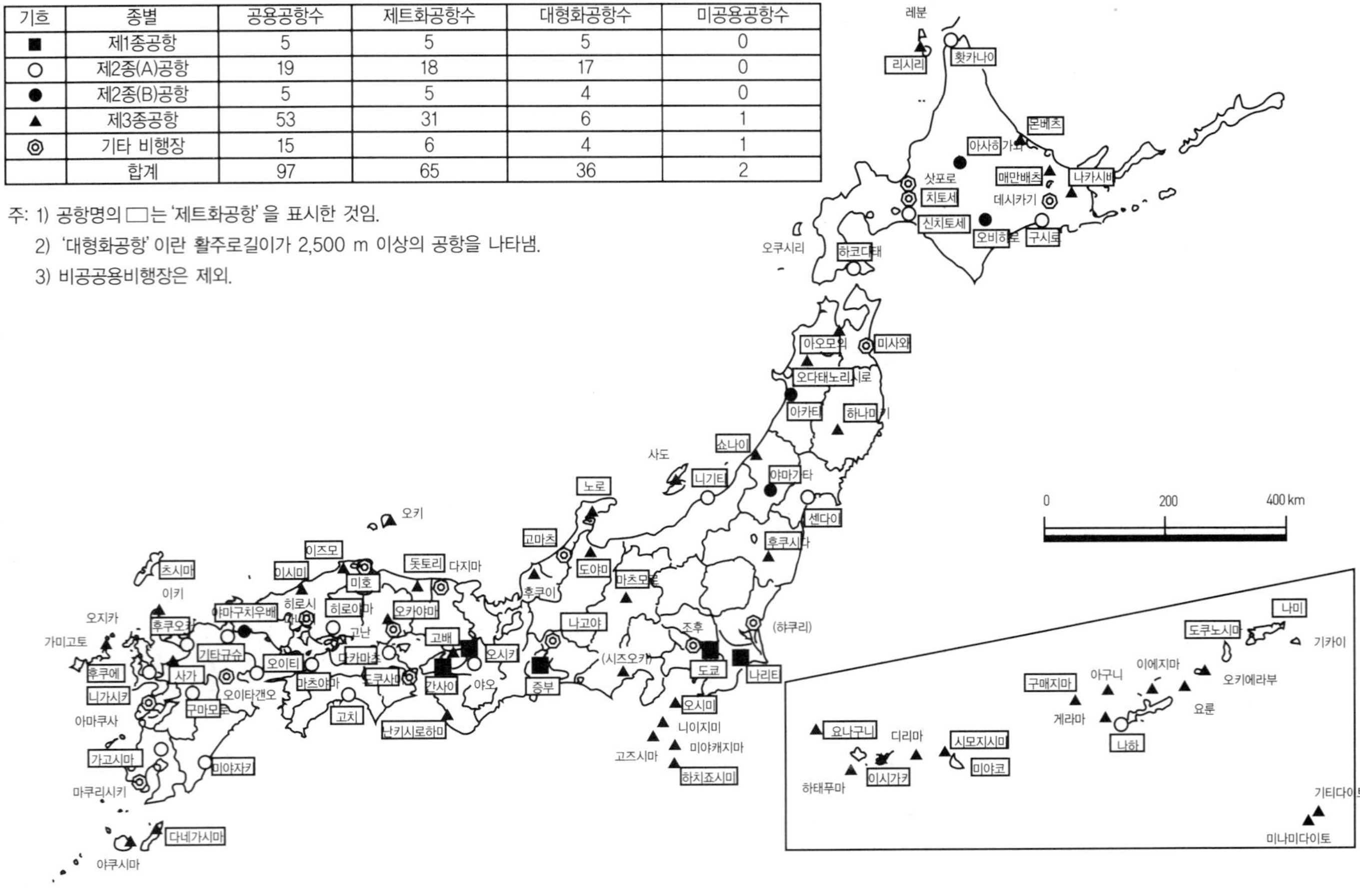

그림 10-1 》 공항분포도(2006년 3월 현재)

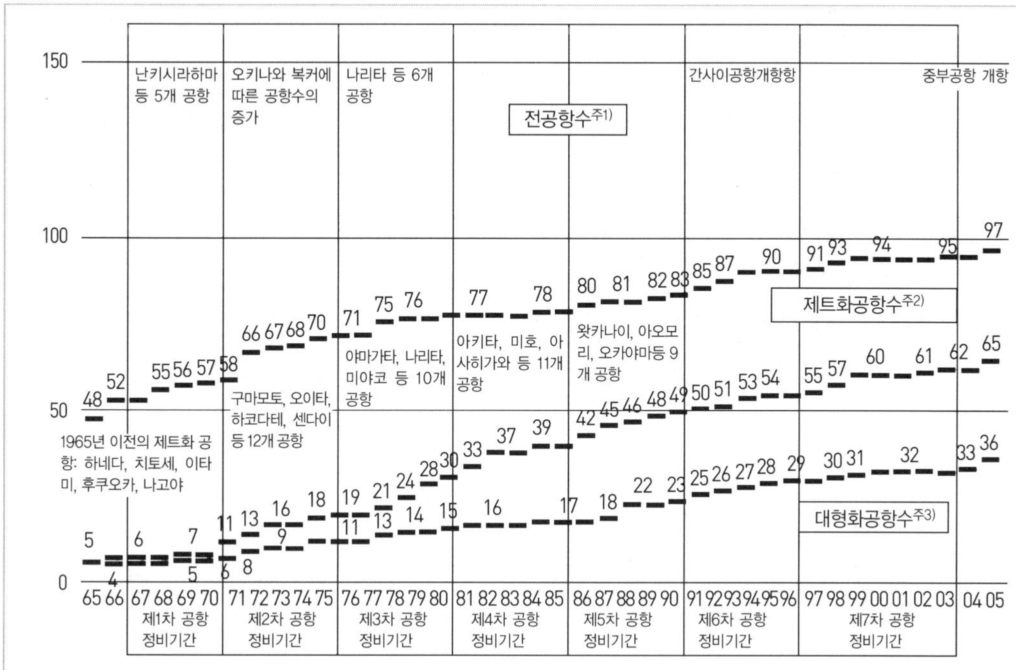

그림 10-2 » 공항 수의 추이

주 1) 항공법 제46조 고시에 의거하여 공용중인 공공용비행장, 민간정기편이 취항하고 있는 자위대 또는 미군 관리 비행장의 총계.

2) 민간항공 정기노선으로서 제트기가 취항하고 있는 비행장의 총수. 단 시타지마 공항은 제3종 공항으로서의 공용개시 시점을 기해 민항제트기 취항 공항으로 간주하였다.

3) 2,500 m급 이상의 활주로 등 대형기가 취항 가능한 시설을 가지는 비행장의 총수.

출처) (재)간사이공항조사회편『에어포트 핸드북 2005』월간동우사, pp. 22~23를 바탕으로 작성.

mum)의 관점에서 적극적인 정비가 진행된 결과, 지방공항은 내실화되었고 인구가 집중되는 대부분의 지역에서 가장 가까운 공항까지 대략 2시간 이내에 도달할 수 있는 교통환경이 실현되었다. 그 결과, 일본의 공항은 <그림 10-1>에 나타난 바와 같이 대도시권 주변을 제외한 각 현을 중심으로 정비되었고, <그림 10-2>에 있는 바와 같이, 그 숫자는 2006년 3월 현재 97개 공항에 이르게 되었다. 이 중 제트기 취항이 가능한 공항이 65곳, 프로펠러기 취항이 가능한 비교적 작은 공항이 32곳으로, 국토 배치상 거의 대부분 공항을 갖추게 되었다고 할 수 있다.

한편, 지방공항이지만 1,700만명의 여객을 처리하는 후쿠오카공항은 근처

하카타역에서 지하철로 7분이면 접근이 가능한 편리한 공항으로, 항공수요가 급증해 이착륙횟수는 공항시설의 용량 한계까지 도달하게 되었다. 그러나 공항은 이미 시가지에 둘러싸여 있어 확장의 여지가 없었기 때문에 시급한 대책이 요구되고 있다. 또한, 1945년 본토 복귀 후 자위대와 공용하고 있는 오키나와의 나하공항은 제트전투기부터 소형비행기까지 다종 다양한 항공기가 1개 활주로를 공용하고 있기 때문에 시설확충이 요구되고 있다.

이와 같이 지방공항은 숫자상으로는 거의 전국에 널리 분포되어 있지만, 여전히 혼잡한 거점공항을 중심으로 질적인 향상을 필요로 하는 지방공항 정비가 과제로 남아있다.

(2) 거점공항 정비

일본 항공 네트워크의 구심점이 되고 있는 도쿄의 하네다공항은 1984년부터 시작한 앞바다 정비사업으로 인하여 점차 확장되면서, 처음에는 연 16만회였던 활주로의 이착륙 처리능력이 2003년에는 연 28.5만회까지 늘어났다. 그러나, 정비 속도보다 빠른 항공수요의 증가로 인하여 항상 이착륙 용량이 부족한 상황이 계속되고 있으며, 2002년에는 하네다, 나리타에 이은 수도권의 세 번째 공항정비에 대한 논의가 시작되었다. 그러나, 하네다공항의 편리성보다 뛰어난 곳이 없기 때문에 4번째 활주로 설치를 위해 다시 하네다공항을 확장하기로 결정하였다.

일본의 현관인 나리타공항은 1978년 개항부터 25년이 지난 2002년 4월에 2번째 활주로 운용이 시작되었다. 그러나, 아직껏 건설 초기부터 용지 활용문제가 해결되지 않아 활주로 길이는 본래 2,500 m보다 짧은 2,180 m의 잠정활주로로 변경하였다. 그 결과, 2번째 활주로는 대형제트기가 이용할 수 없게 됨에 따라 매입되지 않은 용지를 피해 2,500 m로 연장하기로 결정하였다.

한편, 오사카는 시가지에 둘러싸여 소음문제가 심했던 이타미공항을 대신하는 공항으로 1994년 센슈 앞바다에 간사이국제공항을 개항했다. 처음에는 나리타공항처럼 공단방식으로 정비할 예정이었으나, 당시 나카소네 총리가 주장한 민간부문의 참여를 통한 활력성을 고려하여 특수회사방식으로 정비하였다. 그러나, 간사이공항이 개항한 이후 폐쇄하기로 계획된 이타미공항은 존속되었고, 당초 설정되었던 노선거리에 따른 취항규제도 2000년 규제완화로 철폐되었다. 또한, 이타미공항의 제트기 이착륙용량이 확대됨에 따라 국내선은 다시 이타미공항으로 이전되면서 간사이공항은 막대한 차입금으로 인한 고금리 부담이 겹쳐 경영이 매우 어렵게 되었다.

또한 처음에는 간사이국제공항의 최적 후보지였으나, 현지 주민의 반대로 무산된 고베 앞바다에 1993년 신공항 건설이 결정됨에 따라 2006년 2월 16일 이후에는 관서지방에 3개의 민간공항이 운용을 하게 되었다. 각각의 공항정비에 대한 대의명분은 있겠지만, 현실적으로는 공항행정의 난맥상을 보여주는 결과를 가져오게 되었다.

각 공항의 관리주체를 살펴보면 이타미공항은 국가, 간사이국제공항은 회사, 고베공항은 지방자치단체 등 각각 다른 주체가 운영하고 있다. 해외사례 중 복수공항을 운영하고 있는 주요 도시에서는 동일한 경영 주체가 공항을 운영하고 있는 예가 많기 때문에 각 공항이 역할을 분담함으로써 효과적으로 활용될 수도 있다. 관서지방에도 3공항 시대가 출범하였으므로 지혜와 아이디어로 지역에 도움을 주는 운영 형태가 실현되어야 할 것이다.

나고야의 중부국제공항은 중부국제공항(주)가 설치해 관리 운영하는 공항으로 설립 초기부터 민간 출신의 사장이 취임해 순수 민간회사에 의한 일본 최초의 대형 거점공항으로 정비되었다. 당초 약 7,600억엔의 사업비도 약 1,300억엔 정도 절감하였는데, 이와 같은 대폭적인 사업비 절감은 공공사업으로서는 획기적인 일로 높이 평가되었고, 민영화의 장점을 마음껏 살린 공항이 되었다.

중부국제공항은 간사이국제공항의 전철을 밟지 않기 위해 정기편은 모두 신공항으로 이전하기로 하는 조건이 있었지만, 나고야공항은 이전 후에도 자위대가 계속 이용하고 공항과 인접한 항공기 업체도 있기 때문에 '기타 비행장'으로서 남게 되었다. 이에 현지에서는 나고야공항을 현영(縣營) 나고야비행장으로 이름을 변경해 '도시형 종합공항'으로 방재기지, 산업항공, 비즈니스항공, 커뮤터항공 등 거점으로서 활용하면서 70석 이하의 커뮤터기는 계속 운항하는 것으로 결정하였다. 이와 같은 공항은 해외의 대도시에서도 볼 수 있듯이 중부권의 경제력으로 보면 중부국제공항을 보완하는 공항이 존속하는 것은 바람직하다고 볼 수 있지만, 간사이국제공항을 교훈으로 삼아 이용시에는 지역 인프라로서 충분히 활용해 지역 전체의 편익을 향상시키는 지혜와 아이디어를 발휘하는 것이 요구된다.

(3) 국제거점 허브공항 정비

동아시아국가들 가운데 한국의 인천, 중국의 상하이 푸동, 광저우 바이윈, 홍콩 등에서는 잇달아 대규모 국제공항이 개항되었다. 이러한 공항들은 모두 거대한 마스터플랜을 내걸면서 동아시아의 허브공항을 목표로 순조롭게 추진되었다. 이전에는 이들 지역의 승객들이 나리타국제공항을 경유해 미국 본토로 비행하였지만, 공항 정비와 함께 항공기 성능이 향상되고 수요가 증가하면서 직항편 운항이 증대됨에 따라 나리타국제공항 경유편은 줄어들게 되었다.

일본은 현재 이러한 공항들과 어깨를 나란히 할 수 있는 새로운 거점공항 정비계획은 없지만 <그림 10-3>에 나타난 바와 같이, 나리타국제공항은 계획 초기였던 1960년대 초반에는 활주로 5개를 갖춘 매우 야심적인 공항계획을 내걸었던 적이 있었다. 당시에는 이 대규모 공항에 대해 정치, 행정, 주민 모두 이해가 충분하지 않아 계획된 규모는 절반으로 축소되었을 뿐만 아니라 처음에는 그 절반으로 시작한 그 상태가 25년이나 계속되었다.

이후 일본의 거점공항 정비는 항상 수요추종형 필요 최소한의 정비로 일관하게 되었고, 글로벌측면에서의 국제거점 허브공항은 실현되지는 않았다. 또한 공항정비뿐만 아니라, 공공사업은 지방을 중심으로 한 분산투자가 선행되면서 실제 필요한 대도시 거점공항의 정비는 우선 순위에서 밀려나게 되었다.

(4) 공항을 둘러싼 환경의 변화

일본의 도쿄, 오사카 및 주요 지방공항은 국가가 직접 정비를 진행해 왔지만, 그 외의 지방공항은 국가의 보조를 받으면서 오로지 지방자치단체가 정비해 왔다. 지방공항의 정비는 교통이 불편한 지역, 낙도지역 등에 대해서는 교통환경을 비약적으로 향상시켰을 뿐만 아니라 시간단축 등으로 많은 관광객을 받아들일 수 있게 됨에 따라 지역발전의 견인차 역할을 할 수 있었다.

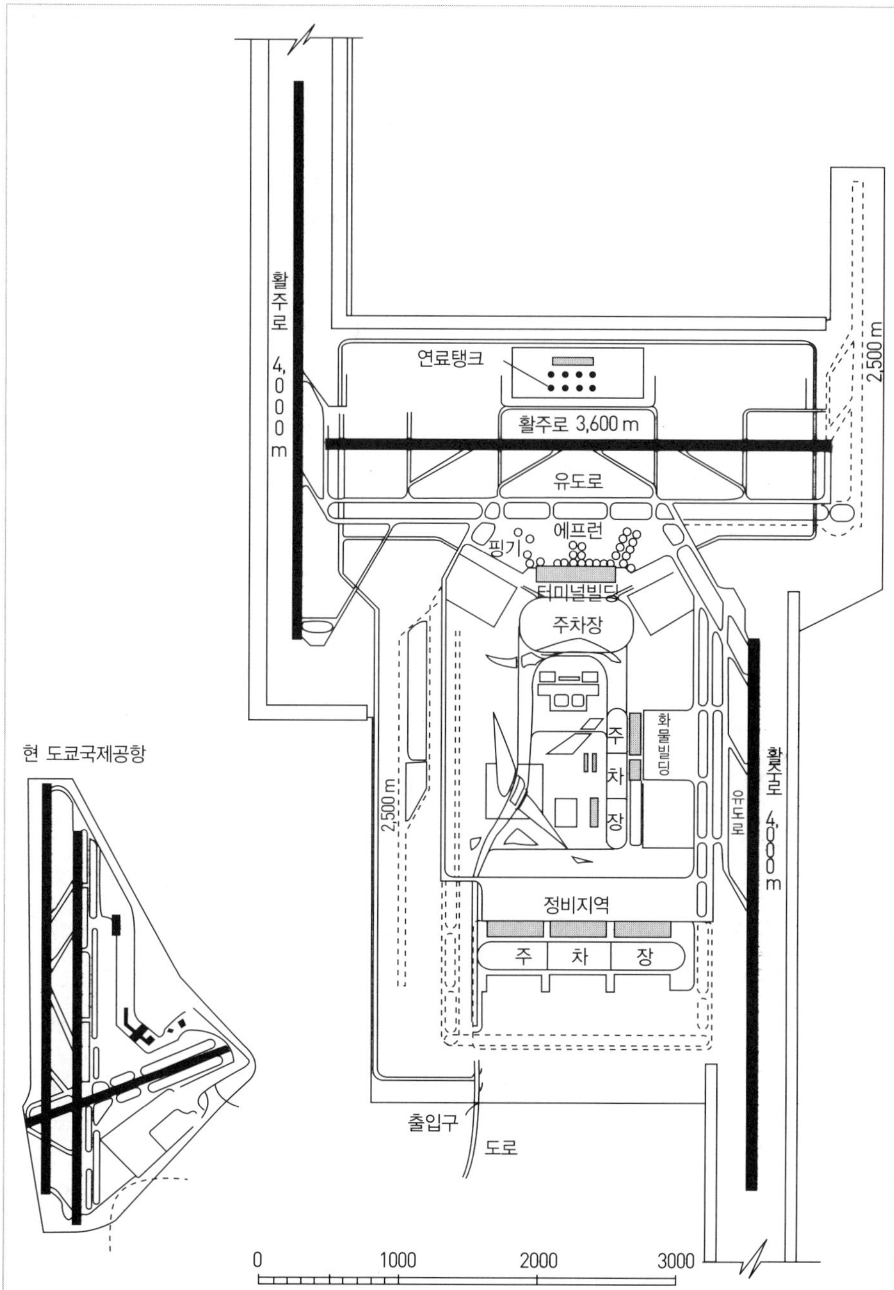

그림 10-3 》 신도쿄국제공항계획도(안)

출처) 운수성 항공국

한편, 일본의 항공운송사업은 국가의 인허가에 따라 항공노선을 확대해 왔으나 규제완화로 2000년 항공법의 대대적인 개정으로 본격적인 항공자유화 시대에 돌입하게 되었다. 동 규제완화로 운임의 자유화 및 노선의 진입과 철수가 비교적 자유로워졌고, 항공사들은 자원을 도쿄와 홋카이도의 신치토세, 오사카, 후쿠오카, 나하를 연결하는 간선으로 이전시킨 결과, 채산성이 떨어지는 지방노선의 축소가 가속화되었다.

이러한 가운데 2001년 7월에 개항한 노토(能登)공항은 당초 1 번의 왕복 운항만 예정했던 항공사와 지방자치단체간 협정을 통해 1일 두 차례 왕복 취항을 실현시켰다. 이 협정에서는 탑승률이 70%보다 높을 경우에는 항공사에서 보장금이 지방자치단체로 지급되는 대신, 낮을 경우에는 지방자치단체가 항공사를 손실 보상하도록 되어 있다. 이에 지방자치단체는 적극적인 선전이나 프로모션을 실시한 결과, 개업 첫해에는 예상보다 훨씬 많은 80%에 가까운 탑승율을 기록하여 약 9.700만엔의 지원금이 지방자치단체에 지급되었다.

또한, 규제완화에 따른 또 하나의 움직임은 신규진출 항공사의 증가이다. 규제완화에 따라 스카이마크에어라인, 홋카이도국제항공(에어도), 스카이넷아시아항공 등의 항공사들이 신규 진출했지만, 이러한 항공사들도 하네다와 신치토세, 후쿠오카, 가고시마, 미야자키 등 수요가 많은 노선으로 운항횟수를 집중시켰다. 그 결과, 이러한 노선들의 축이 되는 하네다공항의 이착륙능력이 신규항공사들의 운명을 좌우하게 되었고, 자유로운 경쟁환경을 확보하기 위해서도 하네다공항의 이착륙용량의 추가확대는 매우 중요한 요인이 되고 있다.

이와 같은 항공수요의 꾸준한 증가와 규제완화로 인하여 거점공항으로 운송이 집중됨에 따라 공항정비 방향은 지방공항에서 거점공항으로 크게 전환되었다.

인도 유이치(引頭雄一)

칼럼⑧ : 공항 이착륙시각(슬롯)의 배분규칙

항공사의 경영은 공항 활주로를 이용해야 성립된다는 점에서, 공항은 필수시설(essentia1 facility)로서의 성격을 지닌다. 활주로는 물리적으로 유한하므로 이착륙시각(슬롯)으로서 일정한 시간대를 특정 항공사에게 할당해야 한다. 혼잡현상을 볼 수 없는 공항에서는 특별히 문제는 발생되지 않지만, 혼잡공항에서는 슬롯 이용의 공평성이 요구된다.

슬롯에 대한 초과수요의 해결책으로 활주로 증설이나 신공항 건설이 효과적이지만, 이는 자금조달이나 환경대책, 투자기간 등의 측면을 고려하면 바로 실현될 수 있는 것은 아니다. 따라서, 현행 설비의 배분방식이 정책과제가 된다. 과거에는 'grand father rights'에 의거하여 기존항공사가 우선적으로 슬롯을 사용해 왔다. 항공자유화 이후에는 신규사업자의 진출 촉진이나 기존항공사의 탄력적인 노선변경의 관점에서 시장메커니즘을 이용한 배분방식의 도입이 검토되고 있다.

이론적으로는 경쟁입찰(옥션)을 통한 배분이나, 2차적인 거래시장의 창설로 시장메커니즘에 의거한 배분방법의 구축은 가능하다. 그러나, 이러한 방법은 단기간의 노선변경이나 슬롯매매요금의 항공운임으로의 전가 등을 고려하면 이용자에게 악영향을 가져올 뿐만 아니라 항공사의 과점화를 조장할 위험성도 내포하고 있다. 그러므로 현실적으로는 '기득권원칙'을 고려하면서 미사용분 회수(use-it or 1ose-it)에 대한 원칙을 설정하여 회수된 이착륙용량을 새로운 원칙으로 배분하는 것이 바람직하다.

미국이나 EU는 회수원칙과 새로운 배분원칙에 대한 상세사항을 결정하여 신규사업자에게 진출기회를 부여하고 있다. 일본에서는 이타미공항, 간사이국제공항, 나리타공항, 하네다공항이 혼잡공항으로 지정되었고, 슬롯은 국토교통성이 배분하고 있다. 2000년 하네다의 슬롯 배분시에는 항공사의 실적에 더해 운임수준, 안전확보, 지방노선의 유지 등 일정한 평가항목을 점수로 매기는 평가방식이 채택되었다. 향후, 국제적인 정책 조화의 시점에서 일본도 명확한 원칙을 확립해야 할 것이다.

노무라 무네노리(野村宗訓)

공항정비의 과제 02

(1) 전환점에 선 공항정비제도

일본의 공항정비는 1956년에 시행된 '공항정비법'에 있는 세 종류의 구분에 따라 실시되어 왔다. 이 법에 따르면 <표 10-1>과 같이 공항을 세 개의 카테고리로 분류하고 있다. 제1종 공항은 '나리타, 중부, 간사이 등의 각 공항 및 국제항공노선에 필요한 비행장', 제2종 공항은 '주요 국내항공노선에 필요한 비행장', 제3종 공항은 '지방자치단체가 항공운송을 확보하기 위해 필요한 비행장'으로 규정하고 있다.

제1종 공항은 국가가 설치 관리해 모두 국비로 정비되며, 제2종 공항은 국가가 설치 관리하지만 지방이 일정하게 부담하고(40%~95%), 제3종 공항은 국가로부터 일정한 보조(40%~90%)를 받아 지방이 설치 관리하도록 되어 있다. 그러나, 실제로는 국제선이 없는 제1종 공항[이타미(伊丹) 공항], 정기편이 없는 제2종 공항[야오(八尾) 공항], 국제선정기편이 이착륙하는 제3종 공항[오카야마(岡山), 후쿠시마(福島), 도야마(富山) 공항]이 존재하고 있고, 일본 국제선의 거점이 되고 있는 나리타, 간사이, 중부 각 공항의 설치 관리자는 회사(민간참여)로 되어 있다. 이처럼 법이 규정하는 취지와 현실간에는 다소 괴리가 있다.

1970년에 시행된 공항정비 재원을 확보하기 위한 '공항정비특별회계법'은 수입의 대부분을 국가가 관리 운영하는 공항의 착륙료, 항행지원시설이용료, 항공기 연료세의 상당분 등을 자금원으로 하고 있다. <그림 10-4>에 나타난 바와 같이, 2005년 예산은 약 4,956억엔으로 되어 있다. 지출 내역을 살펴보면, 공항정비사업에 약 2,948억엔이 사용되었고, 이 중 대도시권의 공항정비에 2,356억엔이 배분되었다. 그러나 대도시권 공항정비비 중 약 1,052억엔은 하네다공항 앞바다 전개사업으로 차입한 재정투융자의 원금상환과 이자지급에 충당되었고, 실질적으로 공항정비에 사용되는 것은 약 1,300억엔 정도이다. 또한, 국가가 관리 운영하는 공항, 항공관제시스템의 유지관리에 전체의 1/3에 해당하는 약

표 10-1 » 공항정비사업비 중 국가 부담률 및 보조율

공항 종류	설치 관리자	부담/보조	시설	신설 또는 개량					재해복구	지방공항정비특별사업
				일반	홋카이도	낙도	나미	오키나와		
제1종 공항	국토교통성 장관	부담	기본시설	100(%)	–	–	–	–	100	–
			부대시설	100	–	–	–	–	100	–
제2종 공항	국토교통성 장관	부담	기본시설	2/3	85	80	–	95	80	–
			부대시설	100	100	100	–	100	100	–
	(설)국토교통성 장관	부담	기본시설	55	2/3	80	–	90	80	–
		보조		–	–	–	–	–	–	40이내
	(관)지방공공단체	보조	부대시설	55 이내	2/3 이내	80	–	90	80 이내	0
제3종 공항	지방공공단체	부담	기본시설	50	60	80	80	90	80	–
		보조		–	–	–	–	–	–	40이내
		보조	부대시설	50 이내	60 이내	80	80	90	80 이내	0
자위대와의 공용 비행장	방위청 장관	부담	기본시설	2/3	85	–	–	–	80	–
			부대시설	100	100	–	–	–	100	–

주) (1) 제1종 공항 중, 신도쿄국제공항은 신도쿄국제공항공단이, 중부국제공항은 중부국제공항주식회사가, 간사이국제공항은 간사이국제공항주식회사가 설치관리자이다.

(2) 기본시설이란 활주로, 착륙대, 유도로 및 에프런을 말한다.

(3) 부대시설이란 배수시설, 조명시설, 호안, 도로, 자동차주차장, 다리 및 정령에서 규정하는 공항용지를 말한다.

(4) 일반, 홋카이도 및 재해복구에 대해서는 '공항정비법' 및 '공항정비법 시행령'에 따른다.

(5) 낙도 특례는 '낙도진흥법'에 따른다.

출처) 국토교통성항공국 『숫자로 보는 항공 2005』항공진흥재단.

1,415억엔이 사용되어, '공항정비특별회계'는 매우 경직적인 상황이다.

'공항정비특별회계'는 국가가 설치하는 공항을 대상으로 하며, 세입을 공동으로 계산하여 전국의 각 공항에 배분되는 구조로, 이른바 수익공동제라 불린다. 이 때문에 하네다공항과 이타미공항 및 제2종 공항에게는 지나친 부담을 강요하게 되며, 특히 일본 항공네트워크의 핵심인 하네다공항에게는 많은 부담을

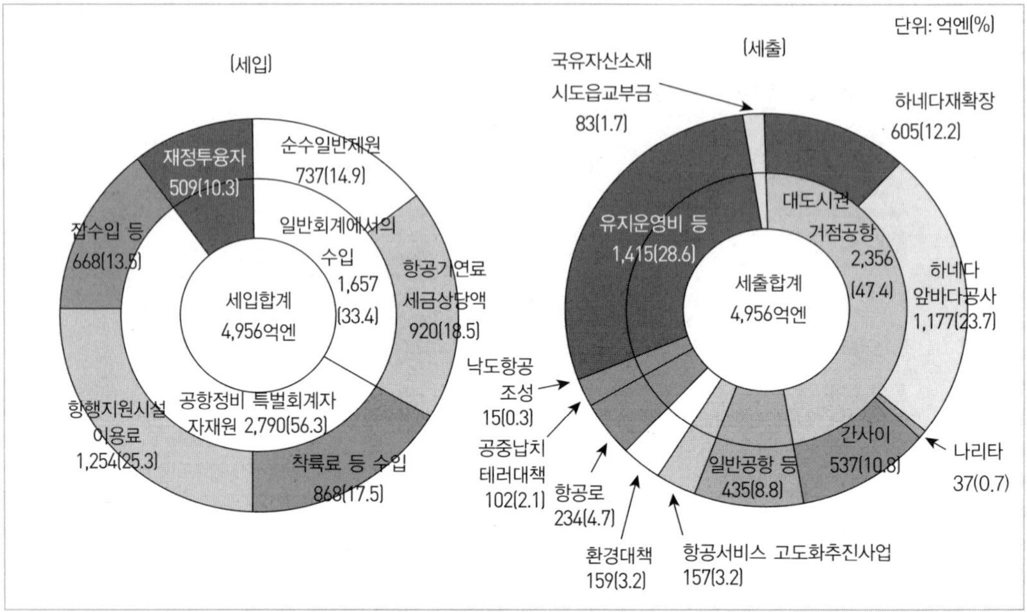

그림 10-4 ›› 공항정비특별회계(2005년도 예산)

강요하고 있다. 즉, 하네다공항에서 징수되는 공항사용료가 수요가 충분히 뒷받침되지 않는 지방공항 정비에 사용되고 있는 것이다.

이러한 공항간의 내부보조가 이루어져 온 배경은 '공항은 단독이 아닌 네트워크를 형성해야 비로소 기능한다' 라는 인식을 바탕에 두고 있고, 각 공항의 수익을 공동으로 처리하여 그것을 재분배하는 공항정비방식은 어느 정도 합리성이 인정되어 왔다. 또한, 이와 같은 수익공동제도는 지방공항 정비에 큰 기여를 해 온 것도 사실이다.

공항정비에 대해서는 공항 종류별로 국가와 지방자치단체의 비용 부담, 보조 비율이 정해져 있다. 그러나, 간사이국제공항은 약 1조5,000억엔, 중부국제공항은 당초 1,680억엔의 사업비가 필요했기 때문에 공항정비특별회계로는 이러한 사업비를 부담하는 것은 사실상 불가능하여 회사방식에 의해 국가, 지방자치단체, 민간부문에서 널리 자본을 조달하였다. 또, 사업비가 약 1조4,800억엔에 달하는 하네다공항 앞바다 정비사업도 전액 공항정비특별회계 자금으로 조달할 수 없었기 때문에 재정투융자를 통한 차입금으로 충당하였다.

또한, 2005년부터 착수 예정인 하네다공항 제4활주로 재확장사업은 제1종 공항이기 때문에 원천적으로는 전액 국비로 부담해야 하지만, 총사업비가 약 1조엔에 달하기 때문에 활주로 본체 정비부분인 약 7,000억엔의 20%에 해당하는 1,300억엔을 도쿄도, 가나가와(神奈川)현, 요코하마(横浜)시, 가와사키(川崎)시 등 자치단체에게 무이자 대출 형태로 부담을 요구하게 되었다. 또, 국제선터미널의 경우에는 공항건물 뿐만 아니라, 항공기 주기장도 민간자금을 활용한 PFI 방식으로 정비되었다.

향후, 공항정비는 수도권의 용량 확대를 위한 하네다공항 재확장과 나리타공항의 활주로 연장, 그리고 지방에서는 후쿠오카, 나하공항 등 지방거점공항의 용량 확대를 위한 정비로 한정될 것이다. 또한, 생활노선을 확보하는 의미에서 몇몇 낙도공항의 정비도 필요하게 될 것이다.

그러나, 이러한 공항정비를 기존의 '공항정비법', '공항정비특별회계법' 의 프레임에 맞춰 실시하기는 점점 더 어려워지고 있다. 시행 후 반세기 가까이 지난 기존의 공항정비제도는 이미 제도의 피로감이 생겼다고 할 수 있다. 공항정비가 진행된 결과, 지방에서도 많은 공항이 정비되었고, 항공수송이 생활과 밀착되어 많은 지방에서 직접 해외로 갈 수 있게 된 오늘날에는 지역과 밀착된 공항의 이익 활용이 요구되고 있으며, 지역 재산인 공항의 정비, 관리 운영을 적절히 실시하기 위한 제도 개혁이 필요하다.

(2) 변화되어 온 공항정비 절차

지금까지의 공항정비 추진방식은 지역을 대표하는 지방자치단체가 국가와 협의하면서 정비내용이 검토되어 왔으며, 계획안이 거의 결정된 단계에서 발표하고 정비에 착수하는 형태가 일반적이었다. 그러나, 최근에는 공공사업 전반에 대한 투명성 확보와 내용설명에 대한 책임이 요구됨에 따라 주민참여형 공공사업 집행이 요구되고 있다.

이에 따라 국토교통성은 2003년 4월 <그림 10-5>의 '일반공항의 새로운 공항정비 프로세스 방향(안)' 을 발표하여, 공항정비의 구상 · 계획단계에서 pub-

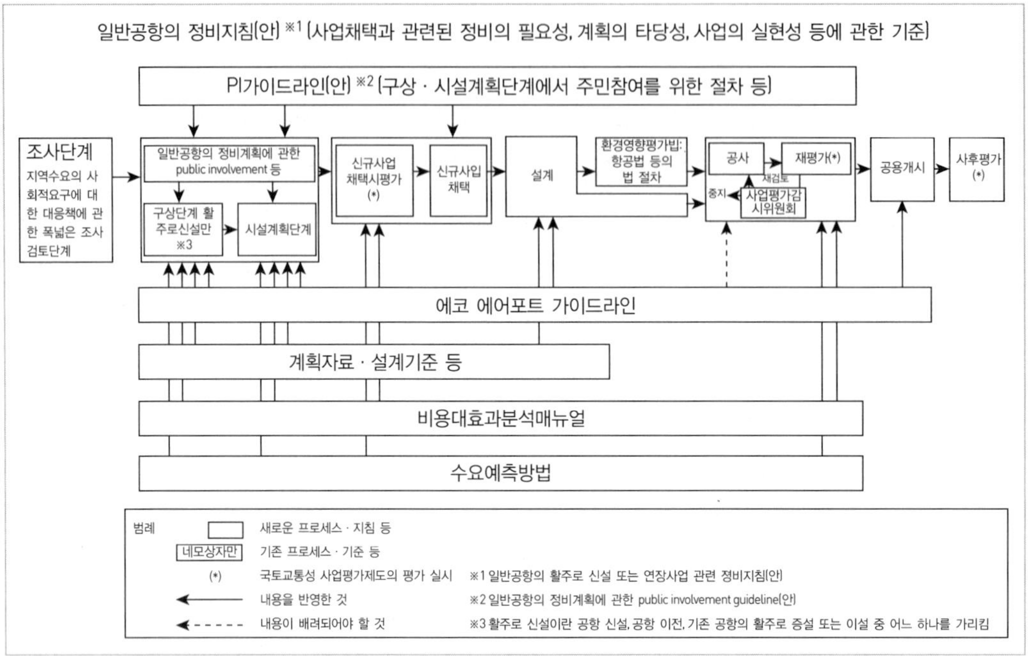

그림 10-5 ≫ 새로운 공항정비프로세스

lic involvement 절차를 결정하고, 지역, 일반시민에게 적극적으로 정보를 공개해 의견을 수집하여 이를 공항정비에 반영하는 원칙이 확립되었다.

(3) 관리 운영제도의 방향

일본의 공항은 전국 배치도상으로는 거의 완성되었기 때문에 앞으로는 지금까지 정비되어 온 공항을 활용해 나가는 것이 중요하다. 공항 이착륙용량은 현재 중요한 과제로 수도권 및 국내 거점공항의 이착륙용량이 부족하다는 문제가 있다. 앞서 말한 바와 같이 현재까지 지방공항의 정비는 충분히 이루어져 지방공항에서의 이착륙 편수는 증가하였지만, 이러한 이착륙은 대부분 수요가 보장되는 하네다에 집중되어 왔다. 그러나, 하네다공항의 이착륙용량은 포화상태에 이르러 하네다공항을 중심으로 하는 대도시 거점공항의 이착륙용량 확대가 시급해지게 되었다.

규제완화가 실시되면서 노선설정은 항공사의 자유 재량에 맡겨지게 되었지만, 항공사간 경쟁이 심화됨에 따라 각 항공사들은 모두 수익성을 중시하는 경향이 이전보다 더 뚜렷해져, 이러한 상황 속에서 지방노선의 유지는 더욱 더 어려운 문제가 되었다. 이에 정부에서는 하네다공항의 슬롯을 5년마다 재배분하는 정책을 채택하여, 규제완화를 통해 시장에 신규 진출한 항공사에 대해 우선적으로 슬롯을 배분함과 동시에 지방네트워크 유지도 감안하여 슬롯의 재배분을 실시하게 되었다. 규제완화 이후 5년이 지난 2005년 2월에는 첫 재배분이 실시되었고, 기존 대형항공사로부터 40편의 슬롯을 회수하여 신규 항공사에게 20편을 할당하였으며, 기존 항공사들에게도 5년간의 운항실적 등을 감안해 나머지 20편을 할당하였다.

현재, 일본의 제1종과 제2종 A공항은 국가가, 제2종 B와 제3종 공항은 지방자치단체가 관리 운영하고 있다. 다른 해외사례를 살펴보면, 국가에서 공항을 관리 운영하는 시대는 거의 끝나고 있고, 지방자치단체, 공단 · 공사, 지역의 경제단체, 민간회사에서 운영되고 있는 예가 많아, 국가가 직접 관리하고 있는 예는 일부 개도국에서 볼 수 있을 정도이다.

이는 공항이 지역과 밀착된 인프라이며, 지역의 경제력, 산업구조, 관광지로서의 매력, 수용시설의 정도 등에 따라 공항의 발전방향도 크게 다르기 때문에 지역이 직접 관리 운영하는 형태가 가장 적절하다는 것을 의미하고 있다. 중앙집권적으로 국가가 관리 운영할 경우, 의사결정에 시간이 걸려 타 공항과 동등하게 취급되어 지역에 최적인 관리 운영이 이루어지지 않을 가능성도 있다.

최근, 일본은 지역의 요구에 걸 맞는 시설정비, 관리운영의 방향성이 문제시되고 있으며, 지역의 특징을 충분히 반영하는 효율적인 관리 운영과 기동성있고 신속한 경영 판단이 요구된다면 오히려 지역의 비즈니스로서 민영화를 모색하는 것이 바람직하다는 견해가 지배적이다.

전세계의 많은 공항들은 공항을 하나의 비즈니스로 보고 있고, 착륙료, 시설이용료 등의 항공수입은 물론, 공항내의 점포, 새로운 서비스 제공, 관련 사업의 전개, 접근교통(access) 정비, 타 공항의 관리 운영위탁, 컨설팅업, 지역밀착형 업무개발 등 새로운 비즈니스 기회를 요구하는 경향이 뚜렷하다. 국가가 포괄적으로 관리, 운영한다면 이와 같은 유연한 사업추진을 도모하기 어렵고, 지역의 창의성을 활용하는 관리 운영을 실현하기 위해서는 민영화를 촉진해야 할 것이다.

일본은 96개의 공항 중 약 1/3의 공항에서는 100만명이 넘는 여객이 이용하고 있고, 다양한 비즈니스 실현 가능성을 내포하고 있다고 볼 수 있다. 지금까지는 공공교통서비스의 기점으로서의 공항이었지만, 앞으로는 다양한 비즈니스 기회를 내포한 공항으로서 새롭게 단장하기 위해서도 민영화를 촉진해 지역과 밀착된 인프라로서의 기능을 기대해 본다.

(4) 효율적인 공항운영을 위해

공항민영화의 세계적인 조류에 다소 늦게 합류하기는 했지만, 일본은 2004년 4월 나리타국제공항이 민영화되었고, 대도시 거점공항을 대상으로 민영화에 대한 논의가 활발해지고 있다. 2기 사업을 실현하기 위해 경영개선이 요구되고 있는 간사이국제공항은 경영의 최대 부담이 되고 있는 부채이자를 줄이기 위해 공항의 경영부문을 활주로 등 기초시설에서 분리하여 민영화하였고, 기초시설을 공공소유로 하는 상하분리방식이 검토된 시기가 있었다.

그러나, 간사이국제공항이 단독으로 상하분리를 하기 위해서는 기초시설의 소유와 운영을 담당하는 공공법인의 부담이 커지기 때문에 수익성이 있는 곳만 민영화하고, 그렇지 않은 곳은 공적자금으로 조달하는 결과를 초래할 것으로 예상되었다. 이와 같은 발상은 국민의 이해를 얻을 수 없었기 때문에 간사이국제공항을 단독으로 상하분리하는 것은 실현되지 않았다. 이러한 관점에서, 간사이국제공항에 대해서도 정부계 보유주를 전부 방출하는 것을 전제로 한 완전민영화를 고려하면서, 특히 상업활동을 비롯한 비항공부문의 활성화로 기대되는 수입기회의 증가에 주목하는 것이 향후의 과제일 것이다.

인도 유이치(引頭雄一), 요코미 무네키(横見宗樹)

칼럼 ⑨: 공항의 생산성 측정

공항 민영화에 대한 논의가 높아지는 가운데 민영화에 의한 경영 효율의 개선효과를 정량적으로 분석할 필요성이 높아지고 있다. 공항의 생산성을 정량적으로 분석한 연구논문은 다수 있지만, 단일 공항에 대해 분석한 논문은 거의 찾아볼 수 없다.

요코미(橫見) (2003)는 BAAplc의 패널데이터를 이용해 개별 공항별로 맘퀴스트 지수(Malmquist Index)를 DEA(Data Envelopment Analysis; 자료포락분석법)로 분석함으로써 민영화 이전과 이후의 기술적 효율성의 비교를 시도하였다. 맘퀴스트 지수는 시간이 경과함에 따라 효율성이 필연적으로 개선된다는 시계열 데이터를 이용한 분석에 고유의 바이어스를 배제하여 순수한 기술적 효율성을 도출할 수 있다는 점에서 뛰어난 방법이라 할 수 있다.

분석 결과, 민영화 전후로 기술적 효율성이 개선되었던 점이 확인되었고, 과거에는 정량적으로 파악하기 어려웠던 공항 민영화의 성과에 대해 객관적인 판단재료를 제공할 수 있었다.

요코미 무네키(橫見宗樹)

참고문헌

요코미 무네키(橫見宗樹) (2003) '민영화공항의 기술적인 효율성의 평가–영국 BAAplc의 사례를 바탕으로–' 『운수 정책 연구』 Vol. 6, No. 3, pp. 2~8.

공항민영화와 공항시스템

CHAPTER

11

항공경제학

공항민영화와 공항시스템

최근 세계 각국은 재정효율화를 위해 공항의 민영화나 상업화에 주목하고 있으며, 공항 '경영' 방식의 전환 검토가 새로운 조류로 정착되고 있다. 그리고 주요 대표공항의 혼잡이나 정치적 결정 등에 따라 복수공항시스템이 형성된 지역에서는 저비용항공사가 보조공항(세컨더리공항)을 이용하여 독자 노선체계를 갖추고 있다.

본 장의 제1절에서는 최근 공항민영화의 개척자인 BAA plc(영국공항회사) 사례를 소개하기로 한다. 제2절에서는 보조공항(세컨더리공항)의 현황과 도심과의 거리에 따른 분류를 서술하고, 그것이 항공산업에서 맡고 있는 역할에 대해 검토하고자 한다. 마지막으로는 최근 저비용항공사의 보조공항(세컨더리공항) 활용과 관련하여 보조공항(세컨더리공항)이 주목을 받는 배경과 항공산업에서 맡고 있는 역할에 대해 다루기로 한다.

공항민영화의 조류: 영국 BAA plc의 사례 01

(1) 왜 민영화인가

제10장에서 설명한 바와 같이, 일본에서 공항은 주로 국가나 지방자치단체가 설치하거나 관리하고 있다. 그러나 최근 재정삭감 요청에 따라 공항도 민영화하자는 논의가 활발해지고 있다.

일반적으로 정부는 시장의 실패를 근거로 공공서비스를 제공한다. 시장기구에 따라 결정되는 가격과 생산량이 파레토 효율적으로 확보되지 않는 경우 이를 '시장의 실패' 라고 한다. 시장이 국민경제를 바람직한 방향으로 이끌어가도록 기능하기 위해서는 공공부문이 이를 보완할 필요가 있다. 공공부문은 다음과 같은 역할을 맡는 것을 목적으로 하고 있다. ① 공공재의 공급, ② 외부효과의 활용 및 조정, ③ 사회기반의 정비(유치산업의 보호)[오쿠노(奧野), 1997]. 이러한 목표를 달성하기 위해 공항은 지방자치단체와 같은 공공부문이나 공기업이 설치 · 관리하는 것이 바람직하다고 여겨져 왔다.

그러나 공공부문은 다음에서 말하는 X-비효율(X-inefficiency)이라는 것을 내재하고 있으며, 이러한 비효율성이 배제되었거나 혹은 당초 설립목적이 달성되어 시대 요청에 따라 민영화하는 것이 국가 전체적으로 더 바람직하다고 판단되었을 때 민영화가 실시되는 경우가 많다.

즉, 민영화의 이론적 근거는 다음 두 가지 점으로 정리된다.

① 공공부문의 비효율성

일반적으로 공공부문은 민간기업이 평균적으로 실현할 수 있는 수준보다도 훨씬 낮은 경제적 성과를 실현할 수 있다고 인식되고 있다. 공공부문의 비효율 발생의 원인은 시장경제에서 볼 수 있는 경쟁원리가 작용하지 않기 때문에 발생하는 비효율이며, 이를 X-비효율이라고 한다. 공공부문이나 공기업이 민영화될 때 이 X-비효율성이 주요 근거로서 사용된다.

② 사회나 시장의 조건변화

앞서 말한 바와 같이, '유치산업의 보호' 라는 관점에서 공공부문이 설립되었을 때, 공공부문은 그 시대적 역할을 마치면 통폐합이나 민영화 등 조직개혁을 해야 하는 성격을 지닌다[우에쿠사(植草), 2000]. 전 세계적으로 일찍이 민영화정책을 실시한 국가는 영국이다. 영국의 민영화정책을 포괄적으로 논한 Vickers & Yarrow(1998)에 따르면, 영국의 민영화 정책목표에는 앞서 말한 공공부문이나 공기업의 경영효율화 외에 재정지출을 삭감하는 것이 또 하나의 중요한 목표로 설정되어 있다. 이는 경영성과가 열악한 공공부문이나 공기업을 매각함으로써 재정수지를 개선하는 것 외에 주식의 매각수익이 정부나 지방자치단체의 세입으로 얻어지는 경우도 포함되어 있다.

(2) 민영화의 경위

BAA(British Airports Authority; 영국공항공단)는 1965년 공항공단법(Airports Authority Act 1965)에 따라 1966년에 설립된 영국의 국영 공항회사이다. 설립 당시에는 런던 지역의 히드로(Heathrow), 개트윅(Gatwick), 스탠스티드(Stansted), 스코틀랜드지방의 프레스트윅(Prestwick) 등 4개 공항을 소유했었다.

BAA의 민영화 방침은 1975년 공항공단법에 의해 결정되었다. 매각방법에 관해 소유공항을 일괄 매각할 것인지 아니면 분할 매각할 것인지에 대해 논의가 있었지만, 결과적으로 일괄 매각하여 1987년 7월에 민영화되었다. 민영화 이후에는 BAA plc(plc란 public limited company이며, '공공유한회사' 라고 번역)로 개칭되어 현재는 런던의 히드로, 개트윅, 스탠스티드 외에 잉글랜드 남부의 사우스햄톤(Southamton), 스코틀랜드의 에딘버러(Edinburgh), 애버딘(Aberdeen), 글래스고(Glasgow) 등 총 7개 공항을 소유하고 있다.

(3) 규제정책

앞서 말한 바와 같이, BAA에 대한 민영화가 결정되었을 때 매각방법에 대한 논의가 활발히 이루어졌다. 주로 경제학자들은 소유 공항을 개별적으로 매각하는 안을 주장했다. 그 이유는 공항 경쟁 촉진과 함께 독점력의 완화로 규제의 필요성이 사라질 것(규제 비용에서 해방)이라고 생각했기 때문이다. 한편 BAA 스스로는 단일조직으로서 민영화되기를 원했다. 그 이유는 수익성이 높은 공항이 수익성이 낮은 공항에 대한 내부보조(구체적으로는 히드로를 중심으로 하는 런던지역 공항의 수입을 스코틀랜드지방의 공항 운영비로 충당)가 가능하다고 생각했기 때문이다. 이와 같은 주장이 대립하는 가운데 당시 운수장관(Secretary of State for Transport)은 BAA plc를 일괄 매각한다는 결정을 내렸다.

BAA plc를 일괄 매각하기로 한 이유는 다음과 같다.

① 계속적으로 이익을 계상해 온 BAA를 분할하면 적자로 전환될 우려가 있다.

② 일괄 매각으로 정부가 공항정책(노선면허 발행, 수송량 배분, 공항기능의

분담이나 공항개발에 대한 제반 정책)을 실시할 때 유연성이 최대한 담보된다.

③ (일괄 매각안은) 신속하게 실행할 수 있다.

④ 국유시대에는 실행이 불가능했던 공항업무 이외의 사업분야에 진출할 수 있다.

이렇게 매각된 런던지역 공항은 시장독점이 예상됨에 따라 민영화 이후 BAA plc에 대한 정부의 경제적 규제가 이루어졌다.

BAA plc에 대한 경제적 규제는 CAA(Civil Aviation Authority; 민간항공청)가 규제당국이 되어 프라이스캡(price cap)이라는 방식으로 실시되었다. 프라이스캡 규제란 'RPI-X' 라는 공식으로 요금수준이 결정되는 규제방식이다. 이는 RPI(Retail Price Index; 소매물가지수)보다 X% 낮은 수준을 상한으로 하여 가격상승률을 설정할 수 있게 하는 것이다. 즉, 물가수준의 변화와 연동한 가격설정을 원칙으로 하고 있지만, 생산효율 향상의 인센티브를 포함하기 위해 물가상승률보다도 X% 낮은 가격상승률을 상한으로 가격을 설정하는 것을 의무화하는 것이다.

따라서 생산효율의 개선으로 가격상승률을 기존에 결정된 'RPI-X' % 이하로 낮출 수 있다면 그 차이가 경영노력에 대한 보수(이윤)로서 유보되는 메커니즘이 된다. 이러한 구조에 따라 피규제기업은 생산효율 향상의 혜택을 가지게 된다.

X값은 5년마다 개정된다. 이를 Rate Review라 한다. 규제당국인 CAA는 규제대상인 BAA plc의 전 활동에 관한 조사를 각 규제기간 개시 이전에 경쟁위원회(Competition Commission)에 의뢰한다. 이 조사 결과에 따라 최종적으로 CAA가 X값을 결정하게 된다. 현재는 2003~2008년도(BAA plc의 회계연도는 4월 1일부터) 규제기간 중이다.

(4) 비항공부문의 활동

비항공부문 활동의 중요성

일반적으로 공항의 활동은 항공부문과 비항공부문으로 크게 구별된다. 항공부문은 항공기나 여객의 취급 등이며, 착륙료나 주기료 등의 공항사용료를 주요 수입원으로 한다. 한편, 그 이외의 활동은 비항공부문으로, 구체적으로는 공항 터미널내의 상업시설 운영 등으로 구성되며, 터미널내의 매장임대료나 시설임대료 등을 주요 수입원으로 한다.

앞서 말한 BAA plc에 대한 규제 대상은 항공부문만을 말한다. 즉, 가격규제는 공항사용료에만 부과되고 있다. 그러나, 규제공식 RPI-X의 X값을 결정할 때에는 공항 전체의 수지를 고려해야 한다. 바꿔 말하면, 비항공수입도 포함된 공항 전체적인 수지 균형을 맞추는 X값을 결정해야 한다는 것이다. 이와 같은 결정을 싱글틸원칙(single-till principle)이라 불리며, 이것이 민영화된 BAA plc의 비항공부문 활동에 큰 영향력을 미치게 된다.

일반적으로 항공부문의 요금수준에 대해 정부나 항공사의 억제 압력이 작용하는 경우가 많다. 따라서 아무리 수지균형을 달성할 수 없는 상황이라 하더라도 공항사용료를 인상하는 것은 쉽지가 않다. 예를 들어 1983년 BAA가 성수기 착륙료 할증요금을 설정하려 하였으나, 미국 항공사들과의 논란으로 어려움이 발생하였다. 즉 여객이 편리한 시간대에 미국을 출발하면 영국에 도착하는 시간은 필연적으로 피크시간대와 겹치기 때문에 이 조치는 미국 항공사들에게 불공평하다고 반발했기 때문이다. 그러나 비항공부문은 비교적 이러한 종류의 압력이 작용하는 경우가 적으므로, 민영화 이후 BAA plc는 비항공부문의 수입을 늘림으로써 공항전체의 수지균형을 맞추려고 노력하였다. 또한 민영화로 경영재량권이 늘어남에 따라 자유롭게 비항공부문의 활동이 가능해진 것도 BAA plc가 비항공부문에 보다 적극적인 자세를 보이게 된 요인이 되었다.

민영화 이후의 비항공부문의 확대

민영화 이전부터 BAA plc는 비항공부문 중 상업활동에 대해서는 어느 정도 적극적이었다. 1965년 공항공단법에 앞서 발표된 공항공단법안(Airports Authority Bill)에서는 '국유공항은 의회에 책임을 유보한 상태에서 보다 유연하고 유익하게 이익을 발생시킬 수 있다' 고 밝혔고, 이를 보면 BAA plc는 설립당시부터 효율적인 공항경영을 크게 의식했음을 알 수 있다.

표 1-1 》 민영화 이전의 컨세션 수(1985년)

	히드로	개트윅	스탠스티드
면세점	3	1	
스카이숍*	5	1	1
기타 소매점	16	2	–
공식서비스	3	1	1
렌터카	4	4	1
주차장	1	1	(BAA 직영)
은행	3	2	1

주) *: 스카이숍이란 BAA 브랜드의 소매점 명칭이다.
출처) MMC(1985) *British Airports Authority*, HMSO.

<표 11-1>은 BAA plc의 민영화 이전의 컨세션(concession) 수를 나타낸 것이다(런던지역의 공항만 발췌). 컨세션이란 공항여객에 대해 재화나 서비스를 제공하는 권리를 말하며, 영업권과 같은 것이다.

한편, <표 11-2>는 민영화 이후의 컨세션 수를 나타낸 것이다. BAA 설립 당시에는 공항터미널내에서 컨세션 보유자간 경쟁은 거의 없었지만, 민영화 이후에는 컨세션 보유자간 경쟁이 심화되었다.

BAA의 민영화 방침이 결정된 것은 1975년 공항공단법이며, 이 법에서는 BAA가 상업활동에 관여하는 것에 대해 '필요 또는 바람직하다' 는 인식을 보였었고, 'BAA의 업무 수행을 촉진하는 모든 활동을 할' 권리를 BAA에게 부여하였다. 이에 따라 설립 당시에는 상업활동에 적극적으로 관여하지 않았던 BAA도 민영화 이후에는 적극적으로 상업활동을 발전시켜 왔다.

<표 11-1>은 2004년 BAA plc의 수입구조를 나타낸 것이다. 여기서 BAA plc의 비항공부문의 비율은 항공부문과 동일한 규모임을 알 수 있다. 또 공항업무 이외의 다각화 사업에서의 수입도 약 20%나 되는 것을 알 수 있다.

WDF란 BAA plc가 1996년 면세점으로 설립한 World Duty Free라는 자회사로, 2005년까지 65개 점포를 거느리고 있었다. 일반적으로 면세점은 수익성이 높아 공항 상업활동의 중심이 되고 있다.

표 1-2 》 민영화 이후의 컨세션 수(1996년)

	히드로	개트윅	스탠스티드
면세점	6	2	1
요식업서비스	32	21	4
상업시설	100	59	11
환전소	9	6	1

출처) MMC(1996) *British Airports Authority*, HMSO.

BAA plc는 해외사업으로 미국, 호주, 이탈리아에서 공항을 경영하고 있으며, 그 수는 2005년 말 현재 약 11개 공항에 이른다. 또한 민영화 이듬해인 1988년에 설립된 BAA Lynton은 공항 주변의 호텔 건설이나 화물관련 시설 등 건설사업 이외에, 1998년에는 철도사업의 자회사로 히드로익스프레스(Heathrow Express Operating Company)를 설립하여 히드로공항과 파딘톤간을 약 15분으로 접속하는 히드로익스프레스 서비스를 제공하고 있다.

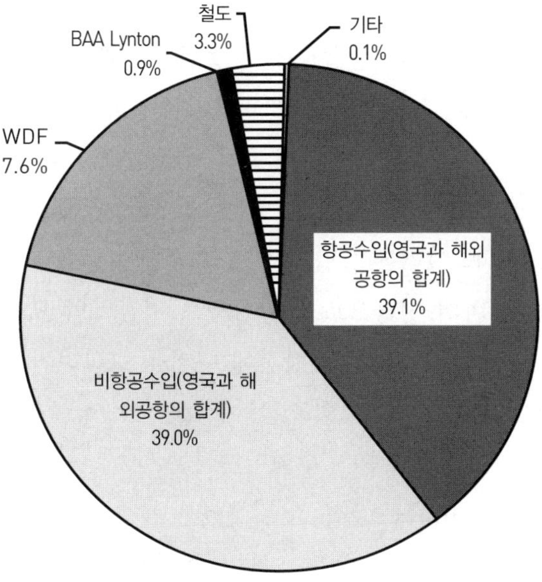

그림 11-1 》 BAA plc의 수입구조(2004년)

출처) BAA plc(2005) *Annual Report* 2004/05.

또한, 조인트벤처로 BAA-맥아더/글렌(BAA-McArthur/Glen)은 영국을 비롯한 유럽에서 디자이너 브랜드의 제조 직판점을 운영하고 있다. 이와 같이 BAA plc는 민영화 이후에 급속히 비항공부문의 활동영역을 넓혀나가고 있다.

(5) 공항의 활동영역

(4)항에서 말한 바와 같이, 일반적으로 공항의 활동은 항공부문과 비항공부문으로 나눌 수 있다. 이 둘의 활동영역에 대한 비중은 공항에 따라 상당히 다르다. 예를 들면 <표 11-1>에서 볼 수 있듯이, BAA plc는 전 수입의 약 60%가 비항공부문에서 발생하고 있다. 같은 수입구조를 가진 공항으로는 독일의 프랑크푸르트공항이나 파리의 샤를르드골공항 등이 있다. 한편, 태국의 방콕공항이나 일본의 나리타공항은 공항사용료 수입이 전체의 약 절반을 차지하고 있다[소에다(添田), 2000].

Rigas Doganis는 여객이나 항공사 등의 기본적인 수요를 충족하는 것을 주요 업무라고 생각하는 공항을 전통적 공항모델(traditional airport model)로 보는 반면, 여객터미널내의 상업활동에 주목하여 그것을 가급적 최대화하려는 경영전략을 선택하는 공항을 상업적 공항모델(commercial airport model)로 분류하고 있다(Doganis, 1992). 이러한 분류가 적절하다면 앞서 거론한 방콕공항이나 나리타국제공항은 전통적 공항모델이며, BAA plc나 프랑크푸르트, 샤를르드골공항은 상업적 공항모델이라 할 수 있다.

최근에는 이러한 상업적 모델의 공항이 늘어나고 있다. 각국은 항공 규제완화나 자유화의 영향으로 공항사용료 저감화의 요구에 직면하고 있다. 이러한 가운데, 각국의 공항은 공항전체 수지를 보상하기 위해 항공부문 이외의 새로운 수입원을 확보해야 했고, 그 수입원으로서 주목되는 것이 상업수입을 중심으로 하는 비항공부문의 수입이다.

David Starkie는 공항의 활동에는 수요의 보완성(complementary nature)이 존재한다고 지적하였다. 이는 공항에서 항공수요가 증가하면 터미널내 소매점의 수요도 증가한다는 상호작용을 의미하는 것이다(Starkie, 2001). 이러한 보완성에 따라 증가한 상업수입을 자금원천으로 공항사용료를 인하하면 항공수요가 더 늘어나고, 그에 따라 상업수입도 증가하는 선순환 체계를 형성할 것이다. 따라서 공항운영자 입장에서 비항공부문의 수입은 간과할 수 없는 중요성을 지니고 있다.

(6) 상업활동의 형태

공항운영자 입장에서 상업활동을 포함한 비항공부문의 중요성은 앞서 논한 바와 같다. 공항터미널내에서 상업활동 운영형태는 다음 3가지로 분류할 수 있다. 어떤 형태를 채택하는가에 따라 상업활동의 결과는 크게 달라진다.

컨세션방식

컨세션방식은 전세계 공항면세점에서 가장 일반적으로 채택되고 있는 방식이다. 이것은 공항운영자가 외부의 소매기업과 각각의 점포경영에 관한 계약을 체결하는 것이다. 공항운영자와 컨세션계약을 체결하는 소매기업을 컨세센네어(concessionaire)라 불린다. 일반적으로 컨세셔네어는 입찰로 시장기구를 통해 선정된다.

대체적으로 컨세셔네어는 공항운영자와 매출과 연동된 컨세션요금을 지불하는 계약을 맺는다. 공항운영자는 점포공간의 소유자로서의 역할만 맡고, 점포내의 물리적 설비에 대한 책임을 지는 것 이외에 전기수도 공급 등 기본적인 서비스만을 제공한다. 한편, 판매에 대한 책임은 각 컨세셔네어가 부담하게 된다.

따라서, 이 방식은 공항운영자 입장에서는 소매기업의 매출 중 몇 %의 컨세션요금만 받을 수 있지만, 경영리스크가 가장 적다는 점에서 뛰어난 방식이다.

경영위탁방식

경영위탁방식이란 공항운영자 대신 제3의 조직이 상업시설의 경영을 맡는 것이다. 이 제3의 조직에서 공항운영자와 외부에서 선정되는 소매기업(경영을 위탁받는 기업)간에는 협조적인 관계가 구축된다. 일반적으로 공항운영자는 경영을 위탁하는 소매기업에 대해 매출과 연동된 경영수수료를 지불하는 대신에 매출 전액을 수입으로 확보하는 계약을 하게 된다.

예를 들어, BAA plc는 1991~1996년까지 이 방식으로 면세점을 운영하였다.

BAA plc는 소매기업과 함께 조인트 보드(joint board)라는 공동조직을 설립하여 상품선정이나 가격설정에 관한 의사결정 등 면세점에서의 실질적인 경영권을 이관하였다. BAA plc는 조인트 보드의 운영비용 및 구입에서 판매까지의 비용과 리스크를 모두 부담해야 하지만, 면세점의 매출액 전부는 BAA plc의 수입으로서 유보되며, 조인트 보드를 형성하는 소매기업에 대해서는 매출에 따른 경영수수료만 지급하면 되는 시스템이다.

이 방식은 매출의 전부는 아니지만, 제3의 조직에 지급하는 경영수수료를 제외한 나머지 전액을 수입으로서 확보할 수 있고, 위탁사업자로부터 경영노하우도 얻을 수 있다는 점에서 뛰어난 방식이다. 실제로는 BAA plc의 경우와 마찬가지로, 아래의 직영방식을 채택하는 것이 효과적일 것이다.

직영방식(자회사화)

직영방식이란 말 그대로 공항운영자(또는 자회사)가 공항내의 상업시설을 직접적으로 경영하는 것이다. 즉 상품 조달부터 판매에 이르기까지 공항운영자(또는 자회사)가 직접 자신의 업무에 대해 책임을 진다.

이 방식은 매출 전액을 수입으로서 확보할 수 있기 때문에 지금까지 논의한 방식 중 가장 수익성이 높은 반면, 리스크는 모두 공항운영자가 부담해야 한다.

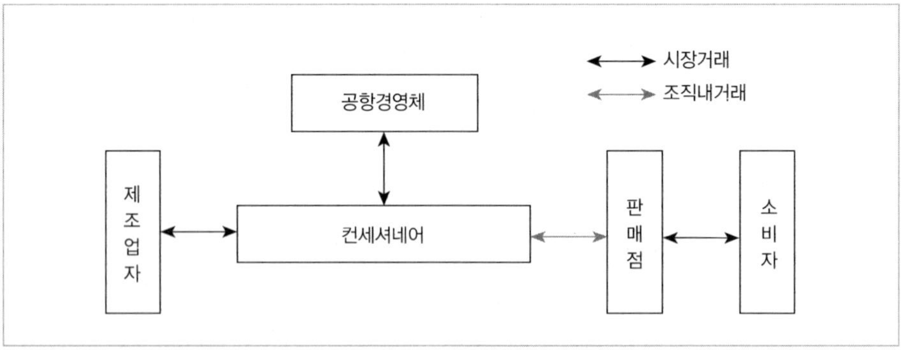

그림 11-2 » 컨세션방식

출처) 요코미(橫見) (2001)

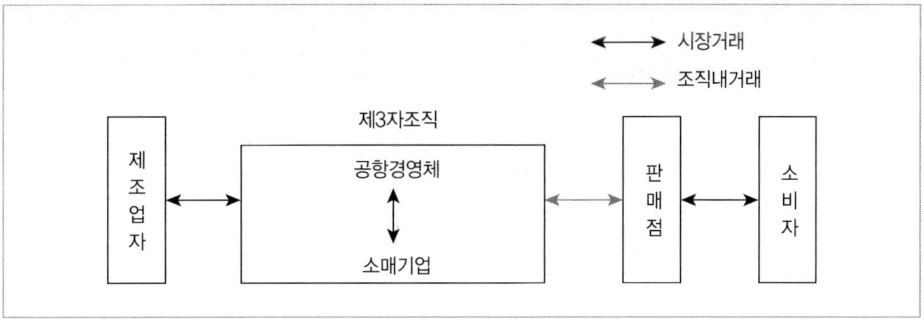

그림 11-3 》 경영위탁방식

출처) 도표 11-2와 동일

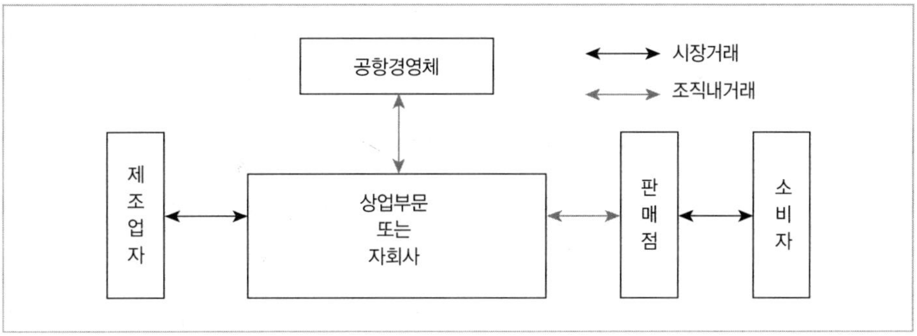

그림 11-4 》 직영방식(자회사화)

출처) 도표 11-2와 동일.

참고문헌

[1] Doganis, R.(1992) The Airport Business, Routledge 기타니 나오토시(木谷直俊) 역(1994)『에어포트 비즈니스』 나리야마도(成山堂)서점.

[2] 오쿠노 노부히로(奧野信宏) (1997)『공공경제학』 이와나미(岩波)서점.

[3] 소에다 신지(添田慎二) (2000)『공항경영-국제비교와 일본의 공항경영의 방향성-』 운수정책연구기구.

[4] Starkie, D.(2001) "Reforming UK Airport Regulation," Journal of Transport Economics & Policy, Vol. 35(1), pp.119-135.

[5] 다카하시 노조무(高橋 望), 요시다 시게루(吉田茂) (2002)『신판국제교통론』 세계사상사.

[6] 우에쿠사 마스(直草) (2000)『공적규제의 경제학』 NTT출판.

[7] Vickers, J. & Yarrow, G.(1988) Privatization:An Economic Analysis, MIT Press.

[8] 요코미 무네키(横見宗樹) (2001) 'BAA plc의 면세점 거래형태 전환에 관한 고찰-거래비용이론에 따른 접근법-『공익사업연구』 제53권제 2호, 81~90p.

요코미 무네키(横見宗樹)

보조공항(세컨더리공항)의 의의와 역할 02

(1) 복수공항체제와 보조공항(secondary airport)

보조공항이 어떤 성격을 가지고 있는지 이해하기 위해서는 우선 보조공항이 속한 복수공항체제에 대한 검토가 선행되어야 한다. 복수공항체제는 도시 단위가 아닌 도시권 단위와 같이 한 지역 전체의 항공운송시장을 대상으로 한 것이며,

공항운영자와는 상관없이 상업항공서비스에 제공되는 모든 공항으로 구성되는 것이다. 복수공항체제는 국내 항공네트워크의 기간공항이나 장거리국제선의 게이트웨이공항 등을 중심으로 구성되지만, 보조공항은 복수공항체제에 있어서 일반적으로 지역 공항네트워크의 거점이 되는 기간공항들을 보완하는 공항이며, 이 둘 간에는 맡는 역할에도 차이가 존재한다.

복수공항체제가 형성되는 가장 큰 이유는 그 지역, 즉 도시권이 창출하는 항공수요(이하, 최종수요라 함)가 성장하기 때문이고, 최종수요의 증가에 따라 지역전체의 항공수요가 일정 수준보다 많아지면 새로운 공항의 필요성이 정당화되게 된다. 이 수준은 항공기 기술의 진보에 따라 서서히 변화하여 2000년 현재 지역전체의 최종수요가 약 2,800만 명(출발여객 수 기준 1,400만명), 환승수요를 포함해 약 3,000만 명이 되면 그 지역에서 복수공항이 성립하는 기준이 되고 있다.

이러한 지역시장의 성숙 이외의 이유로는 기존 공항이 항공기 대형화나 장거리편의 운항으로 인하여 활주로 연장 등 공항기능의 확장에 따른 대응이 어려워진 기술적인 이유나, 혹은 베를린이나 모스크바 등과 같이 정치적, 군사적인 이유로 인하여 복수공항체제가 형성되는 경우도 있다. 또한, 지역 항공수요의 증대에 따라 구공항을 폐쇄할 것을 전제로 새로운 공항을 건설하였으나, 신공항 개항 이후 구공항이 존속함으로 인하여 결과적으로 복수공항체제가 형성되게 된 달라스나 오사카 등의 예도 있다.

최근에는 저비용항공사가 지금까지 정기항공서비스가 없었던 일반항공(general aviation)에 주로 사용되었던 지역의 소규모 비행장이나 인접지역의 공항, 또한 민간항공으로 이관된 공군기지를 보조공항으로 활용함으로써 복수공항체제가 형성되는 사례도 발생하고 있다. 이와 같은 경우는 최종수요의 규모가 그다지 크지 않은 지역에서도 발생하고 있는 점에서 주목할 만하다.

복수공항체제를 형성할 때 특히 문제가 되는 것은 지역에 충분한 최종수요가 존재하느냐는 것이다. 복수공항체제는 지역내의 항공수요를 공항끼리 나누게 되므로 최종수요가 충분하지 않을 경우, 복수공항체제를 구축하는 것은 타지역보다 그 지역의 항공네트워크의 경쟁력을 저하시킬 수 있다. 또한, 이것은 경영기반이 약한 보조공항을 더 불안정한 상태로 만들 수도 있다.

따라서, 런던 등과 같이 충분한 최종수요가 존재하는 대도시권에서는 여러 보조공항의 성립이 가능하지만, 충분한 수요가 존재하지 않음에도 불구하고 복수공항체제를 형성하는 경우에는 지역전체의 항공네트워크의 건전한 성장을 해칠 수 있다는 점에 주의해야 할 것이다. 그러한 의미에서 최근 저비용항공사에 의한 기존 틀을 초월한 보조공항의 활용은 지역의 복수공항체제가 나아갈 방향에도 큰 영향을 미치는 것이다.

(2) 보조공항의 현황과 특징에 따른 분류

각 지역 특성에 따라 형성된 복수공항체제는 보조공항에 대해서도 일정한 특징을 발생시키고 있다. 이는 도심에서의 거리를 기준으로 한 것으로, 보조공항은 크게 두 가지 형태로 분류할 수 있다.

첫 번째 형태는 지금까지 도심 가까이에 위치한 기간공항이 늘어나는 항공수요의 증가나 항공기의 대형화 등 지역의 항공네트워크 성장에 대응하기 어려워졌기 때문에, 도심에서 떨어진 지점에 만들어진 대규모 신공항에 그 도시권의 기간공항으로서의 지위를 양보하고, 스스로 보조공항으로서 신공항을 보완하는 경우이다. 이와 같은 경우는 미국의 시카고 미드웨이나 휴스톤 호비, 달라스 러브필드 공항 등이, 유럽은 파리 오를리나 밀라노 리나네, 로마 참피노, 스톡홀름 브로마, 벨파스트 시티 등의 공항이 있다. 이러한 공항들은 도심에 위치하지만 좁고 설비나 기능면에서 뒤떨어지기 때문에 그 도시를 거점으로 한 대형 네트워크항공사는 장래 성장에 제약을 받지 않는 신공항으로 거점을 이전하고 있다. 그러나 뉴욕 라과디아나 워싱턴 내셔널 등과 같이 지나치게 많은 항공수요가 존재하는 지역의 공항은 공항의 기능에 기술적인 제약이 있어도 국내 항공네트워크 기간공항으로서 계속 중요한 역할을 맡고 있는 곳도 있다. 또한 이러한 형태의 보조공항은 원래 지역의 기간공항이었으므로 어느 정도 공항 규모를 가지고 있는 경우가 많다.

보조공항의 두 번째 형태는 도심과 가까운 곳에 위치한 기간공항이 장래에도 계속 확장하여 지역 거점공항으로서의 기능을 맡아야 할 경우, 이를 보완하는 보조공항이 도심에서 떨어진 지점에 만들어지는 경우이다. 이 경우는 공항의 특징에 따라 두 종류로 나눌 수 있다.

그 첫 번째는 공항으로서의 기반이 비교적 확립되어 있는 경우가 많은 대도시권을 구성하는 위성도시의 공항을 보조공항으로 이용하는 것이다. 예를 들면, 산타아나나 버뱅크, 온타리오, 롱비치(모두 로스엔젤레스), 오클랜드나 산호세(모두 샌프란시스코), 포트로더데일(마이애미), 루톤이나 스탠스티드(모두 런던) 등의 공항이 있다.

두 번째는 최근 저비용항공사가 적극적으로 이용하는 형태로, 도시권의 위성도시 공항보다도 도심에서 더 떨어져 정기항공서비스가 존재하지 않았던 인접지역의 공항이나 비행장, 나아가 민간항공으로 이관된 공군기지를 보조공항으로서 이용하는 것이다. 이와 같은 공항은 유럽 전체로 확대되고 있으며, 주로 베르가모(밀라노)나 헤로나(바르셀로나), 보베(파리), 샤를르와(브뤼셀), 베스테로스(스톡홀름), 스카비스타(스톡홀름), 뤼벡(함부르크), 니더라인(뒤셀도르프), 한(프랑크푸르트), 코벤트리(버밍엄), 켄트(런던), 리버풀(맨체스터), 프레스트윅(글래스고) 등의 공항이 있고, 그 외에 미국에서도 프로비덴스나 맨체스터(모두 보스톤), 이슬립(뉴욕) 등의 공항이 있다.

이러한 형태의 공항은 지난 10년간 급속한 성장을 이루고 있지만, 공항규모에 큰 차이가 있고, 런던 스탠스티드공항과 같이 연간 이용자수가 천만 명을 넘는 규모의 공항도 있는가 하면, 지금까지 영국 공군기지로 2003년에 개항한 독일의 니더라인공항(뒤셀도르프)과 같이 연간 이용자수가 백만 명을 밑도는 곳도 있다. 이러한 형태의 공항은 공항으로서의 기능이나 설비가 비교적 정비되지 않은 경우도 있고, 도심과 떨어져 있기 때문에 공항 접근성에서도 문제가 있는 경우도 많지만, 항공자유화가 진행된 구미항공시장에서는 지역의 거점공항을 보완할 뿐 아니라 저비용항공사나 때로는 네트워크항공사의 성장도 촉진시킬 수 있다. 실제로 볼티모어 워싱턴공항이나 뉴욕 뉴왁공항은 저비용항공사의 진출이나 네트워크항공사의 환승 허브공항화로 오늘날 지역에서 가장 이용자가 많은 공항으로 급성장하여 보조공항으로 분류되는 지역에서는 기간공항의 역할을 맡는 공항도 존재하고 있다.

(3) 저비용항공사로 인하여 보조공항이 주목받는 배경

보조공항은 최근 저비용항공사의 성장에 중요한 역할을 맡고 있고, 항공운송시장에서 예전보다 많은 주목을 받고 있는 바, 그 배경에 대해 살펴보고자 한다.

첫 번째 요인으로 꼽을 수 있는 것이 규제완화 이후 항공사간 자유로운 경쟁환경에서 대형항공사가 네트워크항공사로서의 기반을 확립하기 위해 대도시권의 기간공항에 구축한 허브 앤드 스포크형 네트워크체계이다. 이는 허브공항이 되는 기간공항을 환승지점으로 지방도시에 스포크노선을 구축하여 고빈도 환승서비스를 제공하는 것으로서, 각 노선간 수요의 상호의존성을 효과적으로 기능하게 함으로써 외부경제성의 내부화를 가능케 하였다. 또한, 이는 네트워크항공사 입장에서는 자유화된 항공시장에서 살아남을 수 있는 매우 효과적인 경쟁전략이었다.

그러나 이 네트워크체계는 허브공항에서 특정항공사의 지배력을 강화시켰고, 단기간에 많은 이착륙 집중을 수반하였기 때문에 공항의 공급능력에 지나친 부담을 주기 쉽고 만성적인 혼잡이나 운항 지연을 발생시키게 되었다. 이에 따라, 이러한 공항으로 진출을 시도하려는 신흥 저비용항공사들은 진출이 어려워졌을 뿐 아니라 기재의 효율적인 운용면에서도 운항비용의 증가를 가져왔다. 또한 저비용항공사 역시 두 지점간 운항을 주 대상으로 하고 있고, 이러한 허브공항들을 이용함으로써 네트워크의 경제적 효과를 얻고자 하는 기대도 불가능해졌다. 허브 앤드 스포크형 네트워크체계의 이러한 폐해가 저비용항공사들에게 보조공항에 대한 관심을 높이게 하였다.

또한 두 번째 배경으로는 저비용항공사가 제공하는 항공서비스가 네트워크항공사의 서비스와 크게 다르다는 점을 들 수 있다. 복수공항 체제하에서 네트워크 항공서비스를 제공하는 대형항공사들은 더 유리한 판매기회를 기반으로 광범위하고 고빈도의 네트워크가 형성되어 있는 기간공항으로 진출을 집중시켜 시장점유율을 높이려 하고 있다. 그러나 저비용항공사의 항공서비스는 인터넷만을 통한 직접판매나 모든 기내서비스의 유료화, 항공사(이 중에는 라이언에어처럼 자사편 조차)간 접속을 전제로 하지 않는 두 지점간 항공서비스 등 대형항공사와 전혀 다른 운영형태로 인하여 판매기회를 요구하면서까지 공항사용료가 비싼 기간공항으로 진출할 필요가 없었다. 그보다는 스스로 비용 우위성을 더욱 확실하게 하는 보조공항에 진출하는 것이 도시권의 배후지역에 존재하는 항공수요를 확보하기 용이하기 때문이다. 이러한 양자간 항공서비스의 수요확보 방법의 차이도 보조공항이 주목받는 배경 중 하나가 되고 있다.

(4) 항공운송시장에서 보조공항의 역할

마지막으로 보조공항이 오늘날 항공운송시장에서 어떤 역할을 맡고 있는지에 대해 다루어보기로 하자. 보조공항의 가장 중요한 역할 중 첫째로 꼽을 수 있는 것은 최종수요가 많은 대도시권에서 저비용 구조를 유지하면서 시장에 진출하려는 항공사에 대해 진출기회와 성장촉진의 장을 제공하고 있다는 것이다. 이는 세계 최대 저비용항공사인 사우스웨스트항공이 이러한 공항들을 노선확장의 기반으로 성장해 온 사실만 봐도 분명히 알 수 있다. 또한, 이는 항공사간 경쟁을 가능하게 하는 역할도 맡고 있다. 미국의 항공업계는 1980년대 후반 이후 과점화 색채를 강하게 띠면서 주요공항에서 특정항공사의 지배력이 강했지만, 보조공항을 이용하여 간접적으로 경쟁하는 사우스웨스트항공의 존재는 대형네트워크 항공사 입장에서 큰 잠재적 위협이 되었다.

둘째로 보조공항은 항공네트워크 개편에도 큰 역할을 하였다. 저비용항공사는 보조공항을 활용함으로써 기존의 대형네트워크 항공사가 제공하였던 대도시권의 기간공항을 중심으로 한 항공서비스를 대신하였다. 즉 보조공항을 중심으로 지방의 로컬 거점공항간 여러 노선을 구축하여 고빈도의 항공서비스 네트워크를 형성하였다. 이에 따라 저비용항공사는 네트워크항공사가 지배하는 주요 공항을 우회하는 것이 가능해짐과 동시에 이러한 항공사와의 직접적인 경쟁도 회피할 수 있게 되었다.

예를 들어 제트블루항공은 로스엔젤레스 도시권에 거점을 구축하기에 앞서 같은 도시권에서 4번째 보조공항인 롱비치공항을 활용함으로써 타사와의 직접적인 경쟁을 회피하였다. 또한, 이러한 대체 항공네트워크의 형성은 대도시권 공항의 공급능력 제약 문제를 완화하는 역할도 맡고 있다. 예를 들어 미국은 1991

년부터 1998년까지 애틀란타나 디트로이트 등과 같이 특정항공사의 네트워크 거점이 되고 있는 대규모 허브공항(전미 연간 항공이용자수의 비율에 의거한 카테고리에서 이 비율이 1% 이상인 공항을 가리킴)의 항공수요 증가는 매우 높았지만, 복수공항을 형성하고 있는 시카고, 로스엔젤레스, 샌프란시스코, 마이애미, 보스톤, 워싱턴DC 등 대도시권에 분포하는 공항은 전자와는 대조적으로 증가율이 낮았다. 이를 대신하여 중규모 허브공항(0.25~1% 미만)에 속하는 보조공항이 증가하였다. 아울러 대체 항공네트워크의 형성은 보조공항과 함께 중규모 허브공항을 형성하는 지방의 거점공항 활성화로도 이어지고 있다. 1998년 중규모 허브공항에 속한 38개 공항 중 23개 공항에서 사우스웨스트항공이 이착륙 점유율 1위를 차지하고 있는 것으로도 이를 뒷받침할 수 있을 것이다.

세 번째로 보조공항은 저비용항공사에 의해 지금까지와는 전혀 다른 항공서비스를 제공하는 것도 중요한 역할 중 하나이다. 저비용항공사는 소비자가 항공서비스에 대한 운임에 민감한 것에 대응하여 필요 최소한의 단순한 항공서비스를 제공했으나, 보조공항을 이용함으로써 주요공항에서의 혼잡회피나 기재의 효율적인 운항, 나아가서는 더 저렴한 공항사용료를 실현할 수 있음으로 인하여 저비용항공사의 성장에 중요한 역할을 하게 되었다. 보조공항의 이와 같은 역할이 지금까지 근린지역의 소규모공항이었던 것에서 새롭게 보조공항으로서 적극적으로 활용되는 것으로 이어지고, 그것이 나아가 기존의 항공네트워크에 맞먹는 대체 항공네트워크의 전개로 이어졌다. 이는 라이언에어가 유럽 전역에서 보조공항을 개척하여 독자적인 대체네트워크를 형성하고 있는 것을 보아도 분명하다.

이와 같이 새로운 항공서비스의 등장은 새로운 잠재 항공수요의 발굴로 이어지고 있다. 그 중심은 저비용항공사가 타겟으로 한 개인의 여가활동이나 친구나 친족 방문을 목적으로 하는 항공수요층들이다. 현재 개인수요는 항공수요 전체의 2/3 정도를 차지하고 있지만, 이는 지금까지 네트워크항공사의 비싼 항공운임으로 여행횟수를 줄이거나 철도를 비롯한 다른 수송기관으로 대체될 수 있는 수요이다. 또 유럽에서의 리조트지 수요는 지금까지 전세기를 통한 패키지여행이 중심이었으나, 새로운 항공서비스는 전세항공사와 같은 저운임을 실현한데다 정기편의 높은 자유도도 겸비하고 있어, 리조트지에 대한 개인의 여행수요를 추가적으로 발굴하게 되었다. 이상과 같이 새로운 저운임 항공서비스는 개인여행자의 여행기회를 더욱 활발하게 하였다.

공항 접근성에 다소 문제가 있는 경우, 보조공항을 중심으로 한 이 새로운 항공서비스는 일체의 낭비를 줄인 것으로, 정기운항율이나 수화물분실율, 고객불만율 등의 서비스 평가지표에서 높은 품질의 항공서비스를 제공하는 대형 네트워크항공사보다도 높은 평가를 받고 있다. 이에 따라 비용을 투입하지 않고 항공서비스의 본질 부분에서 고품질의 항공서비스를 제공하는 새로운 항공서비스는 비즈니스여객의 수요를 유인할 수 있는 계기도 될 수 있을 것이다.

보조공항이 주요 대상으로 하는 시장은 항공운송수요에서 가장 큰 부분을 차지하는 개인수요이며, 이는 비즈니스수요에 비해 앞으로도 더 높은 성장이 전망되므로 장래 보조공항의 중요성은 더 높아질 것으로 예상된다. 실제로 2001년 미국 9.11테러 이후 국민들의 보조공항에 대한 관심은 높아졌고, 이러한 공항들을 중심으로 저비용항공사가 시장전체에서 차지하는 점유율은 미국이나 영국에서 약 20% 전후를 차지하는 등 지금까지보다 더욱 높아졌다. 또한 유럽역내 항공시장만 보면 이러한 경향은 더 강해지고 있고, 영국이나 아일랜드에서는 저비용항공사의 시장점유율은 약 30% 이상을 차지해, 2003년 라이언에어(2,313만명, 2004년 3월 분기 실적은 전기대비 약 47% 증가)나 이지젯(2,180만명, 약 33% 증가)의 유럽시장에서의 여객수는 영국항공의 여객수(1,705만명, 2003년 12월 분기 실적)보다 많아졌다. 복수공항체제에서 보조공항이 성립하기 위해서는 충분한 최종수요가 필요하지만, 라이언에어와 같이 저비용항공사가 대체 항공네트워크를 형성함으로써 보조공항의 최종수요에 대한 문턱은 이전보다 훨씬 낮아지고 있다. 이는 저비용항공사가 보조공항의 성장을 가능하게 하는 데 꼭 필요한 존재임을 의미하며, 저비용항공사가 대체 항공네트워크 형성을 가능하게 하는 대도시권에서 이러한 공항정비는 특히 중요하다고 할 수 있다.

칼럼⑩: widebody와 narrowbody

Narrowbody 기종과 widebody 기종의 주요 차이는 객실에 여러 통로를 만들거나, 또 하부 화물실에 두 개의 컨테이너를 옆으로 나란히 탑재할 수 있는 동체 단면을 가지는지 여부에 따라 달라진다. Narrowbody기종은 객실에 1개의 통로와 화물실에 1개의 컨테이너를 탑재할 수 있는 3.8m정도의 동체 단면폭을 가지며, 현재는 보잉737이나 에어버스 A320 등 좌석수 200석 정도까지의 단중거리 항공기가 중심을 이룬다. 한편, widebody기종은 객실에 두 개의 통로와 하부 화물실에 두 개의 컨테이너를 옆으로 나란히 탑재할 수 있는 넓은 동체 단면을 가진 기재이며, 보잉747이나 에어버스A340 등 좌석수 300석 이상의 장거리 대형기가 중심이다. Widebody기종은 화물실에 표준규격의 LD3 컨테이너를 옆으로 두 개 나란히 탑재할 수 있도록 동체 단면폭을 5.7m이상으로 설계하였지만, 200석 클래스의 중형기재에서는 공기저항을 줄이기 위해 동체 단면을 조금 좁게 한 보잉767과 같은 semi-widebody기종도 탄생하고 있다.

요시이 히데카즈(吉井秀和)

참고문헌

De neufville, R. and Odoni, A. (2003) *Airport Systems Planning, Design, and Management*, New York, MY.:McGraw-Hill.

요시이 히데카즈(吉井秀和)

항공연구의 공학적 관점

CHAPTER

12

항공경제학

항공연구의 공학적 관점

본 장 전반부에는 항공운송에 있어서 대표적인 공학적 주제인 네트워크 설계법에 대해 소개하기로 한다. 특히, 구미지역을 중심으로 현재 표준화된 방식인 '허브 앤드 스포크형 네트워크'에 초점을 두고자 한다. 우선, 물리적인 항공운송 네트워크 설계에 있어서 단일 배정(single assignment, 1개의 스포크공항이 1개의 허브공항에 접속)과 복수 배정(multi assignment, 1개의 스포크공항이 여러 허브공항에 접속)이라는 두 종류의 네트워크 유형별 문제의 난이도 차이 및 해법에 대해 살펴보기로 한다. 다음으로는 다이어그램의 설계방법인 스케줄 문제 및 지연 · 취소 회복을 위한 reschedule 문제에 대한 특성 및 대표적인 연구사례를 살펴보고자 한다. 마지막으로는 수요예측의 입장에서 네트워크 설계에 접근한 방법을 허브공항간 경쟁을 다룬 연구사례를 중심으로 소개하고, 향후 추진방향과 전망에 대해 살펴보고자 한다.

후반부에는 공항까지 접근교통수단의 선택모델을 중심으로 항공수요 모델링에 대해 소개하였다. 공항의 신설이나 접근교통수단의 정비, 취항편수나 노선수 증감 등 다양한 조건 변화는 이용자의 교통행동에 어떠한 영향을 주고, 결과적으로 복수공항간의 경합 관계나 지상접근(access) 교통수단의 상호분담 관계는 어떻게 변화하는지를 설명하고자 한다.

공학적 입장과 관심 01

항공부문의 공학적 연구는 경제 · 경영학과 마찬가지로 오래전부터 관심을 가지고 실시되어 왔다. 많게는 공항 설계나 건설과 관련된 기술적 문제이지만, 여기에서는 경제 · 경영학에서도 다루어 온 '시장'과 관련된 문제에 포커스를 맞추어 소개하고자 한다.

기본적으로 '공학적' 이라고는 하지만, 경제 · 경영학에서 채택되어 온 방법론과 근본적으로 다른 점은 없다. 그러나, 공학적 관점에서 필요한 정보는 경제 · 경영학의 정보와 약간 다를 수도 있으므로 여기에서는 우선 필요한 정보의 차이에 대해 다루고 본론으로 들어가기로 한다.

일반적으로 공학에서 요구되는 것은 '현상의 치밀한 재현' 및 '실제 이용' 이다. 즉, 현상이 발생하는 데 있어 무시할 수 없는 '물리적인 제약' 이 존재하지만, 그 '물리적인 제약' 을 가급적 고려해 현상을 재현하려 하고, 그로 인해 구축된 이론 · 모델이 현실 문제에 곧바로 적용될 필요가 있다. 이러한 절차는 항공연구에 있어서도 예외가 아니다. 예를 들면, 항공여객시장에서 항공사의 행동을 모델화하는 경우, 공학적인 관점에서 말하면 아마 다음과 같은 조건을 일정한 형태로 고려해야 할 것이다.

① 공항에서의 활주로 용량 · 슬롯 수에 한계가 있다.
② 공항간 여객의 흐름이 수송능력(공급가능 좌석 수)을 초과해서는 안 된다.
③ 여객의 경로선택 행동이 반영되어 있어야 한다.

공항에서 시설계획(활주로의 신설 · 확장, 관제방법의 변경 등)을 평가한다면 활주로 용량을 감안하는 것은 지극히 당연한 것이고, 이 조건을 무시한 네트워크 설계는 비현실적이라는 지적을 받을 것이다. 또, 항공사의 기재 선택의 효율성을 고려한다면 수송능력과 여객의 경로선택 행동과의 관계를 무시할 수 없을 것이고, 최종적으로 그것은 항공사가 운항하는 네트워크 설계 자체의 문제와 관련이 있다.

이와 같이 현상을 관련 주체끼리 인과관계를 중심으로 더 상세하게 구조화하는 것이 공학의 특징이지만, 반드시 현 실태를 반영하여 향상시키는 목적만으로 이루어지고 있는 것은 아니다. 정책의 효과 실현이 어떻게 파급되는지 그 인과관계를 상세히 검토하는 것은 정책의 유효성을 검증하는 데 있어서 필수불가결하다. 이것은 공학에서 항공운송(시장)분석이 교통공학 특히 도로교통에서의 경로선택이론(배분이론)을 근거로 하고 있다는 점을 이해해야 할 것이다. 항공부문의 시설계획이나 항공정책 실시에 의해 '어떠한 주체' 에 '어떤 영향' 이 발현하는지를 상세히 파악함으로써, 그 계획 · 정책의 유효성을 밝히는 것은 결과적으로 관계주체의 계획 · 정책에 대한 이해 · 납득에 기여하는 바가 크다.

공학이 다루는 또 하나 중요한 문제로서 '자원의 최적 이용' 이 있다. 예를 들어, 공항관리자 입장에서 공급할 수 있는 슬롯 수는 한정되어 있으므로 가급적(그들의 목적에 대해) 효과적으로 슬롯을 항공사에게 할당해야 한다. 이에 관한 원칙수립은 즉 최적 자원배분 문제가 된다. 또, 항공사의 경영을 고려할 때 '노선에 진출하는 공항 수가 정해져 있고, 자사의 기재수도 한정되어 있는 경우 어떤 네트워크를 구성하는 것이 가장 효율적인가' 등의 문제는 예전부터 존재하는 '네트워크 설계 문제' 의 전형적 형태이다. 이 분야에서 공학적 기술의 축적은 대단하다. 또한 이렇게 구성된 서비스 네트워크를 항공사가 더 효율적으로 사용하기 위해서는 '어느 시간대에 이륙(착륙)할 것인가' 라는 스케줄을 편성할 필요가 있다. 이 일련의 문제는 (최적)스케줄링 문제로 다루어져 왔다. 네트워크라는 공간적으로 할당된 자원에 추가로 '시간' 이라는 자원을 포함시켜 종합적인 자원 이용의 최적화를 채택하고 있다.

이러한 최적화 문제는 소위 경영공학(OR)의 노하우를 자유자재로 구사함으로써 답을 얻을 수 있을 것이다. 이 때문에 공학적 방법이 OR적 방법과 거의 구별되지 않는 경우도 적지 않다.

이와 같이 항공연구에서 공학적 관점이란 교통공학에 뿌리내린 미시적 행동기술과 그에 의거한 정책평가 및 OR에 대한 최적화 문제를 자원의 효율적 이용을 통해 구체적으로 그 방법을 제시한 것이라 할 수 있다. 본 절에서는 이와 같은 논의 중에 중심적 화제인 ① 네트워크 설계방법(허브 앤 스포크 이론) ② 스케줄 문제를 중심으로 소개하고자 한다. 그리고, 이러한 연장선상에서 1990년대 이후 논의가 빈번한 고도의 네트워크 분석에 대해 잠시 다루기로 한다.

네트워크 설계 02

(1) 개요

1978년 규제완화 이후, 미국의 국내 항공사들은 네트워크 서비스를 앞다투어 허브 앤드 스포크형으로 채택하였다. 그러면 왜 이러한 네트워크가 표준화로 채택되었는지에 대해서는 이미 다른 장에서 설명하였으므로, 여기서는 생략하기로 한다. 본 절에서는 주로 허브 앤드 스포크형 네트워크의 설계방법에 대해 소개하기로 한다.

허브 앤드 스포크형 네트워크체제는 그 이름처럼 몇 가지 node(항공의 경우, 공항에 해당)에 기능을 집중시켜 시스템을 합리화하는 방법이다. 항공뿐만 아니라 전화 등 통신망 설계 등에도 적용되는 고전적인 방식으로 잘 알려져 있다.

허브 앤드 스포크형 네트워크 설계에서 가장 중요한 점은 '몇 개의 허브(중심적인 노드)를 설치하는가' 라는 개수 선택 문제와 동시에 '어디에 허브를 설치하는가' 라는 위치 선택의 문제를 생각할 필요가 있다.

이전에는 허브 앤드 스포크형 네트워크의 유용성을 나타내기 위해 허브를 한 개만 설치하고, 두 지점간 결합에 의한 네트워크 서비스(항공에서는 두 지점 간 수송 네트워크에 해당)와 효율성을 비교하는 경우가 많았다. 즉 위치 선정 문제만 고려한 현재까지의 연구 실적은 방대하다. 단적으로 말하면, 네트워크를 설계할 경우 고정적인 수요가 존재한다고 가정해 '수요를 만족하는 네트워크 중 최소비용으로 실현되는 것을 선택한다' 는 문제이다.

OR에서는 화물 적재점을 가진 수송 수준(클라스)의 문제로 받아들이고 있다. 단, 대상으로 하는 노드 중, '어떤 노드를 허브로서 사용하는가' 에 대해서는 몇 가지 조건을 부여한다 해도 허브로 결정한 노드의 효율성은 하나 하나 비교해야 한다. 즉, 엄밀한 해법을 구하기 위해서는 허브의 후보 수만큼 평가해야 한다. 허브와 스포크의 연결 방법도 편수까지 포함해 설계하면 방대한 수의 조합 문제를 풀어야 한다. 일반적으로 이러한 종류의 문제는 'NP곤란' 이라는 클래스로 분류하며, 분지한정법을 대표로 하는 경우 구분을 차례로 맞추어 가는 방법 이외에는 엄밀한 해답을 구할 수 없다. 이 때문에 노드 수가 많아진다면 탐색 영역의 축소 등 일정한 아이디어를 반영한 근사해법을 적용해야 답을 구할 수 있다.

1980년대 후반부터는 문제가 더욱 복잡해지고 있다. 네트워크 산업의 상당수는 다수의 지점을 더 효율적으로 결합하기 위해 복수 허브에 의한 운영을 생각할 필요가 생기게 되었다. 컴퓨터 네트워크가 그 대표적인 예인데, 어떤 사고로 네트워크 기능이 크게 손상되는 것을 회피하는 이른바 확장성(Redundancy)을 확보하기 위해 이러한 복수 허브에 의한 네트워크 설계 문제가 필요했다. 그러나, NP곤란한 문제라는 이유로 현실적인 레벨에서는 오랫동안 풀기가 어려워졌다. 최근에는 컴퓨터 계산 능력이 비약적으로 발전하여 거대한 문제라도 어느 정도 해를 구할 수 있게 됨에 따라 적극적으로 다루어지게 되었다. 이 때문에 현재 연구되어 있는 테마의 대부분은 여러 허브의 존재를 전제로 한 것이다.

(2) 허브와 스포크 관계에 근거한 접근법의 차이

그렇다면 허브 앤드 스포크형 네트워크 설계문제를 생각할 때 허브공항을 몇 개, 어디에 설치하는가가 중요하지만, 이것은 스포크 공항과의 관계를 어떻게 생각하는가에 따라 완전히 다른 방식이 된다. 즉, ① 하나의 스포크 공항은 단 하나의 허브공항에 접속한다는 사고방식으로 설계하는 경우와, ② 하나의 스포크공항은 복수 허브공항에 접속하는 것을 허락하는 경우이다. ①을 '싱글 어사인먼트(<그림 12-1-a>)', ②를 '멀티 어사인먼트(<그림 12-1-b>)'라 부른다. 이 둘은 취급하는 문제나 복잡함도 완전히 다르다. 간단하기 때문에 허브 스포크간의 수송은 끝점으로만 한정되며, 그 이외의 환승은 허브로 밖에 할 수 없는 네트워크를 고려하도록 하자.

싱글 어사인먼트의 경우, 어떤 공항을 출발하게 되면 몇 곳의 허브를 경유할지에 따라서 다르지만, 도착공항까지의 루트는 허브간 수송의 패턴만큼 생각하면 된다. 언뜻 단순해 보이는 조합문제이지만, 이것도 앞서 말한 바와 같이 NP곤란으로 분류되는 문제 클래스이며, 노드 수가 증가하면 엄밀하게 해를 구하

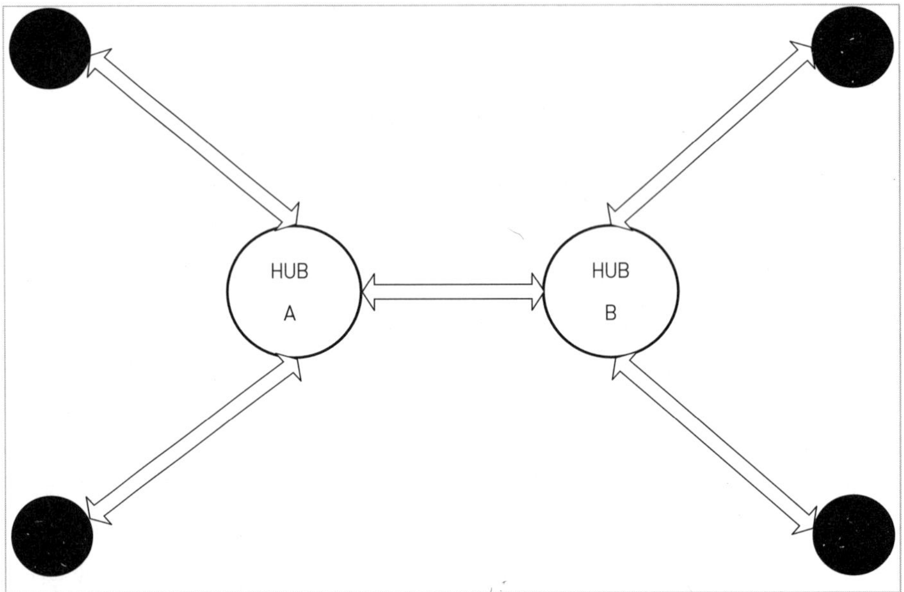

그림 12-1-a 》 싱글 어사인먼트에 의한 네트워크 설계 예

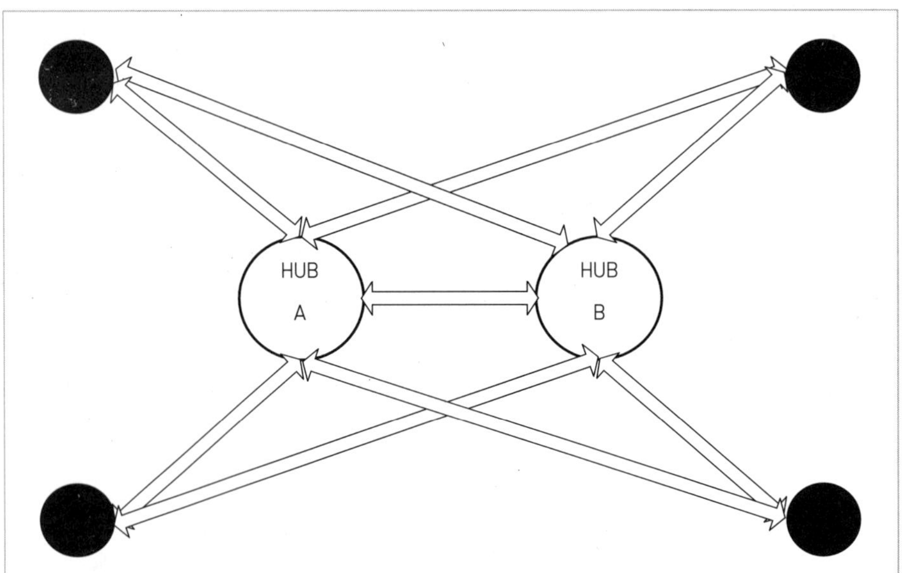

그림 12-1-b 》 멀티 어사인먼트에 의한 네트워크 설계 예

는 것은 불가능하다. 이와 같이 싱글 어사인먼트의 경우라도 충분히 복잡한 반면에, 멀티 어사인먼트의 경우에는 동일한 공항페어로도 복수의 루트설정이 가능하므로, 허브 스포크간 페어링에 상당히 까다로운 제약을 설정하지 않는다면 막대한 수의 조합을 검토하게 된다. 실제 멀티 어사인먼트를 전제로 해서 네트워크를 설계한다면 엄밀한 계산에 의한 최적의 답을 구하는 것은 소수의 허브로 구성된 네트워크마저도 상당히 곤란하게 된다. 물론, 현실적인 요구에 응하는 것은 멀티 어사인먼트이다.

또, ①, ②를 불문하고 복수 허브의 설치를 전제로 하고 있는 경우, 대부분의 문제는 'P허브 미디언 문제('P에 허브를 설치하는 문제' 로 해석됨)' 라는 클래스의 문제로 분류되어 이에 관한 해법을 응용하는 경우가 많다. 대표적인 연구를 몇 가지 소개하고자 한다.

우선, 이 분야 연구의 효시가 된 것은 모튼 오켈리를 중심으로 하는 수송계 OR분야의 연구자들이다. 그는 싱글 어사인먼트에 의한 네트워크 구성문제를 총수송비용 최소화 문제로서 정식화하였다. 특히 오켈리의 정식화 특징은 허브간을 수송하는 비용은 규모의 경제성이 기능함으로써 저하된다는 현실을 바탕으로, 허브간 수송과 관련된 할인요소 '*a*' 를 외생변수로 도입하고, 허브 스포크 수송의 효율성을 표현한 것이다. 이 '허브간 할인요소' 라는 생각은 이후 연구에서 계승되고 있으며, 현재도 많은 연구에서 표준적으로 채택되고 있다.

이와 같은 네트워크 설계 문제는 필연적으로 조합 최적화 문제를 푸는 것에 귀착한다는 것은 앞서 말한 바 있지만, 대부분의 문제가 NP곤란한 문제 클래스에 속하는 이 난문을 네트워크 설계자는 어떻게 푼 것일까? 앞서 소개한 오켈리는 초기 허브 스포크형 네트워크의 설계문제는 정수 2차 계획 문제로 귀착시킬 수 있음을 나타냈다. 정수 2차 계획 문제에는 선형계획 문제를 응용한 해법 등 많은 해법이 개발되고 있지만, 여기에서는 휴리스틱한 해법에 따라 답을 구하고 있다. 이는 기본적으로 분지한정법에서 따온 방법이다. 간단히 그 방법을 소개하면, 현재 최적으로 평가되고 있는 조합에서 파생하는 해의 조합(분지라고 함) 탐색의 상계폭을 축소하고, 해의 탐색영역을 합리적으로 삭감하는 것이다. 이는 분지한정법 자체가 계산 시간을 많이 필요로 하는 방법이며, 오켈리와 같이 탐색폭의 변경을 합리화하는 고민을 하지 않으면, 실용적인 범위에서 높은 정확도(greedy algorithm)의 해를 얻을 수 없기 때문이다. 실제 이 방법의 효율은 비교적 양호하며, 그 후의 연구에서도 채택되고 있다. 분지한정법의 또 하나의 응용으로서는 '탐욕법' 을 채택해 가급적 많은 후보를 남기면서 탐색을 계속하는 알고리즘이다. 그 예로서는 제임스 캠벨의 방법이 허브 스포크형 네트워크의 설계에서는 선행연구로 자리잡고 있다. 단 탐욕법은 컴퓨터의 기억용량을 많이 필요로 하므로, 남겨둔 후보의 상계 설정이 어렵다는 문제가 있다. 참고로 캠벨의 계산예에서 노드 수는 25로 계산하여, 허브 수가 2~5의 범위에서 고효율로 해를 구할 수 있음을 보여주고 있다.

멀티 어사인먼트를 대상으로 한 네트워크 설계는 더 복잡하다. 대부분의 경우, 허브 스포크의 접속에 관해 일정한 완화문제를 설정해, 풀어야 할 변수 자체를 감소시킨다. 잘 알려져 있는 예로서는 선형완화문제를 설정하는 것이다. 그러나, 앞서 말한 바와 같이, 엄밀하게 풀기 위해서는 노드 수를 많이 줄이지 않으면 힘들다. 현실적으로는 유전적 알고리즘(GA)이나 뉴럴 네트워크(NN) 등 휴리스틱한 방법을 이용한 근사값만 구할 수 있으며, 현실과 가까운 네트워크 레벨에서 답을 구하는 것은 불가능할 것이다.

스케줄/리스케줄 03

네트워크 설계가 종료되어도, 이번에는 이를 구체적으로 운영해야 한다. 이 때 문제가 되는 것이 '어떤 운행 다이어그램을 편성할 것인가' 라는 '시간 레벨로 본 네트워크 설계' 문제이다. 이 문제의 상당수는 ① 기재 수가 유한하기 때문에 유지관리를 포함한 기재 처리를 고려해야 하며, ② 운항 및 객실 승무원의 근무 제약을 고려해야 하는 두 가지 문제를 중심으로 구성되어 있다. 이러한 문제를 일괄적으로 '항공의 스케줄 문제' 라고 한다. 이는 '아무 일도 발생하지 않는 (평상시)' 상태에서의 시공간 네트워크 설계 문제이다.

이에 대해 항공운송시에 어떤 예측하지 못한 사태가 발생해 운행스케줄을 변경해야 하는 경우가 최근 증가하고 있다. 그 대부분은 공항에서의 '지연'과 관련된 것이다.

예전부터 항공기는 기상변화에는 매우 취약했기 때문에 안개나 낙뢰, 태풍 등으로 스케줄이 지연되거나, 경우에 따라서는 취소되는 경우가 많았다. 최근에는 이와 함께 구미국가들을 중심으로 저비용항공사가 소형비행기로 빈번하게 수송함에 따라 활주로 · 유도로에서의 혼잡이 일상화되어 지연이 심각해지고 있다. 특히 허브 스포크화가 정착한 북미 국내시장 및 유럽 근거리시장에서는 그 영향은 매우 심각하다. 거대 공항이 되면 될수록, 또한 네트워크가 확대되면 될수록 지연의 영향을 최대한 줄이려는 노력이 필요하다. 즉, 기재 고장이나 기상 조건의 악화, 공항에서의 심각한 혼잡 등 예측불허의 사태가 발생해 스케줄에 지장이 생겨도 가급적 취소를 줄여 기재 처리를 합리화하고, 다음날 첫 출발(내지는 가급적 빠른 시간대)에 원래의 스케줄로 복구하는 것이 필요하다. 이것을 '리스케줄' 이라 부르며, 최근 적극적으로 연구되고 있는 분야이다.

리스케줄은 좁은 의미로는 '스케줄 문제' 의 발전이지만, 여객의 편익을 가급적 보증하는 면도 있으므로 장기적으로 보면 항공사의 신용을 유지하는 작용이 있을 것이다. 바꿔 말하면, 수요를 유지하는 기능을 가지는 것이며, 장기적인 yield management의 측면이 있다는 것을 잊어서는 안된다.

(1) 스케줄 문제

기재 처리에 의한 스케줄 작성은 1종 내지는 복수 기재의 처리로 구성된다. 즉 이륙–비행–착륙–주기라는 일련의 움직임에다 추가로 기재의 총수 제약에서 운행/회송을 구별해야 한다. 마찬가지로 이륙–비행–착륙–주기라는 움직임에서도 여객을 태우고 있는지(수송) 혹은 빈 상태에서 비행하는지(회송)를 구별해야 한다.

<그림 12-2>에 간단한 기재 처리의 예를 제시하였다. 이 예에서는 하나의 항공기가 공항 A를 10:00시에 출발해, 공항 B, 공항 C를 거쳐 회송으로 공항 A로 돌아와 1일의 운행을 종료하는 것이다. 그림에서 알 수 있듯이, 중간 공항 B 및 C에서 2시간씩 주기하는 것이 표현되고 있다. 주기는 유지관리상 꼭 필요하

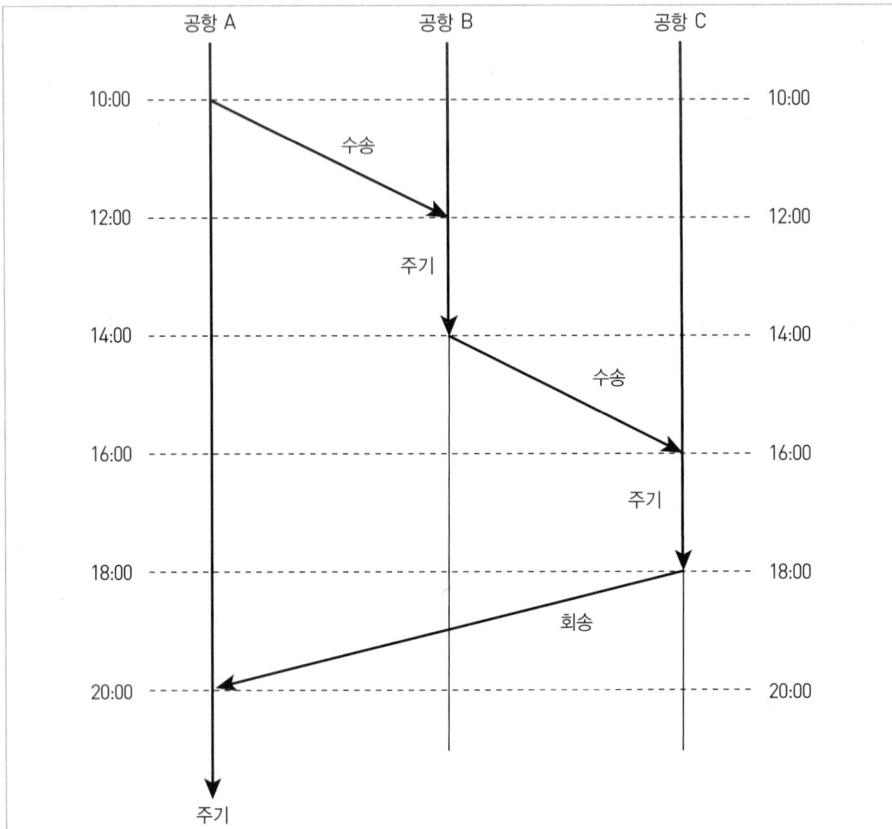

그림 12-2 》 항공기의 운용스케줄 예

며, 회송은 필요에 따라 설정된다. 이것들을 고려해 효율적인 스케줄을 편성해야 한다.

이와 같은 스케줄 문제는 일찍이 OR 분야에서 주목을 받아 왔다. 네트워크 설계 문제와 같이 이 문제들도 정수계획 문제의 일종이다. 다만 완전한 포괄적 최적해를 구하는 방법은 네트워크 설계의 경우와 같이 아직 개발되지 않았기 때문에, 정밀도가 좋은 근사 해법이 존재할 뿐이다. 이 경우에도 몇 가지 한정적인 상황을 설정하지 않으면 해답을 구하기 어렵다.

일반적으로 채택되는 설정(한정적인 상황)으로서는 다음과 같은 것을 들 수 있다. 즉, 일정한 형태로 초기 실행가능한 다이어그램이 부여되고, 이것을 계속

바꾸어 부여한다는 것이다. 바꿔 말하면, 현재의 다이어그램을 개선한다는 것이며, 바람직한 개선은 현행 다이어그램을 크게 변경하지 않아도 충분히 달성할 수 있다는(혹은 충분히 타협할 수 있을 정도로 개선된다) 철학에 따른 것이다. 해법은 기본적으로 분지한정법을 이용하거나, 선형문제에 귀착하는 완화 문제를 설정하는 방법론을 채택한 것이 많다. 신시아 번하트에 따르면, 800개 노선을 대상으로 65,000의 플라이트 다이어그램, 165기의 기재를 대상으로 선형계획 문제로 이를 풀었을 경우, 다이어그램의 개편에 필요로 하는 계산시간은 12시간에서 3일 정도 필요하지만, 1개의 에어라인에 2억 달러 이상의 수익 개선이 가능하다고 보고하고 있다. 이에 따라 스케줄을 효율적으로 구성하는 것이 에어라인에 있어 얼마만큼 중요한지가 이해될 것이다.

최근에는 이와 함께 기재의 용량제약, 여객의 수요를 고려한 접근법을 실시하는 경우가 증가해 왔다. 이는 OD시장별로 최적의 기재용량, 수송빈도를 결정하고, 그것이 스케줄적으로 실행 가능해야 한다는 항공수송시장에서의 어려운 경쟁 현실에서 오는 요청 때문에 검토되고 있는 것이다. 일반적으로 이러한 문제는 '기재할당 문제' 라 불리고 있다.

번하트는 이 기재할당 문제는 ① 운영비용에 해당하는 비용, ② 여객을 잃는 것에 의한 손실 등 두 종류의 비용을 고려해야 한다고 지적하고 있다. ①의 운영비용, 즉 기재별 한 비행편에 해당하는 비용을 계산하고, 스케줄을 짜는 것은 당연한 것으로 본다면, ②의 '여객을 잃는 것에 의한 손실' 이란 어떤 것일까? 이는 적절한 기재 용량(시트수)을 공급할 수 없는 경우, 초과한 여객(즉 수송할 수 없었던 여객)의 몫은 본래 얻었어야 할 수익을 감하게 된다. 이를 비용항목에 편성해 가급적 수요를 해치지 않게 스케줄을 짜는 것이다.

이러한 설정을 하는 배경에는 '모든 수요를 수송해야 한다' 는 사상은 존재하지 않는다. 만일 수요가 있었다고 해도 이익이 되지 않는다면 굳이 수송할 필요는 없다는 생각에서 수요와 다이어그램을 동시에 최적화하는 것이다.

이 문제의 모형은 이미 30년 이상 전부터 선형계획 문제의 응용으로서 시도되었다. 여기에서 기재할당 문제는 배제되었다. 그러나 현재는 1개 노선에 대해서 한 종류의 기재를 선택해 할당한다는 한정적인 조건이라면 어느 정도 대규모 문제(선형계획 문제로 20.000행 30,000열 정도)에서도 해를 구할 수 있게 되어 있다. 참고로 이 기재할당 문제를 고려함으로써, 예를 들어 델타항공은 연간 1억 달러 이상의 비용절감이 실현되었다는 보고도 있다. 스케줄을 효율적으로 관리하는 것은 그 만큼 항공사의 경쟁력을 높이는 것으로도 연결된다.

또한, 이 외에도 앞서 말한 승무원의 근무를 최적화하는 스케줄 문제가 있지만, 지면 관계상 생략하기로 한다.

(2) 리스케줄 문제

리스케줄은 말 그대로 '이미 구성된 스케줄을 주어진 조건에서 부분적으로 변경하는' 것이다. 실제 지연 · 취소로 인한 영향을 최소화하기 위해 스케줄 변경을 하는 것이며, 방법론으로는 스케줄 문제와 거의 동일하다.

다만, 리스케줄은 다음과 같은 점이 일반적인 스케줄 문제와 다르다. 즉 ① 스케줄이 지연이나 취소로 인해 항공노선이 입는 손실, ② 지연 · 취소로 인해 여객이 입는 손실을 다시 고려해야 한다. 또, 기재 용량은 항공편별로 이미 부여되어 있으며, 잔여 좌석의 제약이 매우 크다는 것이 특징이다. ① 로 분류되는 손실로서는 대기로 인한 공항에서의 추가적 비용이나 승무원 수당 등이 직접적으로 해당될 것이다. 또 ② 의 경우, 원래 예정시각에 도착할 수 없음에 따른 비효율, 환승 차질로 인한 추가적 비용 등이 해당될 것이다. 경우에 따라서는 이른 도착으로 인한 비효율도 고려된다.

항공사는 단기적으로는 ① 만 고려하겠지만, 자사의 신뢰성을 해치지 않기 위해서는 ② 도 고려해야 할 것이다. 이를 위해서는 일부러 회송을 보내 추가 플라이트를 구성하거나, 비어 있는 항공편을 취소해 기재를 따로 배분하기도 할 것이다. 또, 시간대에 따라서는 활주로 용량 때문에 플라이트를 설정할 수 없을 가능성도 존재한다. 리스케줄 문제는 스케줄과 동등하거나 그 이상으로 복잡한 제약을 가진 문제인 것이다.

이와 같은 문제는 Yu(1999) 등에 의해서 많은 방법론이 정리되었다. 이들이 제안한 방법은 하루의 플라이트 설정 시각을 몇 가지 '시간대' 로 집계화해 문제를 완화하는 '시간대 근사법' 이라는 방법론이다. 시간대 근사법을 이용하는 경우, 제약조건으로서 일정한 시간대에 이착륙할 수 있는 플라이트 수가 설정되게 된다. 해법으로서는 역시 휴리스틱한 방법에 의지해야 하지만, 이 방법론의 해설은 이 글의 범위에서 크게 벗어나므로 자세한 것은 이들 저서 등을 참고하기 바란다.

수요예측을 위한 고도의 네트워크 분석 04

항공사간 경쟁이 심해지거나 공항간의 여객확보 경쟁이 치열해지면, 공항으로의 방면별 노선연장 편수, 여객 유동 등을 면밀하게 검토한 수요예측이 요구된다. 미국에서는 이미 80년대 후반에 이러한 네트워크 수준에서 수요예측을 지향한 모델이 제안된 바 있다. 즉, 앞서 말한 바와 같이 가급적 상세한 제약을 도입해 현실적인 예측 모델을 구축하는 것이다. 이와 동시에 항공사의 경쟁이 복잡해지고 있기 때문에, 전략의 내용을 상세하게 검토하기 위한 이론도 공학적 · OR적 시점을 배경으로 제안되는 경우가 많아지고 있다.

이러한 고도의 네트워크 분석을 동반한 수요예측 모델에서는 복잡한 균형이론 · 게임론적인 틀을 도입하는 케이스가 표준화되고 있다. 그 대부분은 Nash 균형의 성립을 전제로 한 것이며, 수학적인 배경으로서는 철(凸)해석이 중심이다. 그러나, 여기에서는 수학적인 번잡함은 피하고, 그 개념만 소개하기로 한다.

(1) 허브공항간 경쟁

OD여객수송 시장을 대상으로 한 분석은 보통 집계적인 접근법이 채택되기 때문에 여객의 노선선택 행동이나 수송능력 제약은 명시적으로는 고려되는 경우가 적다.

그러나 실용적인 측면에서 보면, 항공정책이 여객행동에 미치는 파급효과를 계측하는 것은 효율적인 항공정책을 수립하는 데 있어 중요하다. 또 운송능력은 공항에서 노선진출 편수를 산정하는 것과 직결되기 때문에 공항의 능력을 평가하기 위해서는 무시할 수 없는 항목이다. 이러한 요청에 따라 가급적 많은 평가항목이 변수화된 모델을 제안할 필요성이 생긴 것이다.

우선 실용 레벨의 네트워크에서 상기 형태의 허브 앤드 스포크형 네트워크 서비스를 전제로 한 시장모델을 제안한 것은 Kanafani and Ghobrial (1985)의 연구가 아마 처음일 것이다. 그가 대상으로 한 것은 미국내 시장의 텍사스, 일리노이를 중심으로 한 중남부시장으로 이 지역의 주요 공항과 주요 항공사를 모두 취급하고 있어, 당시로서는 상당히 대규모적인 분석이었다. 그는 변수로서 각 항공사의 공항간 수송빈도, 운임, 여객의 경로선택을 취급하였다. 여객의 경로선택에는 항공사가 제시하는 운임, 빈도, 수송시간 외에 환승횟수도 추가되었다. 다만, 기재는 1 OD시장에 1 기재이며, 경쟁 타사도 동일한 기재로 경쟁하는 것이 전제이다. 또, 항공사의 전략으로 결정되는 변수는 수송빈도(노선의 운행편수)이며, 운임은 평균비용으로 결정된다고 보았다. 균형값은 국소적인 Nash 균형의 성립으로 부여되며, 반복 연산으로 해를 구하고 있다. 이 분석에서는 항공사가 허브로 이용함으로써 프리미엄이 생겼을 경우, 프리미엄의 정도가 높을수록 허브에 노선 진출하는 편수는 감소해 좌석점유율(load factor)이 상승(이용자의 편익은 감소)한다고 지적하고 있다. 한편, 공항의 수익은 프리미엄의 높이와 비례하여 증가한다고 결론짓고, 허브가 되는 동기를 설명하고 있다.

나중에 Hausen and Kanafani (1990)는 이 모델을 확장하여, 태평양노선을 분석 대상으로 하여 나리타공항에서의 게이트웨이 기능을 평가하였다. 이 때 수송거리대별 운임이라는 개념을 도입해 거리대별로 가격 함수를 설정함으로써 실증성을 향상시켰다. Hausen은 나리타공항이 사실상의 북미방면 게이트웨이공항으로서 기능하기 위해서는 비용관리를 하지 않으면 상당수의 수요를 잃을 것이라고 지적하였다. 1985년 데이터를 사용한 분석에서는 전 이용자수의 30% 정도가 비용상승이 운임에 반영되는 것에 대해 민감하게 반응한다고 보았다. 이 때 구체적인 노선 진출편수도 동시에 제시해 빈도의 변화와 여객의 변화도 평가 가능하다고 보았다. 이와 같은 Kanafani의 연구성과는 수송빈도나 여객의 행동 등 일반적으로는 변수화되지 않는 정보를 구체적으로 다루어 정책에 이용할 수 있는 형식으로 평가 가능하다고 본 것에 있다.

동일한 문제의식에서 연구된 사례는 그 외에도 존재한다. 일본의 연구 예로서 다케바야시의 연구를 소개하고자 한다. 그도 Nash균형의 범위에서 아시아 주요공항간의 허브기능을 평가하였다. 여기에서도 항공사와 여객이라는 두 종류의 주체의 균형을 다루고 있다. 그러나 완전경쟁시장을 가정하고 있어 항공사간뿐만 아니라 여객행동에서도 균형의 존재를 가정하고, 이용자 균형분배를 가정하고 있는 점이 특징적이다. 지면 관계상 이용자균형의 상세한 해설은 교통공학의 전문서 등 다른 저서를 참고하기 바란다.

그들의 평가대상은 아시아 주요 공항간의 계층구조를 평가하는 것이지만, 어디까지나 공항의 게이트웨이로서의 상대적인 힘(환승 여객수의 확보 능력으로 평가하고 있음)의 평가에 초점을 둔 것이다. 그들은 상당히 한정적인 조건에서의 결과라고 언급한 후, 다음과 같은 정보를 얻었다. ① 거대 공항간의 경쟁 결과, 나리타, 인천, 싱가포르 등 글로벌 허브공항(게이트웨이공항)과 상하이와 같은 로컬허브(아시아내 이동의 허브)로 양극화된다. ② 나리타, 간사이는 단독으로 정책변경(착륙료 인하, 슬롯 수 증가)을 했을 경우, 서로 경합하는 관계가 된다.

이와 같이 최근 연구에서는 항공사끼리의 균형은 물론, 여객 이동에 있어서의 균형, 나아가 항공사가 공급하는 서비스의 균형이 여객 행동의 균형을 가져온다는 세 가지 종류의 균형을 동시에 다루는 접근법을 볼 수 있다. 내용은 더 미시적이 되어 여기에서 언급한 연구 이외에도 착륙료 등 공항 비용의 높고 낮음이 여객 수에 직접적으로 영향을 주고, 한편 그 때의 노선진출 편수에도 영향을 주는 것이라고 밝힌 것도 많다.

(2) 더 복잡한 문제의 대처

앞 절에서 소개한 모델로 다루고 있는 시장, 실용적인 관점에서 상당히 간략화되어 있다. 예를 들어, 네트워크 캐리어 대부분은 네트워크 항공사끼리의 경쟁을 취급하는 것이어서 속성도 동일하다. 여객도 대부분의 경우 단일 속성이며 운임도 동일시된다. 그러나, 저비용항공사의 대두나 얼라이언스의 확대 등 항공사간의 경쟁은 다양 · 복잡화되고, 또 여객의 속성은 다양화되어 현재 직면하고 있는 시장을 보다 면밀하게 표현하려면 기존의 네트워크 분석 틀 내에서는 곤란하다. 이와 같은 시장구조를 이해하고, 면밀한 예측을 실행하기 위해, 네트워크 분석에는 더 복잡한 것이 요구되었다. 여기에서 널리 알려진 확장 예로서 캐리어 경쟁의 표현방법에 대해 살펴보기로 한다.

Hendricks et al. (1999)는 신규 진출이나 다른 속성의 항공사가 존재하는 상황에서 경쟁을 표현하는 경우, 2단계 게임의 틀로 표현할 수 있다고 하였다. 1999년 헨드릭스의 저서에서는 두 회사의 네트워크 경쟁하에서 어떤 네트워크가 실현될 수 있는지를 2단계 게임 프레임으로 풀고 있다. 그 제1단계에서는 특정 OD시장 진출 유무를 평가해 진출하는(노선을 설정) 경우에는 경쟁의 제2 단계로서 가격 경쟁을 실시하는 것이다. 그 결과, 얻을 수 있는 해는 Nash균형에서 말하는 subgame perfect가 된다. 그들은 버트란드형 가격 경쟁을 계획하는 등 매우 타이트한 경쟁을 한다면, 허브 앤드 스포크형 네트워크의 경우 독점 상태만 출현하고, 허브 앤드 스포크형 네트워크에서는 균형 상태가 없는 경우, 복점으로 이루어진 두 지점간 수송 네트워크가 균형해로서 가능하다고 하였다. 반대로, 경쟁이 비교적 완만하다면 시장내의 OD가 되는 도시의 수가 매우 적으면, 허브 앤드 스포크형 네트워크에서도 균형 상태에 이른다고 지적하고 있다.

이 2단계 게임의 틀을 미시 레벨, 즉 여객의 노선선택까지 확장한 것이 Adler (2001)가 주장한 미시경쟁모델이다. 애들러는 제1단계 경쟁을 편수 및 기재 선택을 동시에 하는 '운송능력' 의 경쟁, 제2단계는 핸드릭스의 경우와 동일하게 가격 경쟁을 한다는 것이다. 애들러 모델의 경우 항공사의 이윤 함수가 비볼록이 되기 때문에, 포괄적인 최적해를 효율적으로 구하기가 어렵고, 얻을 수 있다 해도 반드시 안정된 Nash균형해가 되는 것은 아니라고 지적하고 있다. 애들러가 제안하는 모델은 발전 단계의 것이라 할 수 있지만, 다룰 수 있는 많은 변수나 균형해의 상세한 분석이 가능하기 때문에 앞으로는 이 애들러 타입의 미시모델을 기초로 한 접근법도 하나의 흐름이 될 가능성이 있다. 이를 위해서는 풀기 매우 어렵다는 비볼록형 최적화 문제의 효율적 해법의 개발이 급선무이다.

본 절에서는 공학적 시점에서 바라본 항공 분석의 대표적인 연구사례를 소개하였다. 실용적인 제약을 고려하기 위해, 대상으로 하는 문제는 답을 얻기가 매우 어려워 필연적으로 해법 연구와 중복되는 경우가 많은 것이 공학의 특징이라고 할 수 있을 것이다. 물론, 여기에서 소개한 분야뿐만 아니라, 해법에 초점을 맞춘 것 이외에도 실용성에 주목했다는 의미에서 공학적 연구는 매우 폭넓게 이루어지고 있음을 강조해 두고자 한다.

다만, 여기에 소개한 몇 가지 예에서도 알 수 있듯이, 공학적인지 여부를 변별하는 것은 '해법의 추구' 라는 점을 제외하면 상당히 애매하다. 경제 · 경영 분야, OR를 비롯한 응용수학 분야, 그리고 실학으로서의 공학이라는 경계가 이 항공 분야에서는 특히 이해하기 어려워지고 있다고 필자는 느끼고 있다.

항공 분석은 그야말로 학제적인 분야이므로 앞으로는 상호 정보교환을 적극적으로 실시하여 분야를 초월한 공동작업이 기대되는 바이다.

참고문헌

[1] Adler, N.(2001) "Competition in a deregulated air transportation market," *European Journal of Operational Research*, 129, pp.337-345.

[2] Arguello, J., Bard, J. and Yu, G.(1999) "Models and methods for managing airline irregular operaions," *Operations Research in the Airline Industry*, edited by Yu, G., pp.1-43.

[3] Barnhart, C., belobaba, P. and Odoni, A,(2003) "Operations research in air transport industry," *Transportation Science*, 37, pp.368-391.

[4] Campbell, J.(1996) "Hub location and the p-hub median problem," *Operations Research*, 44, pp.923-935.

[5] Hansen, M. and Kanafani, A.(1990) "Airline hubbing and airport economics in the Pacific market," *Trasnportation Research*, Part A, Vol.24, pp.217-230.

[6] Hendricks, K., Piccione, M. and Tan, G.(1999) "*Equilibria in networks*," *Econometrica*, Vol.67, pp.1407-1434.

[7] Kanafani, A. and Ghobrial, A.(1985) "Airline hubbing:some implications for airport economics," *Transportation Research*, A, Vol.19, No.1, pp.15-27.

[8] O'Kelly, M.E.(1987) "A quadratic integer program fir the location of interacting hub facilities," *European Journal of Operational Research*, 32, pp.393-404.

[9] 다케바야시 미키오(竹林幹雄), 구로다 가츠히코(黑田勝彦), 스즈키 히데히코(鈴木秀彦), 미야우치 도시아키(官內敏昌)(2001) '완전경쟁시장으로서 본 국제항공 여객수송시장의 모델분석' 『토목학회논문집』 No.674, IV-51. 35~48p.

항공수요의 모델링 05

(1) 항공수요 추계의 의의

한국의 인천국제공항이나 중국의 상하이 푸동공항은 동아시아의 중추 공항화를 위해 대규모 공항 정비가 추진되고 있으며, 간사이공항이나 나리타공항과의 경합에 관심이 집중되고 있다. 국내에서는 중부공항 개항에 따라 나리타공항이나 간사이공항과의 경합 관계가 문제시되고 있다. 히로시마공항과 오카야마공항의 관계와 같이 블록 중추공항화를 의식한 국지적인 경합관계도 볼 수 있다.

재정 제약의 확대, 세계화의 진전, 가치관의 다양화, 항공운송의 자유화 등과 같이 공항을 둘러싼 사회 · 경제적 환경은 더 복잡해지고 있다. 이러한 가운데, 공항 신설이나 접근교통수단의 정비, 취항 편수나 노선수 증감 등 다양한 조건의 변화가 이용자의 교통 행동에 어떠한 영향을 미치고, 결과적으로 복수 공항 간의 경합 관계나 접근 교통수단 상호의 분담 관계가 어떻게 변화하는지에 대한 가벼운 접근이며, 더 나아가 정확하게 추정할 수 있는 방법의 개발이 요구되고 있다.

본 절에서는 공항이나 접근 교통수단의 선택 모델을 중심으로 항공수요 모델링에 대해 소개하기로 한다.

(2) 집계 모델

교통수요 추정 모델은 예측기간이나 이용하는 데이터의 종류, 대상지역의 확대 등에 따라 여러 가지로 분류할 수 있지만, 크게는 집계모델과 비집계모델로 나눌 수 있다[아오야마(青山)편(2001), p. 128]. 전자는 교통분석의 기본 단위를 지구나 자치단체 등과 같은 지리적으로 확대한 '존' 단위로 하는 모델이며, 후자는 기본 단위를 개인의 교통행동에 기반을 둔 모델이다.

집계모델의 대표적인 예는 1950년대부터 개발이 시작되어, 1970년대에는 실무적으로도 확립되었던 4단계 추정법이다. 이 추정법은 미래의 교통망이나 인구 등 사회경제 상황을 전제 조건으로 하여 존을 설정한 다음, ① 발생 · 집중(예를 들어 각 존에서 발생하거나, 그것들을 목적지로 하는 교통의 총량), ② 분포(각 존간의 교통량), ③ 분담(각 존간의 교통량 중 각 공항이나 접근 교통수단에 의해 분담되는 비율), ④ 배분(공항별 · 액세스 수단별 교통량을 항공노선이나 철도노선 등 경로별로 배분)의 4단계로 나누어 교통수요를 추정하는 방법이다. 작업 절차가 알기 쉽고, 교통의 총량을 파악하기도 편리하다. 각 단계를 추정하기 위한 방법은 많이 개발되고 있다. ① 에서는 시계열법이나 함수모델법 등이, ② 에서는 프라타법이나 중력모델법 등이, ③ 에서는 다항 로짓모델(logit model)이나 희생량모델 등이, ④ 에서는 최단경로법이나 다경로배분법 등이 이용된다.

항공수요의 추정방법도 4단계 추정법을 기본으로 개발되어 왔다. 특히 분담단계나 배분단계에 관한 연구성과가 다수 축적되어 있다.

(3) 비집계 모델

일반적으로 4단계 추정법에는 데이터 수집 작업에 많은 시간과 비용을 필요로 하는 단점이 있지만, 항공수요 예측에서는 국토교통성이 2년에 1번 실시하고 있는 '국제항공여객 유동조사' 등의 기존 데이터를 활용함으로써, 작업을 큰 폭으로 줄일 수도 있다. 그러나, 기존 데이터를 활용한다고 해도 지방은 샘플 수가 부족하기 때문에, 집계모델에서는 의미있는 결과를 얻기 어려운 경우도 있다. 또, 집계모델은 개개인의 교통행동을 존에서 평균해 분석하는 방법이기 때문에, 개개인의 선택 행동을 현실적으로는 반영하지 못하여 다양한 정책 효과를 정확하게 분석하는 데 한계가 있다. 사회 · 경제 환경이 복잡해지는 현재는 더 다양한 정책을 정확하게 시뮬레이션할 수 있는 경쾌하고 기동적인 분석방법의 중요성이 커지고 있다. 이상과 같은 관점에서 비집계모델의 유용성이 지적되고 있다.

비집계모델의 특징을 스기에(杉惠) (1986)를 참고하면서 더 자세히 설명하면, ① 개인속성과 각 개인에 대한 교통수단의 서비스수준(운임, 소요시간, 편수, 환승횟수 등)이 설명변수이므로, 집계모델에 비해 많은 정책변수를 반영하기 편리하다. 즉, 각 공항에서의 주당 운항 편수나 각 공항까지의 접근 교통조건의 변화 등 정책의 영향을 시뮬레이션하기 쉽고, ② 개개인의 트립이 하나의 데이터가 되기 위해 존 레벨의 트립 수가 하나의 데이터가 되는 4단계 추정법에 비해 필요한 데이터 수가 압도적으로 적다. 비집계모델에서 안정된 패러미터를 추정하기 위해 필요한 샘플 수는 일반적으로 300~1,000개 정도이다(일본 토목학회 토목계획학연구위원회편(1995), p. 129), ③ 존이라는 지리적인 요소가 들어가지 않기 때문에 모델의 지역간 이전 가능성이 높고, ④ 선택사항만 늘리면 새로운 교통수단의 수요를 비교적 쉽게 추정할 수 있다.

이상과 같은 특징에서 보면 간단한 분석이라는 측면에서 특수한 프로그래밍 기술이나 고성능 컴퓨터를 이용하지 않아도 어느 정도의 능력을 가지는 개인용 컴퓨터와 범용 표계산 소프트웨어가 있으면 가능하다.

여기서, 비집계모델의 이론을 설명하고자 한다. 비집계모델은 집계모델의 조작성과 낮은 예측 정확도를 반성하는 차원에서 1960년대 말 미국에서 연구가 시작되었고, McFadden이 미시경제학의 확률 효용최대화 이론과 연계시킴으로써 이론적으로 크게 발전했다(기타무라(北村), 모리카와(森川) 편저(2002), p. 5). 확률 효용최대화 이론에서는 '합리적인 개개인은 선택 가능한 선택사항 그룹 중에서 가장 효용이 높은 선택사항을 선택하도록 행동하지만, 효용의 크기는 확률적으로 변동한다' 면서 개개인의 선택 행동을 설명하였다.

일본 에히메(*愛媛*)현에 거주하고 대만을 여행할 예정인 개인 i에 있어서 출국공항 후보는 대만 정기편이 있는 히로시마, 간사이, 후쿠오카 3개 공항이라고 하자. i가 선택사항 j(예를 들어, 간사이공항에서 출국하는 선택사항)로부터 얻는 효용을 U_{ij}라고 하면, U_{ij}는 i의 개인 속성(주소, 여행 목적 등)이나, i씨에게 있어서의 선택사항 j의 서비스수준(예를 들어 간사이공항까지의 소요시간이나 비용, 간사이공항에서의 취항편수), 그리고 효용함수 중에서 확률적으로 변동하는 부분(예를 들어 간사이공항에 대한 애정도, 우연한 선택, 오차)에 의한 함수로서 나타낼 수 있다. 이를 수식으로 나타내면,

$$U_{ij} = f(SE_i, LOS_{ij}) + \varepsilon_{ij} \tag{12-1}$$

단, U_{ij} : 개인 i가 선택사항 j로부터 얻는 효용을 나타내는 확률효용함수

SE_i : 개인 i의 개인속성(사회경제지표)

LOS_{ij}: 개인 i에 있어서의 선택사항 j의 서비스 수준

ε_{ij}: 확률적으로 변동하는 확률항

앞서 말한 확률 효용최대화 이론에서는 '합리적인 개개인은 선택 가능한 선택사항 그룹 중에서 가장 효용이 높은 선택사항을 선택하도록 행동' 한다. 그러므로, i가 간사이공항, 후쿠오카공항, 히로시마공항이라는 여러 선택사항 중에서, 선택지 j(예를 들어 간사이공항)를 선택해 출국할 확률을 다음과 같이 나타낼 수 있다.

$$P_{ij} = \text{Prob}(U_{ij} > U_{ik}) \quad (12\text{-}2)$$

$$j \in B_i,\ k \in B_i\ (\text{j} \neq \text{k})$$

단. $\text{Prob}(U_{ij} > U_{ik})$: $U_{ij} > U_{ik}$가 되는 확률

B_i: 개인 i를 선택할 수 있는 모든 선택사항

$j \in B_i$: j는 B_i에 속한다

식 (12-1)과 식 (12-2)를 logit model식의 설명에 연계시켜 보도록 한다. 통계학에서는 오차나 제반 현상의 편차(확률분포)를 종모양 정규 분포에 근사시키는 경우가 많다. 여기에서 ε_{ij}의 편차에 대해서도 정규분포를 가정하면, 프로빗모델(probit model)을 도출할 수 있다. 그러나, 프로빗모델에서는 선택사항이 3개 이상이 되면 계산이 어렵다는 결점이 있어 많이 이용되지 않는다. 그 대신에 가장 널리 이용되는 것이 εij의 확률 분포에 ① ε_{ij}가 서로 독립적으로 분포하며(즉, i가 간사이공항에서 얻는 효용의 확률분포와 히로시마공항이나 그 외 공항에서 얻는 효용의 확률분포는 다름), ② ε_{ij}의 분포가 정규 분포와 유사한 검벨(Gumbell)분포(이중지수분포)라는 두 개의 가정을 두어 도출되는 logit model이다. 이 모델은 식 (12-3)(12-4)으로 나타낼 수 있다.

$$P_{ij} = \frac{e^{V_{ij}}}{\sum\limits_{k \in Bi} e^{V_{ik}}} = \frac{\exp(V_{ij})}{\sum\limits_{k \in Bi} \exp(V_{ik})},\ (j \in B_i) \quad (12\text{-}3)$$

$$V_{ij} = f(SE_i, LOS_{ij}) = \alpha_1 X_{i1} + \alpha_2 X_{i2} + \ldots + \alpha_k X_{ik} \quad (12\text{-}4)$$

단, α_k: 패러미터(변수X_{ik}가 효용에 미치는 중요성)

다른 기호의 의미에 대해서는 식 (12-2)을 참조할 것.

(4) 네스티드 로짓 모델

지금까지 설명한 다항 logit model에는 IIA(Independence from Irrelevant Alternatives) 특성으로서 알려져 있다는 약점이 있다. IIA 특성이란 어느 두 개의 선택사항간의 상대적 우열이 다른 선택사항의 특성과는 관계없이 결정된다는 특성이다. 예를 들어, 공항 접근교통수단으로서 자가용차와 붉은 색으로 도장된 '빨간 버스' 두 종류의 선택사항이 있고, 쌍방의 효용치가 동일하다면, 2항 logit model에서는 모든 선택확률이 50%로 추정된다. 여기에서 '빨간 버스'와 도색만 달리한 '파란 버스'가 새로 진출했다면, 다항로짓모델에서는 자가용차 · '빨간 버스' · '파란 버스'의 선택 확률은 각각 33%로 추정되며, 버스의 선택 확률의 과대 평가는 분명하다. 이와 같이 일반적인 다항 모델에서는 다른 선택사항과의 유사성이 높은 선택사항의 선택 확률을 과대평가하고, 그렇지 않은 선택사항의 선택 확률을 과소평가하는 경향이 있다. 이러한 경향을 줄이기 위한 방법은 몇 가지 제안되고 있지만, 그 중에서도 가장 간편한 방법으로서 네스티드 로짓(Nested Logit) 모델을 들 수 있다. 네스티드 로짓 모델은 유사성을 가지는 선택사항을 하나의 그룹으로 하여 단계적인 트리구조로 되어 있고, 다항 logit model보다 현실적인 추정 결과를 기대할 수 있다. 두 모델의 선택 트리구조는 <그림 12-3>에 나타나 있다. 이 그림의 경우, 다항 logit model에서는 개인 i에 있어서의 각 선택사항의 효용이 동일하면, 각 선택사항의 선택 확률은 20%가 된다. 한편, 네스티드

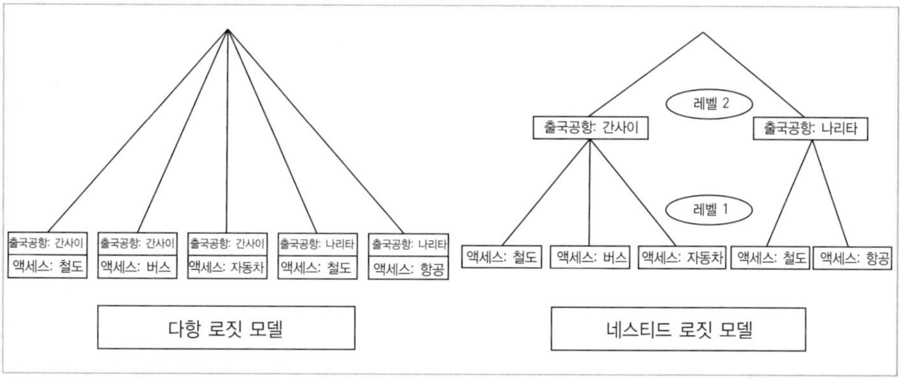

그림 12-3 »

로짓 모델에서는 개인 i에 있어서의 각 레벨의 선택사항의 효용이 동일하면, 선택확률은 간사이공항 · 철도와 간사이공항 · 버스 그리고 간사이공항 · 자동차가 약 16.67%, 나리타 · 철도와 나리타 · 항공이 25%가 된다. 네스티드 로짓모델의 수식에 의한 설명은 지면 관계상 생략하기로 한다.

(5) 수요분석부터 정책제안까지

비집계모델에 의한 이용자의 선택행동 추정의 다음 단계는 교통량의 예측과 정책 시뮬레이션이다. 정책 효과를 예측하기 위해서는 개개인의 교통행동을 일정한 지리적 범위에서 집약해 존으로서의 전체적인 반응을 보아야 한다. 따라서 교통량 예측 단계에서는 집계화 작업이 불가피하며, 이를 위한 방법으로서 평균치법 등이 제안되고 있다. 단 평균치로서 집계화된 '가공데이터' 를 모델 작성부터 예측까지 전 공정에서 이용하는 집계모델과, 모델 작성까지는 개인 단위의 소위 '원데이터' 를 이용해 예측 단계에서 집계하는 비집계모델과의 차이에 주목해야 한다.

또한 비집계모델에서 4단계 추정법을 완전하게 대체하기는 어렵고, 또 4단계 추정법에는 교통량의 총량 파악에 유용하다는 특징도 있다. 이 때문에 4단계 추정법의 교통수단 분담단계에 비집계모델을 반영한 형태의 적용 사례가 많다.

이상으로 본 절에서는 항공수요 추정모델에 대해 집계모델과 비집계모델을 대비시키면서 설명하였다. 일본에서도 지방 분권이 진행되어 세계화 속에서 도쿄 중심의 지역정책에서 해외를 염두한 독자적인 지역정책 형성으로 전환하려는 움직임이 있다. 이와 같은 '지역의 일은 지역에서 생각한다' 라는 시대에 지역이 독자적인 공항 · 항공 전략을 가지는 것이 중요해지고 있다. 공항 · 항공 전략을 형성하기 위해서는 수요분석과 함께 공급측으로서의 항공사의 행동 분석이나 이윤최대화 분석, 공항의 혼잡 분석이나 수지 분석, 나아가 지역의 경제 파급효과 분석을 실시한 후에 정책 시뮬레이션으로 연계시키는 것이 필요하다.

칼럼⑪: 복수공항의 기능분담: 히로시마 도시권의 경우

히로시마시는 삿포로, 센다이, 후쿠오카와 함께 블록 중추도시 중 하나이다. 제조업의 일대 집적지이기도 해, 수많은 기업이 해외로 진출하거나 해외와 제휴하면서 조업하고 있고, 평화도시로서의 국제적인 지명도도 높다.

히로시마 도시권의 주요 공항은 3,000m 활주로 1개가 있는 히로시마공항이다. 이 공항은 1993년에 1,800m 활주로의 구히로시마공항(현 히로시마 서비행장)이 교외로 이전한 공항이다. 도심에서 6km떨어진 오타가와(太田川) 하구에 위치하는 구 공항은 소음문제와 더불어 활주로 연장상에 미야지마(官島)가 위치하는 등 기능 향상에 큰 제약이 있어, 항공 수요의 증대나 국제화 요구에 대응할 수 없다고 판단되었다. 새로운 히로시마공항은 주고쿠(中國) · 시코쿠(四國) 지방의 사다리형 고속도로망의 교점에 근접해, 제4차 전국종합개발계획에서는 '국제화를 추진해야 할 지방거점공항'으로 명시되었다. 이 공항에는 동북아시아 노선뿐만 아니라 한때는 하와이나 싱가포르 정기 노선도 취항한 적이 있다. 그러나, 히로시마시에서 리무진버스로 약 60분이 걸리는 입지조건 때문에 커뮤터 전용공항이 된 히로시마 서비행장에 도쿄편 부활을 바라는 목소리가 경제계에 뿌리깊게 존재해 왔다.

이 문제는 서비행장의 활주로를 횡단하는 형태로 계획된 해안도로의 정비 방식을 둘러싼 논쟁과 함께 확대되었다. 히로시마시나 경제계는 이 비행장의 기능을 유지시키기 위해 해안도로의 터널화나 활주로의 해상 연장을 주장하였다. 한편, 히로시마현은 서비행장의 활주로를 축소하여 해안도로를 비교적 저렴한 교량방식으로 하는 안을 지지해 히로시마공항으로의 궤도계 액세스기관의 정비 계획도 주도하고 있다.

히로시마 도시권은 블록 중추도시로서 도쿄와의 연결을 중시하면서도 해외와 직접 제휴하는 발전을 구상할 수 있는 커다란 잠재력을 가지고 있다. 유한한 재원을 서공항의 기능 유지에 사용할 것인지, 아니면 히로시마공항의 중추 기능을 향상시키기 위해 사용할 것인지. 히로시마는 어려운 선택에 놓여 있다.

츠지모토 마사히사(辻本勝久)

참고문헌

[1] 아오야마 요시다카(青山吉隆)편(2001)『제2판 도설 도시지역계획』마루센(丸善).

[2] 토목학회 토목계획학연구위원회편(1995)『비집계행동모델의 이론과 실제』마루센(丸善).

[3] 기타무라 류이치(北村隆一), 모리카와 다카유키(森川高行) 편저(2002)『교통 행동의 분석과 모델링-이론/모델/조사/응용-』기호도(技報堂) 출판.

[4] 모리치 시게루(森地茂), 야이 테츠오(屋井鉄雄), 효도 데츠로(兵藤哲郎)(1994) '일본의 국제항공여객의 수요구조에 관한 연구'『토목학회논문집』No.482, IV-22, 27-36p.

[5] 스기에 요리야스(杉惠頼寧)(1986) '비집계행동모델의 교통 계획에 대한 적용'『토목학회 주고쿠/시코쿠지부 강습회 텍스트』12~33p.

[6] 츠지모토 마사히사(辻本勝久)(2003) '국제정기편수와 여행자의 공항선택행동에 관한 연구'『경제이론』(와카야마(和歌山)대학 경제학회) 제313호, 73~90p.

[7] 야마우치 히로다카(山内弘隆), 다케우치 겐조(竹内健藏)(2002)『교통경제학』유히가쿠(有斐閣).

츠지모토 가츠히사(辻木勝久)

후기

이 글이 완성되기까지는 상당한 어려움이 있었다. 집필자 수가 많았고, 각자가 집필한 원고에 중복된 부분이 있었으며 난이도에 차이가 있어 의외로 편집에 시간이 많이 걸렸다.

난산으로 낳은 아이는 더 귀엽다. 자화자찬일지도 모르지만 완성된 교정을 보면 상당히 완성도가 높고, 잘 정리된 것 같다. 비슷한 책이 거의 없기 때문에 많은 대학이나 기업에서 교과서나 참고서로서 활용되기를 기대하는 바이다.

출판이 늦어진 관계로 출판사인 미네르바서점에는 많은 신세를 졌다. 특히 담당자이신 고토씨의 인내심에 감사드린다.

집필자들의 출신은 대학, 항공사, 컨설턴트, 연구법인 등 다양하지만, 전원 모두 협조해 주셨고, 편집자의 의도를 이해해 주셨으며, 거듭된 수정에도 흔쾌히 응해 주셨다. 진심으로 감사드린다.

(머리말에서도 말했지만) 이 책은 간사이공항조사회에 설치된 항공교통연구회를 모체로 하고 있다. 조사회의 연구회에 대한 끊임없는 지원이 없었다면 이 책은 완성되지 못했을 것이다.

이 글이 완성된 후에도 연구회는 계속 유지된다. 항공은 21세기에 더 크게 비약할 것이다. 이 글은 시대에 맞추어 개정되거나, 새로운 책을 만들어야 할 것이다. 간사이공항조사회와 항공교통연구회가 앞으로도 일본 항공연구의 중심으로서 기능을 성실히 수행해 나가기를 기대하는 바이다.

2005년 10월

사카키바라 야스오(榊原胖夫)

찾아보기

ㄱ

가격 규제 99
가격–비용 마진율 128
각의양해 13
간사이 공항 154, 305
간사이 국제공항 150, 248
개트윅 267
거래 비용 158
거점공항 248, 278
결합 생산 28
결합생산물 221
경년기 109
경로선택이론 289
경쟁입찰 253
경쟁전략 108
경합성시장 99, 103, 104, 105, 177
경합성시장 이론 89, 118
고부가가치제품 220
공공재 94, 145, 154, 266
공급 과잉 97
공통 생산 28
공항 13
공항공단법안 269
공항민영화 260
공항사용료 282
공항운영자 274
공항 접근성 283
공항정비 250
공항정비법 254
공항정비제도 245
공항정비특별회계 255
공항정비특별회계법 254
공해 소송 158
관광객 14
교두보 전략 173
교통량의 예측 310
국가주권 164

국내부정기여객 수송 27
국내정기여객 수송 27
국제거점 250
국제물류기업 228
국제민간항공기구 146, 164
국제부정기여객 수송 27
국제분업 218
국제정기여객 수송 27
국제택배 228
국제표준 및 권고방식 165
국제항공수송경쟁법 174
국제항공업무통과협정 164
국제항공운송에 대한 규칙의
통일에 관한 조약 235
국제항공운송협정 165
국제항공운송협회 232
국제항공화물 215, 218
국토교통성 153, 306
규모의 경제성 12, 25, 145
규제완화 90, 104, 117, 129, 252
균형 가격 119
균형 수량 119
글래스고 267
글로벌 허브공항 301
금지청구 152
기간공항 280
기술진보 9, 15
기재할당 297
기회비용 25
꾸르노 경쟁 117, 118
꾸르노형 121
꾸르노-내쉬 133

ㄴ

나고야공항 249
나리타공항 20, 248
나리타국제공항 260
내쉬균형 103, 111
네스티드 로짓모델 310
네스티드 로짓(Nested Logit) 309
네트워크 분석 299
네트워크 산업 291
네트워크 서비스 290
네트워크 설계방법 289
네트워크 항공사 105, 109
노스웨스트항공 96
노토(能登)공항 252
누벨 프론티엘 소송 175
뉴럴 네트워크 294
니치 캐리어 107

ㄷ

다경로배분법 306
다빈도 소량생산 222
다자간협정 168
단일 배정(single assignment) 287
대위구상 240
대체재 136
델타항공 96
도덕적 해이 95
도야마(富山) 공항 254
독점 8, 12, 145
독점가격 119
등량곡선 29
등비용선 29

ㄹ

램지가격 93, 104
러너의 독점지수 132
러브필드 278
로마조약 175
로짓모델(logit model) 306
롱비치공항 281
리스크 234

ㅁ

맘퀴스트 지수 261
매몰비용 100
면세점 270
면책조항 239
몬트리올의정서 235
몬트리올조약 235
무임 승차 158
물(物)보험 236
미시경쟁모델 302
민간참여 254
민간항공위원회 8, 12, 172
민영화 260, 265
밀도의 경제 25

ㅂ

반독점법 172
발생 · 집중 306
배분 306
배상책임보험 236
배타적인 영공주권 164
버뮤다협정 9, 165
버트란드 경쟁 117, 119
버트란드형 109, 124
보조공항 265, 276, 278, 281
복수 배정(multi assignment) 287
복수공항체제 276, 277
복점 시장 117
복점경쟁 121
복합 생산물 27
분담 306
분업의 촉진 19
분지한정법 294
분포 306
비대칭 정보 95
비용 및 편익 20
비즈니스객 14
비집계모델 305, 310

ㅅ

사법적 개입 110
사우스웨스트 109, 126
사우스웨스트 항공 110, 117, 123, 184
사우스햄톤 267
사전심사주의 169
사회적 한계비용 148
상업적 공항모델 272
상업적 모델의 공항 272
상용고객우대제도 101
상하이 푸동공항 305
상호 의존성 147
생산효율 268
선택행동 추정 310
선형계획 293
소비자 잉여 132
소음 피해 151

소음대책 153
소음문제 248
손익분기 탑승률 108
손익분기점 130
손해배상 150
수송력 169
수송밀도의 경제성 104, 146
수송빈도 297
수요곡선 119
수요독점 90
수요예측 287
수요의 보완성 272
수입관리 89, 118
수출유발효과 226
수취증권 234
스위칭 코스트 100
스카이넷아시아항공 252
스카이마크에어라인 252
스타켈버그 경쟁 118, 120
스타켈버그형 126
스탠스티드 267
슬롯 253, 289
시빌미니멈 245
시설계획 288
시장 실패 145
시장 점유율 130
시장구조 91
시장의 실패 265
시장진입 12
시카고조약 9, 94, 169
시카고회의 169
시카고-버뮤다체제 163, 169, 176
신규진입 96, 110
실제 생산량 26
실질적 소유와 실효적 지배 176
실행가능성 100
싱글틸원칙 269
쌍대관계 28
쌍무협정 168
쌍방불승인주의 173

ㅇ

아메리카웨스트 124, 126
아메리칸 항공 96, 121
안행 215
안행형 발전형태 223
애버딘 267
야오(八尾) 공항 254
약탈적 가격 결정 95
에딘버러 267
역내자유화 174
역선택 95
역수요 함수 132
역수입효과 226
연구개발거점 223
염가 티켓 106
영공통과 자유 165
영국공항회사 265
영국항공 175
예약시스템 101
오사카 공항 145, 149
오키나와 245
오픈 스카이 정책 12
와르소조약 235
완전경쟁 상태 148
완전경쟁의 시장 134

외부비경제 20
외부성 94, 145
외부효과 20, 266
외생변수 293
요새 허브 102
우편수송 10
운송계약 215
운송능력 302
운송력 12
운송회의 171
운수대신시달 13
운임 12
운임조정 171
운항승무원 27
유가증권 234
유나이티드 항공 96, 121
유상 여객수 25
유상 톤킬로 25, 28
유전적 알고리즘 294
유지가능성 100
유치산업 266
유한 반복게임 111
이스턴항공 96
이원권 167
이착륙 회수 149
이타미(伊丹) 공항 249, 254
인과관계 288
인천국제공항 305
일반항공 277
일본항공 시스템 91

ㅈ

자연 독점 92, 93, 99
자원의 최적 이용 289
자유경쟁 168
잠재수요 117
저비용항공사
89, 108, 110, 183, 265, 279, 280, 295
저운임 126
전일본공수 91
전통적 공항모델 272
접근교통 259
접근교통수단 287
정수계획 문제 296
제트블루항공 281
제트시대 10
제휴그룹 107
제1 자유 165
제2 자유 165
제3 자유 165
제4 자유 165
제5 자유 167
제6 자유 167
제7 자유 167
제8 자유 167
제9 자유 168
조인트 보드 274
좌석 이용률 26
좌석점유율(load factor) 300
주제노선 92
중부공항 305
중추공항화 305
증편 경쟁 97
지방공항 245
지배적 허브 102
지불의사 154

지상접근 287
직영방식 274
직접판매 191
진입장벽 118
집계모델 305

ㅊ

체인지 오브 게이지 174
초과공급 100
초과수요 100
총비용 148
총편익 148
최단경로법 306
최적반응 함수(Best Reply Function) 121, 133, 135
최적의 기재용량 297
최적화 문제 289
추측적 변동(Conjectural Variation) 138
출발지국가주의 173

ㅋ

카르텔 12, 91
카보타쥬 167
커뮤터(Commuter) 항공사업 92
코스의 정리 145
코즈정리(Coase Theorem) 150, 152, 158
콘티넨탈항공 96
콤비네이션권 174

ㅌ

탐욕법 294
톤킬로 25

ㅍ

파리조약 164
패널데이터 261
패시픽 사우스웨스트 항공 98
포워더 18
프레스트윅 267
프로빗모델(probit model) 308
피더 107
피플익스프레스 189
필수시설 253

ㅎ

하네다 공항 146, 248, 258
한계비용 120, 186
합종연횡 129
항공규제완화 186
항공여객시장 288
항공연료 27
항공운송보험 236, 238
항공운송산업 245
항공운송장 232, 233, 238
항공자유화 12
항공자유화정책 177
항공헌법 13
항공협정 91
항공화물 손해배상 책임보험 239
항공화물대리점 235
항공화물의 운임 222
항법장치 10
항행지원시설이용료 254
해상수송 222
해상운임 222

허브 101, 229
허브 앤 스포크 26, 108
허브 앤드 스포크 시스템 105
허브 앤드 스포크 전략 101
허브공항 102, 250
헤이그의정서 235
호혜주 168
혼잡회피 282
홋카이도국제항공 252
화물보험 215
화물수취증 215
화물전용기 221, 222
확률효용함수 307
확장경로 30
확장성 291
후방 귀납 103
후생 손실 132
휴리스틱한 방법 299
희생량모델 306
히드로 267
히로시마 311
히로시마공항 311

기타

2국간 협정 9
CAB 98
Cash on Delivery 233
Civil Aviation Authority 268
Fedex 228
flag carrier 8
free ride 155
grand father rights 253
House Air Waybill 232
IATA 9
ICAO 9, 94
IIA(Independence from Irrelevant Alternatives) 309
LD3 컨테이너 284
logit model 308, 309
Marine Insurance Act 1906 236
Master Air Waybill 232
Nash균형 300
PSA 98
RPI-X 268
S자형 커브 97
Show Cause Order 172
TWA 96
use-it or 1ose-it 253
willingness to pay 105
X-비효율 266
Yield Management 105, 107

〉〉역자약력

홍석진 프랑스 보르도 경영대학(Bordeaux Management School) 교수
프랑스 뚤루즈 1대학, 경제학 박사
인천대학교 동북아물류대학원 부교수 역임

김제철 한국교통연구원 항공교통정보센터 센터장
경희대학교, 경제학 박사

이영혁 한국항공대학교 교수
한국교통정책경제학회장 역임
미국 펜실베니아 주립대, 경제학 박사

김 현 한국교통연구원 철도연구실 부연구위원
일본 야마나시 대학, 환경사회창생공학 박사

항공경제학

2011년 5월 6일 | 제1판 1쇄 인쇄
2011년 5월 11일 | 제1판 1쇄 발행

지 은 이 | 무라카미 히데키 외 편저
옮 긴 이 | 홍석진 · 김제철 · 이영혁 · 김현
발 행 인 | 김은중
발 행 처 | 서울경제경영출판사
북디자인 | 우일미디어

주 소 | 120-808 서울특별시 서대문구 대현동 67-5 대현빌딩 6층
전 화 | 02)313-2682
팩 스 | 02)313-8860

등 록 | 1998년 1월 22일 제5-63호

ISBN 978-89-88106-74-7 93320 정가 24,000원